MICHAEL GRANT

Rätselhafte ETRUSKER

MICHAEL GRANT

Rätselhafte ETRUSKER

Porträt einer versunkenen Kultur

Weltbild Verlag

Für Anne-Sophie,
die mich angeregt hat, dieses Buch zu schreiben.

Deutsch von Hans Jürgen Baron von Koskull

Genehmigte Lizenzausgabe für
Weltbild Verlag GmbH, Augsburg 1995

Die englische Originalausgabe erschien unter dem Titel »The Etruscans«
bei Weidenfeld and Nicolson, London

Umschlagentwurf: Adolf Bachmann, Reischach
Umschlagabbildung: Mauritius, Mittenwald
Archiv für Kunst und Geschichte, Berlin
Gesamtherstellung: Ueberreuter, Korneuburg
Printed in Austria
ISBN 3-89350-081-2

Inhalt

Einführung

Die Bewohner der etruskischen Stadtstaaten lebten in einem unvergleichlich schönen Teil der Welt und haben hier eine blühende Zivilisation geschaffen, die es durchaus verdient, den viel bekannteren Kulturen Griechenlands und Roms an die Seite gestellt zu werden. Im Leben der Etrusker finden wir deutliche Parallelen zu diesen beiden Kulturen, in mancher Hinsicht aber auch wesentliche Unterschiede. Was die Etrusker dachten und taten, nahm ganz individuelle Formen an. So schufen ihre Künstler und Bildhauer Meisterwerke, die uns noch heute beeindrukken. Diese Kunstwerke sind das Ergebnis vieler von außen kommender Einflüsse, aber paradoxerweise sind sie dort, wo sie einen hohen Grad der Vollkommenheit erreichen, von einem ganz spezifischen Reiz und Ausdruck der unverwechselbaren Psyche und des besonderen Temperaments der Etrusker.

Die Etrusker haben zudem eine in ihrer Art einmalige politische, soziale und wirtschaftliche Entwicklung durchgemacht, von der noch ausführlich die Rede sein wird. Keine Untersuchung über das klassische Altertum und keine Darstellung der Weltgeschichte können vollständig sein, ohne die Etrusker miteinzubeziehen. Sie sind in mancherlei Hinsicht sogar unsere direkten Vorfahren, denn Rom, dem wir so viel zu verdanken haben, hat seinerseits von den Etruskern unendlich viel empfangen.

Der Versuch, sich mit diesen Gegebenheiten vertraut zu machen, bedeutet jedoch eine einzigartige Herausforderung. Anders als die Griechen und Römer haben uns die Etrusker keine eigene Literatur hinterlassen. Wir wissen nicht einmal, ob sie überhaupt je eine eigene Literatur besessen haben. Wenn ja, dann haben sich ihre Schriften in der Hauptsache mit religiösen Zeremonien und Ritualen beschäftigt. Jedenfalls ist nichts davon erhalten geblieben. So sind wir ausschließlich auf griechische und römische Quellen angewiesen. Aber leider behandeln die uns erhaltenen griechischen und lateinischen Werke, die sich mit den Etruskern beschäftigen, dieses Thema nur sehr oberflächlich und auch nur im Zusammenhang mit griechischen oder römischen Interessen. Und selbst hierbei werden die Etrusker nur nebenher erwähnt, sind die betreffenden Autoren schlecht über sie unterrichtet und ihre Aussagen in den meisten Fällen von negativen Vorurteilen bestimmt.

Wir müssen uns auf das verlassen, was die Archäologie an greifbarem

Material zutage gefördert hat. Viele Generationen von Ausgräbern haben uns eine Fülle von Zeugnissen der etruskischen Kultur in die Hand gegeben. Weniger bekannt jedoch ist wahrscheinlich die Tatsache, daß die Masse dieser Zeugnisse und die Zahl der Ausgrabungsorte fast Monat für Monat rapide zunehmen, obwohl die Etrusker doch schon vor so langer Zeit gelebt haben. So kann es passieren, daß ein Buch über dieses Thema bereits vor Erscheinen überholt ist.

Diese rasche Entwicklung hat zur Folge, daß wir manchmal glauben, das Dunkel der etruskischen Geschichte aufgehellt zu haben; dennoch ergeben sich gewisse ernste Schwierigkeiten. Zum Beispiel gibt es in dem weiten Themenkreis, der sich mit der antiken Welt beschäftigt, kaum einen zweiten Gegenstand, der von den Spezialisten und Historikern so unterschiedlich behandelt wird. Die Fachliteratur über die Etrusker ist, von Ausnahmen abgesehen, für den Nichtfachmann viel weniger verständlich, als es der Fall sein könnte. Das rührt daher, daß hier eine nicht erläuterte technische Phraseologie verwendet wird und die Verfasser solcher Bücher voraussetzen, daß jeder Leser mit den archäologischen Spezialausdrücken vertraut ist. Die populärwissenschaftlichen Bücher über die Etrusker dagegen bewegen sich meist auf einem viel zu niedrigen Niveau. Dieser Literaturzweig hat im Verlauf der vergangenen zweihundert Jahre sehr oft die unglaublichsten, um nicht zu sagen abenteuerlichsten Theorien vertreten.[1]

Die uns vorliegenden archäologischen Funde haben sich zwar in atemberaubendem Tempo vermehrt, bleiben aber insgesamt doch noch sehr lückenhaft, lassen viele Fragen offen, und die Auskünfte, die sie uns geben, sind zum Teil sehr unausgewogen. Das liegt nicht nur daran, daß als Folge der klimatischen Verhältnisse in dem von den Etruskern bewohnten Gebiet etwa die farbigen Gewebe und andere Erzeugnisse, für die die Etrusker berühmt waren, nicht erhalten geblieben sind, denn das gilt auch für die Erforschung der antiken Kulturen in anderen Mittelmeerländern. Bedenklicher ist die Tatsache, daß die Wohnungen, die sie ihren Toten bereitet haben, tausendmal häufiger erhalten sind als die Siedlungen der Lebenden. Denken wir nur an eine beliebige große Begräbnisstätte aus moderner Zeit: Wieviel könnten wir wohl über die Zivilisation, in der sie angelegt wurde, erfahren, wenn wir sie nur nach den Gräberfunden beurteilen sollten?

Zum Glück ist das kein ganz zutreffender Vergleich, denn der moderne Archäologe kann sich damit trösten, daß die Etrusker aus religiöser Überzeugung sehr gewissenhaft und sorgfältig für ihre Toten gesorgt haben. Die Gruften sind mit großem Aufwand gebaut und reich ausgestattet worden. Ein Großteil dieser Gräber ist allerdings im Lauf der

Jahrhunderte Plünderern zum Opfer gefallen; doch viele andere, die unentdeckt geblieben sind, konnten erst in jüngster Zeit freigelegt werden, und auch die Technik der Ausgräber hat sich mit der Zeit immer mehr vervollkommnet.
Wenn sich indessen unser Wissen über eine bestimmte Zivilisation in erster Linie auf die Gräberfunde stützt, dann muß ein schiefes Bild entstehen; auf diesem besonderen Gebiet nämlich können uns auch die Hilfsdisziplinen nicht immer weiterhelfen, denen wir doch ansonsten so viele Kenntnisse über das Leben anderer Völker aus der Antike verdanken. So gibt es zum Beispiel erst aus relativ später Zeit etruskische Münzen, und ihre Inschriften geben uns nicht die gleichen Auskünfte wie die der griechischen und römischen. Überhaupt ist die Zahl der etruskischen Inschriften bei weitem geringer. Zum Glück können wir die Buchstaben lesen und so zumindest eine Vorstellung davon gewinnen, was sie uns sagen wollen. Aber wie wir noch sehen werden, handelt es sich dabei um mehr oder weniger formalistische Angaben mit einer nur sehr beschränkten Aussagekraft, und wir können bis heute die Grundstruktur der etruskischen Sprache noch nicht erkennen.
Mit dieser Behauptung fordere ich den Widerspruch derjenigen heraus, die diese Sprache mit immenser Geduld erforscht haben und dabei zu interessanten, wenn auch noch nicht ganz schlüssigen Ergebnissen gekommen sind. Fachgelehrte, die sich mit der etruskischen Kultur beschäftigen, werden manchmal ungeduldig, wenn man die Etrusker zu oft als unerforscht oder ›geheimnisvoll‹ bezeichnet, denn täglich gewinnen wir neue Einsichten über sie. Es gibt aber doch noch genügend unentdeckte Geheimnisse. Die Etruskologie ist noch längst keine exakte Wissenschaft. Nachdem ich das gesagt habe, möchte ich auf den Begriff ›Etruskologie‹ verzichten.[2] Man könnte ebensogut auf die Ausdrücke Ägyptologie und Assyriologie verzichten, denn wenn wir von den Griechen und Römern sprechen, kommen wir ganz gut aus, ohne eine Hellenologie oder Romanologie zu bemühen. Es gibt dazu noch einen starken Vorbehalt gegen das Wort ›Etruskologie‹. Ein solcher Begriff setzt nämlich voraus, daß es sich um ein geschlossenes und autonomes Thema handelt. Doch im Rahmen der jüngsten archäologischen Forschungen hat sich gezeigt, daß es unbedingt notwendig ist, die Etrusker im Zusammenhang mit der gesamten italischen und mediterranen Zivilisation ihrer Zeit zu betrachten.[3]
Diese Notwendigkeit erklärt eine Besonderheit des vorliegenden Buches, denn es beschäftigt sich von Anfang an recht ausführlich mit den wichtigsten Einflüssen aus dem Nahen Osten und Griechenland, die das Leben und die Kultur der Etrusker mitbestimmt haben. Wenn wir also

unseren Gesichtskreis erweitern müssen, um die Etrusker im Gesamtzusammenhang dieser äußeren Einflüsse zu sehen, dann ist es unerläßlich, das Bild in seine Einzelteile zu zerlegen, d. h.: Wir müssen erkennen, daß diese Menschen – anders als die Bevölkerung der Stadtstaaten im antiken Griechenland – trotz ihrer gemeinsamen und besonderen Sprache nicht einer in sich geschlossenen Gemeinschaft angehört haben. Es waren vielmehr entschieden unabhängige, manchmal sogar miteinander verfeindete Stadtstaaten, und in dieser Hinsicht glichen sie wieder den Stadtstaaten im antiken Griechenland. Leider vernachlässigen die meisten Historiker, die sich heute mit diesem Thema beschäftigen, in ihren Büchern gerade diesen Gesichtspunkt. Es ist soviel leichter, den griechischen und römischen Schriftstellern zu folgen, die kein Interesse daran hatten, die notwendigen Differenzierungen zwischen den ihnen fremden, unverständlichen und feindlichen Gemeinwesen zu treffen, sondern nur ganz pauschal von den ›Etruskern‹ sprachen. Man muß die etruskischen Stadtstaaten aber als eine Gruppe von getrennt lebenden Gemeinwesen betrachten, deren jedes unter ganz eigenen politischen und sozialen Verhältnissen lebte und als Gruppe eine Kultur entwickelt hatte, die sich wesentlich von den Kulturen benachbarter Stämme unterschied. Zur Blütezeit von Etruria waren die wichtigsten Stadtstaaten Tarquinii, Caere, Vulci, Vetulonia, Volaterrae, Clusium und Veii,[4] auf die wir deshalb auch näher eingehen werden.[5]

Ich habe das Buch in zwei große Abschnitte gegliedert. Im ersten Teil wird die Frage behandelt, wie die Lebensformen, zu denen diese Menschen gefunden hatten, entstanden sind. Hierbei gehen wir nicht nur auf die bereits erwähnten, von außen kommenden Einflüsse ein, sondern auch auf die schon so oft erörterte Frage nach dem ›Ursprung‹ der Etrusker. Allerdings liegt heute das Problem nicht mehr in erster Linie darin, ›woher sie kamen‹ – es gilt vielmehr zu untersuchen, wie sich die Zivilisation der Bewohner von Etruria allmählich so gestaltet hat, wie wir sie gegenwärtig erkennen. Im ersten Teil dieses Buches gehen wir bis in die Periode zurück, in der die etruskischen Stadtstaaten gegründet wurden. Dann bemühen wir uns um ein allgemeines Bild von der etruskischen Expansion und dem Einfluß der Etrusker außerhalb Etrurias, also in den südlichen und nördlichen Regionen von Italien. Der zweite Teil des Buches unternimmt den Versuch einer geographischen Geschichte bzw. Geschichtsgeographie aller bedeutenden etruskischen Stadtstaaten. Dabei gehen wir von einer festen territorialen Basis aus, betrachten jedes dieser Gemeinwesen für sich, berücksichtigen aber zugleich die geschichtliche Entwicklung und die kulturellen Leistungen Etrurias auch unter dem Gesichtspunkt ihrer Auswirkung auf die außer-

halb von Etruria liegende Welt. Im letzten Kapitel versuchen wir, die Schlüsse, zu denen wir gekommen sind, zusammenzufassen.
Es wurde bereits erwähnt, daß eine bestimmte Zahl von Stadtstaaten in der Blütezeit Etrurias besondere Bedeutung hatte. Der Versuch, zwischen den verschiedenen Perioden der Geschichte dieses Gebiets zu unterscheiden, ist ein weiteres Erfordernis, dessen Bedeutung durch die irreführenden Verallgemeinerungen und Vorurteile griechischer und römischer Schriftsteller verschleiert wird; denn ebenso wie die Griechen und Römer die etruskischen Stadtstaaten miteinander verwechselt und das ganze Land als eine gestaltlose Masse angesehen haben, vermischten und verwischten sie auch die verschiedenen Perioden der etruskischen Geschichte. Zum Vergleich: Wollten wir die Geschichte eines Volkes oder einer Nation in der modernen Welt untersuchen, dann würden wir nie auf den Gedanken kommen, daß das, was wir über das Leben dieser Nation im 15. Jahrhundert wissen, auch für die Gegenwart gültig sei oder umgekehrt. Man hat sich jedoch oft erstaunlich wenig Mühe darum gemacht, diese historisch-chronologische Methode auf die Etrusker anzuwenden. Sie werden vielmehr meist als ein auf keine bestimmte Zeit festgelegtes und starres Phänomen behandelt, das über eine Reihe von Jahrhunderten bestanden hat – und hier verfährt man mit den Etruskern ganz ähnlich wie mit den alten Ägyptern, und man tut es hier wie dort, ohne dazu berechtigt zu sein.
Zum Glück haben sich die modernen Gelehrten von dieser falschen Beurteilungsweise freigemacht. Sie sprechen statt dessen von einem etruskischen Volk und einer Gruppe etruskischer Stadtstaaten, deren Geschichte wenigstens siebenhundert Jahre gedauert hat und die sich während dieser Zeit ebenso wie jedes andere Gemeinwesen ständig weiterentwickelt haben. Nicht anders sollten auch wir sie betrachten. Allerdings können wir kaum einen zusammenhängenden Bericht über diese Geschichtsperiode abgeben. Es wird uns aber doch gelingen, eine Ära in der Geschichte der etruskischen Stadtstaaten von der anderen zu unterscheiden, und das müssen wir auch tun.
Es würde uns jedoch kaum etwas nützen, wollten wir versuchen, die ganzen siebenhundert Jahre des Bestehens dieser Staaten so zu behandeln. Es ist eine zu ausgedehnte und vielschichtige Serie von Epochen, als daß wir in einem kurzen Überblick wesentliche Erkenntnisse vermitteln könnten. Ein sehr großer Abschnitt der späteren Periode ist auf jeden Fall eine Zeit des langsamen, allmählichen und relativ unschöpferischen Niedergangs gewesen. Die vorausgegangene kreative Periode währte dagegen nur kurz, aber es ist gerade diese frühere Zeit, die, wie zwei moderne Historiker ausdrücklich betonen, zunächst betrachtet

werden muß, wenn wir begreifen wollen, welche Bedeutung die etruskische Zivilisation gehabt hat. Wir müssen versuchen zu erkennen, wer die Etrusker auf der Höhe ihrer Entwicklung gewesen sind.[6]

Bei der Behandlung der großen Leistungen der etruskischen Zivilisation habe ich versucht, einige Ergebnisse der modernen Forschung darzustellen; hier und dort aber habe ich auch eigene Gedanken beigetragen, dies allerdings mit mehr als der notwendigen Zurückhaltung, die sich der Wissenschaftler in einem solchen Fall auferlegen muß. Bei der Beschäftigung mit den Etruskern hat man sich mit einer Vielzahl einander überschneidender und komplizierter Disziplinen auseinanderzusetzen: mit der Archäologie, der Geschichte, der Kunstgeschichte, der Geographie, der Geologie, der Wirtschaftsgeschichte und der Soziologie. Hier werden hohe Anforderungen an den Historiker gestellt, aber ich meine, daß das Buch seinen Zweck erfüllt, wenn es uns die etruskischen Stadtstaaten und ihre Bevölkerung ein wenig näherbringt und den Leser dazu anregt, sich auch weiter mit den faszinierenden Problemen zu beschäftigen, die uns durch die Erforschung dieser Gemeinwesen gestellt werden.

Es wäre mir niemals möglich gewesen, dieses Buch zu schreiben, wenn ich nicht das große Glück gehabt hätte, dabei so tatkräftig unterstützt worden zu sein. Besonderen Dank schulde ich Mr. C. H. Annis (und der Joint Library of the Hellenic and Roman Societies), Prof. Giovannangelo Camporeale, Mr. M. H. Crawford, Prof. Mario Del Chiaro, Prof. J. N. Coldstream, Prof. Mauro Cristofani, Signora Karin Einaudi (und Fototeca Unione), Miss Flora Fraser, Mr. Hugh Honour, Mr. G. K. Jenkins, Ingegnere Carmelo Latino, Adelheid Linden, Signor Piero Malvisi, Wolfgang Mertz (und dem Gustav Lübbe Verlag), Conte Fabrizio Niccolai Gamba, Prof. Massimo Pallottino (der mich unter anderem zu den Kartenskizzen 8 und 9 angeregt hat), Mrs. Gunilla Rathsmann, Prof. A. E. Raubitschek, Dr. David Ridgway, Mr. J. C. A. Roper, Mr. N. K. Rutter, Heinz Scheiderbauer, Miss Vanessa Terry (und Penguin Books Ltd.), Prof. Mario Torelli, Dr. D. H. Trump und Mrs. Patsy Vanags, deren Anregungen bei der Gestaltung des Manuskripts besonders wertvoll für mich gewesen sind. Besonderen Dank schulde ich auch Miss Paula Iley vom Verlag Weidenfeld und Nicolson für die Redaktion des Textes und Miss Jane R. Thompson. Christa Puschel vom Gustav Lübbe Verlag danke ich für die Redaktion der deutschen Ausgabe, die in dieser Fassung gegenüber der englischen durch eine Reihe von Zusätzen erweitert wurde.

Michael Grant

Teil 1

Die Entstehung der etruskischen Staaten

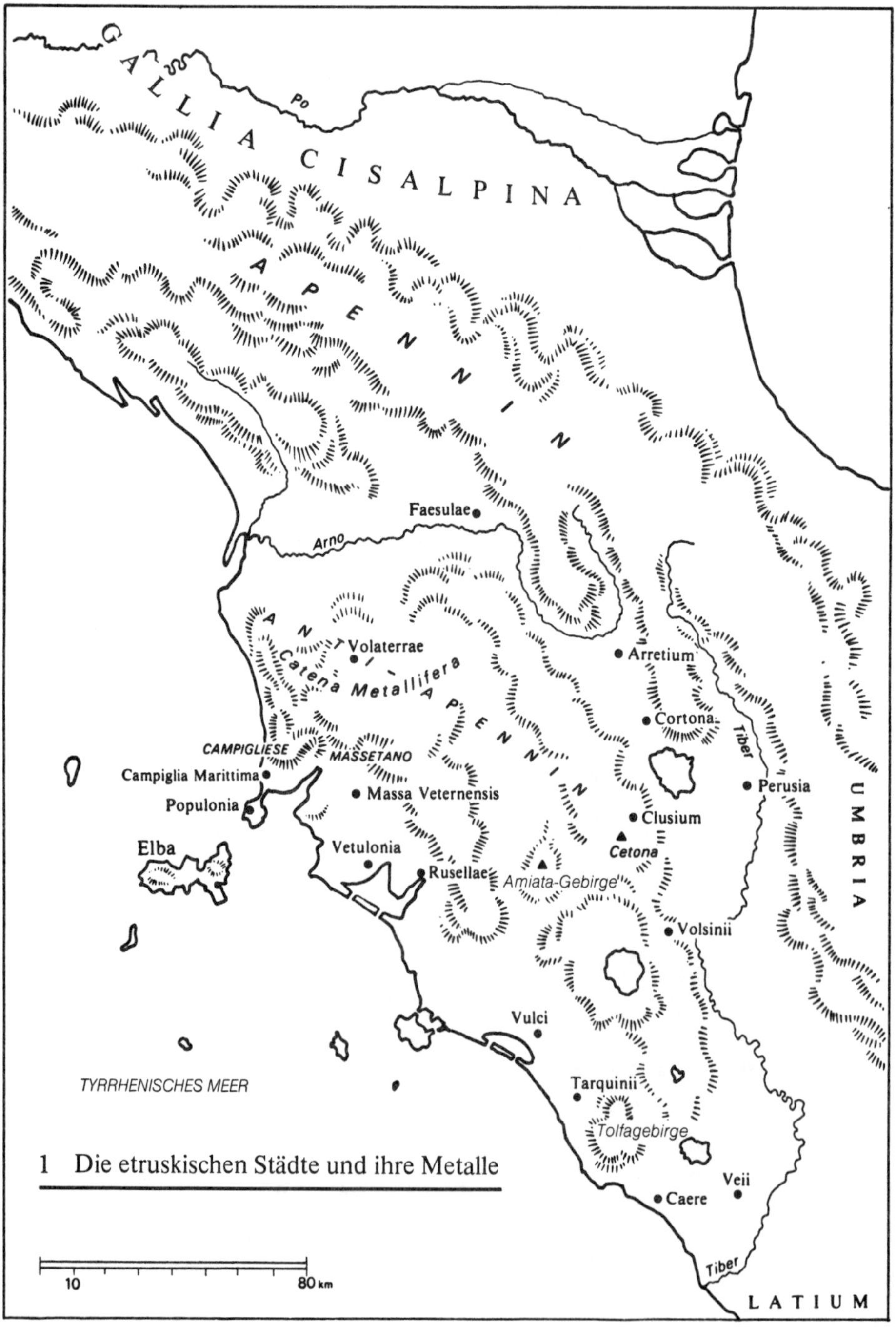

1 Die etruskischen Städte und ihre Metalle

1. Etruria und seine Metalle

Etruria war der westliche Teil des mittleren Italien und umfaßte etwa das Gebiet der heutigen Toskana, den Nordteil von Latium und einen Gebietsstreifen des westlichen Umbrien. Seine Ausdehnung von Norden nach Süden betrug rund 235 Kilometer, von Westen nach Osten 152 Kilometer; das Land war also etwa so groß wie Wales oder West Virginia. Im Westen grenzte es an den Teil des Mittelmeers, den wir als das Tyrrhenische oder Etruskische Meer bezeichnen. Im Norden bildeten der Arno beziehungsweise der Apennin die Grenze. Die Südspitze von Etruria reichte bis zum Unterlauf des Tiber, dessen von Norden nach Süden fließender Oberlauf auch die Ostgrenze bildete.

Etruria erlangte seine Bedeutung durch die dort vorkommenden Erze. Es ist jedoch nicht ganz richtig, wenn wir – grob gesagt – die zweite Hälfte des 2. Jahrtausends v. Chr. als ›Bronzezeit‹ und die darauffolgende Periode als ›Eisenzeit‹ bezeichnen; denn die während der Bronzezeit erreichten Fortschritte haben sich für die meisten Bewohner von Mittelitalien bis zum Ende des 2. Jahrtausends kaum bemerkbar gemacht. Die letzten vier Jahrhunderte dieses Jahrtausends bezeichnet man daher treffender als die ›Zeit der Apenninenkultur‹. Es war die Zivilisation einer halbnomadischen Hirtenbevölkerung, die weite Teile des Landes erfaßte und in der über lange Zeit hinweg eine gewisse kulturelle Geschlossenheit und relativer Wohlstand herrschten.[1] Auch der Begriff ›Eisenzeit‹ ist an sich keine befriedigende Bezeichnung, denn obwohl sich die Einführung des Eisens im 10. oder 9. Jahrhundert v. Chr. als lebenswichtiger Faktor erwies, da die Landwirtschaft damit rationalisiert und intensiviert werden konnte (weil bessere Grab- und Schneidewerkzeuge aus Eisen hergestellt wurden), blieb die Verwendung des Eisens zunächst weit hinter derjenigen der Bronze zurück, und das Eisen konnte die bei der Bevölkerung Italiens beliebte Bronze jahrhundertelang nicht verdrängen.[2]

Dennoch ist es richtig, zwischen zwei ›Zeitaltern‹ in Etruria zu unterscheiden, wobei die Zeit um 1000 v. Chr. den Übergang bezeichnet, weil es in der jetzt anbrechenden Periode große und zunehmend bedeutende Veränderungen in den Lebensformen der einzelnen Gemeinwesen gegeben hat. So veränderten sich zum Beispiel die Bestattungsformen, und an die Stelle der Erdbestattung trat die Feuerbestattung. Es kam auch zu wesentlichen materiellen Verbesserungen. Die Organisation der Stadtverwaltungen und die Ackerbaumethoden wurden wirkungsvoller. Die

Bevölkerung muß erheblich zugenommen haben, und Bronzegürtel, Helme, Broschen ebenso wie aus dem gleichen Metall getriebene Gefäße sprechen von handwerklichem Geschick und Reichtum. Im 8. Jahrhundert v. Chr. entwickelten sich die Dinge zusehends rascher und dynamischer, und die kulturellen Unterschiede zwischen den einzelnen Regionen von Etruria wurden immer deutlicher – ein für die ganze folgende Zeit charakteristischer Vorgang.

Auch wenn die Begriffe ›Bronzezeit‹ und ›Eisenzeit‹ nicht ganz zutreffend sind, helfen sie uns doch insofern, als sie uns ermöglichen, eine bedeutende Wende in der etruskischen Geschichte zeitlich festzulegen. Sie sind aber auch noch aus einem anderen und wichtigeren Grunde bezeichnend: Wir ersehen aus ihnen nämlich die besondere Bedeutung der Metalle – und in Etruria spielen die Metalle in der Tat eine entscheidende Rolle, denn sie haben die Entstehung der etruskischen Städte erst ermöglicht. In Griechenland sind für die Entstehung der Städte aus Dörfern die verschiedensten Faktoren verantwortlich gewesen. In Etruria dagegen gab es in allen oder fast allen von uns festgestellten frühesten Siedlungen immer wieder den gleichen beherrschenden Faktor, der auf den Urbanisierungsprozeß einen gewaltigen formativen Einfluß ausgeübt hat, und das war das Vorkommen von Erzen in der Nähe dieser Siedlungen.

Etruria besaß auch andere natürliche Vorzüge. Durch Jahrtausende hatte der Boden für die Herden der nomadisierenden Stämme Sommer- und Winterweiden hervorgebracht. Nachdem die Wälder gerodet und die Sümpfe und überfluteten Flußtäler trockengelegt worden waren, gab es kaum ein zweites so fruchtbares Gebiet, und die antiken Schriftsteller berichten von den höchsten Ernteerträgen, die in der ganzen Antike erzielt worden sind.[3] Praktisch zu handhabende leichte Pflüge sowie Bewässerungsmethoden, die diesen Gegebenheiten angepaßt waren, sind schon aus früher Zeit bekannt. Das Gebiet von Etruria war zwar zum Teil hügelig, es gab aber zwei ausgedehnte Ebenen: die fruchtbare und damals noch nicht versumpfte Maremma, die bis zur Küste reichte, und im Inneren das breite Flußtal der Chiana (Clanis), das heute trockengelegt ist (Karte 2).[4]

Aber diese Vorteile wären gar nicht zu nutzen gewesen, hätte es nicht die etrurischen Erzvorkommen gegeben. Zwar werden solche Verallgemeinerungen manchmal zu voreilig getroffen, man darf jedoch sagen, daß die Nutzbarmachung des einheimischen Erzreichtums in entscheidendem Maße nicht nur zur Urbanisierung, sondern auch zur gesamten Entwicklung und zur raschen Steigerung des allgemeinen Wohlstandes beigetragen hat.[5] Auch andere Länder interessierten sich sehr lebhaft für

diese Metalle, durch deren Erwerb sich ihr Wohlstand erhöhte, deren Verkauf sich aber auch für die Bewohner von Etruria als ungeheuer lukrativ erwies. Die starke Nachfrage veranlaßte die Bewohner der etruskischen Städte, alles für die Weiterentwicklung der Metallurgie zu tun. Sie rodeten die Wälder, um Holzkohle für die Schmelzöfen zu gewinnen, ihre Dörfer schlossen sich zu Städten zusammen, und sie entwickelten den Ackerbau und die Verkehrswege, um sich eine noch bessere Existenzgrundlage zu schaffen. Luisa Banti schreibt: »Damals wie heute waren es die Mineralien, durch die die Menschen reich wurden. Und das waren auch die gebräuchlichsten Tauschobjekte.«[6]
Etruria verfügte in der Tat über enorme Erzvorkommen. Der große Gebirgszug der Apenninen, der Etruria zur Hälfte umschloß, war nicht die Quelle dieses Reichtums. Man fand die Erze vielmehr in den niedrigeren Hügelketten nahe der Küste des Tyrrhenischen Meeres, die hinter der Küstenebene (Maremma) über die ganze Länge des einstigen etrurischen Gebiets verlaufen und den größten Teil des Antiapennin bilden. Besonders reiche Erzvorkommen gab es im mittleren Teil des Antiapennin zwischen dem Fluß Cecina bis über den Ombrone und die Albegna hinweg und hier wieder besonders in den stark gegliederten nördlichen Bergen, die fast bis nach Saena (Siena) reichen und als Colline Metallifere (Metalle enthaltende Hügel) oder Catena Metallifera (Metalle enthaltende Kette) bezeichnet wurden.[7] Die erzreiche Insel Elba und in gewissem Maß auch Sardinien kann man als Ausläufer dieses Gebirgszuges ansehen. Auch im Binnenland, in den Bergen Amiata und Cetona, gab es abbauwürdige Erzvorkommen, dazu weiter südlich in den Bergen von Tolfa. Im ganzen zentralen Mittelmeerraum war Etruria die einzige Region, in der es reiche Vorkommen an Kupfer, Eisen und Zinn gab, und sie wurden durch die etruskischen Stadtstaaten in einem für antike Verhältnisse sehr intensiven Ausmaß ausgebeutet. Das läßt sich noch heute an Ort und Stelle erkennen, denn es gibt ungezählte Spuren dieses einstigen Bergbaus: Galerien, künstliche Höhlen, Gruben, Gräben, Verhüttungsanlagen und Schlackehalden.[8]
Die Etrusker waren nicht die ersten gewesen, die diese Erzvorkommen erschlossen haben. Das ist schon daran ersichtlich, daß man die Kulturen des vorangegangenen Jahrtausends als ›Kupferzeit‹ oder ›Bronzezeit‹ bezeichnet. Frühe Metallarbeiten aus einem gut erhaltenen Grab der ›Kupferzeit‹ in der Nähe des Ponte San Pietro im Fioratal unweit des südlichen Ausläufers der erzreichen Bergkette sieht man noch heute in einer modernen Rekonstruktion des Grabes.[9] Seefahrende Völker aus dem östlichen Mittelmeerraum haben sich gegen Ende des 2. Jahrtausends v. Chr. ebenfalls um den Erwerb etruskischen und sardischen

Metalls bemüht. Sie kamen aus Kreta oder den in dessen Umgebung gelegenen Kulturzentren (aus dem Raum der ›minoischen‹ Kultur) und auch aus den größeren Städten auf dem griechischen Festland, deren Zivilisation wir heute nach einer dort gelegenen Festung als die mykenische bezeichnen. Sie beherrschte bis zu ihrem allmählichen Verfall in den Jahren 1250 bis 1200 v. Chr. weite Gebiete des Mittelmeerraums. Es hat jedoch den Anschein, daß die Ausbeutung der etrurischen Erzvorkommen erst im folgenden Jahrtausend systematischer betrieben wurde, d. h. zu einer Zeit, als das Eisen, wenn auch zunächst nur in geringen Mengen, bereits genutzt wurde und die Entwicklung der auf den Bergeshöhen gelegenen etruskischen Dörfer zu Städten und Stadtstaaten kurz bevorstand. Der Beginn dieser Periode muß wahrscheinlich um die Mitte des 8. Jahrhunderts v. Chr. angesetzt werden.
Wenn wir die einzelnen Teilgebiete des etruskischen Territoriums betrachten, dann fanden sich die ergiebigsten Erzvorkommen der ganzen Region in der gebirgigen Gegend gegenüber der Insel Elba im Hinterland des etruskischen Hafens Populonia. Eine dieser Zonen war der Massetano, benannt nach der unter den Römern als Massa Veternensis bekannten Stadt, die heute den Namen Massa ›Marittima‹ trägt (obwohl sie etwa 20 Kilometer von der Küste des Tyrrhenischen Meeres entfernt liegt und immer gelegen hat). Die moderne Stadt zeigt heute eine Ausstellung, die uns veranschaulicht, welch große Mengen von Metall in diesem Gebiet gewonnen wurden.[10] Unmittelbar nordostwärts und südlich von Massa hat man die Spuren von mehr als 500 Stollen und Gruben entdeckt sowie von Schmelzöfen, die aussehen wie alte Brennöfen zur Herstellung von Keramiken.[11] Einige dieser Anlagen stammen aus späteren Perioden (aus römischer Zeit und aus dem Mittelalter), aber andere waren schon im 8. Jahrhundert v. Chr. angelegt worden, also zu einer Zeit, in der der wirtschaftliche Aufschwung Etrurias begann. Die Kupfervorkommen und später auch das Eisenerz des Massetano spielten bei der Begründung des Wohlstands der etruskischen Stadtstaaten eine herausragende Rolle.
Nicht weniger bedeutend war das westlich des Massetano gelegene Gebiet des Campigliese, das seinen Namen von Campiglia Marittima ableitet (und etwa 10 Kilometer von der Küste entfernt gelegen ist). An den Hängen bei Campiglia sieht man noch die Spuren des Tagebaus: Reste der alten Stollen und Tunnel sowie der Schmelzöfen. Auch sie wurden im 8. Jahrhundert v. Chr. angelegt. Hier gab es ein reiches Kupfervorkommen und etwas weiter südlich im gleichen Bezirk sehr viel Eisenerz.
Im Campigliese fand man außerdem Zinnablagerungen,[12] die für die

Metallurgie ebensowichtig waren, denn zur Herstellung von Bronze wurde das Kupfer mit etwa 8 bis 15 Prozent Zinn legiert. Andere Zinnvorkommen lagen sehr weit von hier entfernt und waren schwer zugänglich. Die Zinnvorkommen des Campigliese waren nicht sehr reich und genügten daher nicht, ganz Etruria zu versorgen. Sie waren aber doch beachtlich. Bei Ausgrabungsarbeiten im benachbarten Rusellae hat man ein Depot mit von den Etruskern geschürftem Zinnerz gefunden.

Im Campigliese wurde aber auch Alaun gewonnen, dessen Name sich von Lumiere (Allumiere) di Campiglia ableiten läßt. Das ist ein Ort auf einem kleinen vorspringenden Hang zwischen Campiglia und der See, wo man Gräber aus dem frühen 1. Jahrtausend v. Chr. gefunden hat. Im Mittleren Osten war Alaun schon seit langem verwendet worden, manchmal als Medikament, besonders aber als Bindemittel beim Färben von Textilien und Schuhleder, und die Etrusker waren in diesen Gewerbezweigen führend.[13] Die griechische Bezeichnung für Alaun, *strupteria*, erkennt man in dem Wort *turupterija* wieder, das wir in einem Text aus dem 13. Jahrhundert v. Chr. aus Pylos in Griechenland finden, und diese Stadt war ein mykenisches Kulturzentrum.[14] Die Bedeutung von Textil- und Lederfarben in der antiken Welt läßt sich schon daraus ersehen, daß die Phöniker, die nach den Mykenern das östliche Mittelmeer beherrschten, einen so lebhaften Handel mit der Purpurschnecke, der *murex*, trieben. Auch bei den Etruskern war der Purpur sehr beliebt.[15] Der römische Schriftsteller Plinius der Ältere, der im 1. Jahrhundert n. Chr. gelebt hat, erwähnt zwar bei der Aufzählung der Gegenden, in denen Alaun gefunden wurde, Etruria nicht;[16] das liegt aber nur daran, daß die Alaunvorkommen in Etruria zu jener Zeit schon erschöpft zu sein schienen (obwohl später neue Ablagerungen entdeckt wurden). Allerdings hatten die etrurischen Alaunvorkommen bei weitem nicht die Bedeutung der dortigen Kupfer- und Eisenerze, ja nicht einmal die der viel spärlicheren Zinnvorkommen.

Das Campigliese ist von Elba, das in der ganzen mediterranen Welt für seinen Erzreichtum bekannt war, nur durch eine schmale Meerenge getrennt. Grabbeigaben aus früher Zeit zeigen, daß man auf Elba schon zu Beginn des 2. Jahrtausends v. Chr. Kupfer verwendet hat. Später trat das auf der Insel gefundene und in der antiken Literatur immer wieder erwähnte Eisen allmählich an die Stelle des Kupfers als wichtigstes Metall. Aus dem frühen 8. Jahrhundert v. Chr. finden wir auf Elba Reste von eisenverarbeitenden Anlagen, und zwar überall dort, wo es Erzvorkommen gab. Insgesamt hat man auf der Insel an fast hundert Stellen Anzeichen für eine eisenverarbeitende Industrie festgestellt.

Nach 750 bzw. 700 v. Chr. sind auf Elba über einen Zeitraum von mindestens vierhundert Jahren hinweg jährlich etwa 10000 Tonnen Eisenerz verarbeitet worden. Das Metall wurde zunächst an Ort und Stelle geschmolzen und bearbeitet, bis die Holzvorräte, aus denen man Holzkohle gewinnen konnte, erschöpft waren.[17] Später wurde die Verhüttung der Eisenerze nach Populonia verlegt. Aber auch die größere Insel Sardinien spielte in dieser Hinsicht eine wichtige Rolle. Auf Sardinien gab es tüchtige Bergleute, und es bestanden schon sehr früh enge Beziehungen zu Etruria.[18] Bereits im 9. und 8. Jahrhundert v. Chr., als die Bronzeherstellung auf Sardinien ihren Höhepunkt erreicht hatte, gelangten sardische Bronzegegenstände in etruskische Häfen.

Auf dem Festland gab es in der Region nördlich von Populonia in einem Gebietsstreifen der Catena Metallifera reiche Kupfer- und Eisenerzvorkommen. Das war das Flußtal der Cecina, das nach Volaterrae hinaufführte. Diese Vorkommen wurden in den letzten Jahrhunderten v. Chr. von den Römern und sehr wahrscheinlich auch schon vorher von den Etruskern ausgebeutet.[19] (Weiter nördlich, jenseits des Arno und außerhalb des eigentlichen etruskischen Gebiets, gab es ebenfalls Erzvorkommen in den Ausläufern der Antiapenninen und der Catena Metallifera, den sogenannten Apuanischen Alpen.)

Auch wenn wir uns ins Innere von Etruria begeben, finden wir Gegenden, die wesentlich zur Metallproduktion des Landes beigetragen haben. Eine solche Region lag etwa 50 Kilometer östlich des Campigliese, unmittelbar westlich des oberen Flußtals der Paglia (Pallia). Das waren die Vorgebirge des von Buchen und Kastanien bestandenen Gebirgsmassivs mit dem 1735 Meter hohen Berg Amiata, der höchsten Erhebung in Etruria, und einer nach Norden verlaufenden Kette erloschener Vulkane. Hier gab es ebenfalls reiche Kupfervorkommen und darüber hinaus geringere Mengen von Zinn.[20] Am Amiata fand man aber auch Zinnobererz, aus dem Quecksilber gewonnen wird. Das war die Besonderheit dieses Berges, obwohl das Erz auch noch in weiterem Umkreis vorkam, denn es lagert fast überall dort, wo man in den verschiedenen Regionen von Etruria Silber und Blei findet.[21] Wie Plinius berichtet, verwendete man den Zinnober sowohl als Medikament als auch zur Herstellung von Farbstoff, und Plinius sagt, die Römer hätten ihn besonders geschätzt. Das traf zweifellos auch für die Etrusker zu. Aber ähnlich wie das Alaun in der Küstengegend war dies eine Spezialität, die geringere Bedeutung hatte als das Kupfer und Eisen, das ebenfalls am Amiata geschürft wurde. Östlich des Amiata lag der Berg Cetona, wo man spätestens vom Ende des 2. Jahrtausends v. Chr. an Metalle abbaute; die Reste der antiken Bergwerke sind noch heute zu besichtigen.[22]

Es ist jedoch ein ganz anderes metallurgisches Zentrum in der entgegengesetzten, südlichen Region des Landes gewesen, das offensichtlich die entscheidende Rolle bei der Entwicklung der Zivilisation in den etruskischen Stadtstaaten gespielt hat, wie wir sie kennen. Das war das Tolfagebirge, ein nicht sehr hoher Gebirgszug, der die Landmasse zwischen dem See Bracciano und der Küste in der Nähe des modernen Civitavecchia durchzieht und das vulkanische Gebiet im südlichen Etruria in zwei Regionen aufteilte. Das schmale Hochplateau von Tolfa wird von Flußtälern und Schluchten dreier Ströme durchschnitten, die durch dichte Kastanien-, Buchen- und Stechpalmenwälder führten, um schließlich in die typisch mediterranen Buschwälder überzugehen, die mit Heidekraut, Ginster und Mastix bestanden waren. Schon Ende des 2. Jahrtausends v. Chr. hatten die Bewohner des Landes ebenso wie in den anderen metallverarbeitenden Bezirken Etrurias den Erzreichtum des Tolfagebirges erkannt, denn aus dieser Epoche stammen bedeutende Bronze- und Keramikfunde und die Überreste eines Dorfes an diesem Berg. Zu etruskischer Zeit wurde die Gegend um das Tolfagebirge zum Zentrum eines intensiven Bergbaus, wie man noch heute an den Resten zahlreicher aus der Antike stammender Schächte erkennen kann. Eine dieser Anlagen wurde im 16. Jahrhundert n. Chr. neu entdeckt und noch bis in jüngere Zeit ausgebeutet.[23] Höchstwahrscheinlich sind als Folge der reichen Kupfer-, Eisen- und Zinnvorkommen des Tolfagebirges in der Nähe die ersten wohlhabenden und mächtigen etruskischen Stadtstaaten aus den Zusammenschlüssen von Dörfern entstanden.[24] Jetzt müssen wir auf diese Stadtstaaten zu sprechen kommen und versuchen festzustellen, wie sie entstanden sind und wie ihre weitere Entwicklung verlief, auf deren Höhepunkt sie mit zu den bedeutendsten Zentren der antiken Welt gehörten.

2. Die Entstehung der etruskischen Städte

Aus Dörfern werden Städte

So sind es also die reichen Vorkommen an Kupfer, Eisen, anderen Metallen und Mineralien in Etruria gewesen, die die historische Zivilisation des Landes ermöglicht haben, indem sie die Voraussetzungen dafür schufen, daß aus Siedlungen und Dörfern Städte und Stadtstaaten werden konnten. Diese Phase der Entwicklung von Etruria,[1] die wichtigste in seiner ganzen Geschichte, wurde im 8. Jahrhundert v. Chr. erreicht (die ersten Anzeichen dafür erkennen wir schon im 9. Jahrhundert). Damals schlossen sich Gruppen benachbarter Dörfer, die jeweils auf einem einzelnen Bergplateau lagen, zu größeren Gemeinwesen zusammen, und diese wiederum verwandelten sich im Lauf der Zeit in Städte und Stadtstaaten. Ein einzelnes geschlossenes Gemeinwesen ließ sich von seinen Bewohnern leichter verteidigen als eine Gruppe voneinander getrennter Dörfer, und auch die Bewässerung des die Siedlungen umgebenden Ackerlandes war in der Gemeinschaftsarbeit leichter zu bewerkstelligen. Doch vor allem konnte ein zentralistisch verwaltetes Gemeinwesen die an Ort und Stelle vorhandenen Erzvorkommen besser ausbeuten, beispielsweise indem man eine Herstellungs- und Handelsorganisation einrichtete, die wirksam und gewinnbringend die Geschäfte mit den ausländischen Handelspartnern abwickelte.[2]

Wie sich die jeweils benachbarten Dörfer in der Praxis zusammengeschlossen haben, läßt sich kaum noch rekonstruieren. Aber da jedes dieser Zentren, wie wir heute noch sehen können, mehrere Begräbnisstätten besaß – gewöhnlich waren es zwei bis vier, bisweilen sogar fünf –, sind es wahrscheinlich meist auch ebensoviele Dörfer gewesen, die später ein größeres Gemeinwesen bildeten. Man könnte sich auch eine Zwischenperiode vorstellen, in der diese Dörfer einerseits ihre Autonomie behielten, aber doch mit ihren unmittelbaren Nachbarn zusammenarbeiteten und damit schon eine Art Verbund bildeten.[3] In der zweiten Phase kam es dann zur endgültigen Verschmelzung, und der Prozeß, in dessen Rahmen schließlich die Städte und Stadtstaaten entstanden, fand nun seinen logischen Abschluß.

Nach einer alten Überlieferung sollen auch die wichtigsten griechischen Städte im östlichen Mittelmeerraum auf gleiche Weise durch den Zusammenschluß von Dörfern entstanden sein. Dem war in der Tat so, beispielsweise im Falle Athens, Korinths oder Smyrnas (Izmir). Auch hier dürfte der entscheidende Schritt erst im 8. Jahrhundert v. Chr. erfolgt sein, als es im griechischen Raum zu einer Bevölkerungsexplosion kam.[4] Aristoteles hat sich zu diesem Vorgang geäußert: Das Dorf war »der erste Zusammenschluß einer Anzahl von Häusern zur Befriedigung von mehr als den Bedürfnissen des täglichen Lebens gewesen« und »der endgültige Zusammenschluß mehrerer Dörfer waren die Stadt oder der Staat«.[5] Wir können eine ähnliche Entwicklung auch in Rom feststellen, wo sich etwas später als zur etruskischen Frühzeit in Anlehnung an die dortige Entwicklung die Dörfer auf den sieben Hügeln vereinigten, um die Stadt und den Stadtstaat Rom zu bilden.

Wie in Griechenland wurden solche Zusammenschlüsse auch in Italien

2 Siedlungen, Flüsse und Seen

durch die geographischen Gegebenheiten des Landes gefördert oder bestimmt.

Dies traf in besonderem Maß für Etruria zu, das aus einer verwirrenden Zahl bewaldeter Hügel oder Berge (insgesamt fast sechzig) bestand, die von meist schmalen Tälern – sie waren auf den ersten Blick oft gar nicht von den Sumpfgebieten zu unterscheiden – durchzogen und voneinander isoliert wurden. Wenn die Bewohner den Entschluß faßten, an einem bestimmten Ort eine Stadt zu gründen, oder wenn sich mehrere Dörfer in kurzer Zeit zu einer geschlossenen Siedlung vereinigten, dann mußten die dafür notwendigen topographischen Voraussetzungen gegeben sein. Wichtig war der Zugang zu landwirtschaftlich nutzbarem Boden, und entscheidend war außerdem die Nähe von Erzlagern. Aber die Siedlungen sollten sich auch gut verteidigen lassen, und deshalb errichtete die Bevölkerung von Etruria ihre Dörfer und später ihre Städte am liebsten auf Hochplateaus, die durch steile Klippen geschützt wurden und von denen aus man sehr oft auf zwei ineinanderlaufende Schluchten hinunterblickte.

Diese Schluchten waren nicht nur ein guter Schutz, sondern boten den Herden auch Weidegründe an den Flußufern und lieferten den Bewohnern Steine und Lehm für den Bau von Hütten und Häusern. Sie dienten aber darüber hinaus einem noch wichtigeren Zweck, denn die Flußtäler waren die Verkehrswege, die Lebensadern der neuen Städte, über die dringend benötigte Handelswaren, landwirtschaftliche Erzeugnisse und vor allem die Metalle transportiert werden konnten, denen die Städte ihre Existenz und ihren Wohlstand verdankten. Die Geschichte von Etruria ist daher nicht nur die Geschichte seiner Metalle und Städte, sondern auch seiner tief eingeschnittenen Flußtäler und Flüsse. Heutzutage läßt sich in manchen Fällen gar nicht mehr klar erkennen, welche Rolle diese Flüsse damals gespielt haben. So sind zwar der Tiber und der Arno nach wie vor mächtige Ströme, aber die Chiana (Clanis) ist längst versiegt. Selbst die größeren Flüsse wie etwa die Marta, die den Bolsenasee mit Tarquinii und dem Meer verband, sowie die Fiora, der Ombrone und die Cecina, die an Vulci, Rusellae und Volaterrae vorüberfließen, sehen heute nicht besonders eindrucksvoll aus. Aber in etruskischer Zeit haben sie eine lebenswichtige Rolle gespielt.

Wenn wir die Bedeutung dieser Flüsse jedoch ganz erfassen wollen, dann müssen wir unsere Vorstellungskraft zu Hilfe nehmen. Während der langen Zeiträume, die seit dem Ende des etruskischen Zeitalters vergangen sind, haben die scharfen jahreszeitlichen Kontraste des Klimas (lange, trockene, heiße Sommer und feuchte Winter mit anhaltenden schweren Regenfällen) zusammen mit dem Raubbau an der Vegetation durch die Menschen und Ziegen gewaltige Erosionen verursacht,[6] so daß sich heute der Verlauf, die Dimensionen und das äußere Erscheinungsbild der Flüsse, wie sie damals waren, oft nur noch schwer rekonstruieren lassen. Es sind aber doch gewisse wesentliche Punkte deutlich erkennbar. Wie wir im Verlauf unserer Untersuchungen sehen werden, waren die Flüsse zunächst einmal früher viel häufiger und auf viel größeren Strecken schiffbar als in unseren Tagen (die meisten sind es heute kaum noch). Zweitens boten sie den Menschen Verbindungswege zu Wasser *und* zu Lande. Denn die Etrusker haben unterhalb der Hänge, die die Flußtäler begrenzten, wichtige Wege und Straßen angelegt, und in den meisten Fällen waren das die einzigen verwendbaren Verkehrswege in der ganzen Region. Auf diesem wie auf vielen anderen Gebieten wurden sie zu den Lehrmeistern der Römer; aber anders als die geraden Römerstraßen aus späterer Zeit schlängelten sich die Verkehrswege der Etrusker durch die Flußtäler, wo man ihre Spuren z. B. an den künstlichen Einschnitten noch heute erkennen kann.[7] Die Flußtäler haben es also erst ermöglicht, die reichen Mineralvorkommen des Landes zusammenzutragen und zu verteilen.

Denkt man an alle diese Erfordernisse, dann boten sich den Bewohnern von Etruria nicht sehr viele Orte, die für die Anlage der zunächst in Gruppen entstehenden Dörfer oder für die später gegründeten Städte und Stadtstaaten geeignet waren. Nachdem die Städtegründungen begonnen hatten, ging die Entwicklung jedoch rasch voran. Im Verlauf des 8. Jahrhunderts v. Chr. erlebten bestimmte Regionen in Etruria sowohl eine Bevölkerungsexplosion als auch einen rasanten Aufschwung der Landwirtschaft.[8] Und die neuen oder weiterentwickelten Gründungen wurden echte Städte im antiken griechischen Sinn des Wortes (*polis*), wobei jede ein eigenes sie umgebendes Territorium besaß und von einer unabhängigen, straff organisierten Verwaltung regiert wurde.[9]

Tarquinii und seine Rivalen

Der erste Ort, in dem es zur Städtegründung kam und der dank seines Erzreichtums zu Wohlstand wie auch politischer Macht gelangte, scheint Tarquinii im Süden von Etruria gewesen zu sein (das etruskische Tarchna, heute Tarquinia). Es lag etwa 8 Kilometer von der Küste entfernt, etwas mehr als 64 Kilometer nordwestlich des Tiber. Bis zu den Erzlagern des Tolfagebirges betrug die Entfernung nicht einmal 16 Kilometer, und diese Erzvorkommen wurden, wie archäologische Funde zeigen, von den Bewohnern Tarquiniis ausgebeutet.[10] Es bestand also schon von Anfang an eine direkte Beziehung zwischen den Metallen und dem Wohlstand der Etrusker, und weil diese Entwicklung in Tarquinii zuerst begann, spielte die Stadt bei der Entstehung der etruskischen Zivilisation eine führende Rolle.

Die Dörfer, die ursprünglich dort gelegen hatten, wo später Tarquinii gegründet wurde, lassen sich heute noch mehr oder weniger genau durch die Lage der zu ihnen gehörenden Gräberfelder lokalisieren. Eine Reihe dieser Siedlungen muß ziemlich nahe beieinander auf einem Plateau gelegen haben, das heute den Namen La Civita oder Pian di Civita trägt. Dieses Plateau wird von der mittelalterlichen und modernen Stadt Tarquinia (dem ehemaligen Corneto) durch einen Fluß getrennt. La Civita war durch nach allen Seiten steil abfallende Kalksteinklippen begrenzt und wurde durch sie geschützt. Eine in der Mitte gelegene Senke teilte das Plateau in zwei Teile. Der Westteil erhob sich wie der Bug eines Schiffes über dem Fluß Marta, der mit seinen Nebenflüssen fast die ganze Erhebung umfloß. Die Marta war zwar ein kleiner Flußlauf, besaß jedoch ein ausgedehntes Einzugsgebiet und spielte wie andere etruskische Flüsse eine Schlüsselrolle bei der Entwicklung dieser Region.

Die hier gelegenen Dörfer waren in ihrer Entwicklung bereits wesentlich weiter als sämtliche italischen Siedlungen aus dem Jahrtausend davor, und man kann sie als die blühendsten und frühesten vorstädtischen Siedlungen in Etruria ansehen. Das 10. und 9. Jahrhundert v. Chr. darf daher fast als die Periode einer ›tarquinischen Zivilisation‹ bezeichnet werden.[11] Ein weiteres recht großes Dorf ist auch auf dem Höhenzug festgestellt worden, auf dem später das umfangreichste Gräberfeld von Tarquinii angelegt wurde. Das war die große Bastion des Monterozziplateaus zwischen La Civita und dem Meer. Hier hat man die Reste von wenigstens zwanzig Hütten gefunden, die zum Teil oval, zum Teil auch rechtwinklig angelegt und stabil konstruiert waren. Auf dem Höhenzug von Monterozzi scheinen sich schon zu Beginn des 1. Jahrtausends v. Chr. sowohl eine Siedlung als auch ein Begräbnisplatz befunden zu haben. Als die frühesten Gräber aber dürften diejenigen gelten, die man im hügeligen Gelände östlich von La Civita aufgefunden hat und die in Form zylindrischer Gruben oder Brunnen angelegt worden waren. Sie scheinen aus dem 9. Jahrhundert v. Chr. zu stammen. Wie auch anderswo, befanden sich diese Begräbnisstätten außerhalb der Siedlungen auf leicht zugänglichen Hügeln oder Anhöhen.

Die Datierung der tarquinischen Dörfer gegenüber der anderer Siedlungen in Etruria wird auch dadurch bestätigt, daß ihre Bewohner die aus dem Kupfer des nahegelegenen Tolfagebirges hergestellte Bronze viel geschickter zu bearbeiten wußten, als dies in vorangegangenen Epochen der Fall gewesen war. Es gibt archäologische Befunde, die darauf schließen lassen, daß es nach dem 8. Jahrhundert v. Chr., aber noch *vor* dem Entstehen der ersten griechischen Märkte oder Kolonien auf italischem Boden, Kontakte mit Süditalien und anderen Mittelmeerregionen gegeben hat – so entsprechen zum Beispiel in Tarquinii hergestellte bronzene

Dreifüße aus jener Zeit bereits griechischen Vorbildern. Entweder sind also damals schon griechische Künstler in Tarquinii ansässig gewesen, oder etruskische Handwerker haben die Dreifüße nach importierten griechischen Vorlagen kopiert. Außerdem hatte man bereits im 9. oder 8. Jahrhundert v. Chr. in den Dörfern mit der Herstellung getriebener Bronzeschilde begonnen, und die Handwerker in den tarquinischen Siedlungen stellten jetzt erneut – allerdings in sehr verfeinerter Form – eine Art von Broschen her, wie sie in diesem Gebiet schon seit langer Zeit bekannt waren. Die Bevölkerung machte sich also schon sehr früh die in der Nähe gewonnenen Metalle zunutze, wenn auch, verglichen mit der späteren Entwicklung, zunächst nur in einem relativ bescheidenen Ausmaß.

Eine gewisse Vorstellung davon, wie die Häuser aussahen, in denen diese Menschen lebten, kann man bekommen, wenn man die ›Hüttenurnen‹ betrachtet, in denen sie die Asche ihrer Toten beisetzten. Das waren Urnen in der Form kleiner quadratischer Häuser. Diesen Modellen nach zu urteilen, hatten die aus mit Lehm beworfenem Flechtwerk gebauten Hütten steile Strohdächer mit hölzernen Dachsparren, ein großes rechteckiges Fenster und ein rundes Loch im Dach als Rauchabzug.[12] Die Hüttenurnen stammen aus verschiedenen Perioden des 8. Jahrhunderts v. Chr. Wahrscheinlich haben sich die Dörfer in der Umgebung von Tarquinii in der zweiten Hälfte desselben Jahrhunderts zum Kern des späteren Stadtstaats zusammengeschlossen. Daß die Urbanisierung in Tarquinii ihren Anfang genommen und hier früher begonnen hat als bei den anderen etruskischen Städten, wird durch die schon in der Antike berichteten Gründungslegenden bestätigt. Der mythische Tarchon, auf den nach der Sage die Gründung der wichtigsten etruskischen Städte zurückging, soll zuallererst Tarquinii gegründet haben, das nach ihm benannt wurde.[13] Es war auch die heilige Stadt Tarquinii, wo nach der Überlieferung der in ihrer Mitte aus dem Boden hervorgekommene Tages die etruskischen Gesetze verkündet hatte, die die Beziehungen zwischen Göttern und Menschen regelten. Auch wenn einige dieser Sagen erst verhältnismäßig späten Ursprungs sind, zeigen sie doch deutlich, daß sich die Dörfer, aus denen Tarquinii entstanden ist, sehr früh zusammengeschlossen haben, und zwar noch vor der Gründung anderer etruskischer Städte.[14]

Daß die tarquinischen Siedlungen anderen Gemeinwesen in der Entwicklung voraus waren, beweisen nicht nur die Funde an Ort und Stelle, sondern wir erkennen es auch im Vergleich mit dem Entwicklungsstand der Dörfer in der fruchtbaren und zunehmend intensiver kultivierten weiteren Umgebung. Wieweit diese Dörfer politisch von denjenigen abhängig waren, die sich später zur Stadt Tarquinii zusammengeschlossen haben, läßt sich nicht mehr feststellen; sie standen aber zumindest unter starkem tarquinischen Einfluß. Es überrascht uns nicht, daß es im Tolfagebirge schon sehr früh eine oder mehrere Siedlungen dieser Art gegeben hat – der Nachweis, daß die Hänge dieses Gebirges ununterbrochen besiedelt waren, läßt sich bis in das 2. Jahrtausend v. Chr. führen. Es hat auch an dem zwischen Tolfa und Tarquinii fließenden Mignone und seinen Nebenflüssen zwei Siedlungen gegeben. Eine von ihnen lag bei San Giovenale auf einem halbmondförmigen Plateau aus vulkanischem Gestein zwischen zwei Schluchten, die von einem Nebenfluß des Mignone, der Vesca, und zwei Nebenflüssen der Vesca gebildet wurden. Auf diesem Plateau hat es schon vor Beginn des ersten Jahrtausends v. Chr. Siedlungen gegeben.[15] Das hier gelegene Dorf wurde sehr bald an eine andere Stelle in der näheren Umgebung verlegt; es glich in jeder Hinsicht den im Tolfagebirge gefundenen Siedlungen, wo auch die Bewohner dieses Dorfes die von ihnen benötigten Metalle schürften.[16] Weiter westlich, zwischen der Vesca und einem anderen tief eingeschnittenen Nebenfluß des Mignone in der Nähe seines Zusammenflusses mit dem Mignone bei Luni sul Mignone, lag ebenfalls eine frühe Siedlung oder Gruppe von Dörfern. An den Erzvorkommen im Tolfagebirge interessierte Besucher aus dem mykenischen Griechenland hatten schon im 13. oder 12. Jahrhundert v. Chr., vielleicht sogar noch früher, ihre Spuren in Luni hinterlassen. Das beweisen die dort gefundenen Keramiken und die in das vulkanische Gestein gehauenen Fundamente ihrer Hütten.[17] Aber die wichtigste Entdeckung in Luni sul Mignone ist ein 17,5 mal 8,7 Meter großes rechtwinkliges Gebäude, dessen Mauern aus festen, unregelmäßigen vulkanischen Steinblöcken bestehen und dessen Fundament 4 bis 6 Meter tief in den Boden eingelassen ist. Die Archäologen sind überzeugt, daß die Reste dieses Gebäudes aus der Zeit vor 800 v. Chr. stammen. Somit ist dies der älteste Monumentalbau in Mittelitalien. Einige Gelehrte vermuten, es sei ein Sakralbau gewesen, aber neuerdings hat man auch die Auffassung vertreten, das Gebäude sei die Residenz des damaligen Herrschers.[18] Auf jeden Fall läßt sich der Schluß ziehen, daß die Urbanisierung von Luni gegen Ende des 9. Jahrhunderts v. Chr. schon weit vorangeschritten war. Das hier liegende Dorf oder die Dörfer müssen zu dieser Zeit schon zum Kern einer größeren Ortschaft oder Stadt weiterentwickelt worden sein, und das lag zweifellos daran, daß von hier aus die in der Nähe gelegenen Erzvorkommen des Tolfagebirges ausgebeutet werden konnten.[19] Aber etwa hundert Jahre später brannte die Ortschaft nieder. Man kann die eben beschriebene Entwicklung nur in Parallele zu dem ähnlichen, aber viel folgenschwereren Zusammenschluß der tarquinischen Dörfer sehen, der nicht weit von hier erfolgt war. Während Luni sul Mignone ursprünglich die autonomen Dörfer von Tarquinii geschützt haben mag, wollte die Stadt, die aus diesen tarquinischen Dörfern entstand, keine Rivalen mehr in ihrem Umkreis dulden, und selbst so blühende Siedlungen wie Luni sul Mignone konnten nicht mehr überleben.

Auch andere benachbarte Siedlungen teilten dieses Schicksal. Während die Bedeutung des Gebiets von Mignone darin bestand, daß der Weg zu den Erzvorkommen von Tolfa hier vorbeiführte, lagen die tarquinischen Dörfer unmittelbar neben dem wichtigen Verkehrsweg, den der Fluß Marta bildete. Die Marta entsprang etwa 37 Kilometer nordöstlich von hier im See Bolsena, jenem See, den die Etrusker als den geheiligten Ort ihres eigenen Ursprungs betrachteten. Wie andere etrurische Seen und Lagunen war auch dieser See reich an Fischen und Sumpfvögeln, und in seiner Umgebung gab es Bauholz, Schilf und Rohr für den Bau von Häusern und Windbrechern. Die Entdeckung umfangreicher Gräberfelder liefert uns den Beweis dafür, daß die unmittelbare Umgebung des Sees einst dicht besiedelt war.[20] Am Südwestufer in der Nähe des Ausflusses der Marta lag das Dorf Visentium (Bisenzio). Hier hat man zahlreiche Bronzegegenstände tarquinischen Ursprungs gefunden, und das läßt vermuten, daß Visentium zur Einflußsphäre von Tarquinii gehörte.[21] Nicht zu Unrecht bezeichnete man in der Antike den Bolsenasee oftmals als den ›Tarquinischen See‹. Auch Visentium hat nach einer Blütezeit in der zweiten Hälfte des 8. Jahrhunderts v. Chr. aufgehört zu bestehen und ist offenbar ebenso wie Luni vom Erdboden verschwunden. Schon hieran können wir ersehen, wie ungeheuer stark der Einfluß gewesen sein muß, der von der Vereinigung der tarquinischen Dörfer auf die in der Nachbarschaft gelegenen Gemeinwesen ausgegangen ist. Augenscheinlich haben die Tarquinier eine so mächtige Stellung eingenommen, daß sie ihre Nachbarn verdrängten. Einflüsse von außen, über die wir später noch sprechen werden, haben sie veranlaßt, die Erzvorkommen intensiver und mit größerem Erfolg auszubeuten, als dies ihren Rivalen möglich war.

Tarquinii behielt seine Vorherrschaft jedoch nur für einen kurzen Zeitraum – vielleicht nicht länger als hundert Jahre. Dann übernahm sein östlicher Nachbar Caere (das etruskische Cisra oder Chaisr[i]e,[22] das heutige Cerveteri), 48 Kilometer nordwestlich von Rom, diese Rolle und betrieb nun seinerseits die Ausbeutung der Erzvorkommen im Tolfagebirge.

Ebenso wie Tarquinii hatte Caere etwa seit dem 9. Jahrhundert v. Chr. aus einer Gruppe von Dörfern bestanden. Vielleicht war an der Stelle, an der später die Stadt gegründet wurde, auch nur ein einziges Dorf gelegen, während sich andere in der unmittelbaren Nachbarschaft befanden. Die zentral gelegene Siedlung dehnte sich bis an den äußeren Rand des vulkanischen Hochplateaus aus, das im Südwesten bis zu einer Ebene reichte, die an das Mittelmeer grenzte. Hier war die Küste nur 5,6 Kilometer von Caere entfernt. Zwei von Klippen gesäumte Flußtäler umschlossen den besiedelten Raum zu beiden Seiten und vereinigten sich zu dem kleinen Fluß Vaccina. Bei Vergil ist dies der Fluß von Caere (*Caeritis amnis*), der nördlich der heutigen Stadt Ladispoli in die See mündet. Für die Anlage der Stadt an dieser Stelle ist zweifellos die ausgezeichnete Wasserversorgung maßgebend gewesen. Hier gab es auch Heilquellen, die den Ort berühmt gemacht haben.[23] An der Grenze zwischen der Küstenebene und dem Hügelland war Caere ideal gelegen,[24] und das vorspringende Felsplateau, auf dem seine Häuser standen, bildete zugleich den letzten Ausläufer des erzreichen Tolfagebirges. Wie wir gesehen haben, waren diese Erzvorkommen in den ersten Jahrhunderten des letzten Jahrtausends v. Chr. von Tarquinii in Anspruch genommen worden, aber obwohl die Tarquinier auch in der Zeit danach noch über einen Teil des Gebirgszuges verfügt haben mochten, berichtet der Kommentator Vergils, Servius, später habe der Fluß Minio, der heutige Mignone, die Grenze gebildet, und das Tolfagebirge habe zu Caere gehört.[25]

Aus der Art der bei ihren Ausgrabungen zum Vorschein gekommenen Gegenstände schließen die Archäologen, daß spätestens in den ersten Jahren des 7. Jahrhunderts v. Chr. ein großer Teil der Gebiete, in denen Erz gefunden wurde, aus tarquinischem in caerischen Besitz übergegangen sei. Das geschah zu einer Zeit, als die Dörfer von Caere sich zu einer Stadt zusammengeschlossen hatten. Caere war durch mehrere Straßen mit den Bergbaugebieten verbunden, während die Flüsse, die zu seinem Einflußbereich gehörten, an denen aber auch noch andere frühe, auf Berggipfeln errichtete Siedlungen lagen, die Verbindung mit der Küste herstellten.

Die historischen Entwicklungen, die dazu geführt haben, daß die tarquinischen Bergbaugebiete schließlich von Caere übernommen wurden, lassen sich heute nicht mehr im einzelnen erforschen, denn es gibt über diese Zusammenhänge kaum irgendwelche Aufzeichnungen; es ist jedoch geschehen und hatte eine bedeutende Machtverschiebung zur Folge. Wie schon gesagt, hat es bereits um 800 v. Chr. herum an der Stelle des späteren Caere ein Dorf gegeben, aber die Bedeutung dieses Ortes nahm erst zu, als seine Bewohner die in der Nähe vorkommenden Erze zu verarbeiten begannen. Das hat die ganze Siedlungsstruktur verändert. Zuerst gab es zwei größere Gräberfelder, auf denen wir sowohl Gruben für die Urnenbeisetzung als auch Gräber für die Erdbestattung finden. Später umschlossen diese Gräberfelder das zentral gelegene Siedlungsgebiet von fast allen Seiten.

Als Tarquinii im 8. oder Anfang des 7. Jahrhunderts v. Chr. einen Teil der Erzgruben im Tolfagebirge verlor, war sein südöstlicher Nachbar Caere nicht der einzige Nutznießer. Wahrscheinlich hat auch die Nachbarstadt von Tarquinii auf der anderen Seite, das etwa 21 Kilometer nordwestlich gelegene und nur 10 Kilometer von der Küste entfernte Vulci (das etruskische Velche), die Metallvorkommen ausgebeutet und dadurch seine Machtposition gestärkt. Vulci beteiligte sich an diesem Konkurrenzkampf aber erst, nachdem es schon eine beachtliche Geschichte hinter sich hatte, die wir aber leider nicht rekonstruieren können. Der Ort lag auf einem flachen Hügel in einer großartigen einsamen Landschaft und in einer Schleife, die von der Fiora (bei den Römern Armentae oder Arnine) und zweien ihrer Nebenflüsse gebildet wurde. Steil abfallende Hänge schützten den Ort an der Nordostseite, an der seine Akropolis lag, und nach Osten. Da man auf verschiedenen Gräberfeldern Material gefunden hat, das bis ins 9. Jahrhundert v. Chr. zurückreicht, nimmt man an, es habe hier ursprünglich vielleicht insgesamt fünf autonome Dörfer gegeben – im einzelnen nachweisen konnte man sie bisher allerdings noch nicht. Sie scheinen aber bereits in der ersten Hälfte des 8. Jahrhunderts v. Chr., wenn nicht sogar noch früher, eine gewisse Bedeutung erlangt zu haben.[26]

Zu den wichtigsten Funden in den frühen, vor den Städtegründungen bestehenden Siedlungen bei Vulci gehören Gegenstände aus Bronze, vor allem eine Hüttenurne mit einem tief überhängenden Dach aus gehämmertem Metall, eine Bronzeflasche und ein Schwert. Das läßt ebenso wie die Tatsache, daß Vulci später die bedeutendste Bronzeindustrie von Etruria besaß, darauf schließen, daß schon die Dörfer eigene Bergwerke hatten. Ihren Bewohnern wäre es wohl kaum möglich gewesen, sich das Erz durch Tauschhandel aus anderen Regionen zu beschaffen – standen ihnen doch keinerlei Tauschobjekte zur Verfügung, gegen die sie das wertvolle Metall hätten einhandeln können. Andererseits wäre es zu gewagt zu behaupten, die Dörfer, aus denen Vulci entstanden ist, hätten schon Zugang zu den Erzlagern des Tolfagebirges gehabt, denn Anfang des 8. Jahrhunderts v. Chr. gehörten die Erzvorkommen dort den Tarquiniern. Man darf daher annehmen, daß die Siedlungen bei Vulci schon zu früher Zeit die Erzlager des Berges Amiata ausgebeutet haben und daß diese ganze Gegend, die etwa 50 Kilometer von Vulci entfernt am Oberlauf der Fiora lag, zu ihrem Einflußbereich zählte. Anders als

andere etrurische Flüsse war die Fiora, soweit wir wissen, nicht auf größeren Strecken schiffbar. Doch die am Flußufer entlangführenden Wege verbanden Vulci mit dem Landesinneren und insbesondere mit dem erzreichen Berg Amiata.
Das Fioratal war schon seit Anfang des 2. Jahrtausends v. Chr. besiedelt, besonders am Ponte San Pietro, wo man ein Gräberfeld aus der Kupferzeit gefunden hat. Erst kürzlich kamen bei Crostoletto di Lamone am Mittellauf der Fiora Gräber zum Vorschein, die aus der Zeit um 1000 v. Chr. stammen. Das Gräberfeld ist von mächtigen Wällen umgeben und zeigt die für die Grabstätten des Landes typischen Hügel.[27] Daß das Flußtal als Verkehrsweg genutzt wurde, war nichts Neues, und offenbar ist der Zusammenschluß der Dörfer auf der Anhöhe von Vulci dadurch veranlaßt worden, daß hier ein Verbindungsweg zum Berg Amiata bestand. Die Vereinigung der Dörfer hat sich augenscheinlich kurz vor oder nach 700 v. Chr. vollzogen, und das war vermutlich auch die Zeit, als Vulci sich gemeinsam mit Caere den Zugang zu weiteren Erzvorkommen verschaffte, indem es den Tarquiniern einen Teil der Erzlager im Tolfagebirge fortnahm. Vulci gehört also zu den unmittelbaren Erben der tarquinischen Vorherrschaft, obgleich auch seine Vormachtstellung am Amiata wahrscheinlich nicht von allzulanger Dauer war.
Die Dörfer, aus denen später Vulci entstand, hatten schon gewisse Kontakte zur Außenwelt. In etruskischen Gräbern bei Capua in der Campania beispielsweise stieß man bei Ausgrabungen auf Material, das dem in Vulci hergestellten sehr ähnlich ist und Einflüsse von dort vermuten läßt. Außerdem hat eine aus dem 8. Jahrhundert v. Chr. stammende Statuette ihren Weg von Sardinien nach Vulci gefunden. Das war genau die Zeit, als die Kunst, die solche Statuetten hervorbrachte, auf Sardinien blühte, und dessen damaligen Bewohnern haben die Etrusker vielleicht manchen wertvollen Hinweis für die Metallbearbeitung zu verdanken.[28]

Die Zivilisationszentren im Nordwesten

Eine weitere Region, die schon sehr früh durch die Metallindustrie zu Wohlstand gekommen ist, befand sich 72 Kilometer von Vulci entfernt im Nordwesten. Die Siedlung dort hieß Vetulonia (etruskisch Vetluna oder Vatluna) und lag an einer Gabelung des Flusses Bruna mit einem seiner Nebenflüsse. Errichtet hatte man sie auf einer 345 Meter über dem Meeresspiegel liegenden Anhöhe mit drei Gipfeln, von der an drei Seiten steile Klippen abfielen. Das fruchtbare Land der Umgebung ist bis auf den heutigen Tag reich an wilden Trauben, und seine Wildbestände sind immer noch sehr groß. Im Unterschied zu damals jedoch liegt die Küste heute 15 Kilometer weit vom Fuß der Erhebung entfernt; in der Antike reichte die Meereslagune Prilius fast bis an deren Südostflanke.

Um die Zeit zu Beginn des 1. Jahrtausends v. Chr. gab es in Vetulonia zwei Gruppen von Begräbnisstätten mit Urnengräbern. Die Urnen hatten entweder die Form von Hütten oder waren bikonisch (ein in Griechenland nicht gebräuchlicher Typus, bei dem das Gefäß aus einem umgekehrten Kegel besteht, dessen oberer Teil ein aufrechtstehender Kegel ist). Die Tatsache, daß beide Gräberfelder streng voneinander getrennt sind, läßt vermuten, daß es damals zwei verschiedene Dörfer gegeben hat, die beide recht groß gewesen sein müssen; Spuren haben sie allerdings keine hinterlassen.

Eine weitere, sehr ähnliche Nekropole (und sicher auch ein sehr ähnliches Dorf) gab es am Ufer des Sees Accesa nordwestlich von Vetulonia. Das hat eine besondere Bedeutung: Der See liegt nämlich am Rande des erzreichen Gebiets des Massetano; so konnten die Dörfer, die an der Stelle des künftigen Vetulonia lagen, die dortigen Erzvorkommen unter denkbar günstigen Voraussetzungen ausbeuten. Das haben sie auch mit großem Eifer getan, denn sie schürften und bearbeiteten hier zunächst Kupfer- und später Eisenerz.[29]

Das Entstehen der metallverarbeitenden Industrie hatte, wie nicht anders zu erwarten, bestimmte Folgen. Erstens war diese Region schon sehr bald nach 1000 v. Chr. dicht besiedelt. Zweitens wurde sie im Lauf der Zeit dafür bekannt, daß man hier die verschiedenartigsten Gegenstände aus Bronze herstellte, wobei möglicherweise sardische Bronzearbeiten zum Vorbild gedient haben, denn solche Importe gab es schon gegen Ende des 9. Jahrhunderts v. Chr. Drittens war es nur eine Frage der Zeit, wann sich die Dörfer hier zu einem später bedeutenden Stadtstaat zusammenschließen würden. In diesem Fall geschah es nicht unmittelbar nach dem Aufblühen eines gewissen Wohlstandes und auch nicht so früh wie in Tarquinii und Caere, aber kaum später als in Vulci und sicherlich schon im 7. Jahrhundert v. Chr.

Die Nachbarsiedlung von Vetulonia im Norden war Populonia (etruskisch Fufluna oder Pupluna). Populonia lag mit einer Entfernung von nur rund 20 Kilometern dem Gebiet des Campigliese noch näher als die Nachbarsiedlung und hatte dort Zugang zu sehr reichen Kupfer-, Eisen- und anderen Metallvorkommen. Viel später wurde Populonia für seine blühende Eisenindustrie bekannt, war aber mindestens schon im 8. Jahrhundert v. Chr. ein Zentrum der Bronzeindustrie, denn in den dort angelegten Gräbern hat man sehr schöne Kunstgegenstände aus Bronze gefunden. Die örtliche Akropolis lag unmittelbar an der Küste auf einem etwa 300 Meter hohen Vorgebirge oberhalb der Bucht von Baratti. Das antike Siedlungsgebiet ist heute noch vollkommen unerforscht, aber da es hier schon sehr früh zwei voneinander getrennte Begräbnisstätten gegeben hat – ein Gräberfeld liegt am Fuß des Vorgebirges und das andere weiter im Nordosten –, darf man annehmen, daß es auch in diesem Fall zwei verschiedene Dörfer waren, die der Stadtgründung vorangingen und bereits die Erzvorkommen im Landesinneren ausgebeutet haben.[30]

Bei den älteren Gräbern lag die Asche meist in Gräben; es gibt aber auch ein Grab in der Form einer Kammer, die von einer sogenannten ›falschen Kuppel‹ (*tholos*) überdacht wird. Dieses Runddach ist aus mehreren Reihen einander überlappender Steine gebaut und schließt sich allmählich zu einer konischen Spitze. Aus späterer Zeit kennen wir in Etruria zahlreiche falsche Kuppeln, die oft von Erdhügeln bedeckt waren, aber die eben erwähnte ist die älteste, die wir kennen, und wahrscheinlich Ende des 9., vielleicht aber auch zu Beginn des 8. Jahrhunderts v. Chr. entstanden.[31] Man hat überzeugend argumentiert, dieses Modell sei von Sardinien nach Populonia gekommen, denn sardische Monumente mit sogenannten falschen Kuppeln in der Form eines stumpfen Kegels sind denen in Populonia so ähnlich, daß sich diese These angesichts der geographischen Nähe der Insel und ihrer engen Beziehungen zu Etruria kaum von der Hand weisen läßt.[32]

Die falsche Kuppel hatte sowohl in Sardinien als auch in vielen Gegenden des Mittleren Ostens[33] bereits eine sehr lange Geschichte hinter sich. Doch die spezifische Form, in der sie schließlich von Sardinien nach Etruria gelangte, ist wahrscheinlich in der zweiten Hälfte des 2. Jahrtausends v. Chr. von den westlichen Außenposten der mykenischen Zivilisation Griechenlands dorthin gebracht worden, bei deren Bevölkerung dieser Typus der Dachkonstruktion üblich war.[34] Man könnte sogar meinen, Populonia habe die ›falsche Kuppel‹ *direkt* von den Mykenern und nicht erst auf dem Umweg über Sardinien übernommen. Da jedoch seit der Auflösung oder Schrumpfung der mykenischen Welt (um 1250 bis 1200 v. Chr.) bis zur Errichtung des ersten Gebäudes mit einer solchen falschen Kuppel in Populonia mindestens 400 Jahre vergangen waren, ist es wahrscheinlich richtiger anzunehmen, daß die Anregung aus Sardinien kam.

Als diese architektonische Form in Populonia eingeführt wurde, bereicherte sie hier eine Zivilisation, der das mykenische Erbe durchaus nicht fremd zu sein brauchte. Es gibt nämlich unabhängig von diesem Beispiel zahlreiche Anhaltspunkte dafür, daß sich die ersten Erben der Mykener im Mittleren Osten vor und nach der Jahrtausendwende für Populonia und seinen Reichtum interessiert haben. In einigen Schachtgräbern kamen dort Schwerter und Broschen der gleichen Art zum Vorschein, und es handelt sich dabei um einen Typus, den es in den Jahren 1100 bis 800 v. Chr. auf Zypern und in Syrien gegeben hat.[35] Diese Gegenstände waren von den Nachfolgern der Mykener, die sich für die etrurischen Metalle interessierten, über Sardinien oder Sizilien nach Populonia gebracht worden.[36] Wenn die Bewohner von Populonia daher kurz vor oder nach 800 v. Chr. die mykenischen Bauwerke mit der falschen Kuppel imitierten, führten sie eine Tradition des Kontakts mit dem östlichen Mittelmeerraum fort, die schon sehr weit zurückreichte und während dieses langen Zeitraums vielleicht niemals unterbrochen worden war.

Angesichts dieser fruchtbaren Beziehungen überrascht es nicht, daß das Gebiet um die beiden Dörfer in der Gegend, wo später die Stadt Populonia entstand, in den ersten Jahrhunderten des 1. Jahrtausends v. Chr. ungewöhnlich dicht besiedelt war. Wie auch anderswo in Etruria schlossen sich die beiden Siedlungen im Lauf der Zeit zusammen und vollendeten diesen Zusammenschluß vielleicht nicht viel später, als sich in Vetulonia eine ähnliche Verschmelzung vollzog, das heißt: im 7. Jahrhundert v. Chr. Aber die Stadt Populonia, die daraus hervorging, unterschied sich in einem Punkt von allen anderen etruskischen Zentren (oder vielmehr von den Zentren, aus denen schließlich Stadtstaaten wurden), denn im Gegensatz zu ihnen lag Populonia unmittelbar an der Küste des Tyrrhenischen Meeres, während die anderen im allgemeinen mehrere Kilometer landeinwärts entstanden waren. So hatte Populonia auch einen eigenen Hafen, dessen Lage unmittelbar unterhalb der Akropolis an der Bucht von Baratti, die den Schiffen einen gewissen Schutz gewährte, man in jüngster Zeit hat lokalisieren können (Reste von Hafenanlagen sind sogar unter Wasser erhalten geblieben).[37]

Heute liegt die Akropolis auf dem Festland, aber in der Antike und sogar bis vor gar nicht sehr langer Zeit befand sich hier eine Halbinsel, über die der Geograph Strabo berichtet hat.[38] Diese Halbinsel hatte einen so schmalen Zugang zum Festland, daß sie praktisch eine Insel war. Das läßt sich deutlich auf Landkarten aus der Renaissance und dem 18. Jahrhundert erkennen, die zeigen, daß das heutige Tiefland hinter dem östlichen Vorgebirge der Bucht neben der Mündung des Flusses Cornia (und der heutigen Stadt Piombino) damals eine große offene Lagune oder ein Sumpf (Palude Caldana) und damit fast ein Meeresarm gewesen ist. Diese Lagune umschloß die Akropolis bis zur

Küste im Norden, wo augenscheinlich ein zweiter Fluß in das seichte Wasser mündete, bevor er sich ins Meer ergoß.

Die inselähnliche Lage der Akropolis erklärt eine andere Besonderheit von Populonia, denn obwohl die hier gelegenen und schon blühenden Dörfer sich etwa im 7. Jahrhundert v. Chr. zusammengeschlossen haben, berichtet der Kommentator Vergils, Servius, Populonia sei als Stadt und Stadtstaat nicht so alt wie andere Städte in Etruria.[39] Diese Behauptung wird durch den Historiker Dionysios von Halikarnassos im 1. Jahrhundert v. Chr. bestätigt, der Populonia in einer Liste nordetrurischer Städte für das 6. Jahrhundert v. Chr. nicht erwähnt. Es ist leicht zu erklären, weshalb Populonia, das es schon recht früh zu beachtlichem Wohlstand gebracht hatte, nicht auch zu den ersten Stadtstaaten gehört hat; offensichtlich waren die Dörfer, aus denen es hervorging, mit einem ganz andersartigen Gemeinwesen verbunden oder von ihm abhängig. Das ist, wie wir heute immer deutlicher erkennen können, wahrscheinlich ein Markt (*emporion*) gewesen. Diese *emporia* waren Handelszentren und schon aus diesem Grunde völlig anders organisiert als die Stadtstaaten.[40] Bekanntlich pflegten die Mykener, die sich so lebhaft für diese Region interessierten, solche Märkte einzurichten. Darüber hinaus haben die griechischen Stadtstaaten nach dem 8. Jahrhundert v. Chr., wie wir im folgenden Kapitel sehen werden, eigene *emporia* eingerichtet, sehr oft an der gleichen Stelle, wo früher mykenische Siedlungen gelegen hatten. Zwei dieser Außenposten im Westen, Pithecusae (Ischia) und Cumae (das ein *emporion* gewesen war, bevor es zum Stadtstaat wurde), spielten insofern eine außerordentlich wichtige Rolle, als sie wesentlich zur Ausbeutung der etrurischen Erzvorkommen beigetragen haben. Im Osten gehörte zu den frühen griechischen *emporia* Al Mina an der syrischen Küste, und es war Al Mina, das Pithecusae und Cumae mit Waren und künstlerischen Motiven aus Phönikien (Libanon) wie aus anderen Ländern des Nahen und Mittleren Ostens versorgte. Damit könnte auch die Tatsache im Zusammenhang stehen, daß Populonia seinen Namen von dem etruskischen Gott Fufluns (der dem Dionysos oder Bacchus entsprach) ableitete – dessen Name wiederum wahrscheinlich eine etruskische Form des griechischen Byblinos ist, des Gottes von Byblos, einem Handelshafen an der syrischen Küste.[41] Aber wie das auch gewesen sein mag – jedenfalls können wir den Markt Populonia mit seiner einzigartigen Lage und seinem besonderen Status als ein wahrscheinliches etruskisches Glied in der Kette mediterraner *emporia* ansehen.

Auch die Eisenerzvorkommen auf der benachbarten Insel Elba weckten das Interesse griechischer Händler spätestens seit dem 8. Jahrhundert

v. Chr., denn man hat auf Pithecusae Eisenfragmente aus jener Zeit gefunden, die einwandfrei den Erzgruben von Elba entstammen.[42] Elba ist, wie andere Inseln auch, als Aethalia bezeichnet worden, ein Name, der sich von dem Wort *aithalos* = Rauch ableitet, der von den offenen Schmelzöfen aufstieg. Doch wie wir gesehen haben, war Elba schon viel früher wegen seiner Kupfervorkommen bekannt gewesen. Gerade in diesem Zusammenhang müssen wir daran erinnern, daß mykenische Tafeln aus dem 13. Jahrhundert v. Chr. von *Aitaro* sprechen, das man als Aethalia identifiziert hat, und dabei wiederum spielen die Kupferexporte aus Elba eine Rolle.[43] Wir wissen heute nicht mehr genau, ob und wieweit Populonia bei den frühen Beziehungen Elbas zu fremden Ländern im 2. und Anfang des 1. Jahrtausends v. Chr. eine Vermittlerrolle gespielt hat. Es ist aber durchaus möglich, daß es auch auf Elba ein ähnliches *emporion* gegeben hat wie in Populonia; zu lokalisieren vermag man es allerdings nicht. Aber auf jeden Fall muß sich das Interesse ausländischer Händler für Populonia dadurch erhöht haben, daß es nicht nur in der Nähe der Erzvorkommen des Campigliese, sondern auch in unmittelbarer Nachbarschaft der Insel Elba gelegen war.

54 Kilometer nordwestlich von Populonia lag Volaterrae (etruskisch Velathri, heute Volterra), ein weiteres bedeutendes Gemeinwesen in Etruria, das seine Entstehung und seinen Wohlstand dem Zugang zu Erzlagern zu verdanken hatte, denn Volaterrae war unmittelbar oberhalb des erzreichen Cecinatals gelegen. Es gibt Funde, aus denen hervorgeht, daß diese Vorkommen schon im 2. Jahrtausend v. Chr. ausgebeutet worden sind, und obwohl wir nicht sehr viele konkrete Hinweise haben, muß man annehmen, daß die Lage tausend Jahre später, zu etruskischer Zeit, nicht anders gewesen ist.

Volaterrae war herrlich gelegen; wie Strabo berichtet, lag die Stadt »auf dem ebenen Gipfel eines hohen Berges, der nach allen Seiten steil abfällt«.[44] An den Flanken des Berges befanden sich mehrere antike Begräbnisstätten, die ebenso wie an anderen Orten den Schluß zulassen, daß auf dem Plateau ursprünglich mehrere Dörfer standen, die sich später zusammengeschlossen haben.[45] Die Gräberfelder aus dem 7. Jahrhundert v. Chr. am nordwestlichen Ausläufer der Akropolis interessieren uns besonders, weil man hier einen Gräbertyp gefunden hat, der für Norditalien, wohin Volaterrae enge Beziehungen unterhielt, charakteristisch ist. Diese Gräber bestanden aus rechtwinkligen, mit Steinplatten ausgelegten Kammern.[46] Sie waren nicht sehr reich ausgestattet, und es gibt auch keine Anzeichen für einen besonderen Wohlstand zu jener Zeit. Doch unmittelbar neben den Begräbnisstätten liegt der nach einem gewaltigen Erdrutsch entstandene, zerklüftete, malerische Hang (Le Balze), und bei dieser Katastrophe sind wahrscheinlich große Teile der älteren Bestattungsanlagen in die Tiefe gerissen worden; es wäre deshalb angesichts unseres Mangels an Erkenntnissen voreilig zu glauben, daß Volaterrae im 8. und 7. Jahrhundert v. Chr. ein unbedeutender Ort gewesen sei. Da die Stadt so weit im Norden lag, hat ihre Entwicklung zweifellos später eingesetzt als die der Städte im südlichen Etruria; aber irgendwann nahm Volaterrae die Ausbeutung der Erzvorkommen von Cecina in Angriff, und die Dörfer schlossen sich zusammen.

Der Nordosten und der Südosten

Clusium (Clevsin, das heutige Chiusi) liegt hoch auf einem vulkanischen Felsen und weit im Inneren von Etruria. Das im Süden gelegene Vulci war etwa 70 Kilometer von hier entfernt, und die Erzlager der Berge Cetona und Amiata lagen zwischen Vulci und Clusium, doch näher an letzterem. Deshalb haben die Bewohner der Siedlungen, die an der Stelle des späteren Clusium lagen, die Erzvorkommen von Cetona schon zu einem relativ frühen Zeitpunkt in Besitz genommen. Bereits vor der Wende zum 1. Jahrtausend v. Chr. sind diese Erze in der Nähe des befestigten Dorfes Belverde[47] abgebaut worden, und es hat den Anschein, daß sich die Bewohner von Clusium irgendwann im 6. Jahrhundert auch in den Besitz von Teilen des Amiata gesetzt haben.
Es wäre jedoch etwas gewagt, Clusium uneingeschränkt mit allen anderen führenden etruskischen Städten in eine Reihe zu stellen, die in erster Linie und von Anfang an ihre Entwicklung und ihren Wohlstand den Erzvorkommen verdankten; denn die Dörfer, die an der Stelle lagen, wo später Clusium entstand, scheinen zunächst fast ausschließlich von der Landwirtschaft gelebt zu haben. Sie wurde durch die große Fruchtbarkeit des Flußtals der Chiana (Clanis), eines Nebenflusses des Tiber, begünstigt. Im Mittelalter entstandene Sümpfe und Entwässerungsanlagen aus neuerer Zeit haben den Fluß vollständig verschwinden lassen. Aber in der Antike war er ein ansehnlicher und sogar schiffbarer Strom.[48] Der Ackerbau in dieser Region war mit Hilfe von Bewässerungsanlagen schon zu früher Zeit hoch entwickelt.
Neben den Siedlungen bei Clusium gab es noch mindestens sechs andere frühe ackerbautreibende Dörfer im gleichen Gebiet. Das waren unter anderem Poggio Renzo im Norden, Sarteano im Südosten und hinter Sarteano auf dem Berg Cetona noch eine weitere Siedlung. Doch um 700 v. Chr. wurden alle diese Dörfer dem Erdboden gleichgemacht, und ihre

Bewohner gründeten die neue Stadt Clusium, indem sie die Dörfer auf dem Plateau zusammenfaßten. In früherer Zeit sind die hier gelegenen Dörfer vielleicht umbrisch gewesen, obwohl man später das Gebiet von Umbrien, wo trotz gewisser etruskischer Einflüsse italisch gesprochen wurde, nicht als so weit im Westen liegend angenommen hat. Darüber hinaus bestand auch noch zu etruskischer Zeit ein Teil der Bevölkerung von Clusium aus Umbrern (›Camertes Umbri‹); es dürfte sich also um ein zweisprachiges Gemeinwesen gehandelt haben, wie dies auch bei anderen Siedlungen in den Randgebieten von Etruria der Fall war.
Einerseits sind durch Clusium gewisse Ortschaften in diesem Raum zerstört worden, die Stadt hat aber auch Neugründungen angeregt. So geht beispielsweise die Gründung der etruskischen Stadt Volsinii (Orvieto) am Ostufer des Bolsenasees[49] gegen Ende des 7. oder Anfang des 6. Jahrhunderts v. Chr. auf die Anregung von Clusium zurück. Es war an dieser Neugründung schon allein deshalb so interessiert, weil hier das panetruskische Heiligtum der Voltumna lag. Etwa um die gleiche Zeit wandten Clusiums Bewohner ihren Blick aber auch in die andere Richtung, also nach Norden, und veranlaßten dort die Gründung von Cortona, Arretium (Arezzo) und Faesulae (Fiesole). Es hat daher den Anschein, daß Clusium mit seinem fruchtbaren Ackerland und den reichen Erzvorkommen einen lebhaften Handel betrieb und starke expansionistische Kräfte entwickelte.
Wie bereits erwähnt, hat der Ackerbau in Clusium vielleicht größere Bedeutung gehabt als die Metallverarbeitung. Das ebenfalls recht spät gegründete Veii am äußersten Südostrand von Etruria scheint ausnahmsweise keinen direkten Zugang zu irgendwelchen Erzvorkommen gehabt zu haben. Veii hatte seinen Reichtum und seine Entwicklung in erster Linie dem Ackerbau und dem Handel zu verdanken, daneben aber auch den sehr ertragreichen Salzpfannen an der Tibermündung. Archäologen förderten bei Veii wohl einzelne Gegenstände aus dem 2. Jahrtausend v. Chr. zutage, aber dauerhafte Siedlungen sind auch dort augenscheinlich erst im 1. Jahrtausend v. Chr. entstanden, als es mindestens drei, vielleicht aber auch fünf Dörfer mit ovalen Hütten gab, die alle eine eigene Begräbnisstätte besaßen. Diese Dörfer mit jeweils etwa 300 bis 600 Einwohnern lagen auf einem ausgedehnten Hochplateau, das aus zwei Bergrücken und einem südlichen Vorgebirge (der späteren Akropolis) bestand. Der Höhenzug fiel auf drei Seiten steil in die tiefen Schluchten des Flusses Valchetta (der antiken Cremera, eines Nebenflusses des Tiber) und eines seiner Nebenflüsse ab. Das Hochplateau bot nicht nur Raum für die Siedlungen, sondern bestand zum Teil auch aus Feldern. Mit der Zeit erreichten die Dörfer und ihre jeweiligen

Begräbnisstätten einen beachtlichen Umfang; sie entwickelten sich aber später und waren ärmer als andere Gemeinwesen im südlichen Etruria, weil es in dieser Region keine Erze gab. Doch schon um 800 v. Chr. oder sehr bald danach gelangten griechische Keramiken hierher,[50] und zwar noch vor der Errichtung griechischer Handelsposten und Kolonien in Süditalien. Daß diese Gefäße nach Veii kamen, hat die Stadt augenscheinlich nur ihrer geographischen Lage an der Südspitze von Etruria in der Nähe des Tiber und unmittelbar neben den süditalischen Häfen zu verdanken, die schon damals von den Griechen angelaufen wurden, obwohl sie hier noch keine Handelsniederlassungen eingerichtet hatten. Keinesfalls darf man aus den Keramikfunden den Schluß ziehen, daß die Griechen für Veii ein besonderes Interesse gehabt hätten. Was sie hierherführte, waren die reichen Erzlager in Etruria (und zwar in der Nähe anderer etruskischer Städte, nicht bei Veii), und nur ihretwegen haben die Griechen in der Zeit nach Mitte des 8. Jahrhunderts v. Chr. an der süditalischen Küste Handelsposten eingerichtet und Kolonien gegründet. Nachdem das geschehen war, konnten sie und ihre im Land herumreisenden Vertreter den Etruskern sehr günstige Möglichkeiten für die Weiterentwicklung ihres Wohlstandes bieten. In der Tat verdanken die Etrusker ihren Beziehungen zu jenen griechischen Handelsvertretern zugleich auch die stärksten wirtschaftlichen, sozialen und kulturellen Impulse für die Entwicklung ihrer Zivilisation. Insbesondere haben gerade diese Kontakte entscheidend dazu beigetragen, daß sich die etruskischen Dörfer zu mächtigen Stadtstaaten zusammenschlossen.

Aber die Etrusker waren nicht nur Einflüssen aus dem griechischen Raum ausgesetzt, sondern auch solchen aus dem Nahen Osten, besonders aus Phönikien. Wir müssen uns deshalb im folgenden den beiden Haupteinflüssen zuwenden, die das Entstehen der etruskischen Kultur mit all ihren charakteristischen Eigentümlichkeiten bewirkt haben. Dabei wollen wir versuchen, jene spezifische Mischung aus Orientalismus und Hellenismus zu analysieren und zu illustrieren, die sich hier mit einer gewachsenen Originalität verband und aus dieser Kultur das gemacht hat, was sie schließlich war.

3. Entscheidende Einflüsse aus dem Osten

Der Einfluß des Nahen Ostens

Die Bevölkerung von Phönikien, eines Küstengebiets, das heute einen Teil des Libanon bildet, spielte bei der Vermittlung nahöstlicher Bräuche, Techniken und künstlerischer Impulse an den ganzen Mittelmeerraum und den Westen eine entscheidende Rolle. Als die sogenannte mykenische Zivilisation, deren Zentren Mykenä und andere griechische Städte bildeten, in den Jahren um 1250 bis 1200 v. Chr.[1] ihre Expansivkraft verloren hatte, füllten die Hafenstädte an der phönikischen Küste das dadurch entstandene Handelsvakuum zum Teil aus. Seit Beginn des 10. Jahrhunderts v. Chr. übernahm Sidon (Saida) dabei die Führung, und ihm folgte sehr bald das 32 Kilometer weiter südlich gelegene Tyros (Sur). Beide Städte machten sich die Erfahrungen ihres nördlichen Nachbarn Byblos in der Seefahrt zunutze.
Die Phöniker verfügten über sehr reiche Holzvorkommen in den Bergen des Libanon. Sie verwendeten dieses Holz als Brennmaterial beim Schmelzen von Metall und für den Schiffsbau. Angeblich sind die Phöniker die ersten gewesen, die es verstanden haben, sich bei der Navigation nach den Sternen zu richten, die es wagten, auf das offene Meer hinauszufahren und dabei die Sichtverbindung zur Küste aufzugeben, die zur Nachtzeit segelten und auch im Winter Seereisen unternahmen.[2] Im 9. Jahrhundert v. Chr. gründeten sie auf der Insel Zypern von Phönikien abhängige Staaten. In der Kunst dieser Insel vereinigten sich phönikische Einflüsse mit denen des vergangenen mykenischen Zeitalters, während dessen Zypern im 14. Jahrhundert v. Chr. ja schon ein bedeutender Umschlagplatz gewesen war. Als die Phöniker das mykenische Erbe im Mittelmeerraum antraten, machten sie Zypern zum Ausgangspunkt für weitere Unternehmungen, im Rahmen derer sie auch Handelsniederlassungen an den Küsten der ägäischen Inseln sowie in Nordafrika einrichteten. Hier, in Nordafrika, gründete Tyros Ende des 9. oder Anfang des 8. Jahrhunderts v. Chr. seine berühmte Kolonie Karthago. Diese Stadt wurde zu einem Handelszentrum von weit größerer Bedeutung als die normalen phönikischen Außenposten; sehr bald allerdings machte sie sich selbständig und übernahm als eine der größten Städte der Welt die Führung im westlichen Mittelmeerraum.[3]
Die Aktivitäten der Phöniker erstreckten sich bis an die Südküste von Frankreich und weiter bis an die spanischen Küsten und Inseln. Ihr erster

spanischer Handelsplatz, der gegründet wurde, um den Griechen den Zugang zu den spanischen Edelmetallen zu verwehren, lag auf der Baleareninsel Ebusus (Ibiza) und wurde nach der Überlieferung in den Jahren 654–653 v. Chr. gegründet.[4] Die phönikische Niederlassung in Gades (Cadiz) verschaffte ihnen den Zugang zum Gold, Silber und Kupfer von Tartessus an der Mündung des Guadalquivir.[5] Wenige Jahre später ist möglicherweise sogar Tartessus selbst von den Phönikern in Besitz genommen worden. Auf dem Wege zu diesen spanischen Außenposten wurden im mittleren Mittelmeergebiet auch andere phönikische und später karthagische Handelsposten errichtet, so beispielsweise auf der Insel Melita (Malta) oder auf Sardinien, wo die Gründung der ersten phönikischen Siedlung Nora an der Südspitze der Insel bereits im 8. oder sogar schon im 9. Jahrhundert v. Chr. erfolgte.[6]
Die Siedlungen an der Nord- und Ostküste von Sardinien hatten naturgemäß enge Beziehungen zu Etruria, und ein an der Ostseite der Insel gelegenes Gemeinwesen, das der Aesaronenser, trug sogar einen etruskischen Namen.[7] Es war jedoch ein nicht sehr viel später entstandener phönikischer Hafen an der Westküste von Sardinien, Tharros, der die engsten Beziehungen zu den Etruskern entwickelte. Die Westküste der Insel ist zwar von Etruria abgewandt und blickt auf die spanische Ostküste, aber gerade Spanien war es, das die Händler mit Gold belieferte, und das wiederum erklärt, weshalb sich so lebhafte Handelsbeziehungen mit den Etruskern entwickeln konnten. Diese nämlich hatten allergrößtes Interesse daran, ihr Kupfer, Eisen und Zinn wie auch ihre landwirtschaftlichen Erzeugnisse gegen Gold einzutauschen. Das auf einer Halbinsel neben einer Bucht gelegene Tharros verfügte über reiche Fischgründe und Salzpfannen und war damit die wohlhabendste Stadt auf Sardinien. Insbesondere verfügte es über die größten Werkstätten, in denen das importierte Gold und Silber sowie die Edelsteine verarbeitet wurden, die es im Westen gab.[8]
Nachdem die Phöniker und Karthager damit begonnen hatten, auf Sardinien Handelsposten einzurichten, gründeten sie solche Niederlassungen auch auf Sizilien. Die erste dieser Gründungen war Motya (Mozia bei Marsala); sie entstand wahrscheinlich nach 700 v. Chr. Auch in Etruria gab es phönikische und karthagische Handelsniederlassungen, vor allem bei Punicum (der ›karthagischen‹ Stadt), einem Hafen von Tarquinii, in Pyrgi, einem Hafen von Caere, und augenscheinlich sogar in Rom.[9] Darüber hinaus haben die Phöniker vielleicht schon viel früher einen Handelsplatz auf der Insel Pithecusae (Ischia) vor der Bucht von Neapel eingerichtet, und zwar noch bevor die Griechen zu Beginn des 8. Jahrhunderts v. Chr. dorthinkamen.[10]

Ebenso wie die Griechen, die die Phöniker – und auch die Etrusker – als Piraten bezeichneten, richteten die phönikischen Kaufleute ihre Handelsposten im Westen in der Absicht ein, Metalle zu kaufen. Im südöstlichen Kleinasien erwarben sie Silber und in Zypern Kupfer (bekanntlich verdankt die Insel ja ihren Namen diesem Metall, das dort seit Mitte des 2. Jahrtausends v. Chr. gewonnen und geschmolzen wurde).[11] Mit ihren Außenposten im Westen bemühten sie sich um zusätzliche und nähergelegene Kupferlieferanten; doch um aus dem Kupfer Bronze herzustellen, benötigte man auch Zinn, das sich in den erforderlichen Mengen allerdings nur schwer beschaffen ließ. Ihr wichtigster Lieferant für dieses Metall ist wahrscheinlich Nordspanien gewesen; sie bekamen es aber auch aus Frankreich und dem südwestlichen Britannien (Cornwall).[12] Die Etrusker hatten ihrerseits nicht weniger großes Interesse an Zinn wie an Silber, und die Phöniker bzw. Karthager konnten ihnen beides aus Spanien besorgen. Obwohl den Etruskern beide Metalle in gewissen Mengen zur Verfügung standen, genügten die eigenen Vorkommen nicht;[13] abgesehen davon war man natürlich auch auf das Gold der phönikischen Händler angewiesen. Angesichts der engen Beziehungen, die sich zwischen den Phönikern und Karthagern auf der einen und den Etruskern auf der anderen Seite entwickelten, ist es wahrscheinlich, daß einige der zahlreichen Gegenstände aus dem Mittleren Osten, die nach Etruria kamen, und die vielen nahöstlichen Motive, die gegen Ende des 8. und im 7. Jahrhundert v. Chr. die etruskische Kunst in so auffälliger Weise beherrschten, nicht auf dem Umweg über griechische Verbindungsleute, sondern direkt aus Phönikien oder von phönikisch-karthagischen Siedlungen und Außenposten im Westen nach Etruria gelangt sind. Das gleiche gilt möglicherweise auch für die Namen einiger etruskischer Götter. Der Patron des metallverarbeitenden Handwerks, Sethlans (der dem griechischen Hephaistos und dem römischen Vulcanus entspricht), erinnert uns an den sidonischen Namen Sethlos,[14] und Fufluns (Dionysos oder Bacchus), nach dem Populonia (Fufluna oder Pupluna) benannt wurde, könnte etymologisch mit dem Namen der phönikischen Stadt Byblos verwandt sein. Hier einen Zusammenhang zu vermuten, liegt durchaus nahe, denn die Etrusker haben zunächst Wein und wahrscheinlich auch Olivenöl aus Phönikien eingeführt. Es bleibt nach wie vor umstritten, wieweit diese Anleihen aus dem Nahen Osten indirekt durch griechische Vermittlung oder direkt nach Etruria gekommen sind, doch auf jeden Fall ist die Zivilisation der Etrusker auf einem der beiden Wege entscheidend von Phönikien mitgeprägt worden.

Dieser Feststellung widerspricht es auch keineswegs, daß wir im Leben

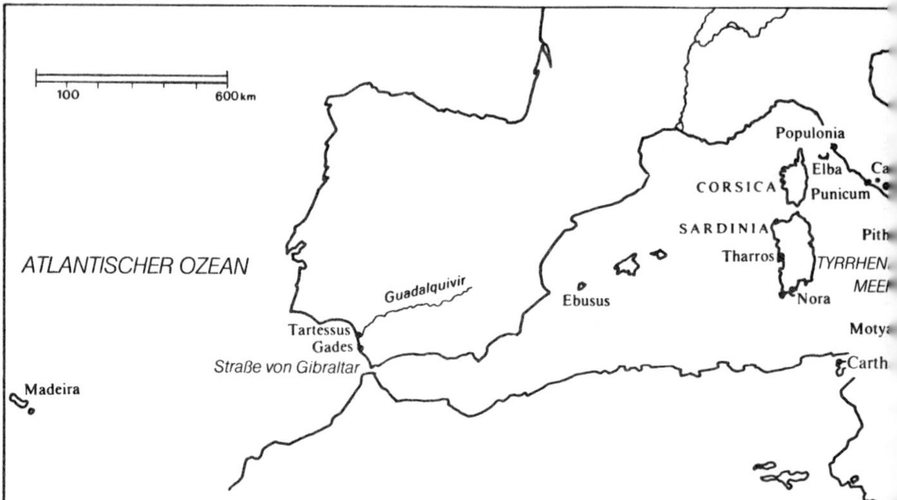

3 Die Phöniker und Karthager

der Etrusker einer verwirrenden Vielfalt aller möglichen Elemente aus dem nahöstlichen Raum begegnen, denn die Erscheinungsformen der Kunst und Kultur, wie man sie in den phönikischen Städten und Märkten beobachten konnte und wie sie von den Phönikern in alle Welt hinausgetragen wurden, zeigten die gleiche Vielfalt. Die Phöniker lebten im Mittelpunkt eines riesigen kulturellen Schmelztiegels. Ihre ästhetischen Vorstellungen beispielsweise lassen die verschiedenartigsten Einflüsse erkennen, und überhaupt waren die Phöniker seit jeher offen für die Lebensgewohnheiten, Arbeitsmethoden und Künste ihrer Nachbarländer. Die Techniken des Erzbergbaus übernahmen sie von Ägypten, zu dem sie enge Beziehungen unterhielten; von den Ägyptern erlernten sie auch die Kunst des Ziselierens und Granulierens von Gold (des Auftragens winziger Goldkügelchen auf die heiße Oberfläche goldener Gegenstände in Reihen oder Mustern),[15] die sie direkt oder indirekt mit ihren Goldlieferungen an die Etrusker weitergaben.

Normalerweise als ›phönikisch‹ bezeichnete Gegenstände, die jedoch oft auch syrische, zypriotische, ägyptische, mesopotamische und assyrische Einflüsse erkennen lassen, sind schon in der zweiten Hälfte des 8. Jahrhunderts v. Chr. nach Etruria gelangt, und ihre Zahl vergrößerte sich um das Jahr 700 v. Chr. noch erheblich. Auch die großen etruskischen Hügelgräber, die aus Grabkammern bestanden, welche auf flachen zylindrischen Aushöhlungen errichtet und von einem runden Erdhügel (*tumulus*) überdacht waren, hatten ihren Ursprung im Nahen Osten.

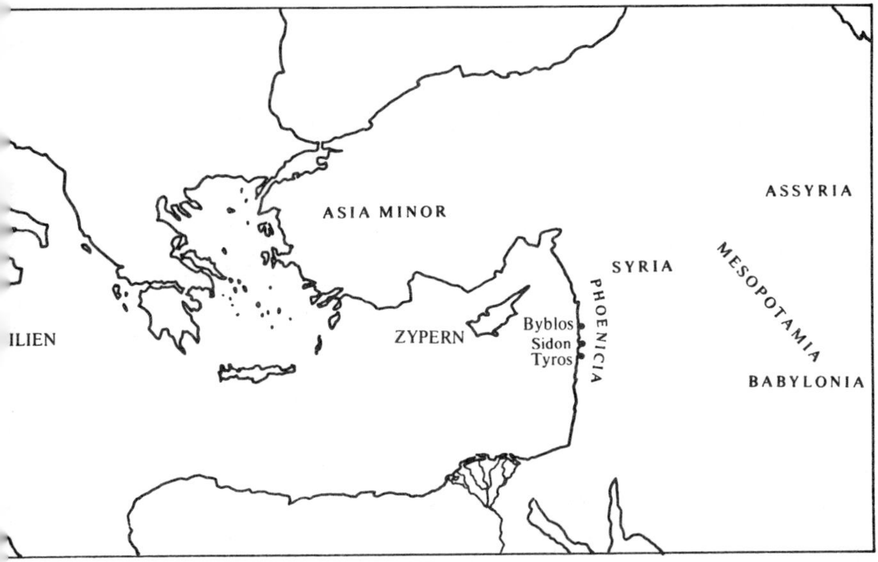

Ganz ähnliche Hügelgräber findet man in den verschiedensten Teilen von Kleinasien und den angrenzenden Gebieten;[16] von dort ist diese Bestattungsmethode schließlich bis nach Etruria gelangt, wobei offenbar auch Sardinien – zumindest teilweise – eine Vermittlerrolle gespielt hat, so wie etwa im Falle der Überwölbung von Gräbern mit falschen Kuppeln. In den etruskischen Gräbern selbst kamen viele Gegenstände zum Vorschein, die nach Form und Art auf enge Beziehungen zum Nahen Osten schließen lassen. Aus Ägypten beispielsweise hat man Straußeneier eingeführt, sie dann dekoriert und in Gestelle eingefügt, um sie in dieser Form als Trinkgefäße zu verwenden. Schon vor 700 v. Chr. kamen in Etruria ägyptische Fingerringe in Mode, zum Teil mit elliptischen Ringkästen; sie sind mit Sicherheit von phönikischen Kaufleuten nach Etruria gebracht worden. Auch die Gegenstände aus Elfenbein, die man in Etruria gefunden hat, lassen uns sofort an die Phöniker denken, die für ihre feinen Elfenbeinschnitzereien bekannt waren und das Rohmaterial dafür aus Asien und Westafrika mitbrachten. Bei diesen Elfenbeinarbeiten übrigens finden sich wiederum die verschiedensten für die Kulturen der Nachbarländer charakteristischen Motive. Die Etrusker führten alle diese Waren ein, und vielleicht ließen sich auch ausländische Künstler in Etruria nieder, die die Etrusker unterrichteten und damit in die Lage versetzten, solche Gegenstände selbst herzustellen.

In der ersten Hälfte des 7. Jahrhunderts v. Chr. erscheinen in Etruria

Bronzegefäße, wie man sie in nahöstlichen und griechischen Städten verwendete. Dazu kommen Dreifüße, konische Gestelle und Kessel mit Griffen aus Löwen- oder Greifenköpfen.[17] Bis vor kurzem hat man behauptet, diese Gegenstände und besonders die Kessel stammten aus dem nordöstlichen Kleinasien, aber neuere Forschungen haben ergeben, daß die Anregung für diese Formen aus Syrien kam.[18] Die ältesten in Etruria hergestellten Dreifüße (um 675 v. Chr.) zeigen gewisse nordsyrische Merkmale, wie man sie bisher in griechischen Städten oder Handelsplätzen noch nicht entdeckt hat.[19] Solche Arbeiten wurden darüber hinaus in Etruria ebenso wie anderswo imitiert, und zwar nicht nur in Bronze, sondern auch in Terrakotta oder in grober Keramik. Die anspruchsvollen Formen lassen vermuten, daß sie entweder für den religiösen Gebrauch bestimmt waren oder für die Häuser und Gräber der Machthaber und der zu neuem Wohlstand gekommenen Oberschicht.

Zu den phönikischen Importwaren, die nach Griechenland und Etruria kamen, gehörten auch Gegenstände aus Glas (eine Spezialität der Phöniker) sowie nahöstliche und babylonische Textilien[20] (die oft mit dem berühmten phönikischen Purpur der *murex* gefärbt waren). Von solchen Textilien ist jedoch, wie nicht anders zu erwarten, nichts erhalten geblieben.[21] Einen noch stärkeren Einfluß hat das phönikische und syrische Alphabet auf die etruskische Kultur gehabt. In seiner Heimat hatte es sich schon vor Ende des 2. Jahrtausends v. Chr. voll entwickelt und diente hier einer Literatur, die verlorengegangen ist. Diese Form der Schriftsprache, das bedeutendste Erbe, das die Welt der Levante zu verdanken hat, breitete sich dann, nachdem auch Schriftzeichen für Vokale hinzugekommen waren, überall dort aus, wo eine alphabetische Schrift entstand. Das geschah zuerst in Griechenland und dann bei den Etruskern und Römern. Hier haben die Griechen mit Sicherheit die Vermittlerrolle gespielt.

Der Reichtum und die Vielfalt nahöstlicher Einflüsse auf die Kunst der Etrusker zeigen, daß sie ungewöhnlich gelehrige Schüler gewesen sind und es ebenso wie die heutigen Japaner verstanden haben, Fremdes aufzunehmen und zu verarbeiten.[22] Auch die Kunst der Griechen wurde in der Zeit nach 700 v. Chr. sehr stark von ›orientalischen‹ Einflüssen geprägt, und zwar im Anschluß an jene Epoche, in der die griechische Vasenmalerei vom geometrischen Stil beherrscht war. Im Gegensatz zu den Griechen aber verhielten sich die Etrusker bei der Übernahme künstlerischer Vorstellungen aus dem Nahen Osten ziemlich unkritisch. Das lag zum Teil daran, daß sie keine eigene starke künstlerische Tradition hatten und ihr unverbildeter Geist sich leichter den von außen kommenden Einflüssen öffnete. Auch im Temperament unterschieden

sie sich grundsätzlich von den Griechen. So weckten die kunsthandwerklichen Importe aus dem Osten – vor allem dann, wenn sie durch eine übertriebene Darstellungsweise die Phantasie anregten – ihre schöpferische Kreativität, und dies besonders stark gerade zu jener Zeit, als sie angesichts der gewaltigen Nachfrage nach ihren Metallen die notwendigen Mittel zur Verfügung hatten, um ihren Geschmack an luxuriösen und extravaganten Dingen zu befriedigen. Das 7. Jahrhundert v. Chr., in dem die Kultur in Etruria so stark unter orientalischem Einfluß stand, ist ebenso wie in Griechenland manchmal als Übergangsperiode bezeichnet worden. Wenn wir die Etrusker aber nicht nur mit dem klassischen Maßstab messen wollen, dann könnten wir auch sagen, daß diese Epoche des glühenden und in leidenschaftlicher Form zum Ausdruck gebrachten Orientalismus ihre Blütezeit gewesen sei.
Mit ihrem lebhaften Interesse für das etrurische Metall haben die Phöniker und ihre Nachfahren im Westen entscheidend daran mitgewirkt, gerade jene Elemente aus dem Nahen Osten nach Etruria zu bringen, die sich als so überaus fruchtbar für die weitere kulturelle Entwicklung des Landes erweisen sollten. Ganz sicher kamen, wie bereits erwähnt, diese Objekte, Motive und Ideen zum Teil direkt aus den phönikischen Gemeinwesen im Nahen Osten oder ihren Niederlassungen im Westen zu den Etruskern; wir haben aber auch Gründe zu glauben, daß manche dieser Anleihen auf dem Umweg über Griechenland ihren Weg nach Etruria gefunden haben, und über diese griechischen Mittelsleute müssen wir jetzt sprechen.

Die Griechen in Süditalien

Es läßt sich kaum mehr feststellen, ob es nicht einst auch auf der Insel Pithecusae (Ischia) vor der Bucht von Neapel einen Handelsposten der Phöniker gegeben hat. Sollte es der Fall gewesen sein, so wurde eine solche Niederlassung jedenfalls sehr bald schon von einem griechischen Markt verdrängt, und kurz darauf richteten die Griechen in Cumae, also an der Festlandküste direkt gegenüber von Pithecusae, sogar noch einen zweiten ein. Die griechischen Händler, deren Interesse natürlich besonders den Metallen galt, haben die Etrusker im Lauf der Zeit nicht nur mit der griechischen Zivilisation bekanntgemacht, sondern ihnen auch viele kulturelle Anregungen aus dem Nahen Osten vermittelt, wovon ja oben bereits die Rede war.
Die griechischen Märkte auf Pithecusae und in Cumae wurden im 8. Jahrhundert v. Chr. gegründet, und es ist kein Zufall, daß sich um die

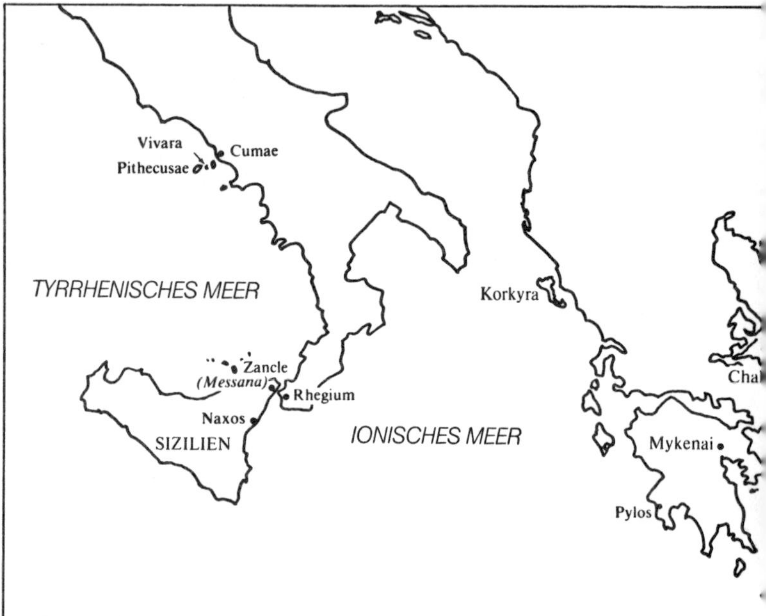

4 Die Euboier und ihre Märkte

gleiche Zeit die etruskischen Dörfer zu Städten zusammengeschlossen haben. Denn erst die Städte vermochten jene straffe Organisation hervorzubringen, die die notwendige Voraussetzung dafür bildete, daß die Etrusker ihre so außerordentlich gewinnbringenden und zugleich ihr Leben von Grund auf verwandelnden Geschäfte tätigen konnten. Neuere Ausgrabungen erbrachten die Gewißheit, daß griechische Keramiken schon Ende des 15. und Anfang des 14. Jahrhunderts v. Chr., also zur Zeit der mykenischen Zivilisation, auf die fruchtbare Insel Pithecusae gekommen sind. Man hat nämlich Beispiele dieser Art auf dem steilen, gut zu verteidigenden Vorgebirge des Monte Vico oberhalb von Lacco Ameno (dem römischen Heraclium) in der Nordwestecke der Insel gefunden, und zwar neben einer zum Teil geschützten Bucht und einem fruchtbaren Landstreifen, den schon Strabo erwähnt.[23] Ein weiterer mykenischer Handelsposten wurde auf der benachbarten kleinen Insel Vivara entdeckt, die südlich von Cumae und näher am Festland gelegen ist.[24] Als Ausgangspunkt für die Reisen zu diesen weit abgelegenen Außenposten dürften den Mykenern die Liparischen Inseln an der sizilia-

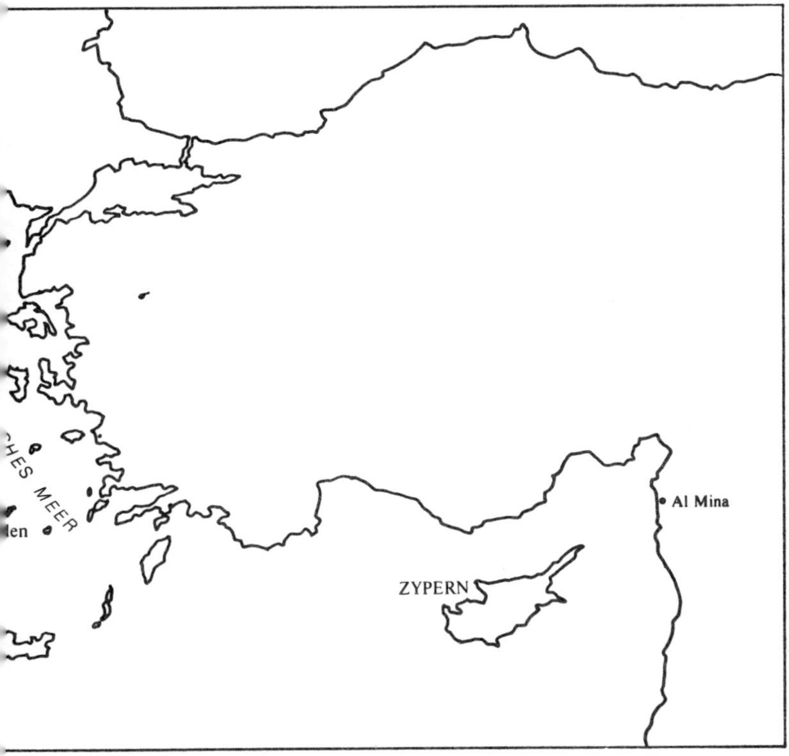

nischen Meerenge gedient haben, wo ähnliche Gegenstände zum Vorschein kamen. Die Nachfrage nach etrurischen Erzen bestand demnach bereits im 2. Jahrtausend v. Chr., denn sie waren der Grund, warum sich die Mykener auf diesen drei Inseln niedergelassen haben. Etruria selbst war auch von hier noch ziemlich weit entfernt, doch konnten die mykenischen Händler keine Außenposten in der Nähe des etrurischen Festlandes einrichten, weil es an der Küste dort keine geeigneten Häfen gab und sie die Feindschaft der Bewohner des Hinterlandes fürchten mußten. Möglicherweise aber haben die Etrusker ihrerseits einen entsprechenden Markt in Populonia eingerichtet, um so den Handel mit den Griechen zu fördern.

Um 1250 bis 1200 v. Chr. hatten sich die politischen Zentren der mykenischen Welt aufgelöst, und der Mittelmeerhandel der Mykener kam allmählich zum Erliegen. Er wurde jedoch zu Beginn des letzten Jahrtausends v. Chr. schrittweise von den Phönikern – und auch von den Griechen – wiederaufgenommen. Die Erneuerung des Lebens in Griechenland manifestierte sich unter anderem in den schönen Formen der

mit geometrischen Mustern verzierten griechischen Keramiken, die etwa um 900 v. Chr. herum auftauchten. Sie zeigten horizontal verlaufende Bänder mit mäandrischen und Zickzackmustern (zu denen im 8. Jahrhundert konventionell gezeichnete figürliche Szenen traten). Während dieser Zeit kam es allmählich auch zu neuen Kontakten zwischen Süditalien und Sizilien auf der einen und Etruria auf der anderen Seite. Erst neuerdings hat man bei Ausgrabungen nördlich von Syrakus (im östlichen Sizilien) von etruskischen Handwerkern hergestellte Gegenstände aus der Zeit um 800 v. Chr. zutage gefördert.[25] Derselben Epoche gehören Keramiken mit geometrischen Mustern an, die damals auch bis in das südliche Etruria gelangt sind.
Diese sehr weit verbreiteten Keramiken, die bis nach 700 v. Chr. im Westen imitiert wurden, bestehen aus grobem rotem Ton, der mit einer dünnen Schicht feineren Tons von gelblich-weißer Farbe überzogen ist.[26] Die so hergestellten Gefäße waren zunächst nicht sehr groß; erst im Lauf der Zeit haben die Handwerker gelernt, auch große Gefäße zu formen. Eine Kategorie dieser Keramiken wird als die ›kykladische‹ bezeichnet, und zwar nach den in der Ägäis zwischen Griechenland und Kleinasien gelegenen Kykladen. Aber die Bezeichnung ist irreführend, denn Vasen dieses Typs wurden in dem griechischen Stadtstaat und Handelszentrum Chalkis hergestellt, von dem die Kykladen geographisch und politisch abhängig waren. Chalkis lag auf der großen, fruchtbaren und dicht bewaldeten ägäischen Insel Euboia und beherrschte die Meerenge, die sie nicht weit nördlich von Theben und Athen vom griechischen Festland trennte. Der Umstand, daß solche chalkidischen Keramiken auf etruskischem Boden auftauchten (die vor Ende des 8. Jahrhunderts v. Chr. durch örtliche Kopien abgelöst wurden), läßt erkennen, welche besondere Stellung Chalkis damals eingenommen hat[27] und welch führende Rolle es bei der Entwicklung der etruskischen Zivilisation spielte. Seine beherrschende geographische Lage machte es zur ersten der neuen griechischen Städte, die den Handel im Mittelmeerraum wiederaufnehmen konnten, der ihnen zur mykenischen Zeit verwehrt gewesen war. Zu Chalkis gehörte auch eine sehr ertragreiche landwirtschaftlich genutzte Zone. Das war die an das Gebiet seines Nachbarn Eretria grenzende Ebene. Eretria ist wahrscheinlich von Lefkandi Anfang des 8. Jahrhunderts v. Chr. hierherverlegt worden, und die Stadt beschäftigte sich ebenso wie Chalkis mit dem Westhandel.
Euboia trieb einen ausgedehnten Handel im ganzen östlichen Mittelmeergebiet. Angeregt wurde er durch den reichen Zustrom von Schmuckgegenständen aus Edelmetall, die neue Motive und Techniken exotischen Ursprungs zeigten. Der Warenaustausch erfuhr zwischen

825 und 800 v. Chr. noch eine weitere Intensivierung durch die Einrichtung eines Markt- und Handelspostens (*emporion*) in Al Mina. Dieser an der nordsyrischen Küste, an der Mündung des Orontes[28] gelegene Ort trug bei den Griechen wahrscheinlich den Namen Poseideion. Ausgrabungen bei Al Mina zeigen – wie nicht anders zu erwarten –, daß die Kaufleute hier enge Beziehungen zu ihren Nachbarn, den Phönikern, unterhielten, und zwar sowohl in deren Heimat als auch mit den phönikischen Handelsniederlassungen auf der Insel Zypern.[29] Aus den Funden geht aber auch hervor, daß die Bevölkerung von Chalkis und Eretria auf Euboia (und den von ihnen abhängigen Siedlungen auf den Kykladen) bis in die letzten Jahrzehnte des 8. Jahrhunderts v. Chr. praktisch ein Monopol für den Handel mit Al Mina hatte. Dieser Handel war außerordentlich gewinnbringend, weil die Händler hier Gold, Silber und das sogenannte ›blasse Gold‹ (*elektron*) kaufen konnten, um es anschließend in Griechenland abzusetzen.
Wenn die Griechen diese Edelmetalle von ihren Nachbarn im Osten erwerben wollten, mußten sie die geeigneten Tauschobjekte finden, und um in deren Besitz zu kommen, wandten sie sich nach Westen. So gründeten die Eretrier Anfang des 8. Jahrhunderts v. Chr. eine Handelsniederlassung auf Korkyra (Korfu) vor der Küste des nordwestlichen Griechenland. Außerdem besetzten sie Außenposten an der gegenüberliegenden Festlandküste, um die dazwischenliegende Meerenge zu beherrschen. Aber diese Außenposten befanden sich erst knapp auf halbem Wege zu ihrem eigentlichen Ziel: dem erzreichen Etruria, einer für die Händler aus Chalkis und ihre Nachbarn außerordentlich wichtigen Rohstoffquelle, denn sie selbst waren sehr geschickte Metallhandwerker (so hat man in Lefkandi beispielsweise eine Erzgießerei aus der Zeit um 900 v. Chr. gefunden, die ihr Kupfer aus den reichen Vorkommen auf Zypern bezog). Um Zugang zu den etrurischen Erzen zu bekommen, bemühten sich die Händler aus Chalkis darum, in Italien selbst einen Markt einzurichten, und zwar im Südwesten des Landes. Noch näher an etrurischem Gebiet ließ sich das nicht bewerkstelligen, denn genauso wie zuvor die Mykener scheuten auch die Chalkider die erheblichen Risiken, die mit der Gründung eines Außenpostens an der unwirtlichen italischen Küste verbunden gewesen wären. An der Einrichtung einer Handelsniederlassung beteiligten sich auch Kaufleute aus Eretria sowie einige aus Kyme stammende Händler. Mit Kyme ist in diesem Fall jedoch wahrscheinlich nicht die Stadt dieses Namens im westlichen Kleinasien (Aeolis) gemeint, sondern eine Ortschaft auf Euboia (eine kleine Stadt oder eine Gruppe von Dörfern), in der Metalle verarbeitet wurden.[30]
Der Handelsplatz, den diese reisenden Händler einrichteten, lag auf der

Insel Pithecusae, und zwar auf dem gleichen nordwestlichen Vorgebirge des Monte Vico, auf dem die Mykener mehr als 400 Jahre zuvor ihre Waren zurücklassen mußten und wo später dann die Phöniker einen Markt gegründet hatten. Auch die griechische Niederlassung war ein Handelszentrum (*emporion*) der gleichen Art wie Al Mina in Syrien, dessen Begründer ebenfalls die Chalkider gewesen waren. Mit anderen Worten: Pithecusae war keineswegs eine durchorganisierte und institutionalisierte griechische ›Kolonie‹ – wir befinden uns nämlich noch nicht ganz im griechischen Kolonialzeitalter, das erst in den 30er Jahren des 8. Jahrhunderts v. Chr. begann. Das Gräberfeld von Pithecusae unterhalb des alten Siedlungsgebiets hingegen enthält griechische Objekte, die auf 775 oder 770 v. Chr. datiert werden können.[31]
Zu den Funden gehören, wie nicht anders zu erwarten, griechische Gefäße und Vasen mit geometrischen Mustern aus dem 8. Jahrhundert, die offenbar aus Chalkis auf Euboia stammen, sowie an Ort und Stelle hergestellte Kopien (der Name Pithecusae, mit dem ursprünglich nur die Siedlung auf dem Monte Vico und nicht die ganze Insel bezeichnet wurde, wird von Plinius dem Älteren mit einem griechischen Wort in Verbindung gebracht, das ›Gefäße‹ bedeutet).[32] Eines der Gefäße trägt eine Inschrift mit chalkidischen Buchstaben des griechischen Alphabets;[33] ein anderes wiederum zeigt die Darstellung eines Schiffbruchs, was ebenfalls sehr aufschlußreich ist. Hier handelt es sich nämlich um das vermutlich früheste geometrische figurative Vasenbild, das je auf italischem Boden gefunden wurde, und es bezeugt darüber hinaus die weitreichenden Operationen zur See im Rahmen der Handelsoffensive Euboias. Unter den anderen Funden befinden sich auch Gegenstände mit nahöstlichen Motiven, zum Beispiel Siegelsteine aus dem dritten Viertel des 8. Jahrhunderts v. Chr., die von dem Küstengebiet stammen, wo Syrien und Kleinasien aneinanderstoßen, sowie nicht weniger als 50 Skarabäen (käferförmige Siegel oder Gemmen) ägyptisch-phönikischen Stils. Zwar sind einige dieser Gegenstände örtliche Kopien, die anderen aber stammen aus dem Nahen Osten, und es ist sehr wahrscheinlich, daß sie von dem euboiischen Handelsposten Al Mina an der syrischen Küste gekommen sind.[34] Eine auf Pithecusae gefundene Amphore ist zwar auf der Insel hergestellt worden, trägt aber eine Inschrift in der aramäischen Sprache Syriens.[35]
Alle diese Entdeckungen sind für unsere Darstellung von großer Bedeutung, denn es gibt viele Beweise dafür, daß der Inselmarkt von Pithecusae direkte und intensive Beziehungen zu Etruria unterhalten hat, auf das er einen starken formativen Einfluß ausübte. An den verschiedensten Ausgrabungsstellen im südlichen Etruria hat man griechische

Vasen im geometrischen Stil aus dieser Periode gefunden, die euboiische Formen und Muster zeigen, und das beweist eindeutig die Beziehungen zwischen jenem Lande und Pithecusae. Denn zweifellos sind zumindest einige dieser Keramiken von Pithecusae nach Etruria gekommen; bei anderen wiederum handelt es sich um Kopien, die nach solchen Vorlagen in den etruskischen Städten selbst hergestellt wurden. Dies gilt übrigens nicht nur für die Keramik, sondern auch für die im südlichen Etruria gefundenen ägyptisch-phönikischen Skarabäen. Es ist auffallend, wie sehr sich die auf Pithecusae und die in Etruria gefundenen Gegenstände gleichen.[36] Zwar dürfen wir die Möglichkeit nicht außer acht lassen, daß es auch direkte Kontakte zwischen Phönikien (oder seinen Außenposten) und Etruria gegeben hat, aber wir müssen andererseits zu dem Schluß kommen, daß Pithecusae mit seinen syrischen Kontakten die Quelle für eine große Zahl und vielleicht sogar die meisten der ersten orientalischen Gegenstände gewesen ist, die im 8. Jahrhundert v. Chr. in das wirtschaftlich aufblühende Etruria gelangten.

Es gibt aber auch noch einen anderen Beweis für die Handelsbeziehungen zwischen Etruria und dem auf der Insel gelegenen Markt. Das ist ein Stück Eisen in seinem natürlichen Zustand (Hämatit), das kürzlich in den ältesten Ausgrabungsschichten auf Pithecusae gefunden wurde und von dem man nachweisen kann, daß es von der etruskischen Insel Elba stammt. Das Metall sollte auf Pithecusae bearbeitet werden. Man hat sogar noch Walzblöcke, Schlacke und Mundstücke von Blasebälgen zutage gefördert, die bei der Bearbeitung des Eisens verwendet worden waren. Viel mehr noch als die von Strabo gerühmte Fruchtbarkeit des Bodens ist also die Metallindustrie der Grund dafür gewesen, daß auf Pithecusae ein Handelsplatz entstand. Hier wurden die Metalle eingekauft, und zwar nicht nur Eisen, sondern auch Kupfer, das für die Händler auf Euboia einen so großen Wert hatte. Es ist bezeichnend, daß von allen bis heute freigelegten Gebäuden der Siedlung auf Pithecusae aus dem 8. und 7. Jahrhundert nur ein einziges keine Werkstatt zur Bearbeitung von Bronze oder Eisen aufwies.

Die Etrusker haben den Händlern aus Euboia ihr Eisen und ihr Kupfer vor allem deshalb geliefert, weil sie dafür Gold einhandeln konnten. Ihre Vorliebe für Gold zeigt sich sehr deutlich an den Funden in den etruskischen Gräbern aus dem 8. Jahrhundert. Zweifellos konnten die Etrusker auch von den Karthagern auf Sardinien Gold bekommen, aber nicht genug. Was sie darüber hinaus benötigten, erhielten sie von den euboiischen Händlern auf Pithecusae. Diese wiederum hatten sich das Edelmetall zunächst auf ihrem anderen Markt in Al Mina verschafft, der Zugang zu dem Gold hatte, das in einer Reihe nahöstlicher Territorien geschürft wurde. Von Al Mina brachten die Händler das Gold dann nach Pithecusae, und dort wurde es auch bearbeitet. Das von Strabo für einen der Haupterwerbszweige auf der Insel verwendete Wort *chryseia* bezieht sich nicht, wie man ursprünglich angenommen hat, auf Goldminen – diese gab es nämlich dort gar nicht –, sondern auf die goldverarbeitenden Werkstätten. Heute nimmt man sogar an, daß einige und vielleicht sogar ein großer Teil der schönen Goldarbeiten im östlichen Stil, die bei Ausgrabungen in den reichen etruskischen Gräbern aus dem 7. Jahrhundert zum Vorschein kamen, in Pithecusae hergestellt worden sind, und zwar von euboiischen Künstlern und Handwerkern, die sich dabei nach dem Geschmack der Etrusker gerichtet haben.[37] Die Siedlung auf der Insel war sowohl ein industrielles als auch ein Handelszentrum.

Nachdem sich die Griechen aus Euboia in Pithecusae eingerichtet und das Vertrauen ihrer Handelspartner gewonnen hatten, wollten sie die gewinnbringenden Kontakte mit den Etruskern noch weiter ausbauen und einen zweiten, ähnlichen Markt auf dem 35 Kilometer entfernt gelegenen Festland gründen. Die Siedler kamen aus Pithecusae, und auch hier stießen Landsleute aus Kyme in Euboia zu ihnen, die der neuen Niederlassung den Namen Cumae (heute Cuma) gaben. Aus dem Stil der Keramiken und anderer Gegenstände, die dort gefunden worden sind, läßt sich schließen, daß die Gründung zwischen 750 und 725 v. Chr. erfolgt ist. Es ist ungewiß, ob die neuen griechischen Händler und Handwerker die bisherigen Bewohner des Ortes vertrieben oder ihnen erlaubt haben zu bleiben. Die sehr hoch und an einer geschützten Bucht isoliert gelegene Akropolis von Cumae (die Bucht selbst hat vielleicht sogar als Hafen gedient)[38] war bereits im 10. Jahrhundert v. Chr. von der Bevölkerung des Landes besiedelt worden. Cumae besaß reiche Muschelbänke, und es gab hier die besten Voraussetzungen für den Fang großer Fische. Aber die neue Handelsniederlassung verdankte ihr Entstehen wiederum dem Interesse der Euboier an etruskischem Kupfer und Eisen. Die in der Antike vertretene Auffassung, das griechische Cumae sei bereits vor dem Entstehen der etruskischen Zivilisation gegründet worden, muß deshalb qualifiziert werden. Zu jener Zeit, als der Markt in Cumae eingerichtet wurde, waren die Erzvorkommen in Etruria schon bekannt, und es gab in diesem Lande schon Menschen mit einer eigenen Tradition, mit denen die Griechen in Cumae Beziehungen aufnehmen mußten, wenn sie den Erzreichtum nutzen wollten. Andererseits war jedoch auch die griechische Niederlassung in Cumae, die das in Pithecusae begonnene Unternehmen auf eine noch breitere Basis stellte, eine wesentliche Voraussetzung dafür, daß die ungeheuer reiche etruskische Zivilisation in der Form, wie sie uns bekannt ist, in den

5 Das griechische Süditalien und Sizilien *(Magna Graecia)*

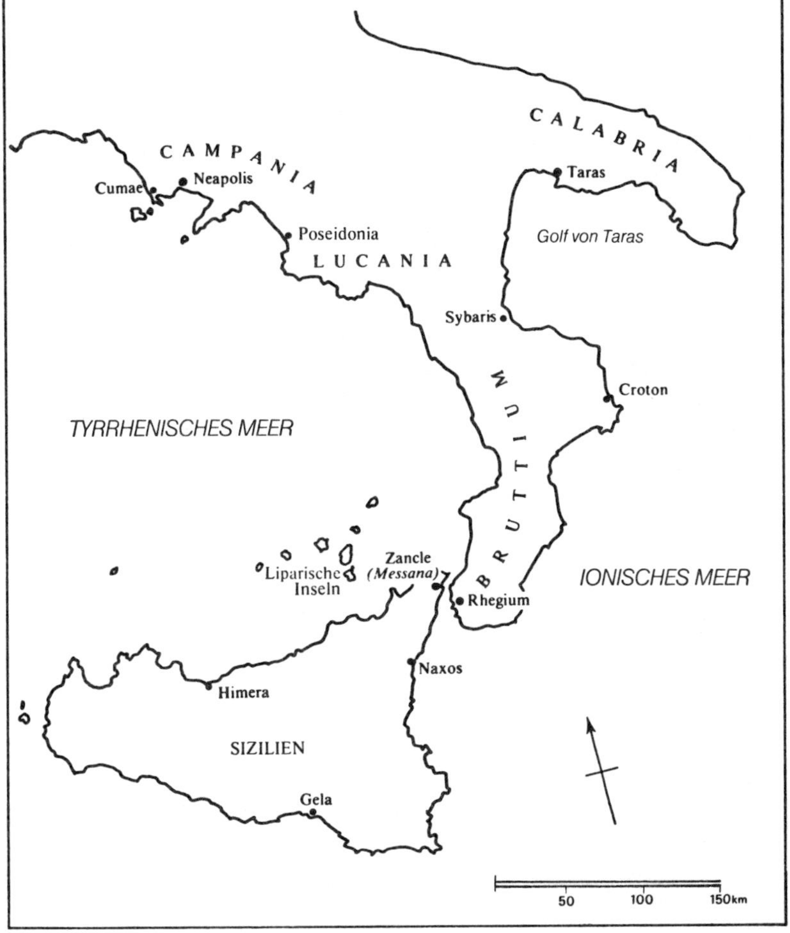

Jahren vor und nach 700 v. Chr. entstehen konnte. So haben sich beide Partner gegenseitig beeinflußt und gefördert. Große Paradeschilde, die man in Gräbern bei Cumae gefunden hat, stammen augenscheinlich aus etruskischen Werkstätten. Auch das ungewöhnlich reich ausgestattete Grab am Fondo Artiaco bei Cumae (um 730 v. Chr.)[39] enthielt Goldarbeiten, die zwar ganz etruskisch aussehen, aber genausogut an Ort und Stelle hergestellt sein könnten – in diesem Fall für den Mann, der hier beigesetzt wurde. Doch in anderen Fällen waren solche Schmuckgegen-

stände für den Export nach Etruria bestimmt, und das war häufiger der Fall.
Es zeigt sich jetzt immer deutlicher, daß es in Italien nicht nur voneinander unabhängige etruskische und griechische Gemeinwesen gegeben hat, sondern daß beide Gruppen von Gemeinwesen enge Beziehungen zueinander unterhielten und somit zu einer umfassenden historischen, kulturellen und wirtschaftlichen Einheit des zentralen Mittelmeerraumes gehörten. Dieses Bild nimmt, je weiter die moderne Forschung vorankommt, immer deutlichere Konturen an.
Um 730 bis 725 v. Chr. begann eine Entwicklung, in deren Verlauf es nach der Einrichtung der griechischen Handelsniederlassungen in Italien zur Gründung von ›Kolonien‹ kam. Das waren straff organisierte und institutionalisierte Gemeinwesen, die von Siedlern aus übervölkerten griechischen Stadtstaaten gebildet wurden und sich hier zu Stadtstaaten außerhalb des griechischen Heimatlandes entwickelten. Sie trieben Handel und kultivierten den landwirtschaftlich nutzbaren Boden in der näheren Umgebung solcher Städte. Durch diese Kolonien vertieften sich die Beziehungen der Griechen zu Etruria noch mehr, und ihr kommerzieller und kultureller Einfluß machte sich immer stärker bemerkbar. Und abermals stand dahinter vor allem das Interesse der Griechen an den reichen Metallvorkommen in Etruria. Wie die Handelsgeschäfte im einzelnen abgeschlossen wurden, wissen wir nicht. Entweder reisten die Bewohner der Kolonien selbst zu den etruskischen Zentren, oder sie verschafften griechischen Händlern, die aus dem östlichen Mittelmeerraum zu ihnen kamen, die Möglichkeit, es zu tun, indem sie sie zunächst bei sich aufnahmen und dann für die Weiterreise mit Proviant versorgten. Die süditalischen Gewässer sind offenbar auch von etruskischen Händlern befahren worden, denn ein homerischer Hymnus, der etwa aus dem 8. Jahrhundert v. Chr. stammen könnte, bezeichnet sie als Piraten. Das gleiche haben frühe Kolonisten und spätere griechische Siedler auf den Liparischen Inseln getan.[40]
Pithecusae wurde nicht zu einer Kolonie ausgebaut; es stand vielmehr von jetzt an in jeder Hinsicht im Schatten Cumaes. Die Siedlung dort mußte zudem ebenso wie die ganze Insel gegen Ende des 6. Jahrhunderts v. Chr. nach einem Vulkanausbruch vorübergehend geräumt werden. Aber Cumae wurde zu einem der frühen und mächtigsten kolonialen Stadtstaaten. Der Wohlstand wurde durch den fruchtbaren vulkanischen Boden in der unmittelbaren Umgebung gefördert, und so entwikkelte sich hier ein blühender Getreidehandel. Möglicherweise hat hier auch der Anbau von Oliven und Wein in Italien begonnen, den die Bewohner Etrurias von den Griechen übernahmen.[41] Nicht zuletzt

schließlich scheinen die griechischen Händler in Cumae den Etruskern auch ihre Schriftsprache vermittelt zu haben.
Nun entstanden in rascher Folge viele andere griechische Kolonien, und zwar nicht nur in Süditalien, sondern auch auf Sizilien. Zunächst übernahm die Stadt Chalkis auf Euboia, die auch die ersten Handelsniederlassungen eingerichtet hatte, die Führung. Griechische Siedler aus Chalkis gründeten Kolonien an der Straße von Messina zwischen Italien und Sizilien, die als Schiffahrtsweg für die Beförderung von Waren aus Etruria so überaus große Bedeutung hatte. Und zwar entstanden diese Kolonien in Naxos und Zancle (Messana, heute Messina) auf der sizilianischen Seite der Meerenge und in Rhegium (Reggio Calabria) auf dem italischen Festland.[42]
Chalkis hatte auf diese Weise die Phöniker und ihre westlichen Außenposten ausmanövriert und den Handel mit den Etruskern fest in die Hand bekommen. Das hat mit Sicherheit auch manchen von den übrigen griechischen Stadtstaaten nicht gefallen. Doch eine Möglichkeit, das chalkidische Monopol zu umgehen, bestand darin, einen Landweg nach Etruria zu finden. Genau dies gelang schließlich den Bewohnern des Stadtstaates Sybaris, einer in den 20er Jahren des 8. Jahrhunderts v. Chr. von Peloponnesiern im Südosten Italiens gegründeten Kolonie, die hier den fruchtbaren Boden an einer Flußmündung landwirtschaftlich hatte nutzen wollen. In seiner Blütezeit beherrschte Sybaris nicht weniger als zwanzig von ihm abhängige Städte, und diesem Umstand ist auch die Entstehung des Wortes ›sybaritisch‹ zuzuschreiben. Der griechische Historiker Timaios berichtet, Sybaris sei mit den Etruskern befreundet gewesen,[43] und archäologische Entdeckungen in diesem Gebiet bestätigen solche engen Kontakte. Danach können wir auch erkennen, welche Landverbindung nach Etruria sich die Kolonisten in Sybaris geschaffen haben. Die Straße führte über Poseidonia (Paestum) an der Mündung des Flusses Sele (Silarus). Das war eine Siedlung, von der berichtet wird, sie sei zum Teil von Etruskern bewohnt gewesen.[44] Poseidonia hatte die strategische Aufgabe, die Landverbindung zwischen Sybaris und Etruria zu schützen. Die Sybariten hatten aber auch enge Beziehungen zum östlichen Mittelmeerraum und besonders zu der großen Stadt Milet (heute Yeniköy) in Ionia (Kleinasien).[45] Diesem Land hat nicht nur die griechische, sondern auch die etruskische Kultur ungeheuer viel zu verdanken. Die Wollgewebe aus Milet – von denen natürlich nichts mehr übrig ist – spielten bei dem Handel der Sybariten mit den Etruskern eine wichtige Rolle. Die Etrusker hatten ein großes Interesse an dem Import von Textilien und verfügten außerdem über die für das Färben verwendeten Mineralien wie Alaun und Zimtfarbe.[46] Als

Sybaris jedoch 510 v. Chr. von seinem Nachbarn und Rivalen Croton (Crotone) zerstört wurde, mußten sich die Etrusker, deren Beziehungen zur Campania um diese Zeit nicht mehr so gut waren wie früher, nach anderen Handelspartnern umsehen.

Korinth, die Griechen im Osten und Athen

Die Kontakte, von denen wir oben berichtet haben, stellten nur einen kleinen Teil der überaus komplexen Beziehungen der Etrusker zur griechischen Welt dar. Denn schon sehr bald nach der Gründung der ersten griechischen Kolonien in Italien übernahm eine neue griechische Kolonialmacht, die auf dem griechischen Festland selbst eine Vormachtstellung gewonnen hatte, einen großen Teil der Aufgabe, im Austausch gegen etrurische Metalle Etruria kulturell zu befruchten. Diese Macht war Korinth, das ebenso wie die frühen etruskischen Stadtstaaten im 8. Jahrhundert v. Chr. aus dem Zusammenschluß mehrerer Dörfer entstanden war. Die einzigartig günstige geographische Lage des Ortes am Isthmus ermöglichte es den Korinthern, sich gleichermaßen nach Osten wie nach Westen zu wenden und auf lange Sicht hinaus Handel und Kultur im Mittelmeerraum zu beherrschen, wodurch sich der griechische wie auch der nahöstliche Einfluß auf die Städte in Etruria gewaltig verstärkte. Im einzelnen errichteten die Korinther um 734 v. Chr. eine Kolonie in Syrakus im östlichen Sizilien, die später zur reichsten griechischen Stadt wurde. Die Bewohner von Syrakus haben es mit ungewöhnlichem Geschick verstanden, das fruchtbare Gebiet in ihrem Hinterland zu kultivieren und gleichzeitig die Rolle der Vermittler im Handel zwischen Korinth und den Etruskern zu übernehmen.
Dem korinthischen Syrakus gelang es, sich außerhalb des Einflußbereichs der euboiischen Kolonien auf Sizilien zu halten, und sehr bald konnte sich auch Korinth gegenüber diesen Kolonien und ihren Begründern, Chalkis und Eretria, einen entscheidenden Vorteil verschaffen. Denn in den letzten Jahren des 8. Jahrhunderts v. Chr. gerieten diese beiden Städte in Streit miteinander, und es kam zu einem langen, erbitterten Krieg um die zwischen beiden gelegene fruchtbare Ebene. Das war der erste griechische Krieg, von dem wir genauere Kenntnisse haben.[47] Nachdem beide Seiten die Unterstützung von Bundesgenossen gewonnen hatten, wurden die Eretrier schließlich besiegt, aber auch Chalkis war vom Kriege erschöpft und deshalb nicht nur in seiner eigenen Region, sondern auch im ganzen Westen so stark geschwächt, daß es von dem immer erfolgreicher und wohlhabender werdenden

Korinth rasch verdrängt wurde. Es hatte schon seit langer Zeit Schwierigkeiten zwischen Korinth und Eretria gegeben, das die Korinther um 733 v. Chr. zwang, seine Kolonie in Korkyra aufzugeben. Aber Korinth und Chalkis hatten bis dahin zusammengearbeitet, und auch jetzt hörte diese Zusammenarbeit nicht ganz auf.[48] Doch als Handelsmacht war Korinth von nun an die stärkere. So wurden zum Beispiel in Al Mina an der syrischen Küste seit Beginn des 7. Jahrhunderts v. Chr. nur noch korinthische Keramiken angeboten, und die bis dahin diesen Markt beherrschenden euboiischen (chalkidischen) waren verschwunden. In den italischen Gewässern, wo sich der Einfluß der Korinther auf die Etrusker wesentlich verstärkte, war es die gleiche Geschichte, denn die Korinther befestigten ihre beherrschende Stellung im Mittelmeer gerade zu der Zeit, als sich Etruria Kontakten mit dem Ausland weit öffnete, und fast hundert Jahre lang nahm Korinth auf dem etruskischen Markt praktisch eine Monopolstellung ein. Korinthische Künstler gewannen einen entscheidenden Einfluß auf die etruskische Kunst, besonders bei der Bemalung der verschiedenen Tongefäße und Vasen, für die Korinth die Entwürfe lieferte und seine Modelle nach Etruria exportierte. Dieses Geschäft erreichte in den Jahren nach 625 v. Chr. seinen Höhepunkt. Die bizarren und phantastischen Muster auf einigen Gefäßen korinthischen Typs entsprachen ganz dem Geschmack der Etrusker, und bald gingen sie daran, solche Keramiken in Etruria selbst herzustellen. Damit begann die Entwicklung des etruskisch-orientalisierenden Stils.[49] Die etruskischen Handwerker erlernten ihre Kunst von den korinthischen Besuchern und Einwanderern, und Plinius der Ältere berichtet, daß der korinthische Aristokrat Demaratos (angeblich der Vater des römischen Königs Tarquinius Priscus) Ende des 7. Jahrhunderts v. Chr. von Korinth nach Tarquinii gekommen sei, weil er sich der politischen Tyrannei in seiner Heimat habe entziehen wollen, und daß er drei korinthische Künstler mitgebracht habe.[50] So war Demaratos ein Angehöriger jener neuen Klasse adeliger Kaufleute, um die sich eine Gefolgschaft von Handwerkern und Künstlern scharte.

Die Bemalungen auf einigen frühen korinthischen Vasen zeigen uns, daß Handel und Kolonisierung jetzt auch durch militärische Kräfte unterstützt wurden. Wir finden hier Darstellungen der berühmten langen, niedrigen, schlanken korinthischen Kriegsschiffe, und die Etrusker haben auf dem Gebiet der Seefahrt viel von den Korinthern gelernt (obwohl auch andere griechische Städte an diesem Prozeß beteiligt waren). Mit deren Hilfe verbesserten sie ihre eigenen, schon in der Entwicklung befindlichen Techniken und sammelten neue Erfahrungen. Wie wir im zweiten Teil dieses Buches sehen werden, hatten alle

6 Korinth und die Griechen im Osten

SCHWARZES MEER
PROPONTIS
AIOLIS
LYDIA
PHRYGIA
Phokaia
Smyrna
Sardis
IONIA
Samos
Milet
Rhodos

frühen etruskischen Stadtstaaten ihre eigenen Häfen, und wenn Platon von den griechischen Städten gesagt hat, »wir leben um ein Meer herum wie Frösche um einen Teich«,[51] dann galt das in ähnlicher Weise auch für die Etrusker. Ihre Städte waren bekannt dafür, daß sie das Meer beherrschten (und auch für die Piraterie, die ihre Feinde ihnen vorwarfen). Die etruskische Seemacht war am stärksten unmittelbar vor und nach 600 v. Chr., und das westlich von Italien gelegene Seegebiet, das sogenannte Tyrrhenische (Tyrsenische) Meer wurde von den Griechen so bezeichnet, weil dies das griechische Wort für ›etruskisch‹ war. Plinius der Ältere schreibt die Erfindung der Schiffsschnäbel sogar einer mythologischen Persönlichkeit zu, nämlich Pisaeus, dem Sohn des archetypischen Etruskers Tyrrhenus.[52]

Auf dem Gebiet der Seefahrt lernten die Etrusker von den Korinthern mit großem Eifer alles, was diese ihnen zu bieten hatten. Das gleiche gilt aber auch für die entsprechenden Künste zu Lande. So zeigen die korinthischen Vasen nicht nur Kriegsschiffe, sondern auch die schwerbewaffneten griechischen Soldaten, die *hoplites* (von *hopla* = Waffen), die mit einem schweren Schild, einem kurzen Schwert und einem Speer ausgerüstet in der geschlossenen Phalanx in die Schlacht zogen. Nach 700 v. Chr. bildeten sie die Kerntruppe der führenden griechischen Stadtstaaten, und auch hierbei wiederum stand Korinth an erster Stelle.[53] Die Etrusker, deren Soldaten schon jetzt besser ausgerüstet waren als die griechischen, weil ihnen größere Mengen an Kupfer zur Verfügung standen, folgten dem korinthischen Beispiel. Daß es Krieger gegeben hat, die zum Teil mit hoplitischen Waffen und Rüstungen ausgestattet waren, wird durch Funde im *Grabe des Kriegers* in Tarquinii aus der Zeit um 430 v. Chr. bestätigt,[54] und die erste vollständige Rüstung aus Bronze, die wir kennen, war gegen 650 v. Chr. nach Rom gelangt und offenbar aus Etruria importiert worden. Vasenmalereien aus dem gleichen Zeitraum bestätigen die Vollendung dieser Entwicklung, und viele künstlerische Darstellungen etruskischer Krieger aus der Zeit danach zeigen uns, daß ihre Ausrüstung nach dem Vorbild der griechischen *hoplites* jetzt allgemein üblich geworden war. Aber die soziale Struktur der beiden Armeen war verschieden; denn die korinthischen und die anderen griechischen Soldaten gehörten einer zu materiellem Wohlstand gelangten Mittelschicht an, einer sozialen Gruppe, die es damals in Etruria lediglich in Ansätzen gegeben hat. Wahrscheinlich ist es deshalb richtig, wenn wir annehmen, die ersten etruskischen *hoplites* seien nicht in erster Linie unabhängige Bürger, sondern eher

Gruppen von Klienten und Männern gewesen, die von der wohlhabenden Oberschicht abhängig waren.
Zu der Zeit, als Etruria so stark unter korinthischem Einfluß stand, machten sich auch die kulturellen Tendenzen der südlichsten griechischen Inseln geltend;[55] doch als diese Phase langsam im Abklingen begriffen war, traten als neues prägendes Element die Griechen im westlichen Kleinasien, die Ionier, in den Vordergrund. Das in der zentralen Region der kleinasiatischen Küste gelegene Ionia war zu Beginn des 1. Jahrtausends v. Chr. vom griechischen Festland aus besiedelt worden, und zwar von Flüchtlingen, die den damaligen kriegerischen Auseinandersetzungen und anderen Unruhen in ihrer Heimat zu entkommen suchten. Nach 800 v. Chr. vereinigten sich die Dörfer dieser Griechen in Ionia ähnlich wie in Griechenland und Etruria zu Städten. Die Zivilisation der ionischen Stadtstaaten machte rasche Fortschritte und übernahm manches aus älteren Zivilisationen in Kleinasien, wie zum Beispiel von den Hethitern, aber auch von den späteren Hochkulturen in dieser Region, die in Phrygia und Lydia geblüht hatten.[56] Im Lauf der Zeit gaben die Ionier diese verschiedenen Einflüsse zunächst über die Ägäis nach Griechenland und später in den griechischen und etruskischen Westen weiter. Die stärksten kolonisierenden Impulse gingen von Milet aus, das über Sybaris Handelsbeziehungen zu Etruria unterhielt. Ein weiteres ionisches Zentrum, von dem solche Einflüsse ausgingen, war der Inselstaat Samos. In einer ganzen Reihe von etruskischen Städten hat man zahlreiche aus Samos stammende Fundstücke festgestellt, insbesondere Metallarbeiten, für welche die samischen Handwerker berühmt waren und die auch von den Etruskern nachgearbeitet worden sind;[57] umgekehrt hat man auf Samos etruskische Keramik gefunden.[58] 638 v. Chr. fuhr der samische Kapitän Colaeus weit ins Mittelmeer und bis auf den Atlantik hinaus und kehrte mit reicher Ladung wieder zurück.[59] Dieses Abenteuer faszinierte die Bewohner einer anderen ionischen Stadt, Phokaia, und regte sie zu eigenen Unternehmungen an. Die Phoker lebten in einem unfruchtbaren Gebiet, verfügten aber über einen guten Hafen und waren tüchtige Seeleute. Sie benutzten schnelle, seetüchtige Kriegsschiffe, die sogenannten Pentekonter oder ›Fünfzigruderer‹;[60] nun übernahmen sie im westlichen Mittelmeer die führende Stellung als Handels- und Kolonialmacht[61] und wurden deshalb ebenso wie die Phöniker und Etrusker[62] vor ihnen als ›Piraten‹ bezeichnet. Sehr bald entstanden an der ganzen südfranzösischen und ostspanischen Küste phokische Kolonien. Die größte dieser Siedlungen war Massalia (das römische Massilia und heutige Marseille). Die Stadt wurde um 600 v. Chr. gegründet und entwickelte sehr bald den

7 Die Expansion von Phokaia und Massalia nach Westen

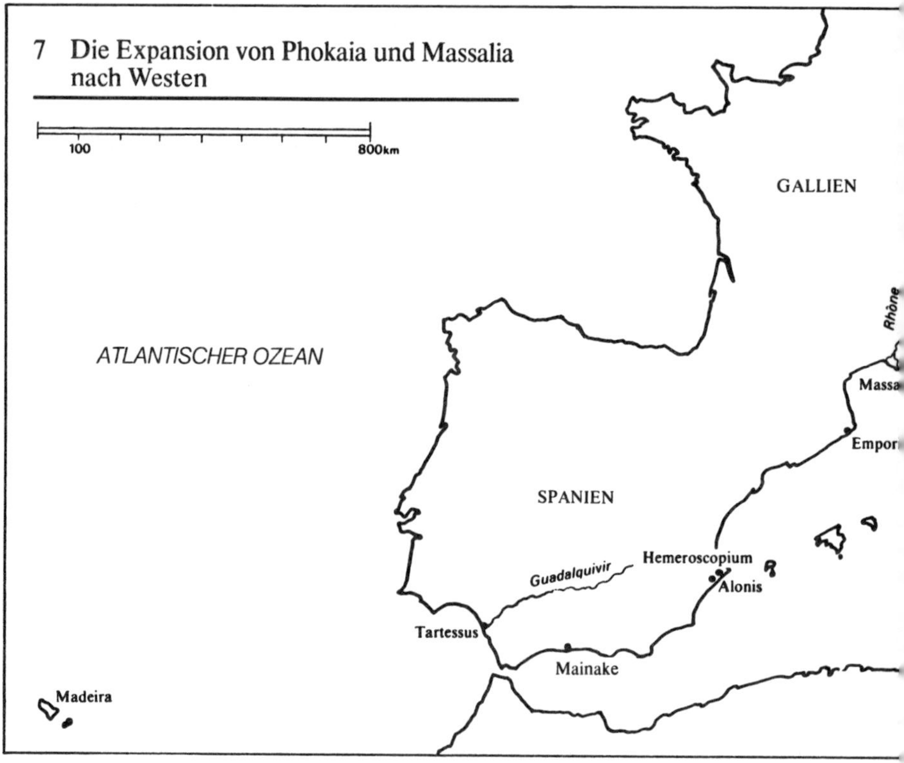

Anbau von Wein und Oliven, durch den sie im ganzen Mittelmeerraum bekannt geworden ist. Seine bedeutende Stellung aber verdankte Massalia in erster Linie dem guten, im Rhônedelta gelegenen Hafen, denn die Rhône war der wichtigste Verkehrsweg des Landes.[63] Massalia wurde nicht nur zum mächtigen Rivalen von Karthago, sondern nahm auch enge Beziehungen zu Etruria auf. Noch wichtiger für die Etrusker war die nähergelegene phokische Kolonie Alalia (Aleria) an der Ostküste der Insel Korsika, also der etrurischen Küste direkt gegenüber. Zehn oder zwanzig Jahre nach der Gründung von Alalia um 560 v. Chr. kamen Phoker und andere ionische Griechen in noch größerer Zahl in den zentralen Mittelmeerraum, als ihre Heimat von den Persern erobert worden war.

Die Phoker hatten ihre Vorstöße ins westliche Mittelmeer vor allem deshalb unternommen, weil sie sich für die in diesem Raum vorkommenden Metalle interessierten.[64] Der Erzhandel war auch der Anlaß für die Gründung von Massalia gewesen, und dabei ging es in erster Linie

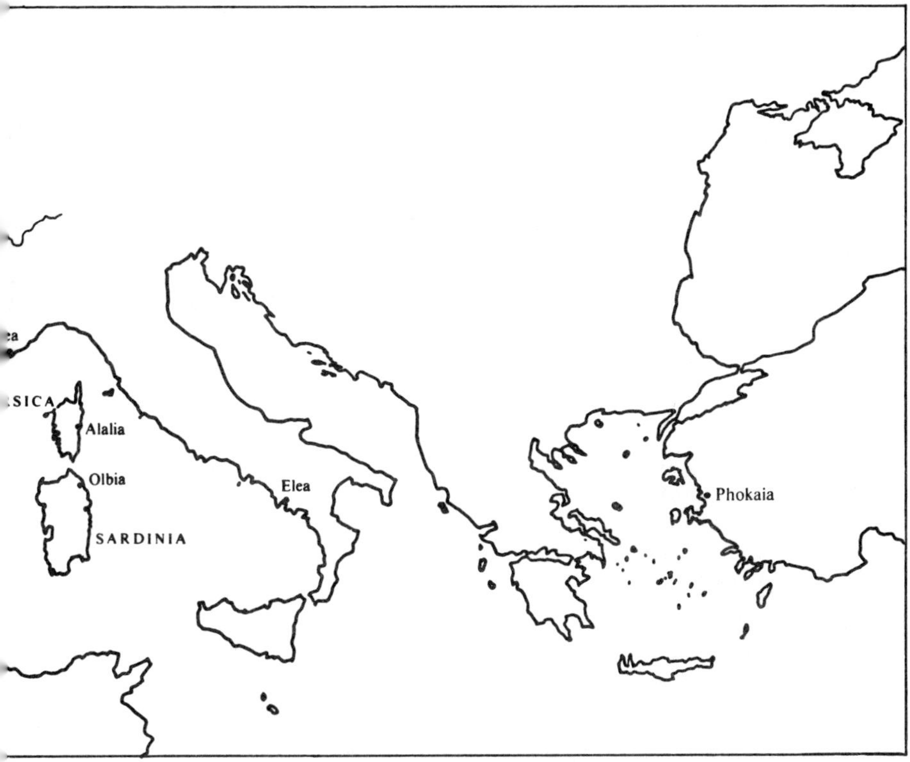

um das in Frankreich, Spanien und Britannien vorkommende Zinn. Diese ganzen Bestrebungen im Zusammenhang mit dem Metallhandel führten schließlich zu einer direkten Konfrontation mit den Etruskern. Die Tatsache, daß man in Nordspanien und Südfrankreich große Mengen etruskischer Keramiken aus der Zeit nach Beginn des 7. Jahrhunderts v. Chr. gefunden hat,[65] beweist, daß die Etrusker darum bemüht waren, mit Massalia in Konkurrenz zu treten. In manchen Fällen mögen allerdings auch die Bewohner von Massalia und andere phokische Kolonisten mit etruskischen Waren gehandelt haben. Einige Kolonien haben zweifellos mit den Etruskern zusammengearbeitet,[66] besonders Alalia, das in der Absicht gegründet worden war, mit Etruria Handel zu treiben; und diese Kolonien interessierten sich vor allem für das etruskische Kupfer und Eisen. Von Alalia war es nicht weit nach Elba und bis zu den Höhenzügen an der etrurischen Küste, wo es reiche Erzvorkommen gab. Herodot behauptet sogar – wenn auch nur nebenher –, die Phoker hätten Tyrrhenia (Etruria) ›entdeckt‹.[67]

Die phokischen Kolonisten im Westen trieben nicht nur einen lebhaften Handel mit Metallen, sondern übten in Etruria auch in anderer Hinsicht einen merklichen Einfluß aus, denn viele von ihnen bereisten dieses Land oder siedelten sich dort als Einwanderer an. Unter anderem hatte die Gründung griechischer Kolonien auch zur Folge, daß nun einzelne griechische Gottheiten, wenn auch in einem etwas anderen Gewand, in Etruria auftauchten. Die erste war augenscheinlich Artumes (Artemis), gefolgt von Apulu (Apollo). Aus ihrer Heimat hatten die Phoker Statuen ihrer Götter mitgebracht,[68] und die Kulte der Artemis und des Apollo spielten in der Kolonie Massalia eine wichtige Rolle.[69] Von dort haben sie die Etrusker auch wahrscheinlich übernommen. Einer besonderen Beliebtheit erfreute sich bei ihnen Herkle (Herakles), der in Griechenland selbst zunächst als von Menschen abstammender Heros, später aber praktisch als Gott verehrt wurde. Unter allen griechischen Göttern und Heroen war er der einzige, der von den Etruskern ganz in ihr religiöses System integriert worden ist.[70]

So überrascht es nicht, daß wir in der etruskischen Kunst deutliche ionische Züge finden.[71] Einige moderne Kritiker sind sogar der Auffassung, daß die Ära des ionischen Einflusses den eigentlichen Höhepunkt der künstlerischen Entwicklung bei den Etruskern darstellt, und nicht die vorangegangene ›orientalisierende‹ Periode. Die elegante Ausarbeitung aller Details durch die geschickten ionischen Künstler und die weiche Modellierung des geschwungenen Rhythmus bei den von ihnen geschaffenen Kunstwerken entsprachen ganz dem Geschmack der Etrusker. Sie waren fasziniert von dem sicheren Auge der Ionier für das Wesentliche und von ihrer Fähigkeit, den unmittelbaren Eindruck des Augenblicks festzuhalten.

Als die Etrusker daher um die Mitte des 6. Jahrhunderts v. Chr. begannen, griechische Terrakottaplaketten und andere Dekorationen an den Außenwänden ihrer Tempel anzubringen, waren ihre Vorbilder Kunstwerke aus ionischen Städten, auch wenn sie in mancher Hinsicht abgewandelt wurden.[72] Ebenso entsprachen Themen und Stil der Wandmalereien in den Grabkammern von Tarquinii aus dieser Epoche mit gewissen Abweichungen ionischen Vasenbildern, und auch die kurz vor 500 v. Chr. in Etruria hergestellten ersten Gemmen waren nach ionischen Vorbildern geschnitten.[73] Für die ionischen Künstler, die besonders nach der Eroberung ihrer Heimat durch die Perser in großer Zahl nach Italien kamen, war es leichter, in Etruria eine neue Heimat und Arbeitsmöglichkeit zu finden als in den griechischen Kolonien, die schon ihre eigene Tradition hatten und dabei bleiben wollten. Die etruskischen Künstler übernahmen sofort die Techniken der griechischen Einwande-

rer, und deshalb ist es oft nicht leicht zu sagen, ob ein bestimmtes Kunstwerk von der Hand eines Ioniers oder eines Etruskers stammt.
Ebenso wie die Ionier nach Etruria kamen, könnte umgekehrt ein etruskischer Stadtstaat auch eine Handelsniederlassung auf der nordägäischen Insel Lemnos gehabt haben. Ein Grabstein, den man hier gefunden hat und der wahrscheinlich aus dem frühen 6. Jahrhundert v. Chr. stammt, zeigt nicht nur das Relief eines Kriegers, das gewissen Reliefs im nördlichen Etruria gleicht, sondern auch eine lange Inschrift,[74] die sich zwar nicht mehr entziffern läßt, aber in Lettern und einer Sprache geschrieben ist, die der etruskischen sehr nahesteht.[75] Außerdem gab es eine alte Überlieferung, nach der die Bevölkerung von Thessalien in Nordgriechenland, die angeblich die ersten Siedler auf der Insel Lemnos gestellt hat, als ›Tyrsenier‹ oder ›Tyrrhener‹ (Etrusker) bezeichnet wurde. Auch Thukydides spricht von den Bewohnern des der Insel gegenüberliegenden Festlandes als von Menschen »tyrrhenischer Rasse«.[76] Eigenartigerweise fügt er hinzu, Menschen dieser Rasse hätten früher auf Lemnos – und in Athen – gelebt! Letzteres war jedoch eine Erfindung seiner Quelle, denn diese Auffassung kam den Bestrebungen der Politiker in Athen entgegen. Mit solchen fiktiven Zusammenhängen rechtfertigten sie die gewaltsame Eroberung der Insel um 500 v. Chr. und ihre Kolonisierung fünfzig Jahre später.
Man hat oft versucht, mit solchen unbeweisbaren Behauptungen die Auffassung zu stützen, daß die Etrusker aus dem Osten nach Italien gekommen seien. Es ist jedoch viel wahrscheinlicher, daß die auf Lemnos gefundene Inschrift das genaue Gegenteil beweist – daß es nämlich auf der Insel eine von einem etruskischen Stadtstaat gegründete Handelsniederlassung oder einen Markt gegeben hat,[77] ähnlich den griechischen *emporia* von Pithecusae und Cumae oder den griechischen und phönikischen Handelsposten in Etruria. Lemnos war für die Einrichtung einer solchen Niederlassung sehr gut geeignet, und schon die Mykener, auf deren Inschriften der Name der Insel erscheint,[78] hatten sich dort zum gleichen Zweck eingerichtet; denn hier gab es schon sehr früh eine metallverarbeitende Industrie, und deshalb trug die Insel ebenso wie Elba auch den griechischen Namen ›Aethalia‹ (die ›rauchige‹). Plinius der Ältere war der Meinung, ein monumentales Grabmal auf der Insel Lemnos entspräche dem Grab des Lars Porsenna in Clusium.[79] Die Bewohner von Lemnos wurden im übrigen ebenso wie andere Etrusker als Piraten bezeichnet. Man erzählte sich, daß tyrrhenische Piraten auf Lemnos Frauen aus Brauron (bei Athen) geraubt und vergewaltigt hätten, und man könnte in Versuchung geraten, die tyrrhenischen Seeräuber, die im siebenten homerischen Hymnus[80] den Gott Dionysos

entführen, als lemnische Seefahrer zu identifizieren. Die mittlere Ägäis gehörte zeitweise zweifellos zum Einflußbereich des etruskischen Handels beziehungsweise der etruskischen ›Piraterie‹. Dies bestätigen die immer zahlreicher werdenden Funde etruskischer Artefakte in diesem Gebiet,[81] die wahrscheinlich durch die Vermittlung von Händlern aus Lemnos dorthin gekommen sind. Insgesamt gesehen sind solche Objekte dennoch relativ selten, weil sich die Griechen vor allem um das etruskische Rohmaterial bemüht haben, um es gegen ihre eigenen Fertigwaren einzutauschen.[81] Etruskische Keramiken und Bronzen findet man jedoch sogar noch in einem so weit entfernt gelegenen Gebiet wie Südrußland.[82] Auch diese Gegenstände könnten über Lemnos dorthin gelangt sein, denn die Insel lag unmittelbar an den ins Schwarze Meer führenden Schiffahrtswegen und war nicht weit von den an dieser Strecke gegründeten Siedlungen der Ionier entfernt.

Im Verlauf des 6. Jahrhunderts v. Chr. kam es unter den verschiedenen griechischen Staaten in der Ägäis und auch im westlichen Mittelmeerraum zu radikalen Machtverschiebungen, und das wiederum hatte erhebliche Auswirkungen auf Etruria und viele andere Länder. Die Ursache für diese Entwicklungen war der Aufstieg von Athen, das, wie wir gesehen haben, auch auf Lemnos eine wichtige Rolle spielte. Athen war ebenso wie Korinth und die Städte in Ionia und Etruria durch die Zusammenlegung mehrerer Dörfer entstanden. Im 9. und 8. Jahrhundert v. Chr. waren hier schöne Keramiken mit geometrischen Mustern hergestellt worden, und als sich die einzigartige künstlerische Begabung der Bewohner von Athen gegen Ende des 7. Jahrhunderts v. Chr. weiterentwickelte, wurden die dort erzeugten, unvergleichlich schönen Tongefäße mit den schwarzen figürlichen Darstellungen auf dem warmen, orangeroten attischen Ton für alle anderen Hersteller ähnlicher Waren zu einem gefährlichen Konkurrenzartikel. Nach 600 v. Chr. vollzogen sich in Athen entscheidende politische und wirtschaftliche Entwicklungen. Nun wurden die Tongefäße mit den schwarzen Figuren für den korinthischen Exporthandel zu einer ernsten Bedrohung,[83] und bereits um 550 v. Chr. hatten sie die korinthischen Waren in Etruria und anderswo völlig verdrängt. Vor zwanzig Jahren hat man eine Liste von nicht weniger als 1560 in Etruria gefundenen attischen Vasen mit schwarzen Figuren aufgestellt, aber inzwischen ist diese Zahl noch erheblich gestiegen.[84]

Gegen Ende der Stilperiode der ›schwarzen Figuren‹ war der ionische Stil im ganzen Mittelmeerraum von dem männlicheren und humanistischeren attischen abgelöst worden. Zwischen 540 und 520 v. Chr., während einer kurzen Übergangsperiode in Athen, wurde der ionische Stil in der

Skulptur und der Malerei stark von dem sich neu entwickelnden attischen Stil beeinflußt, und beide Stilarten vermischten sich. In Etruria war das die Zeit, in der die prächtigen lebensgroßen Terrakottastatuen von Veii und Caere entstanden. In ihnen zeigte sich die besondere Begabung der Etrusker, die unterschiedlichsten äußeren Einflüsse zu absorbieren und etwas Neues daraus entstehen zu lassen. In diesem Fall waren die etruskischen Künstler zugleich vom ionischen und vom attischen Geist herausgefordert worden. Aber dann kam es zu einer eigenartigen Veränderung bei den kulturellen Beziehungen zwischen Athen und Etruria. In Griechenland setzte sich der berühmte klassisch-attische Stil der Vasen mit den roten Figuren durch. Diese Entwicklung begann um 530 v. Chr., setzte sich während des ganzen 5. Jahrhunderts v. Chr. fort, und es entstanden zahlreiche Meisterwerke, wie attische Künstler sie auch auf anderen Gebieten geschaffen haben. Doch gerade in dieser Zeit der größten kulturellen Fortschritte schwächten sich die Beziehungen zwischen Griechen und Etruskern merklich ab. Zwar brachten die Athener der etruskischen Kunst nach wie vor eine gewisse Achtung entgegen, und dies läßt sich nicht nur aus der Tatsache ersehen, daß hin und wieder einzelne etruskische Bronzen in Athen auftauchten,[85] sondern vor allem auch daran, daß mindestens drei im 6. Jahrhundert in Athen übliche Vasenformen etruskischen Ursprungs waren.[86] Andererseits kamen auch weiterhin athenische Keramiken mit roten Figuren nach Etruria, und die Etrusker haben gelegentlich versucht, diese attischen Vasen zu imitieren. Die Imitationen sind jedoch nur von geringer Qualität, und daran zeigt sich, daß der künstlerische Einfluß aus Athen auf die Etrusker nicht mehr die Faszination ausübte, um sie zu eigenen großen Schöpfungen zu inspirieren. Das Interesse der Etrusker für die bedeutenden künstlerischen Leistungen der Athener dieser Epoche blieb sehr gering. Im Gegensatz zu der leidenschaftlichen Begeisterung, mit der sie die griechische Kunst der archaischen Periode aufgenommen hatten, vermochte das goldene Zeitalter der athenischen Kunst sie kaum zu beeindrucken. Erinnern wir uns, wie gebannt sie von den exotischen Phantasien und bizarren Feinheiten der orientalisierenden Phase der griechischen Kunst in Korinth gewesen waren und wie sie sich später von dem Zauber der ionischen Kunst faszinieren ließen: Diese Kunstrichtungen hatten die etruskische Kunst zu dem gemacht, was sie war. Aber die reife, klassische Kunst Athens im 5. Jahrhundert fand bei ihnen keinen Widerhall. Sie wurde zwar von einer Reihe zweit- oder drittklassiger etruskischer Künstler imitiert, aber die wirklich großen Künstler ignorierten diesen Stil und variierten immer noch das, was sie bis dahin gefesselt hatte.

Dieser plötzliche Bruch, der die wertvollsten Beziehungen zu den Griechen gerade in dem Augenblick schwächte, als Griechenland seine größten künstlerischen Leistungen hervorbrachte, ist ein seltsames Phänomen, das man auf die verschiedenste Weise zu erklären versucht hat. So haben einige Historiker den Grund dafür in einer Reihe von politischen und militärischen Fehlschlägen gesehen, die die etruskischen Stadtstaaten gegen Ende des 6. und im 5. Jahrhundert v. Chr. hinnehmen mußten. Tatsächlich hatten sich die Beziehungen zwischen Etruria und den führenden griechischen Stadtstaaten in Italien – Cumae und Syrakus – damals in gefährlicher Weise abgekühlt; kurz danach war es den Samniten und Galliern gelungen, den etruskischen Einfluß im Norden und Süden auszuschalten. Diese Rückschläge hatten unter anderem zur Folge, daß die Etrusker nicht mehr soviel Geld in ihre Kunst investieren konnten. Es gibt aber auch einen psychologischen Faktor, den wir auf keinen Fall übersehen dürfen: So hoch die Etrusker die phantasiereichen und stilisierten Formen der frühen griechischen Kunstwerke auch geschätzt haben – der reife, klassische, naturalistische Humanismus, der jetzt die Kultur und Kunst in Athen bestimmte, ließ sie kalt.[87] Auf dieses Thema und die hiermit zusammenhängenden Fragen müssen wir nun noch näher eingehen, wenn wir richtig beurteilen wollen, in welchem Verhältnis die griechischen und die nichtgriechischen Tendenzen bei den Etruskern zueinander standen – die sich widersprechenden und die sich ergänzenden Faktoren, die die Leistungen der Etrusker entscheidend geprägt haben.

4. Der Ursprung der Etrusker

Ungriechische Charakterzüge

Die Verschmelzung griechischen und etruskischen Geistes und Geschmacks dauerte so lange an, wie in der griechischen Kunst die bei den Etruskern so beliebten phantastischen orientalischen Muster oder das für ionische Erzeugnisse typische Element der dekorativen Stilisierung lebendig blieben. Die Etrusker hatten keine Hemmungen, wann immer sie es wollten und ganz willkürlich Anleihen bei der griechischen Kunst zu machen; am besten gefielen ihnen aber die eher bizarren Kunstwerke aus der griechischen Frühzeit. In ihren eigenen Schöpfungen vereinigten sie diesen Stil mit roher Kraft und einem manchmal vulgären Übermut, für den ein klassisches Maßhalten nichts bedeutete. Außerdem hatten sie eine besondere Vorliebe für die Darstellung des Grausigen und Unheimlichen. Abbildungen von Szenen mit blutigen Gladiatorenkämpfen und anderen Gemetzeln zeigen, daß ihnen Grausamkeit keineswegs fremd war und deren Darstellung auch nichts Abschreckendes für sie hatte.

Wir haben gesehen, daß der Humanismus der klassischen Kunst in Athen, wie er in den attischen Vasen mit den roten Figuren zum Ausdruck kommt, bei den führenden etruskischen Künstlern keinen Anklang fand. Ein Hauptgrund dafür, daß die Etrusker keine Humanisten waren, lag darin, daß ihre Religion ihnen sagte, der Mensch sei der Gewalt der Götter bedingungslos ausgeliefert. Das war für sie eine absolute Gewißheit, und es gab keine Schlupflöcher wie etwa bei den religiösen Spekulationen der griechischen Philosophie. Die Macht der Götter war erdrückend und total; gegen sie war der Mensch ein Nichts, das sich der Gottheit rückhaltlos zu unterwerfen hatte. So interessierten sich die Etrusker nicht für die Idealisierung des männlichen und des weiblichen Körpers, die ja eine der größten Leistungen der athenischen Kunst des 5. Jahrhunderts v. Chr. war. Auch die naturalistischen Ausdrucksformen, in die die Athener ihren Idealismus kleideten, hatten keine Bedeutung für sie. Aus demselben Grunde war ihnen auch die griechische Nacktheit fremd.[1]

Auf eine anatomisch korrekte Darstellung des idealisierten oder naturalistischen menschlichen Körpers legten sie keinen Wert. Der etruskischen Kunstauffassung entsprachen vielmehr streng konventionelle, phantastische Formen und bisweilen geradezu ins Groteske gehende

Übertreibungen und Dehnungen. Die wesentlichen Merkmale der attischen Klassik, wie Ausgewogenheit der Proportionen, klare Komposition oder Harmonie in der Formgebung, waren für sie ohne Bedeutung.[2] Die Etrusker hätten Picasso den Vorzug gegenüber Raphael gegeben, und es ist keineswegs überraschend, daß eine Reihe von Malern und Bildhauern des 20. Jahrhunderts (vor allem Giacometti, Marino Marini und Modigliani, die aus dem ehemaligen Etruria stammten) sich mehr von der etruskischen als von der athenischen Kunst inspirieren ließen. Aber die Etrusker unterschieden sich nicht nur im Temperament und Charakter von den Griechen, sondern auch ihre geographische Lage und Umwelt waren in vieler Hinsicht ganz anders. Dies drückt sich zum Beispiel in Art und Beschaffenheit des Materials aus, das sie bei der Herstellung ihrer Bauten und Kunstwerke verwandten. Auch was ihre Geschichte und ihre Herkunft betraf, gab es gegenüber den Griechen große Unterschiede. Das Italien vor der Gründung seiner Städte und Stadtstaaten war ein ganz anderes Land gewesen als das prähistorische Griechenland, und wir haben auch schon ausdrücklich auf die Vielfalt der Einflüsse aus dem nichtgriechischen Nahen Osten hingewiesen, denen die Etrusker ausgesetzt waren. Gewiß trifft es zu, daß die Absorption der griechischen Kunst durch die Etrusker eine »kulturelle Invasion eines Ausmaßes, einer Intensität und Dauer gewesen ist, für die einem so bald keine Parallele einfällt«. Man hat jedoch auch – vielleicht etwas provozierend, aber mit einigem Recht – gesagt, daß »die Kunst Etrurias trotz ihrer zahlreichen Berührungspunkte mit Griechenland in Wirklichkeit nur sehr wenig griechisch ist«.[3]

Die Verschiedenheiten sind, wie wir gesehen haben, zu der Zeit am deutlichsten sichtbar geworden, als sich Griechenland unter der Führung von Athen den humanistischen und klassischen Idealen zuwandte. Wenn man die Dinge jedoch genauer untersucht, dann waren diese Gegensätze nicht neu. Denn obwohl die Etrusker viele Anleihen bei den Griechen gemacht haben, hat sich ihre Kunst stets deutlich von der griechischen unterschieden. Beispiele dafür sind leicht zu finden. So sehen die etruskischen Tempel ganz anders aus als die griechischen. Die typischsten Merkmale der etruskischen Heiligtümer – die hohen Sockel, auf denen sie standen, die besondere Betonung der Frontalansicht, die geräumigen Vorhallen, die es den Menschen ermöglichen sollten, hier den Göttern zu begegnen, die geschlossenen Rückwände, das Fehlen von Kolonnaden an den Seitenwänden und die Verwendung von Holz bei der Errichtung dieser Gebäude – das alles war eher nahöstlich als griechisch. Auch bei der Gestaltung ihrer Grabmäler, die sie in den vielfältigsten Formen, aber immer in einer für sie charakteristischen Weise geschaffen haben, waren die Etrusker ganz ungriechisch,[4] und das gilt auch für alle Wandmalereien, die ihre Grabkammern schmücken. Bei den Griechen findet man keine Grabkammern, deren Innenwände bemalt waren. So unterschied sich auch die etruskische Bildhauerkunst grundsätzlich von der griechischen, denn alle Plastiken waren Grabbeigaben. Außerdem waren sie nicht aus Stein, sondern aus Terrakotta – und selbst wenn Stein verwendet wurde (an den wenigen Orten, wo dieses Material zur Verfügung stand), sehen die Plastiken, obwohl sie offensichtlich griechischen Vorbildern nachempfunden sind, in beunruhigender Weise anders aus. Aus den schon erwähnten Gründen haben sich die Etrusker künstlerisch kaum von den mit roten Figuren bemalten griechischen Keramiken anregen lassen, und das aus sehr viel früherer Zeit stammende und für die Etrusker charakteristische Tongefäß, der schwarze *bucchero*, hatte sehr ungriechisch ausgesehen.[5]

Etruskische Kleinplastiken aus Bronze lassen sich mit ihren charakteristischen Posen, den emphatischen Gesten und dem lebendigen Ausdruck der Gesichter sofort als solche erkennen, denn anders als die griechischen zeigen sie die typisch nichtklassischen Verzerrungen, die bei den Etruskern so beliebt waren. Der bekannte Athener Kritias (gest. 403 v. Chr.) hat ihre aus Bronze hergestellten Haushaltswaren und Metallgegenstände als ungewöhnlich gut bezeichnet,[6] und er hätte hinzufügen können, daß sie stets eine ganz charakteristische Form besaßen. Das galt auch für den Goldschmuck, für dessen Anfertigung den Etruskern solche Mengen importierten Goldes zur Verfügung standen, daß es die Griechen schokkiert – oder ihren Neid erregt haben muß. Wohl finden sich an diesem Schmuck sehr oft griechische Motive, aber selbst wenn die Schmuckgegenstände in griechischen Handelsniederlassungen wie etwa in Pithecusae oder Cumae hergestellt worden sind, zeigen sie doch eine erstaunliche Originalität verbunden mit einmaliger technischer Vollkommenheit. Die Filigranarbeiten sind mit bis dahin nicht erreichter Feinheit ausgeführt, und mit der Technik des Granulierens werden Muster oder Silhouetten aufgetragen, wie man sie in Griechenland nicht finden kann.

Es wäre daher ganz falsch, wenn man die Kultur der Etrusker als bloße provinzielle Variante der griechischen Zivilisation abtun wollte (das gleiche gilt übrigens auch für andere künstlerisch begabte Völker am Rande der griechischen Welt, besonders für die Skythen, die Thraker, die Kelten und die Iberer). Der Kunsthistoriker Bernard Berenson schreibt unter der Überschrift: *The Originality of Incompetence:* Wenn an der etruskischen Kunst etwas Gutes gefunden werden könne, dann nur insoweit wie sie griechisch sei.[7] Damit läßt er die Tatsache völlig außer acht, daß die Etrusker trotz aller offenbar bedenkenlos bei den Griechen gemachten Anleihen sich zu jeder Zeit eine ganz eigene Kunstauffassung bewahrt und mit ihrer Kunst auch etwas völlig anderes angestrebt haben. Die klassischen Grundsätze der Ausgewogenheit interessierten sie nicht, sondern sie wollten den Augenblick des unwiederholbaren, blitzartig auftauchenden visuellen Eindrucks festhalten. Ihnen ging es um den Geist jenes Augenblicks, nicht um ewige philosophische Wahrheiten – und das gleiche gilt für einige der von ihnen so bewunderten ionischen Künstler. In einer Welt der übermächtigen göttlichen Kräfte waren Vergangenheit und Zukunft als Themen künstlerischer Darstellung ohne Bedeutung. Statt dessen brachten die Künstler mit Hilfe an sich bedeutungsloser Improvisationen ihre eigene Vorstellungswelt zum Ausdruck, die durch Vitalität, Phantasie und Charme gekennzeichnet war.

Man sehe sich nur die beiden liegenden Figuren auf dem berühmten Sarkophag von Caere an. An ihnen läßt sich eine ganze Reihe von künstlerischen Merkmalen erkennen, die griechischen Vorbildern entlehnt sind. Aber das griechische Vorbild ist neu gestaltet worden, und zwar nach einem Konzept, das eine gänzlich unhellenische Atmosphäre der Ruhelosigkeit und Disharmonie vermittelt, eine bewußt geheimnisvolle und rätselhafte Stimmung, die mit dem harmonischen Gleichgewicht, nach dem die attischen Zeitgenossen des Künstlers strebten, nichts zu tun hat. Die Etrusker selbst müssen im übrigen auch sehr ungriechisch ausgesehen haben. Es wäre unklug, wenn wir versuchen wollten, gültige Aussagen über ihre ethnische Herkunft zu machen. Erstens enthalten die uns vorliegenden künstlerischen Darstellungen ihrer Gesichtszüge konventionelle und deshalb unrealistische Elemente, und zweitens müssen sie – wie die meisten anderen antiken und modernen Völker – eine sehr komplexe Rassenmischung gewesen sein. Von den Griechen unterschieden sie sich allein schon rein äußerlich durch ihre völlig andersartige und sehr auffällige Kleidung. Dazu gehört beispielsweise, daß die Etrusker sehr häufig die verschiedensten Umhänge und Kopfbedeckungen trugen. Ebenso hatten sie ganz spezielle Formen für ihre Schuhe und Sandalen entwickelt, die sie übrigens nicht nur für den Eigenbedarf, sondern auch für den Export produzierten.[8] Die etruskischen Frauen waren an den langen, bei den Griechen unüblichen geflochtenen Zöpfen zu erkennen, die ihnen über den Rücken hinunterhingen. Aber das war nur der geringste äußere Unterschied zwischen den etruskischen und den griechischen Frauen. Alle antiken Quellen stimmen darin überein, und Wandgemälde und Reliefs bestätigen es immer wieder, daß sich die Frauen in Etruria – oder wenigstens die zu den höheren Schichten der Bevölkerung gehörenden – einer viel größeren persönlichen Freiheit erfreuten als ihre griechischen Geschlechtsgenossinnen. Der reiche Schmuck, mit dem sie beladen waren, spricht eine deutliche Sprache, ebenso aber auch die Darstellungen etruskischer Ehepaare, bei denen Mann und Frau als Gleichberechtigte nebeneinandersitzen oder -liegen. Berichte über den mächtigen Einfluß, den legendäre etruskische Damen wie die energische Tanaquil (Tancvil) ausübten, die angeblich ihren Gatten Tarquinius Priscus gegen Ende des 7. Jahrhunderts v. Chr. dazu gedrängt hat, sich zum König von Rom zu machen, lassen erkennen, welch geachtete Stellung solche Frauen innehatten. Der Überlieferung nach soll Tanaquil auch die Gabe der Prophetie besessen haben. Das war eine etruskische Besonderheit. Außerdem soll sie eine hervorragende Ärztin gewesen sein;[9] aber auch etruskische Männer haben auf diesem Gebiet Großes geleistet.[10] In Griechenland hat es zwar ebenfalls eine Reihe außergewöhnlich begabter Propheten und Ärzte gegeben, darunter jedoch nur sehr wenige Frauen. Die geachtete Stellung der Frau in Etruria läßt sich in gewisser Weise auf die sozialen Zustände in Italien vor der Zeit der Städtegründungen zurückführen. Aus den Gräbern jener Zeit sehen wir, daß die Frauen im allgemeinen nicht geringer geschätzt wurden als die Männer, wenn man sie vielleicht auch nicht so sehr geehrt hat wie die tapfersten Krieger.

Aber dieser Unterschied in der Stellung der Frau war nur ein Aspekt einer viel größeren Verschiedenartigkeit in der gesellschaftlichen Entwicklung der Etrusker und der Griechen. Denn abgesehen von ihrer liberaleren Einstellung gegenüber dem weiblichen Geschlecht waren die Etrusker im allgemeinen äußerst konservativ. Ihre Gesellschaftsstruktur hat es ihnen verwehrt, eine demokratische Staatsform im Sinne der griechischen Stadtstaaten zu entwickeln oder auch nur den Versuch dazu zu unternehmen. Wie wir bereits sehen konnten, ist jene Bevölkerungsschicht, die wir als Mittelstand bezeichnen würden, immer verhältnismäßig schwach geblieben – ganz im Gegensatz zu der bedeutenden Rolle, die diese Schicht in Griechenland gespielt hat.

Auch das religiöse Leben der Etrusker drückte sich in Formen aus, die äußerst ungriechisch waren. Nicht nur, daß sich die Etrusker in viel stärkerem Maße vom Willen der himmlischen Mächte abhängig fühlten als die Griechen, sondern ihre Religion stützte sich im Gegensatz zur griechischen vor allem auf heilige Schriften, von denen sie glaubten, daß sie aus übernatürlichen Quellen stammten. Obwohl die Etrusker ihre religiösen Vorschriften sehr genau befolgten, haben sie sich – ganz anders als die Griechen – niemals präzise über die Zahl, die Attribute, das Geschlecht und das Aussehen ihrer Götter und Göttinnen geäußert, denn für sie hatten die Gottheiten keine menschliche Gestalt.[11] Dabei war jedoch die Gegenwart dieser Gottheiten in ihren Tempeln für sie sehr real und erschreckend, und sie waren überzeugt davon, daß die göttlichen Mächte ständig in das menschliche Leben eingriffen. Wie der römische Schriftsteller Seneca der Jüngere berichtet, haben die Etrusker Naturerscheinungen wie den Blitz, die von anderen – insbesondere den Griechen – bereits rational erklärt wurden, auf das Wirken übernatürlicher Wunderkräfte zurückgeführt.[12] Phänomene, die die Griechen schon sehr früh mit einem immer ausgeprägter werdenden Rationalismus zu deuten suchten, wurden von den Etruskern auf magische, mystische und alogische Weise interpretiert. Wie die Romantiker und dann die Freudianer glaubten die Etrusker, es gäbe Sphären, in denen starke Kräfte wirkten und in die der Verstand nicht eindringe und nicht eindringen könne. Deshalb spielte bei ihnen das Weissagen eine so wichtige Rolle, wobei sie vermutlich von den Assyrern wichtige Anregungen erfahren haben. Sie selbst entwickelten diese Disziplin zu einem ständig komplexer werdenden System, das sich auf durch Jahrhunderte überlieferte Präzedenzfälle und die Lehren vieler Generationen von Eingeweihten stützte.[13]

Auch gegenüber dem Leben nach dem Tode nahmen die Etrusker eine ganz ungriechische Haltung ein. In Griechenland gab es zwar eine unübersehbare Vielfalt der verschiedenartigsten Jenseitsvorstellungen, aber keine davon ließ sich mit der intensiven Überzeugung der Etrusker vergleichen, der Tod sei kein wirklicher Bruch in der Kontinuität des Lebens, sondern eine Verlängerung und Fortführung des irdischen Daseins. Dieser Gedanke steht hinter all den verschiedenen großartigen Grabdenkmälern, die uns so unendlich viel über die Glaubensvorstellungen, die Gewohnheiten und die Kunst der Etrusker erzählen. Und diese Gräber machen ebenfalls einen total ungriechischen Eindruck. Die gewaltige Fülle der Schätze, die man den Toten in ihre Grabkammern mitgegeben hat, erinnert uns mehr an die alten Ägypter als an die Griechen, und das gilt auch für die prächtigen farbigen Wandmalereien, besonders in Tarquinii. Und dennoch haben diese Gräber in neuerer Zeit eine ganze Reihe von falschen Vorstellungen geweckt. So hat man beispielsweise angenommen, die Etrusker seien von Furcht erfüllt worden bei dem Gedanken an das, was sie nach ihrem Tode erwarte. Dieser Auffassung war auch der Schriftsteller und Politiker Gabriele D'Annunzio. Er verwies unter anderem auf die riesige Zahl bekanntgewordener etruskischer Gräber im Vergleich zu den wenigen Wohnstätten für die Lebenden, die man entdeckt hat. Das verleitet jedoch zu einem Fehlschluß, denn dieses Mißverhältnis rührt nur daher, daß die Gräber weniger häufig zerstört worden sind als die Wohnhäuser der Etrusker. Auch wird die Ansicht, die Etrusker hätten das Leben nach dem Tode gefürchtet, nicht dadurch bestätigt, daß sie an den Wänden der Grabkammern furchterregende höllische Dämonen dargestellt haben, denn Szenen dieser Art gehören bereits der Spätzeit an und waren keineswegs charakteristisch für die Hochblüte der Kultur Etrurias, mit der wir uns in diesem Buch vor allem beschäftigen. Im Gegenteil, die beachtlichen Wandgemälde in den Grabkammern des ›goldenen Zeitalters‹ zeigen gewöhnlich rauschende Feste. Es gibt zum Beispiel viele Gemälde, die Gastmähler darstellen, und auf anderen musizieren und tanzen die dargestellten Personen, wie es auch die Lebenden so gerne taten – kein Fest war vollständig ohne Tanz und Gesang.[14] Der ungehemmte Frohsinn, den diese Gemälde zum Ausdruck bringen und der den glücklichen Zustand nach dem Tode symbolisiert, hat George Dennis erstaunt, der diese Bilder gesehen hat, bevor er sein prächtiges Buch *Cities and Cemeteries of Etruria* (1884) schrieb. Hierin heißt es: »Passen diese Festesfreude, dieses Tanzen, Musizieren und Springen in eine Grabkammer? . . . An der einen Wand spielt einer dieser Burschen die Flöte, ohne dabei seine fröhlichen Bocksprünge zu unterbrechen.«[15]

D. H. Lawrence hat sich in seinem 1952 erschienenen Buch *Etruscan Places* andererseits für solche Manifestationen der Lebensfreude begeistert und auf den Kontrast hingewiesen, der zwischen dieser Stimmung und der düsteren Strenge der Römer besteht, des Volkes, das die Etrusker schließlich unterworfen hat. Er hätte die Etrusker ebensogut mit den Griechen vergleichen können, denn die ausgelassenen Feste der Etrusker muten seltsam ungriechisch an. Zwar liebten auch die Griechen die Musik und den Tanz, aber sie hatten nicht das gleiche Bedürfnis wie die Etrusker, die angenehmen Dinge des Lebens auch in das Leben nach dem Tode zu projizieren und die sterblichen Überreste der Menschen mit den gemalten Darstellungen solcher Feste zu umgeben.

Doch die Wandgemälde in den etruskischen Gräbern zeigen nicht nur tafelnde, musizierende und tanzende Menschen, sondern auch Szenen aus der Mythologie, und auch hier gibt es wesentliche Abweichungen von der griechischen Tradition.[16] Der Inhalt solcher Szenen lehnt sich zwar an griechische Mythen an, es wird jedoch sehr bald deutlich, daß diese Mythen in seltsamer Weise verändert, verzerrt und den etruskischen Vorstellungen angepaßt worden sind.[17] Das gleiche gilt auch für die auf etruskischen Spiegeln eingravierten Zeichnungen.

Aber den bedeutendsten und auffallendsten Kontrast zu allem Griechischen finden wir in der etruskischen Sprache. Von einer etruskischen Literatur ist nichts erhalten geblieben; es ist sogar umstritten, ob es überhaupt eine derartige Literatur gegeben hat, und das gilt besonders für die Frühzeit. Man hat ungefähr 10000 etruskische Inschriften gefunden, aber lediglich vier oder fünf von ihnen enthalten mehr als hundert Worte, und von den übrigen sind nur ein knappes Dutzend länger als dreißig Worte. Die frühesten stammen aus dem ausgehenden 7. Jahrhundert v. Chr., doch nur sehr wenige mit wirklich historischem Wert sind vor 400 v. Chr. entstanden.[18] In einigen zum Teil von Etruskern bewohnten Regionen Italiens außerhalb von Etruria, besonders in Latium und Rom wie auch in dem nördlich davon gelegenen faliskischen Gebiet, sind damals offensichtlich zwei Sprachen in Gebrauch gewesen. Neben den vom Rest der Bevölkerung gesprochenen verschiedenen italischen Dialekten hat sich die Oberschicht in diesen Gebieten des Etruskischen bedient. Doch in Etruria selbst sprach man außer in den Randgebieten wie etwa bei Clusium (Chiusi) augenscheinlich überall diesen oder jenen etruskischen Dialekt.

Da die etruskischen Buchstaben sich aus einem griechischen Alphabet entwickelt haben, das die Etrusker in Cumae kennenlernten, können wir sie wenigstens lesen. Die Sprache muß aus vielen Schnalz- und Zischlauten bestanden haben, und zahlreiche Inschriften lassen sich heute entziffern. Die beiden längsten, von denen die eine 1190, die andere 300 Worte enthält, sind liturgische Texte mit Vorschriften für Beisetzungszeremonien. Weitaus die meisten der übrigen Inschriften sind ebenfalls religiösen Inhalts, Grabinschriften oder Aufzählungen von Namen und Titeln. Da wir die etruskische Sprache heute soweit verstehen, hören es die Experten nicht gern, wenn man behauptet, das Etruskische ließe sich nicht übersetzen, und der Inhalt der Inschriften sei nach wie vor ein Geheimnis.[19] Die Struktur der Sprache selbst jedoch ist in der Tat immer noch weitgehend unerforscht. Mit anderen Worten: Trotz aller Fortschritte, die wir mittlerweile bei der Interpretation gemacht haben,[20] wissen wir noch nicht, zu welcher Sprachengruppe das Etruskische gehört und welche anderen Sprachen mit ihm verwandt sind. Man hat in dieser Frage die abenteuerlichsten Vermutungen angestellt und behauptet, Beziehungen zum Irischen, Finnischen, Albanischen und Baskischen gefunden zu haben, ohne den Beweis dafür antreten zu können.

Wir dürfen heute jedoch mit einiger Sicherheit davon ausgehen, daß das Etruskische, obwohl im Lauf der Jahrhunderte italische (und auch lateinische) und dann griechische Lehnworte und Namen darin aufgenommen worden sind, nicht zur indogermanischen Sprachenfamilie gehört wie die letzteren. Massimo Pallottino sagt, das Etruskische sei eine Sprache gewesen, »die grundsätzlich nicht indoeuropäischen Ursprungs war oder deren Struktur wir wenigstens nicht als für die

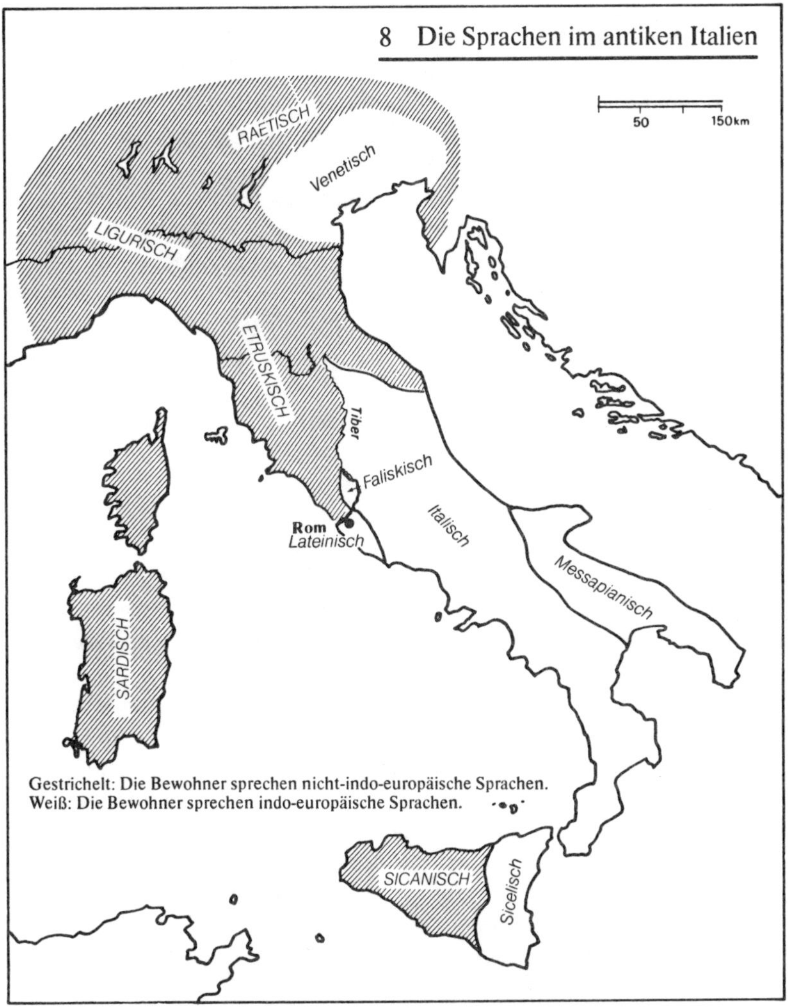

indoeuropäischen Sprachen typisch bezeichnen können«.[21] Wenn Dionysios von Halikarnassos daher im 1. Jahrhundert v. Chr. erklärt, das Etruskische sei anders als alle bekannten Sprachen,[22] so hat dies durchaus seine Berechtigung. Ihre linguistische Isolation dürfte die Etrusker in der Überzeugung bestärkt haben, daß sie abseits standen und eine ganz eigene Einheit oder Nation darstellten, die sie als *Rasna* oder *Rasnea* bezeichneten. Die griechische Version dieses Wortes lautete *Rasenna.*[23] Daß sich die Sprache der Etrusker vollkommen vom Griechischen und

Lateinischen unterschied, ist nicht nur Dionysios, sondern auch vielen anderen Beobachtern in der Antike aufgefallen. Wenn diese Tatsache aber auch heute noch bei sehr vielen Sprachwissenschaftlern Erstaunen auslöst, so läßt sich dies wahrscheinlich nur damit erklären, daß sie das Problem zu sehr aus griechischer oder römischer Perspektive betrachten. Hier ist es wichtig zu erkennen, daß man zu der Zeit, als Macht und Wohlstand der Etrusker ihren Höhepunkt erreicht hatten, in halb Italien indoeuropäische Sprachen verwendete, in der anderen Hälfte des Landes aber nicht. Grob gesagt lebten die Menschen, die sich indoeuropäischer Sprachen bedienten, östlich und südlich des Tiber,[24] die anderen westlich und nördlich davon. Zwar stimmen Sprache und Rasse nicht immer überein, aber man kann der Art und Weise, wie die verschiedenen Sprachgruppen über Italien verteilt sind, doch entnehmen, daß die indoeuropäisch sprechenden Menschen bereits in prähistorischer Zeit über die Adria nach Westen gekommen und weiter in das italische Binnenland eingedrungen sind, und zwar bis zum Tiber, der ihrem Vordringen irgendwie Halt geboten hat.

Jenseits des Tiber war das Etruskische keineswegs die einzige nichtindoeuropäische Sprache in Italien, die durch die Expansion der Indoeuropäer nach Westen im wesentlichen unberührt blieb; das gleiche gilt nämlich auch für das im ganzen Nordwesten, vielleicht nördlich von Picene an der Adria oberhalb von Ancona gesprochene Ligurische, für das in den nordöstlichen Randgebieten gesprochene Rätische, für das Sardische auf Sardinien und wahrscheinlich ebenso für das auf dem westlichen Sizilien gesprochene Sicanische. Die Grundstrukturen dieser Sprachen kennen wir nicht besser als die des Etruskischen, und das betrifft auch die Beziehungen der einzelnen Sprachen zueinander. Es scheint jedoch festzustehen, daß sie alle nichtindoeuropäischen Sprachengruppen angehörten und daß zumindest einige von ihnen schon in Italien verwendet wurden, bevor die indoeuropäischen Sprachen ins Land kamen.[25] (Auch in Griechenland sind bis in geschichtliche Zeiten mehrere vorgriechische und nichtindoeuropäische Sprachen gesprochen worden.)

Wo dürfen wir nun den Ursprung der nichtindoeuropäischen Sprachen Italiens vermuten? Es ist vollkommen unmöglich, diese Frage zu beantworten, und das gilt für das Etruskische ebenso wie für alle anderen. Dies ist einer von mehreren Aspekten der etruskischen Zivilisation, über die wir nur sehr wenig oder gar nichts wissen. Aber auch die Frage, woher die Etrusker selbst gekommen sind, läßt sich nicht beantworten. Doch bevor wir uns noch näher mit diesem Problem beschäftigen, müssen wir kurz untersuchen, weshalb man so wenig über dieses Volk und seine Gesellschaftsstruktur weiß.

Die Etrusker waren für die Griechen und Römer Fremde

Ein Haupthindernis, das sich unseren Bemühungen entgegenstellt, mehr über die Etrusker zu erfahren, ist der Umstand, daß sie bei den Griechen, aber auch bei den Römern eine sehr ›schlechte Presse‹ hatten. Die Gründe dafür sind einleuchtend: Die Etrusker waren den Griechen und Römern fremd, und nicht nur das – sie waren sogar ihre Feinde. Die Etrusker empfanden sich als ein besonderes Volk, weil ihre Lebensgewohnheiten sich völlig von denen der Griechen und Römer unterschieden, vor allem aber, weil sie eine ganz andere Sprache hatten. Überdies waren sie während einer sehr langen Zeit, und zwar seit Ende des 6. Jahrhunderts v. Chr., mit den führenden griechischen Stadtstaaten wie Cumae (trotz der vorher bestehenden guten Handelsbeziehungen) und Syrakus verfeindet (der Kampf gegen Syrakus ist von dem griechischen Dichter Pindar der Nachwelt überliefert und unsterblich gemacht worden).[26] Anschließend kam es zwischen den einzelnen etruskischen Stadtstaaten oder Gruppen von ihnen und den Römern zu erbitterten Kämpfen, bei denen es für beide Seiten um das Überleben ging.[27] Die Griechen und Römer haben die Etrusker in ihrer Literatur meist nur im Zusammenhang mit solchen Kämpfen und auch nur dann erwähnt, wenn sich diese Auseinandersetzungen auf ihrem Höhepunkt befanden, das heißt, wenn ein etruskischer Stadtstaat sich aktiv in ihre Angelegenheiten einmischte und gegen sie kämpfte. Deshalb nehmen die Etrusker in der klassischen Literatur eine untergeordnete Stellung ein und erscheinen dort in einem für sie ungünstigen Licht. Diese Haltung, die auch sehr deutlich in *Lays of Ancient Rome* von T. B. Macaulay zum Ausdruck kommt, wird ihnen nicht gerecht und steht auch völlig im Widerspruch zu dem gewaltigen Einfluß, den sie auf das Leben und die Entwicklung im gesamten Mittelmeerraum genommen haben.

Beide Faktoren – die Fremdheit und die offene Feindschaft – haben es verhindert, daß wir in der griechischen und römischen Literatur ausgewogene Berichte über die Etrusker finden. Diese sehr kritische und wenig hilfreiche Einstellung der Griechen und Römer zeigt sich schon in gewissen sogenannten homerischen Hymnen, die nach dem 8. Jahrhundert v. Chr. verfaßt worden sind, und später auch sehr deutlich in den Schriften griechischer Historiker des 5. und des 4. Jahrhunderts v. Chr. Römische Schriftsteller nehmen das gleiche Thema auf und berichten ausführlich und mit allem Nachdruck von der Andersartigkeit und Verderbtheit der Etrusker.[28]

Diese Angriffe stützten sich in der Hauptsache auf drei Unterstellungen, nämlich: die Etrusker seien grausam, sie seien ›Seeräuber‹ und sie

führten ein zu luxuriöses und ausschweifendes Leben. Daß sie gelegentlich oder sogar von Natur grausam gewesen sein sollen, hat durchaus reale Hintergründe. Denn auch ihre Wandmalereien lassen das vermuten, und es gibt einen sehr häßlichen Bericht über die Brutalität, mit der die Bewohner des Stadtstaates Caere nach der Schlacht von Alalia ihre Gefangenen behandelt haben. Allerdings wäre es nicht allzu schwierig, aus der griechischen und römischen Geschichte Parallelen zu diesem Verhalten zu finden. Sicher haben sich die Etrusker manchmal auch des Verrats schuldig gemacht, wie die griechischen Historiker behaupten, aber das behaupten alle Völker von ihren Feinden. Daß sie Seeräuber gewesen seien, bedeutete nur, daß sie unternehmungsfreudige Kaufleute waren, die die Vorherrschaft der Griechen zur See herausforderten.[29] Der gleiche Vorwurf ist auch anderen wagemutigen seefahrenden Gemeinwesen gemacht worden, insbesondere den Phönikern und den phokischen Griechen. Zweifellos waren alle diese Vorwürfe nicht ganz aus der Luft gegriffen, denn die abenteuerlustigen Seeleute sind bei der Beachtung der Menschenrechte sicher nicht übertrieben rücksichtsvoll gewesen. Doch wenn man die Etrusker generell als ›Seeräuber‹ bezeichnet, dann verschleiert man damit die wirklichen historischen Zusammenhänge und erschwert die Forschung.
Der so häufig wiederholte Vorwurf, die Etrusker hätten ein zu luxuriöses und ausschweifendes Leben geführt, ist verständlich, denn die führenden Schichten in ihren Stadtstaaten erfreuten sich offenbar eines materiellen Lebensstandards, der viel höher war als bei den meisten Griechen (vielleicht mit Ausnahme weniger reicher Handelszentren wie Syrakus); sie übertrafen auf diesem Gebiet auch alles, was bei den Römern üblich war, und das hat sich erst Jahrhunderte nach dem Verfall von Macht und Reichtum der Etrusker geändert. Aber diese Vorwürfe gehen oft sehr ins Detail. So wird beispielsweise behauptet, die Etrusker seien degeneriert, feierten Orgien, die etruskischen Frauen seien Dirnen und die Sklaven zu elegant gekleidet. Was die Orgien angeht, so erkennen wir aus den Wandgemälden in Tarquinii sehr deutlich, daß die Etrusker fröhliche Feste schätzten, bei denen es recht ausgelassen zuging – obwohl wir in der griechischen und römischen Kunst pornographische Darstellungen häufiger antreffen als in der etruskischen.
Die etruskischen Frauen hat der römische Komödiendichter Plautus in einem Bühnenstück als Huren dargestellt.[30] Gewiß – öffentlich wie privat haben Etruskerinnen ein freieres Leben geführt als die Frauen in Griechenland und Rom, wo es die Menschen insbesondere schockierte zu sehen, daß etruskische Frauen zusammen mit den Männern bei Tisch auf den Ruhebetten lagen. Das war in Etruria schon seit frühester Zeit Sitte,

und zwar lange bevor die Griechen und Römer derartiges überhaupt für möglich hielten.[31] Da der allgemeine Lebensstandard der Oberschicht so hoch war und der Wohlstand dieser Menschen ihnen ein angenehmes Leben ermöglichte, hat man es offenbar auch mit der weiblichen Moral nicht allzu streng genommen, und Verstöße gegen die guten Sitten waren nichts Ungewöhnliches. Dennoch dürfte sich der große Historiker Theodor Mommsen den Vorurteilen seiner griechischen und römischen Gewährsleute zu weitgehend angeschlossen haben, wenn er behauptet, die Sittenlosigkeit der etruskischen Frauen habe der schlimmsten Unmoral in Byzanz und Frankreich in nichts nachgestanden.[32]

Was nun die luxuriöse Bekleidung der Sklaven betrifft, so hat man alle Etrusker aus dem gleichen Grund kritisiert und dabei auch ihre schönen Schuhe nicht vergessen. Ihre Feinde, die Griechen und Römer, behaupteten sogar, die etruskischen Männer seien im allgemeinen verweichlicht, denn sie nähmen sogar kostbare Kunstgegenstände mit ins Feld.[33] Schließlich behauptete man auch, sie seien zu dick gewesen, und damit hatten ihre Kritiker in manchen Fällen sogar recht. Ihr Urteil bestätigt sich, wenn wir die fülligen und selbstzufrieden aussehenden Gestalten betrachten, die auf den Sarkophagen von Volaterrae und Clusium ruhen. Aber diese Sarkophage stammen schon aus der Zeit des Verfalls, und selbst wenn das gute Leben in früheren Zeiten gelegentlich dazu geführt haben sollte, daß die Menschen zu dick wurden – man hat das wahrscheinlich auch als ein ehrendes Zeichen des Wohlstandes angesehen –, so vermitteln uns andererseits die beachtlichen politischen, militärischen und wirtschaftlichen Erfolge der frühen etruskischen Stadtstaaten keineswegs den Eindruck, als hätte es sich hier um ein Volk gehandelt, das unter Fettsucht und Trägheit litt.

Die Römer haben immer wieder behauptet, die Ursache für den politischen und militärischen Zusammenbruch der Etrusker sei ihr übertriebener Hang zum Luxus gewesen. Das ist, wie wir wissen, ein beliebtes Thema, und ungezählte Romanschriftsteller und Filmproduzenten haben es unendliche Male variiert, um mit ähnlichen Bildern den Untergang des Römischen Reiches zu veranschaulichen. Aber Orgien haben mit dem Verfall und Untergang Roms nichts zu tun gehabt – im Gegenteil: Während der Verfallszeit hat man dort viel weniger Orgien gefeiert als zu Zeiten großer militärischer und politischer Erfolge. Das gleiche gilt für Etruria. Auch hier hatten Orgien mit dem Untergang der etruskischen Stadtstaaten überhaupt nichts zu tun. Es handelte sich vielmehr um ein rein etruskisches Problem, von dem die Griechen wie die Römer nichts verstanden.

Kamen sie aus Kleinasien?

Die Theorien der Griechen und Römer über die Herkunft und den Ursprung der Etrusker sind wahrscheinlich ebenso falsch und lückenhaft wie ihre Berichte über den Untergang dieses Volkes, und so können ihre Quellen kein Licht in dieses Dunkel bringen. Wir müssen uns jedoch mit dieser Frage beschäftigen, denn sie ist von größerem allgemeinen Interesse als jedes andere die Etrusker betreffende Thema – und zwar trotz der Proteste vieler Fachleute, die es vorziehen, nicht nach dem Ursprung zu fragen, sondern sich auf die Umstände zu konzentrieren, die sie zu einer bedeutenden Nation in Italien gemacht haben.[34]

Über den Ursprung der etruskischen Sprache wissen wir nichts, aber selbst wenn wir etwas darüber wüßten, würde uns das nicht unbedingt weiterhelfen, weil Sprache und ethnische Herkunft nicht immer zusammengehören (man denke an Amerika, wo die Muttersprache von Millionen das Englische ist, obwohl nicht alle diese Menschen Angelsachsen sind). Unsere Untersuchungen wollen wir mit einer bekannten Passage der im 5. Jahrhundert v. Chr. von dem Griechen Herodot verfaßten *Geschichte* beginnen. Der griechische Historiker zitiert einen Bericht, wonach die Etrusker angeblich aus Lydia im westlichen Kleinasien stammten. Lydia war zwar nicht griechisch, den Griechen aber wohlbekannt, denn es lag unmittelbar hinter ihren Städten an der ionischen Küste, die im 6. Jahrhundert v. Chr. vom lydischen König Kroisos beherrscht wurde, bis Lydia und Ionia in der zweiten Hälfte desselben Jahrhunderts an die Perser fielen. In seinem Bericht über den Ursprung der Etrusker beruft sich Herodot zweimal auf lydische Quellen. Dort wird, wie er schreibt, von den Taten eines legendären Königs von Lydia, Atys, des Sohnes des Manes, berichtet, als sein Volk von einer andauernden und schweren Hungersnot heimgesucht wurde:

> Atys teilte die Bevölkerung in zwei Gruppen und bestimmte durch das Los, welche auswandern und welche im Lande bleiben sollte. Sich selbst ernannte er zum Herrscher der Gruppe, die nach der Entscheidung des Loses bleiben sollte; sein Sohn Tyrrhenos sollte die Herrschaft über die Auswanderer übernehmen. Das Los wurde gezogen, und eine Gruppe ging hinunter an die Küste bei Smyrna, wo sie Schiffe baute, alles Hausgerät an Bord brachte und in See stach, um an anderer Stelle ihren Lebensunterhalt zu suchen. Sie fuhren an vielen Ländern vorüber und erreichten schließlich Umbria im Norden von Italien, wo sie sich ansiedelten und bis heute leben. Sie änderten ihren Namen und bezeichneten sich jetzt nicht mehr als Lyder, sondern als Tyrrhenier nach dem Königssohn Tyrrhenos, der ihr Führer war.[35]

Wieviel historische Wahrheit enthält dieser Bericht? Zunächst sind wir versucht, ihn in Bausch und Bogen abzulehnen. Doch wer das tut, für den stellt sich sofort die Frage, wie und warum diese fiktive Geschichte erfunden und weitergegeben worden ist.
Zunächst müssen wir darauf hinweisen, daß die Griechen ebenso wie die Römer nach ihnen eine besondere Vorliebe dafür hatten, Völkern und Städten einen sagenhaften Ursprung zuzuschreiben. Wie der Historiker Polybios im 2. Jahrhundert v. Chr. berichtet, gab es damals unzählige literarische Werke, die sich auf diese Weise mit der Vergangenheit beschäftigten und sich großer Beliebtheit erfreuten.[36] Man erfand für jeden griechischen Stadtstaat einen Gründer oder eine Gruppe von Gründern, die mit der reichen Heroenmythologie in Verbindung gebracht wurden. Schriften dieser Art gehörten traditionsgemäß zur literarischen Unterhaltung, führten aber zu Kontroversen, die Jahrhunderte angedauert haben.
Insbesondere hat man sich in derartigen Werken auch mit der Herkunft nichtgriechischer Völker und der Entstehung von Siedlungen am Rande der griechischen Welt beschäftigt. Mit einer Art von mythologischem ›Imperialismus‹ haben die Griechen für solche Gemeinwesen sehr oft legendäre griechische Gründer erfunden. Dies taten sie, und zwar mit erstaunlicher Gründlichkeit, auch im Fall der etrurischen Küstenstädte, mit denen die Griechen enge Beziehungen unterhielten. Zu diesen Orten gehörten das etruskische Caere, Pyrgi, Telamon und Orbetello (Cosa) sowie das halbetruskische Pisae und andere etruskische Städte im Landesinneren, zum Beispiel Cortona – obwohl die Archäologen an keinem dieser Orte auch nur die geringsten Spuren griechischer Anfänge gefunden haben und ein griechischer Ursprung in keinem einzigen Fall wahrscheinlich ist.
Wie solche Mythen entstanden sind und nach welchen ›Grundsätzen‹ man dabei verfuhr, kann man beim Studium der Geschichte Roms erkennen, denn auch Rom war zeitweilig und in gewissem Sinne eine am Rande des etruskischen Einflußbereichs gelegene Stadt. Aus verständlichen Gründen ranken sich um die Entstehung Roms die reichsten Legenden. Es gibt nicht weniger als fünfundzwanzig verschiedene oder zum Teil voneinander abweichende griechische Berichte über die Gründung Roms, und kein einziger von ihnen hat etwas mit der historischen Wirklichkeit zu tun.[37] Aber diese Berichte über die Anfänge Roms haben dennoch ihren Wert, denn sie geben uns auch Aufschluß darüber, wie solche Legenden zustandegekommen sind. So gründen sich viele dieser Geschichten etwa auf angebliche etymologische Beziehungen zwischen den Namen römischer Orte oder Personen und ähnlich klingenden

Namen in anderen Ländern. Die Analogien sind rein zufällig und entbehren jeder Stichhaltigkeit, aber die Altertumsforscher jener Zeit haben mit großem Eifer nach solchen Beziehungen gesucht.
In Rom wird diese Methode durch die Geschichte von dem legendären griechischen König Evander illustriert, die Vergil in dem großartigen und bewegenden 8. Buch seiner *Aeneis* erzählt. Danach hat Evander noch vor Gründung der Stadt Rom auf dem Palatinus Mons regiert. Wie ist er dorthin gekommen? Nur weil eine unbedeutende Gottheit mit Namen Evander an einem Ort namens Pallantion in Arcadia auf der Peloponnes verehrt wurde und der Name dieses Orts rein zufällig phonetisch eine gewisse Ähnlichkeit mit dem Wort ›Palatinus‹ hat. Nach einer anderen, ebenso schlecht begründeten Theorie erinnert der Name ›Palatinus‹ an den des mythischen Großvaters von Evander, ›Pallas‹.[38] Schließlich soll Evander auch noch der Begründer des römischen Festes der Lupercalia sein, deren Name wiederum von *lupus* (lat. Wolf) abgeleitet wird. Nun schreibt man Evander die Einrichtung der Lupercalia deswegen zu, weil sein Name in seinem griechischen Heimatland mit der Verehrung des Pan ›Lykaios‹ in Verbindung gebracht wird, der wiederum eine Beziehung zu dem Wort *lukos* (griech. Wolf) haben soll.[39] Darüber hinaus heißt Evander *(Euandros)* im Griechischen ›starker Mann‹, und Rom (Rhome) bedeutet in der gleichen Sprache ›Stärke‹. Unwissenschaftliche etymologische Erklärungen dieser Art beschränken sich keineswegs auf die Erforschung angeblicher römischer Ursprünge. Im Gegenteil, sie kommen sehr häufig vor und wurden auf sehr viele Städte und Völker angewandt.
Bei einem der Berichte über die Gründung Roms hat man diese Methode sogar noch verfeinert. Der troianische Held Aeneas, der Evander an jenem Ort begegnet ist, an dem die Stadt gegründet wurde, spielte bereits zu früher Zeit in der etruskischen Mythologie eine bedeutende Rolle. Sein Kult war später von Rom übernommen worden, wo seine Geschichte neben anderen Mythen den Ursprung der Stadt erklären sollte. Gerade diese Version der Gründung Roms hat wesentlich später bei den Griechen besonderen Anklang gefunden, denn ihnen mißfiel der nichtgriechische Charakter der Stadt, und deshalb wollten sie für ihr Entstehen nicht verantwortlich gemacht werden. Griechen und Römer waren zu historischer Zeit (nach dem 3. Jahrhundert v. Chr.) miteinander verfeindet. Es erschien ihnen daher angemessen, daß die Berichte über den Ursprung Roms diesen Umstand berücksichtigten. Damals war es allgemein üblich, die Gründung von Städten den Helden zuzuschreiben, die in Homers Ilias eine Rolle spielten, und im Falle der meisten Neugründungen entschied man sich für Krieger, die auf griechischer

Seite gekämpft hatten. Doch angesichts der Tatsache, daß Rom eine so ungriechische Stadt und mit den Griechen verfeindet war, zog man es in diesem Falle vor, den Städtegründer im anderen Lager, nämlich in den Reihen der Troianer, zu suchen. Hier eignete sich Aeneas ganz besonders, denn er hatte schon seit langer Zeit in der religiösen Tradition Roms eine Rolle gespielt.

Wer sich mit der Erforschung der Ursprünge Roms beschäftigte, hatte natürlich auch ein besonderes Interesse für die Etrusker. Es genügte nicht, den einzelnen etruskischen Städten einen mythologischen Ursprung zuzuschreiben; auch die Gesamtheit der Etrusker als Nation sowie ihre Sprache, die sich von allen anderen total unterschied, bedurften einer Erklärung.[40] Aber wenn wir uns ansehen, was die Informanten des Herodot dazu zu sagen hatten, dann stellen wir nicht nur fest, daß ihre Berichte allem widersprechen, was über die einzelnen Städte behauptet wurde, sondern auch, daß sie sich der gleichen irreführenden Methoden bedienten, wie man sie bei der Erforschung der Frühgeschichte Roms und vieler anderer Städte anwandte. Erstens gründet sich die Erklärung auf ähnlich absurde etymologische Analogien. So hat man nach diesem Muster beispielsweise eine Beziehung zwischen den Tyrrhenern (Etruskern) und der lydischen Stadt Tyrrha hergestellt. Dieser Ort wurde mit dem Namen des Königs Gyges in Verbindung gebracht, der im 7. Jahrhundert v. Chr. den lydischen Nationalstaat gegründet hatte. In Wirklichkeit gibt es keine Beziehungen zwischen den Tyrrhenern und Tyrrha, aber allein die phonetische Ähnlichkeit genügte, um eine Verbindung herzustellen, was ja offenbar auch geschehen ist.[41] Denn nur so ist der Bericht zustandegekommen, auf den sich Herodot bezieht und demzufolge die Etrusker aus Lydia gekommen sein sollen.

Diese Erfindung wurde durch eine zweite falsche Analogie der gleichen Art erleichtert, mit der die sogenannten Tyrrhi ins Spiel kamen; auch sie seien, glaubte man, aus dem Osten nach Italien eingewandert, und zwar ursprünglich aus Kleinasien. Der Name der Tyrrhi hatte sich in der Stadt Tyrrheion (oder Thyrion) in Akarnania im nordwestlichen Griechenland erhalten, wo einige von ihnen angeblich auf dem Wege nach Italien geblieben waren. Sie nannten sich ›Dardaner‹, das heißt, sie behaupteten, von dem legendären König Dardanos von Troia oder, allgemeiner gesagt, von der Bevölkerung in diesem Teil des nordwestlichen Kleinasien abzustammen. Daß sie schließlich in Italien gelandet waren, spiegelt sich in der legendären Gestalt des Tyrrhus, der bei Vergil der Schafhirte des Latinus ist, des Königs der Latiner, dessen Herrschaftsbereich im Süden an Etruria grenzte.[42] Diese Tyrrhier oder Leute aus Tyrrhion hatten weder dem Namen noch ihrer Abstammung nach

irgend etwas zu tun mit den Tyrrhenern (Etruskern), aber natürlich lag es nahe, beide Namen miteinander zu verwechseln oder gar zu identifizieren.[43]
Ein zweiter Grund, weshalb die Griechen und andere bereitwillig annahmen, die Etrusker seien aus Lydia gekommen, war der, daß die Lyder zwar Fremde waren, sich aber ohne weiteres in die griechische Mythologie einbauen ließen. Denn im Jahrhundert vor Herodot waren sie als erstes nichtgriechisches Volk hellenisiert worden, und zwar angeblich unter der Führung ihres Königs Kroisos. Dieser Vorgang ist von Herodot ausführlich behandelt worden;[44] er beschreibt, wie Kroisos die ionischen Griechen unterwarf (bevor es die Perser zum zweitenmal taten) und sie damit zu seinen Vasallen machte. Wie so oft, mußte auch hier eine Legende die geschichtlichen Ereignisse untermauern, denn man erklärte, der aus der griechischen Sagenwelt bekannte Tantalos habe in Lydia geherrscht, und der noch bedeutendere griechische Heros Herakles sei dort zu Hause gewesen.
Drittens waren die Lyder mit den Griechen verfeindet gewesen, und dies trotz ihrer Bereitschaft, sich hellenisieren zu lassen. Das paßte ausgezeichnet zu der Vorstellung, daß sie die Vorfahren der Etrusker seien, die ebenso wie die Lyder Feinde, und dennoch teilweise hellenisiert waren.
Es gab darüber hinaus noch einen besonderen Grund, weshalb die Lyder Herodot oder seiner Quelle berichtet haben könnten, aus ihrer Mitte seien andere Völker hervorgegangen: Der Zeitgenosse des Historikers, Xantos, war ein Lyder, der in seinen in griechischer Sprache verfaßten Schriften die phantastischsten Behauptungen dieser Art aufgestellt und erklärt hatte, daß sogar der erste Mensch auf Erden (Manes) ein Lyder gewesen sei, daß seine Nachkommen dort schon lange vor Herakles regiert hätten und nicht nur Tantalos, sondern auch die Gründer anderer Städte in Kleinasien aus Lydia gekommen seien.[45] Damit war es Xantos gelungen, den Eindruck zu erwecken, als gehörten die Lyder zu den bedeutendsten Staatengründern. Dionysios von Halikarnassos erklärt nun, Xantos habe nicht daran geglaubt, daß auch die Etrusker aus Lydia stammten.[46] Doch ist er es gewesen, der zum Entstehen einer Atmosphäre beigetragen hat, in der solche Vorstellungen lebendig wurden und es nur einer angeblichen Namensgleichheit bedurfte, um sie glaubhaft erscheinen zu lassen. So ist es zu dem Anspruch Lydias gekommen, Etruria begründet zu haben – wahrscheinlich im frühen 6. Jahrhundert v. Chr., als beide Völker ihre Blütezeit erlebten.[47]
Zwar gibt es wenigstens vier völlig verschiedene und einander widersprechende Genealogien des Tyrrhenos, des Führers der fiktiven Einwanderer, aber die griechenfreundlichen Etrusker nahmen die Geschich-

te von ihrem lydischen Ursprung begierig auf und sind noch viele Jahrhunderte später darauf zurückgekommen. Etruskische Kaufleute, die Kleinasien bereisten, haben immer wieder gern von ihren guten Beziehungen zu Lydia gesprochen.[48] Man brachte sogar den lydischen Monarchen Atys, von dem Herodot berichtet, mit einem mythischen König von Alba Longa des gleichen Namens in Verbindung, und auch eine Beziehung der Mutter des Augustus, Atia, zum König Atys paßte durchaus ins Bild.

Bei alledem sollte man sich jedoch dessen bewußt sein, daß Herodot diese Geschichte nicht unbedingt als zutreffend angesehen hat. Was er sagte, und er hat es zweimal gesagt, war, daß er diese Berichte von den Lydern habe. Als wollte er seine Bereitschaft verdeutlichen, sich von solchen Behauptungen zu distanzieren, gibt er an anderer Stelle eine abweichende Version vom Ursprung der Etrusker, nach der sie von den phokischen Griechen abstammen.[49] Diese Vorsicht erscheint uns durchaus gerechtfertigt, denn wenn wir das Problem im Licht unserer heutigen Erkenntnisse von der lydischen Zivilisation betrachten, dann spricht nicht sehr viel für die angeblichen Beziehungen der Etrusker zu Lydia. Die beiden Kulturen gleichen sich allerdings in mancher Hinsicht. Doch etwas anderes würde man auch nicht erwarten, denn die etruskische Welt hat aus allen Teilen des Nahen Ostens über Al Mina und Ostgriechenland kulturelle Einflüsse aufgenommen, unter anderem auch von der ionischen Küste und den dieser Küste vorgelagerten Inseln, und dort müssen natürlich auch lydische Einflüsse wirksam gewesen sein. So gibt es zum Beispiel gewisse Querverbindungen im Bereich der Musik. Die etruskische Doppelflöte, die man fast als Nationalinstrument bezeichnen kann, stammt angeblich aus Lydia – wenngleich andere wiederum vermuten, sie sei aus dem benachbarten Phrygia zu den Etruskern gekommen.[50] Auch die Würfel, die man in vielen Gräbern reicher etruskischer Frauen gefunden hat, sind nach Herodot von den Lydern erfunden worden. Dazu will er erfahren haben, daß sich die Frauen in beiden Ländern als Prostituierte betätigt hätten. Aber wie schon oben gesagt, werden solche Beschuldigungen immer wieder gegen Frauen erhoben, die in Ländern leben, in denen sie größere gesellschaftliche Freiheiten genießen. Herodot hat dieses Problem vielleicht nur erwähnt, weil er damit zeigen wollte, daß die Ionier daran interessiert waren, über ihre lydischen Unterdrücker häßliche Gerüchte in die Welt zu setzen.

In Lydia finden wir ähnliche Grabhügel wie in Etruria, aber Lydia ist nur eines von mehreren kleinasiatischen Ländern, in denen sie vorkommen, und an diesen Grabhügeln ist nichts spezifisch Lydisches.[51] Auch der Name des mythischen etruskischen Helden Tarchon scheint ähnlich zu

klingen wie der des kleinasiatischen Gottes Tarku. Doch selbst wenn hier Zusammenhänge bestünden, würde das nichts beweisen, denn diese Gottheit ist keineswegs eine spezifisch lydische, und das gilt für die ganze etruskische Religion. Es hat auch einen Lyder gegeben, der einen etruskischen Becher als Weihgabe stiftete (Paktyes in Graviscae, dem Hafen von Tarquinii)[52] – aber das haben zahlreiche Fremde aus den verschiedensten Ländern ebenfalls getan. Am wichtigsten ist jedoch der Umstand, daß die Struktur der etruskischen Sprache mit der lydischen (die über viele Jahrhunderte lebendig geblieben ist) keine Ähnlichkeit gehabt hat und sich hier kaum eine Beziehung konstruieren läßt.[53]
Zusammenfassend kann man sagen, daß es zwischen beiden Völkern – den Etruskern und den Lydern – nur sehr geringe Übereinstimmungen gibt, die im Vergleich mit dem, was die etruskische Kultur anderen Kulturen im Nahen und Mittleren Osten verdankt, kaum ins Gewicht fallen. Wären die Etrusker wirklich aus Lydia gekommen, das eine ganz eigene und hochentwickelte Kultur hatte, dann müßte man sich fragen, weshalb sie nicht zumindest einen wesentlichen Teil dieses Erbes bewahrt haben. Hätten sie, die doch so vieles aus dem Nahen Osten übernahmen, dann nicht erst recht spezifisch lydische Lebensgewohnheiten eingeführt, beziehungsweise schon von Anfang an mitgebracht, von der Sprache gar nicht zu reden? Das gleiche meinte auch Dionysios von Halikarnassos, der schreibt: »Ich glaube nicht, daß die Tyrrhener (Etrusker) eine Kolonie der Lyder waren, denn sie verwenden nicht die gleiche Sprache wie die letzteren, und man kann auch nicht sagen, daß sie, obwohl sie keine ähnliche Sprache mehr sprechen, anderes aus ihrem Mutterland mitgebracht hätten, das auf diese Herkunft hinweist. Denn sie verehren weder die gleichen Götter wie die Lyder, noch haben sie die gleichen Gesetze oder (öffentlichen) Einrichtungen.«[54] Dionysios war, was die Etrusker betrifft, ein Fachmann und hat sogar erklärt, er werde eine besondere Abhandlung über sie schreiben.[55] Zwar mochte er sie nicht und war deshalb auch nicht bereit, ihnen die Abstammung von einem zivilisierten Volk zuzugestehen, aber wenn er der von Herodot angeführten Darstellung widerspricht, so hat das doch ein gewisses Gewicht.
Der Bericht des griechischen Historikers über den lydischen Ursprung der Etrusker bringt uns auch hinsichtlich der Chronologie in Schwierigkeiten. Während die etruskische Zivilisation, wie wir sie kennen, ihre Entwicklung im 8. Jahrhundert unter den explosiven Auswirkungen griechischer und orientalischer Einflüsse begann, verlegt die Quelle des Herodot – wenn man die genealogischen Daten berücksichtigt, in deren Rahmen sich sein Bericht hält – den Zug des Tyrrhenus von Lydia nach

Italien in eine etwa fünfhundert Jahre frühere Periode, nämlich in die Zeit um 1250 v. Chr., als angeblich der Troianische Krieg stattfand und sich der Verfall der mykenischen Zivilisation noch nicht vollzogen hatte.[56] Es gibt sogar Berichte, denen zufolge die Etrusker noch früher nach Italien gekommen sein sollen. So stellt sich Vergil zum Beispiel vor, daß sie zur Zeit des Eintreffens von Aeneas nach seiner Flucht aus dem von den Griechen eroberten Troia bereits in Italien ansässig gewesen seien.

Im Zusammenhang mit diesen chronologischen Gegebenheiten hat es das besondere Interesse der Fachleute erregt, daß in ägyptischen Aufzeichnungen von herumziehenden und plündernden »aus allen Ländern kommenden Menschen aus dem Norden« die Rede ist, die heute häufig als ›Seevölker‹ bezeichnet werden. In den ägyptischen Dokumenten erscheinen diese räuberischen Stämme unter Namen wie TRSW (TWRWS?), SHKLSH und SHRDN, und es heißt, sie hätten um das Jahr 1200 v. Chr. die ägyptische Küste angegriffen. Die Forschung hat sie mit den Tyrseniern (Tyrrhenern), den Sicelern (aus dem östlichen Sizilien) und den Sarden in Verbindung gebracht, und es wird sogar behauptet, die in einem hethitischen Text aus dem 13. Jahrhundert v. Chr. erwähnten *Tariusha* seien ebenfalls mit den Tyrseniern identisch. Mit Sicherheit lassen sich derartige Spekulationen allerdings bis heute nicht bestätigen.[57]

Doch selbst wenn diese Vermutungen zuträfen, dann erklärt das Auftauchen ›seefahrender‹ Etrusker vor der ägyptischen Küste oder in Kleinasien im 13. Jahrhundert nicht, weshalb sie in Italien erst im 8. Jahrhundert eine städtische Zivilisation entwickelt haben. Der zeitliche Abstand von fünfhundert Jahren ist zu groß, als daß man sagen könnte, auf dem Wege zur Blütezeit müsse es gewisse Entwicklungsstufen gegeben haben.[58]

Sollten wir uns aber den Bericht des Herodot nicht doch zunutze machen, auch wenn dieses halbe Jahrtausend in so seltsamer Weise verlorengegangen zu sein scheint, und ihn trotz all seiner Schwächen als Beweis dafür ansehen, daß es *irgendeine* große Auswanderungsbewegung von Osten her nach Etruria gegeben hat? Es muß sich dabei nicht unbedingt um die ›Etrusker‹ gehandelt haben, und die Auswanderer müssen auch nicht aus Lydia gekommen sein. Aber die Wanderung selbst zumindest müßte während der letzten Jahrhunderte des 2. Jahrtausends v. Chr. erfolgt sein, und zwar bald nach der Zeit, zu der angeblich der Troianische Krieg stattgefunden hat. Waren die Etrusker, wie wir sie Jahrhunderte später kennen, wirklich die Nachfahren von Menschen, die damals aus dem Nahen Osten nach Etruria gekommen

sind? Es gibt gewisse Gesichtspunkte, die auf den ersten Blick zu einem solchen Schluß verleiten. Trotz einer gewissen Kontinuität hat nämlich gegen Ende des 2. Jahrtausends ein kultureller Umbruch in Etruria und Mittelitalien stattgefunden, genau gesagt: während der Übergangsperiode, die sich über die sogenannte Bronze- und Eisenzeit erstreckte. Plötzlich gab es neue Bestattungsformen, große Fortschritte in der Metallurgie und ganz neue Lebensgewohnheiten (und diese Veränderungen spiegeln sich vielleicht sogar ein wenig in der etruskischen Tradition, nach der im 11., 10. oder 9. Jahrhundert v. Chr. eine neue Ära begonnen hat).[59] Abwegig wäre indessen die Vorstellung, daß die Etrusker frühere Landesbewohner gewesen seien, die zu jener Zeit von neuen ›Eisenzeiteindringlingen‹ aus dem Osten nach Etruria abgedrängt wurden; denn solche Bevölkerungsgruppen werden ja durchwegs in die ärmeren Gebiete verdrängt und nicht in so fruchtbare Regionen wie Etruria.
Man hat aber auch gemeint, die von Herodot erwähnten Einwanderer nach Etruria seien, wie aus seiner Quelle hervorgeht, eine größere Schar von Eindringlingen aus dem Osten (wenn auch nicht aus Lydia) gewesen, die diese Veränderungen in der kulturellen Landschaft Mittelitaliens bewirkt hätten – Einwanderer, die nach der Überquerung der Adria den Metallhandel an der italienischen Adriaküste aufnahmen und später nach Westen gezogen seien, um die noch reicheren Erzvorkommen in Etruria auszubeuten. Zwar hat es, wie gesagt, zu dieser Zeit einen kulturellen Umbruch gegeben, aber es wäre unklug, aus einem solchen Umbruch auf eine gleichzeitige größere Wanderbewegung zu schließen. Im übrigen kann man sich nur sehr schwer vorstellen, daß es damals die für ein so gewaltiges Unternehmen notwendige Organisation gegeben hat, die es ermöglichte, eine so große Masse von Menschen auf den Weg zu bringen und dann anzusiedeln, besonders da sie noch auf keiner hohen Kulturstufe standen. Auch die Flotte, mit der die viel höher entwickelten Griechen nach Homers Ilias in den Troianischen Krieg gesegelt sein sollen, war zu groß, um glaubhaft zu erscheinen,[60] und diese Griechen haben sich in Troia nicht angesiedelt.
Es gibt aber auch noch einen anderen Grund, der uns daran zweifeln läßt, daß Etruria gegen Ende des 2. Jahrtausends v. Chr. von Einwanderern aus dem Osten besiedelt wurde. Die Kultur in Italien und Etruria während der Jahrhunderte vor und nach 1000 v. Chr. ist nämlich eher mitteleuropäisch als osteuropäisch. Es läge also eigentlich näher anzunehmen, daß die für diese Zeit typischen Erscheinungsformen nicht aus dem Osten über das Ionische (Adriatische) Meer, sondern von Norden her über die Alpen nach Etruria gekommen sind. Das müßte besonders

9 Bestattungsformen im prä-urbanen Italien

Gestrichelt: Gebiete, in denen Erdbestattung vorherrschte.
Weiß: Gebiete, in denen Feuerbestattung vorherrschte.

im Hinblick auf die Feuerbestattung zutreffen (im Gegensatz zu der vorher allgemein üblichen Erdbestattung). Bei dieser Begräbnisform wurde die Asche in Urnen auf Friedhöfen beigesetzt, die wir als Urnenfelder bezeichnen,[61] und die Urnenfelder in Italien gleichen unverkennbar denen im Donaugebiet, die der sogenannten ›großen Urnenfeldkultur‹ aus dem 2. Jahrtausend v. Chr. ihren Namen gegeben haben.[62] Diese Kultur war gekennzeichnet durch die Verwendung von Kupfer (das diese Mitteleuropäer meisterhaft zu bearbeiten wußten) und von Salz. Die

Urnengräber in Etruria scheinen auf den Einfluß dieser Zivilisation hinzudeuten.
Die in Mittelitalien festgestellten nördlichen Elemente lassen eine Masseneinwanderung aus dem Osten nach Etruria in den letzten Jahrhunderten des 2. Jahrtausends v. Chr. noch fragwürdiger erscheinen. Dürfen wir jedoch daraus schließen, daß es statt dessen zu einer Masseneinwanderung aus dem Norden über die Alpen gekommen ist? Auch das ist nicht sehr wahrscheinlich. Hier besteht wie so oft die Gefahr, daß wir aus den Lebensgewohnheiten eines Volkes auf Wanderbewegungen schließen – abgesehen davon, daß es schwerfallen dürfte, sich ein solches Massenunternehmen vorzustellen. Drittens ist es, obwohl man auch jenseits der Alpen zahlreiche Urnenfelder gefunden hat, die darauf hinweisen, daß hier die Feuerbestattung üblich war, keineswegs sicher, daß dieser Brauch über die Alpen nach Italien gekommen ist; vielmehr hat es den Anschein, daß sich die Sitte in Italien von Süden nach Norden ausgebreitet hat.[63] Schließlich läßt sich auch nichts aus der Tatsache ableiten, daß antike Schriftsteller behaupten, die Raeter in den Nordostalpen seien etruskischen Ursprungs gewesen.[64] Diese Theorie gründet sich offenbar auf eine angebliche Ähnlichkeit zwischen beiden Sprachen; aber das wäre kein überzeugendes Argument, denn wie wir wissen, stimmen Sprache und ethnischer Ursprung nicht immer überein. Außerdem steht diese Behauptung auf schwachen Füßen, denn beide Sprachen waren den Griechen und Römern gleichermaßen fremd; doch allein schon dieser Umstand genügte ihnen, einen solchen Vergleich anzustellen.
Es gibt also keine eindeutigen Beweise für eine Masseneinwanderung nach Etruria, die nach Ende des 2. Jahrtausends v. Chr. aus dem Osten oder Norden erfolgt sein könnte. Sehen wir aber von dieser Frage ab, dürfen wir dann die Menschen, die damals in Etruria lebten, schon als ›Etrusker‹ bezeichnen?
Vielleicht kommt es gar nicht einmal so sehr darauf an, denn auch der Versuch zu sagen, wann die Briten zu Briten, die Amerikaner zu Amerikanern oder die Franzosen zu Franzosen geworden sind, würde uns nicht sehr weit bringen.[65] Doch wenn wir eine Antwort finden müßten, dann ließe sich eine negative Aussage ebenso begründen wie eine positive. *Für* die Verwendung des Begriffs ›Etrusker‹ zu jener frühen Zeit spricht der Umstand, daß in dieser Epoche tatsächlich ein Wendepunkt in den Lebensgewohnheiten und auf kulturellem Gebiet zu finden ist; *dagegen* aber spricht die Tatsache, daß es ein Vierteljahrtausend später, um 750 bis 700 v. Chr., einen ebensolchen oder vielleicht noch entscheidenderen Wandel gegeben hat.[66] Dieser zweite Wandel

bestand aus einer ganzen Reihe mehr oder weniger gleichzeitig erfolgter wirtschaftlicher, sozialer, kultureller und politischer Umwälzungen. Dazu gehörte wieder die Einführung neuer Bestattungsformen, und zwar kehrte man, außer in Teilen des nördlichen Etruria, allgemein zur Erdbestattung zurück.
Auch hier muß man fragen, ob es wirklich notwendig ist, einen solchen Wandel mit einer einzigen massiven Einwanderungswelle zu begründen, denn alle in diesem Zeitraum erfolgten Veränderungen lassen sich ohne jede Schwierigkeit durch Handelskontakte zur Außenwelt erklären. Diese Kontakte mit den Ländern des Nahen und Mittleren Ostens haben wir ja bereits im vorhergehenden Kapitel ausführlich erörtert, ebenso die Beziehungen zu Korinth, Ionia und Athen. Der gewaltige kulturelle Aufschwung der neugegründeten etruskischen Stadtstaaten läßt sich ausreichend durch solche Kontakte mit der Außenwelt erklären, und wir brauchen dazu keine massiven Bevölkerungsverschiebungen anzunehmen.[67]
Eine andere beliebte Theorie, die von Leuten vorgetragen wird, denen es zwar schwerfällt, an eine einzige Masseneinwanderung zu glauben, die aber doch annehmen, daß es irgendwie eine Wanderbewegung gegeben hat, besteht darin, daß zu einem bestimmten Zeitpunkt eine aus tapferen Männern bestehende Elite über Land oder auf dem Seewege nach Etruria gekommen sei. Hier habe eine aus wenigen tausend oder nur ein paar hundert Mann bestehende Gruppe die Herrschaft im Lande mit der gleichen Rücksichtslosigkeit an sich gerissen, wie das die Normannen später in Sizilien und England oder die Spanier unter Cortez in dem bis dahin von Montezuma beherrschten Mexiko taten. Bei einem solchen Unternehmen würden, wie diese Leute meinen, die logistischen Vorbehalte unbegründet sein. In der Tat könnte man bei Orten wie Clusium an eine derartige Entwicklung denken, denn hier gehörte die Unterschicht einer eigenen ethnischen Gruppe an (es waren die Camertes Umbri), die jedoch unter etruskischer Herrschaft weiterlebte. Aber im ganzen übrigen Etruria wurde fast ausschließlich etruskisch gesprochen, und man kann sich kaum vorstellen, daß eine relativ kleine herrschende Gruppe sich mit ihrer Sprache besser hätte durchsetzen können als etwa die Normannen oder die Spanier. Außerdem haben die Normannen und Spanier viele der bereits bestehenden Strukturen übernommen, soweit sie sich ihren Wünschen anpassen ließen, während die hypothetischen Etrusker ein in sich vollkommen zerstückeltes Gebiet erobert haben müßten, das kulturell viel weniger fortgeschritten und dazu noch voller geographischer Hindernisse war.

Das Ergebnis einer ganzen Reihe von Wanderbewegungen

Nichts deutet darauf hin, daß die Etrusker mit einer einzigen großen Wanderung in ihr Land gekommen sind, und zwar weder in der Zeit um 1250 bis 1000 v. Chr. noch um 750 bis 700 v. Chr. Müssen wir deshalb Dionysios von Halikarnassos zustimmen, der meint, daß die Etrusker niemals nach Etruria eingewandert seien, sondern immer schon dort gelebt hätten und die Urbevölkerung des Landes darstellten? Nachdem er die Theorie der Einwanderung aus Lydia verworfen hat, stellt Dionysios abschließend fest: »In der Tat kommen wahrscheinlich diejenigen der Wahrheit am nächsten, die sagen, die etruskische Nation sei von nirgendwoher in das Land eingewandert, sondern stelle die Urbevölkerung dar.«

So gut Dionysios die Etrusker auch gekannt haben mag, sein Motiv ist suspekt; denn er wollte den Etruskern nicht die Abstammung von einer hochkultivierten Nation zubilligen, wie sie damals in anderen Fällen von den Griechen angenommen wurde und für die ein Ursprung außerhalb von Etruria die Voraussetzung gewesen wäre.[68] Seine Meinung wird aber trotz allem auch von heutigen Forschern geteilt, die in den Etruskern Reste einer Urbevölkerung sehen, die in früherer Zeit über das ganze Mittelmeerbecken verstreut gelebt habe. Einer der kritischen Punkte, die dieser Theorie anhaften, ist bereits erwähnt worden: Eine Bevölkerung, die von fremden Eroberern unterworfen wird, bleibt nicht in den fruchtbarsten Gebieten. Es ergibt sich aber noch ein weiteres Problem: Wenn wir annehmen, daß die etruskische Zivilisation einen statischen, aus alter Zeit überkommenen Archaismus darstellt, dann muß es sich hier um ein über viele unruhige Jahrhunderte hermetisch von der Außenwelt abgeschirmtes Gemeinwesen handeln, und diese Vorstellung ergibt keinen Sinn und widerspricht der Energie, Aktivität und Vitalität der Etrusker. Gegen Ende des 2. und bei Beginn des 1. Jahrtausends v. Chr. muß es immer wieder zu erheblichen Unruhen und Umwälzungen gekommen sein. Das geht aus den vorliegenden archäologischen Funden deutlich hervor, die zeigen, daß vieles durch Menschenhand und durch Feuer vernichtet worden ist – und die sehr fragmentarischen schriftlichen Informationen, die wir besitzen, vermitteln uns das gleiche Bild, ja ergänzen es noch. Aber die archäologischen und literarischen Quellen sind fragmentarisch und nicht gesichert. Sie lassen uns eher vermuten, daß es sich hier lediglich um die Spitze eines Eisbergs handelt; denn die Erschütterungen, die stattgefunden haben, sind mit Sicherheit hundertmal zahlreicher gewesen, als sich das heute nachweisen läßt, und zwar sowohl in Etruria als auch in anderen

Regionen Italiens, ja sogar in Ländern, zu denen Etruria und das übrige Italien Beziehungen unterhielten und die ihrerseits die Entwicklungen dort beeinflußt haben.
Im Gefolge solcher Erschütterungen muß es zu verschiedenen Zeiten wiederholt zu Bevölkerungsverschiebungen und Wanderbewegungen gekommen sein – innerhalb Etrurias selbst und von außen nach Etruria oder umgekehrt. Es hat sich also nicht etwa um eine einmalige große Wanderung gehandelt, sondern um eine Vielzahl kleinerer und größerer Verschiebungen in der Bevölkerung weiter Gebiete der damaligen antiken Welt überhaupt.[69] Verursacht wurden sie sowohl durch Infiltrationen wie durch das Auseinanderstreben von Menschen, die zum Teil auf Schiffen über das Meer kamen, zum Teil aber auch in kleinen isolierten Gruppen das Land auf der Suche nach günstigeren Siedlungsgebieten durchstreiften.[70] Was nun die ethnische Zusammensetzung der Bevölkerung Italiens betrifft, so hat es zweifellos von Anfang an eine ständige und gründliche Vermischung gegeben, und wenn die Archäologen dies speziell auch für die Zeit um die Wende vom 2. zum 1. Jahrtausend v. Chr. bestätigen (anhand der von der damaligen Bevölkerung hergestellten Gebrauchsgegenstände), dann kann uns das nicht überraschen (obwohl es vielleicht gefährlich ist, von solchen Gegenständen auf die ethnische Zugehörigkeit derjenigen zu schließen, die sie hergestellt haben). In Griechenland war die Lage damals ganz ähnlich, denn auch hier gab es »viele Stämme und kulturelle Enklaven«.[71]
Bevor wir diese Fragen noch eingehender behandeln, sollten wir die kleinen Gruppen, aus deren Wanderbewegungen das historische Etruria entstanden ist, vielleicht in mehrere Kategorien einteilen. Innerhalb von Etruria lassen sich folgende Bewegungen unterscheiden:

1. Die Verschmelzung von Gruppen benachbarter Dörfer, die schließlich zur Entstehung von Städten und Stadtstaaten führen sollte, bewirkte andererseits, daß sehr viele Menschen ihre bisherigen Wohnorte verließen und in neue Gebiete zogen.

2. Als die Städte stark genug geworden waren, haben sie oft andere Siedlungen in der Nachbarschaft zerstört, deren Bewohner – soweit sie überlebten – nicht selten in andere Gegenden von Etruria ausgewichen sind.

3. Daß in Clusium zwei Sprachen gesprochen wurden, läßt uns vermuten, daß irgendwann eine kleine etruskische Gruppe in die Stadt gekommen war und hier die Herrschaft übernommen hatte.

4. Einige etruskische Städte sind augenscheinlich von anderen Städten gegründet worden. So hat Clusium zum Beispiel Arretium, Cortona und Perusia gegründet, und Populonia scheint eine Gründung von Vetulonia gewesen zu sein, in der sich offenbar auch einige ehemalige Bewohner von Volaterrae niedergelassen haben. Hierbei muß es ebenfalls zu Bevölkerungsbewegungen gekommen sein, wenn es sich auch nur um kleine Gruppen von Pionieren gehandelt haben mag, die nicht unbedingt so gut organisiert waren und so systematisch vorgingen wie die ersten Siedler und Gründer der griechischen Kolonien.[72]

5. Wir wissen heute, daß sich die etruskischen Städte zuweilen gegenseitig bekämpft haben. Das zeigen zum Beispiel Wandgemälde im François-Grab bei Vulci und Inschriften *(elogia)* in Tarquinii. Oft wurden während solcher Kriege die Menschen von Haus und Hof vertrieben und wanderten in andere etruskische Siedlungszentren ab.

6. Manchmal haben sich auch Abenteurer aus verschiedenen etruskischen Städten zusammengeschlossen, so beispielsweise Avle Feluske aus Vetulonia und Hirumina aus Perusia – zwei Gefährten, deren Namen uns auf einer Inschrift in Vetulonia überliefert sind.

7. Innerhalb Etrurias zogen oft Künstler einzeln oder in Gruppen von Stadt zu Stadt.

Alle diese Wanderbewegungen hatten beträchtliche Bevölkerungsverschiebungen zur Folge. Man darf jedoch nicht daran zweifeln, daß ähnliche Gruppen auch von außen nach Etruria gekommen sind. Wenn es wirklich einen ›langen Marsch‹ gab, der in den Jahren 525–524 v. Chr. Angehörige der verschiedensten Volksgruppen, darunter auch Etrusker, in die Campania geführt hat, warum sollte es dann nicht auch bei anderen Gelegenheiten zu ähnlichen Märschen gekommen sein, deren Ziel Etruria war und von denen unsere sehr bruchstückhaften historischen Beweismittel uns nichts überliefert haben? Zuweilen nahmen an solchen Märschen Söldner oder Privatarmeen teil, wie es sie bis gegen Ende des 6. Jahrhunderts v. Chr. auch noch in Griechenland gegeben hat. Daß die Etrusker von anderen italischen Völkern so viele Eigennamen übernommen haben (umgekehrt tauchen auch etruskische Namen bei vielen italischen Stämmen auf), ist ein weiterer Hinweis auf solche Infiltrationen. Die Einflüsse Sardiniens auf das gegenüberliegende etrurische Küstengebiet dürften dagegen sardischen Einwanderern zuzu-

schreiben sein. Die Etrusker schickten ihrerseits viele Menschen in andere Gebiete Italiens, so beispielsweise nach Süden in die Campania und nach Latium oder nach Norden in die Poebene. Vergil berichtet, wie die Etrusker in dem hier gelegenen Mantua einen Teil der aus einem bunten Gemisch bestehenden Bevölkerung dieser Stadt gebildet haben. Auch Privatkriege wie der Feldzug der römischen Clans der Fabii gegen das benachbarte etruskische Veii hatten Bevölkerungsverschiebungen zur Folge. Aus der Geschichte Roms, die wir am besten kennen, ergibt sich eine ganze Reihe von Hinweisen in dieser Richtung. Ein Teil der Einwohnerschaft des eroberten Alba Longa ließ sich zum Beispiel in Rom selbst oder auf dem zu Rom gehörenden Gebiet nieder, ebenso Männer aus Vulci unter Mastarna und die Vibennas – dies erklärt wahrscheinlich, weshalb es in Rom den sogenannten Vicus Tuscus (die Etruskische Straße) gab. Später brachte der Sabiner Attus Clausus fünfhundert Angehörige seines Clans und Gefolges nach Rom und siedelte sie auf römischem Gebiet an. Wenn wir mehr über die etruskischen Stadtstaaten wüßten, dann würden wir feststellen, daß dort Ähnliches geschehen ist. Auch Hunderte von einzelnen Händlern reisten nicht nur in Etruria selbst von Stadt zu Stadt, sondern kamen auch aus anderen Gebieten ins Land. In den Häfen von Tarquinii gab es sogar ganze griechische Wohnviertel oder Handelsniederlassungen, und ähnliche karthagische Unterkünfte sind sowohl in einem zweiten Hafen von Caere als auch in Rom festgestellt worden. Wir dürfen annehmen, daß diese Hafenstädte einen ständigen Zustrom von Kaufleuten der verschiedensten Rassen aus den entsprechenden Ländern zu verzeichnen hatten, der je nach den Umständen stärker oder schwächer gewesen ist.
Wohl stammen viele Anhaltspunkte, aus denen sich unser Bild zusammensetzt, aus relativ später Zeit, nämlich aus dem 6. und 5. Jahrhundert v. Chr.; es läßt sich aber dennoch nachweisen, daß griechische und phönikische Besucher, Händler und Künstler bereits zu sehr viel früherer Zeit nach Etruria gekommen sind. Sie haben der etruskischen Zivilisation die wesentlichen Impulse gegeben, und wie wir wissen, sind im Verlauf dieser Entwicklung schon im 8. und 7. Jahrhundert v. Chr. fremde Künstler und Handwerker, manchmal sogar in Gruppen, ins Land gekommen. Wir dürfen sogar davon ausgehen, daß es all das, wovon hier die Rede ist, in ähnlicher Form bereits zu noch wesentlich früherer, womöglich gar zu vorgeschichtlicher Zeit gegeben hat. Die sich aus solchen Kontakten ergebenden Heiraten zwischen Angehörigen verschiedener Stämme ließen sich höchstwahrscheinlich ebenfalls bis in allerfrüheste Zeiten zurückverfolgen.
Somit ergibt sich ein Bild, das eine einmalige große Einwanderungsbe-

wegung nach Etruria unwahrscheinlich macht. Unser Eindruck ist es vielmehr, daß fortwährend kleine Gruppen der verschiedensten Herkunft und Rasse und des unterschiedlichsten Charakters über eine lange Zeitspanne hinweg ständig im Lande umhergezogen oder auch von außen ins Land gekommen sind. Aus diesem Strudel durch das Land ziehender Menschen ist schließlich die etruskische Nation entstanden. Die Vielgestaltigkeit dieses Bildes spricht auch nicht dagegen, daß schließlich in ganz Etruria die etruskische Sprache gesprochen wurde. Es war wie die englische eine sehr aussagekräftige Sprache, die sich deshalb hat durchsetzen können. Die Einwanderer und auch die Durchreisenden haben es für notwendig gehalten, die Landessprache zu lernen – nicht anders als die Einwanderer, die nach Amerika kommen und dort das Englische erlernen müssen.

5. Expansion nach Süden

Die Campania

Die Etrusker haben sich weit über die Grenzen von Etruria hinaus nach Süden und Norden ausgebreitet. Neuere Forschungen zeigen immer deutlicher, daß sie diese Gebiete nicht nur kolonisiert haben, sondern daß integrale Teile des Territoriums mit etruskischer Zivilisation, obwohl dort die griechischen Einflüsse stärker waren als in Etruria selbst, von Anfang an zu dem gleichen sozialen und kulturellen Gemeinwesen gehört und die gleichen formativen Prozesse durchgemacht haben.
Der Mittelpunkt der südlichen Region, in der diese Zivilisation entstand, war Capua, das heutige Santa Maria di Capua Vetere. Capua sollte die zweitbedeutendste Stadt auf der Halbinsel Italien und ihr führendes Industriezentrum werden. Es lag in der Campania, 32 Kilometer vom griechischen Stadtstaat Cumae landeinwärts, der bei der Kultivierung dieser Region eine entscheidende Rolle gespielt hatte. Neuere Untersuchungen zeigen, daß es in Capua mindestens seit der Zeit um 800 v. Chr. eine ununterbrochene Weiterentwicklung gegeben hat. Bei Sant'Angelo in Formis in unmittelbarer Nähe der Stadt wurde eine Nekropole entdeckt und daneben das vielbesuchte Heiligtum der Artumes (Artemis, Diana) auf dem Berg Tifata. Bei der Siedlung in Capua verlief die Entwicklung anscheinend ganz ähnlich wie bei den Siedlungen in Etruria selbst. Zunächst hat es mit Sicherheit eine Gruppe benachbarter autono-

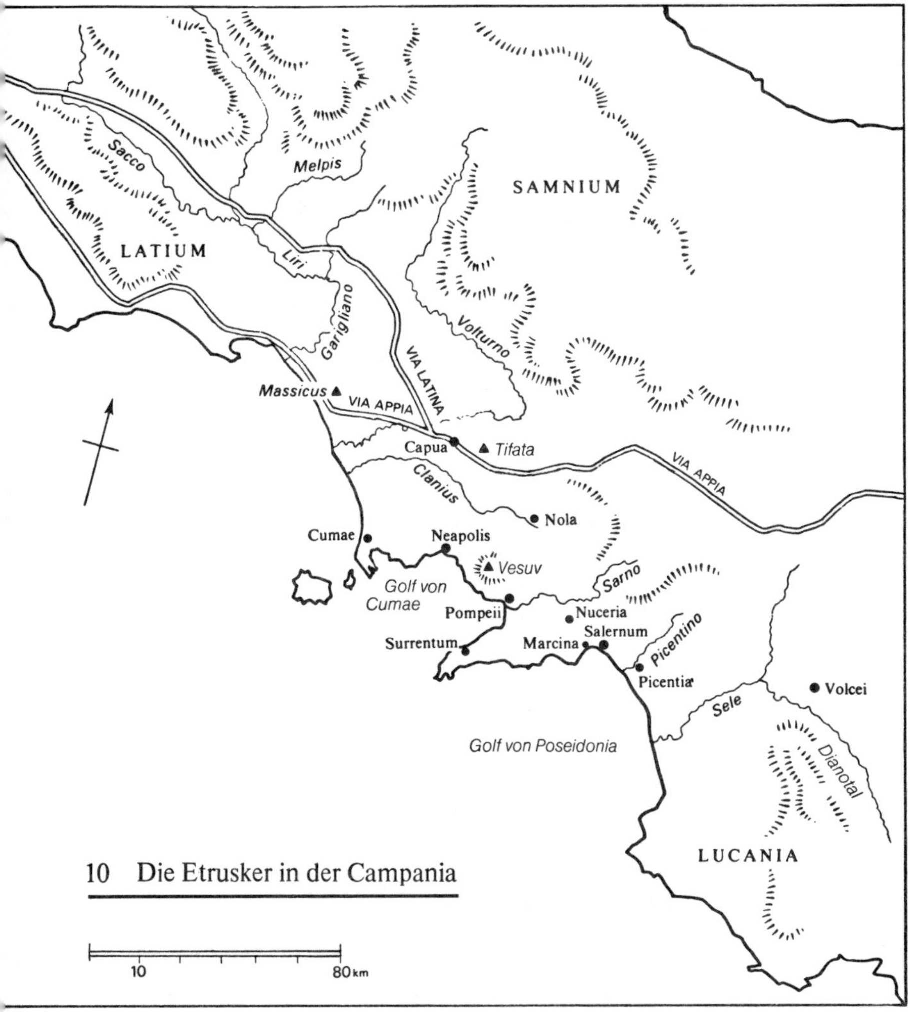

10 Die Etrusker in der Campania

mer Dörfer gegeben. Die Datierung stimmt mit einem Bericht des römischen Historikers Velleius Paterculus aus dem 1. Jahrhundert n. Chr. überein, der behauptet, Capua sei um 800 v. Chr. »von den Etruskern« gegründet worden.[1] Damit widerspricht er Cato dem Älteren, der sagt, die Etrusker hätten diese Stadt erst um 500 v. Chr. gegründet. Cato meint jedoch wahrscheinlich eine Vergrößerung oder Umgliederung dieser Siedlung. Interessant ist auch ein Bericht, nach dem der legendäre Etrusker Cacus vor dem mythischen Gründer von

Tarquinii, Tarchon, geflohen sei und am Fluß Volturnus oder Vulturnus[2] ein Reich gegründet habe. Der Volturnus (heute Volturno) fließt an Capua vorbei, das hier an einer Furt und einer wichtigen von Norden nach Süden führenden Verkehrsstraße lag. Der Name des Flusses ist etruskisch, ebenso die Namen zweier anderer Flüsse in der Nähe: des versumpften Clanius (Regi Lagni), der direkt südlich der Stadt ein unüberwindliches Hindernis bildet,[3] und des Clanis oder Glanis, der später in Liris (Liri) umbenannt wurde. Diese Namen sind mit dem des Clanis (Chiana), an dem Clusium in Etruria gelegen war, verwandt oder von ihm abgeleitet. Der Volturnus oder Vulturnus war nach Capua benannt worden, das auf etruskisch so ähnlich wie Volturnum hieß. Allerdings war auch ›Capua‹ (Capeva) ein etruskisches Wort; es geht nämlich zurück auf den Namen der dort ansässigen etruskischen Familie Capys.[4]

Nach 800 v. Chr. erlebte Capua eine ganz ähnliche Entwicklung wie die anderen Städte in Etruria. Wie diese wurde es im 8. Jahrhundert oder etwas später urbanisiert und nahm schon sehr bald Beziehungen zu den benachbarten griechischen (euboiischen) Zentren Pithecusae und Cumae auf, die, wie wir gesehen haben, damals gegründet wurden und mit Etruria Handel trieben. Die von griechischen Handwerkern in Pithecusae und Cumae hergestellten Keramiken erscheinen in gleicher Form nicht nur in Etruria, sondern auch in Capua. Capua unterscheidet sich von den etruskischen Städten nur insofern, als es wie andere Städte in der Campania auf ebenem, sehr fruchtbarem Gebiet gelegen war.

Aber um welche Zeit ist diese Stadt nun etruskisch geworden oder unter etruskischen Einfluß geraten? Nicht einmal bei den Städten in Etruria selbst ist diese Frage so ohne weiteres zu beantworten. Wenn wir aber nach Capua kommen, das weit außerhalb der Grenzen von Etruria liegt, wird es noch erheblich schwieriger, hierauf eine Antwort zu geben. Vielleicht dürfen wir aber den Beginn der Etruskisierung von Capua auf die Zeit seiner Urbanisierung datieren, also auf den Zeitpunkt, zu dem dort ein Stadtstaat entstanden ist. Bei den Ausgrabungen in Capua hat man einen etruskischen Helm aus der Zeit um 750 v. Chr. sowie ein mit einer Inschrift versehenes Siegel und Bronzefiguren aus dem folgenden Jahrhundert gefunden: Metallarbeiten der Art, für die Capua berühmt gewesen ist. Doch diese Metallarbeiten zeigen einen stärkeren griechischen Einfluß als diejenigen aus den Städten in Etruria selbst, obwohl sie wahrscheinlich aus etrurischem Kupfer gefertigt worden sind. Auch die zur Ausschmückung von Tempeln bestimmten Terrakottagegenstände – eine Kunstform, die in Capua schon geblüht haben mag, bevor man sich in Etruria damit beschäftigt hat – sehen sehr griechisch

aus. Diese starken griechischen Einflüsse, die gegen eine vollkommene Etruskisierung sprechen,[5] kamen aus den griechischen Kolonien in Süditalien. Das in der Nähe gelegene Cumae trat wahrscheinlich mit Capua in Konkurrenz, und deshalb waren beide Städte miteinander verfeindet. Aber eine der Hauptfunktionen Capuas war der Schutz der etruskischen Handelsbeziehungen zu der großen, im Südosten gelegenen griechischen Stadt Sybaris am Golf von Taras (Tarentum), die eigene Handelsverbindungen mit den im Norden gelegenen Gebieten unterhielt. Über Sybaris hatten die Capuaner auch Kontakte mit Milet in Ionia. Obwohl Sybaris 510 v. Chr. zerstört wurde, erhielt Capua die Beziehungen zu Milet offenbar weiterhin aufrecht, denn die Capuaner haben das wahrscheinlich auf den berühmten miletischen Städteplaner Hippodamos zurückgehende ›Bratrostsystem‹ übernommen. Hippodamos war einer der Kolonisten und vielleicht sogar der Planer einer neuen panhellenischen Gründung in Thurii im Jahr 443 v. Chr., das in der Nähe der zerstörten Stadt Sybaris angelegt wurde.[6]
Auf welchem Wege sind nun die Etrusker nach Capua und in die Campania gekommen? Sie haben im Lauf der Jahre natürlich sowohl den Land- als auch den Seeweg benutzt. Doch gibt es gute Gründe für die Annahme, daß sie zunächst auf dem Landweg nach Capua gekommen sind.[7] Es ist richtig, daß es hier an der Mündung des Flusses Volturno, wo die Küste in der Antike ganz anders verlief als heute, einen Hafen gegeben hat;[8] aber damals beherrschten die Rivalen Capuas, nämlich die Bewohner von Cumae, dieses Seegebiet. Es existierte auch eine direkte und bequeme Landverbindung von Capua nach Norden, und zwar in den Tälern der Flüsse Garigliano, Liri (Liris) und von dessen Nebenfluß Sacco (Trerus). Der Sacco wiederum führte zum Aniene (Anio) hinauf, der in den Tiber mündete.
Die Etrusker haben in der Campania auch noch viele andere Siedlungen gehabt. Eine davon lag in Cales (Calvi Vecchia), wo ein reich ausgestattetes Grab aus der Zeit um 640 bis 620 v. Chr. darauf hindeutet, daß hier eine starke Persönlichkeit die Herrschaft innehatte. Eine zweite war Nola (etruskisch vielleicht Nuvla), eine wichtige Straßenstation, 27 Kilometer südöstlich von Capua, das diesen Ort wahrscheinlich gegründet hat. Den etruskischen Ursprung von Nola bestätigt auch Cato der Ältere.[9] Das westlich von Nola gelegene Acerrae (Acerra) hat ebenfalls einen etruskischen Namen, der überdies identisch ist mit demjenigen einer Stadt in Norditalien (so wie auch der Name des dort fließenden Melpis uns an Melpum in der gleichen Region erinnert). Auf der Rückseite des Vesuvs im Tal des Sarno (Sarnus) sind in jüngster Zeit ebenfalls etruskische Funde ans Licht gekommen. Auch zu den in

Pompeii gemachten Entdeckungen gehören zum Beispiel Fragmente schwarzer *bucchero*-Keramiken etruskischer Art (die wahrscheinlich an Ort und Stelle hergestellt worden sind). Daneben gibt es mit etruskischen Lettern geschriebene Graffiti, und das bestätigt die Aussage Strabos, daß es eine Periode gegeben habe, in der hier Etrusker siedelten oder das Gebiet beherrschten. Sie hat offenbar lange vor 550 v. Chr. begonnen, und zwar unter dem starken Einfluß der Städte Pithecusae und Cumae.[10] Pompeii war ein wichtiger Umschlagplatz, und sein Hafen stand Nola und anderen in der Nähe gelegenen etruskischen Städten zur Verfügung. Es gibt auch Berichte über etruskische Siedlungen auf den Phlegräischen Feldern am Nordende der Bucht und bei Surrentum (Sorrento) an ihrem südlichen Ausläufer. Dort stand ein Tempel der Athene ›Tyrrhena‹, der Göttin, die bei den Etruskern Menrva und bei den Römern Minerva hieß.[11]
Noch wichtiger sind die reichen Funde aus neuester Zeit weiter südöstlich im Golf von Salerno, die zeigen, daß es hier eine sehr bedeutende etruskische Einflußzone gegeben hat. Die Beziehungen der Bewohner dieses Gebiets zu Etruria lassen sich anhand der Funde bereits für das 9. Jahrhundert v. Chr. nachweisen, und sie sind von da ab ständig weiter ausgebaut worden. In dieser Region (und in der Gegend von Surrentum) kamen auch die frühesten etruskischen Inschriften in der Campania überhaupt zum Vorschein; sie reichen bis in die Jahre kurz nach 600 v. Chr. zurück. Eine bedeutende etruskische Niederlassung hat es bei Fratte di Salerno gegeben. Das war eine etwas landeinwärts gelegene Vorstadt von Salernum (Salerno) an der Handelsstraße, die in den griechischen Süden führte, und der Name Cava dei Tirreni (Höhle der Tyrrhener) erinnert noch heute an diese etruskische Vergangenheit. Die Verbindungen mit Etruria sind wahrscheinlich nicht auf dem Land-, sondern auf dem Seewege unterhalten worden, und zwar über den in der Nähe gelegenen Hafen von Marcina (Vietri sul Mare).[12]
Aber der bedeutendste Ort in diesem ganzen Gebiet ist Picentia (Pontecagnano)[13] südöstlich von Salernum an dem kleinen Fluß Picentino, von der nach Süden führenden Hauptstraße ein kleines Stück landeinwärts gelegen. Plinius der Ältere bestätigt, daß die Flußregion hier von Etruskern besiedelt war.[14] An den in den großen Friedhöfen von Pontecagnano gefundenen Gegenständen erkennen wir die gesamte Zeitfolge, die uns schon aus Etruria bekannt ist, und zwar vom 9. Jahrhundert bis zur Mitte des 6. Jahrhunderts v. Chr. Besonders reich sind die Gräber aus der Zeit um 700 v. Chr. ausgestattet. Hier finden sich Vasen, Broschen, Becher und eine aus Phönikien stammende Inschrift aus dem 7. Jahrhundert. Abgesehen von gewissen lokalen Einflüssen läßt sich diese weit

außerhalb von Etruria gelegene Siedlung praktisch nicht von den im etruskischen Kernland liegenden Orten aus der gleichen Periode unterscheiden, und die Funde haben unser Wissen über die schon zu so früher Zeit in der Campania lebenden Etrusker wesentlich bereichert. Zunächst muß Pontecagnano die Verbindung mit Etruria auf dem Seewege aufrechterhalten haben; diese Beziehungen reichen bis in das 9. Jahrhundert v. Chr. zurück, und es zeigt sich, daß es vor allem Beziehungen zu etrurischen Küstenregionen gewesen sind.[15] Später ist sicher auch eine Landverbindung hergestellt worden.
Östlich von Pontecagnano, an einer Stelle, an der die Siedlungstradition bereits bis ins davorliegende Jahrtausend zurückreicht, lag ein weiteres etruskisches Zentrum, Volcei (das heutige Buccino), oberhalb des Dianotals, das in südlicher Richtung zu der mit den Etruskern befreundeten griechischen Stadt Sybaris führte. Volcei lag an einem Nebenfluß des Sele, und hier führte eine Durchgangsstraße vorbei, die das Ionische (Adriatische) mit dem Tyrrhenischen Meer verband.[16] Der Name dieses Ortes erinnert uns natürlich an das etruskische Vulci, dessen Bewohner vielleicht an der Gründung dieser neuen Siedlung beteiligt gewesen sind. Später in der Campania geprägte Münzen mit der Inschrift ›Velecha‹ sind möglicherweise in Volcei herausgegeben worden.[17] Weitere Münzserien tragen die Inschriften ›Uri‹ oder ›Urina‹. Das könnte dem griechischen ›Hyria‹ entsprechen. Die Prägestöcke für diese Münzen stammen aus der Zeit gegen Ende des 5. oder Anfang des 4. Jahrhunderts v. Chr. und sind die gleichen wie die für andere Münzen mit der Inschrift ›Nola‹. Offenbar stammen die letzteren aus der griechischen Stadt Neapolis (Neapel), während es sich bei ›Urina‹ entweder um ein etruskisches Zentrum oder sogar um Nola selbst gehandelt haben dürfte. Da Aurinia (Saturnia), woher sich der Name ›Urina‹ wahrscheinlich ableiten läßt, auf dem Gebiet von Vulci lag, könnte es sein, daß die Bewohner Vulcis auch hier an der Gründung der in der Campania gelegenen Siedlung beteiligt waren. Der Name ›Velsu‹, der ebenfalls auf campanischen Münzen auftaucht, läßt dagegen auf eine Stadt schließen, die ihren Namen von dem etruskischen Volsinii übernommen hat, heute aber nicht mehr identifiziert werden kann.[18]
Auf die Beziehungen zu Vulci und Volsinii werden wir noch zu sprechen kommen, wenn wir die Einflüsse dieser und anderer Städte in Etruria detaillierter behandeln. Abgesehen von den Münzen gibt es nämlich noch eine Vielzahl von Hinweisen, die auf solche Einflüsse schließen lassen. Außerdem wird sich zeigen, daß es in der Tat einzelne Städte gewesen sind, die hier Einfluß genommen haben, und nicht das ganze Etruria – ein für die etruskischen Beziehungen zur Campania sehr

wesentlicher Aspekt. Die alte Vorstellung, es habe eine Föderation aus zwölf campanischen Kolonien gegeben (es steht nicht einmal fest, ob es wirklich zwölf gewesen sind), die gemeinsam von den angeblich ebenfalls zwölf etruskischen Städten gegründet worden seien, erweist sich somit als viel zu simpel und schematisch.[19]

Die etruskische Blütezeit in der Campania dauerte nicht sehr lange. Die unausweichliche Rivalität zwischen den Etruskern und ihren griechischen Nachbarn im Lande, insbesondere zwischen dem etruskischen Capua und dem griechischen Cumae, erreichte im 6. Jahrhundert v. Chr. ihren Höhepunkt. Zu einer zweiten Konfrontation zwischen Griechen und Etruskern kam es um 525–524 v. Chr., als eine aus Etruskern und ihren Verbündeten bestehende Streitmacht in die Campania eindrang. Das war der ›lange Marsch‹, von dem wir schon gesprochen haben und bei dem ein etruskisches Kontingent (aus Spina und wahrscheinlich auch aus Clusium) sich mit einigen italischen Nachbarn Etrurias vereinigte, zu denen augenscheinlich auch eine Abteilung aus Ardea in Latium gehörte. Der in Cumae regierende Aristodemos warf die Angreifer zwar zurück, konnte aber nicht verhindern, daß einige von ihnen in diesem Gebiet verblieben und weiterhin für Unruhe sorgten. Mit Hilfe anderer Latiner, die mit den Ardeaten verfeindet waren, brachte Aristodemos seinen etruskischen Feinden irgendwann zwischen 506 und 504 v. Chr.[20] bei der latinischen Stadt Aricia eine weitere Niederlage bei. Damit hatten die campanischen Griechen in Cumae ihre Stellung gegenüber ihren etruskischen Nachbarn gefestigt.

Diese Entwicklung ging weiter, als König Hieron I. von Syrakus die Etrusker und ihre karthagischen Verbündeten 474 v. Chr. vor Cumae schlug, und zwar auch diesmal mit Unterstützung eines Verbandes aus Cumae. 454 bis 453 v. Chr. führten die Syrakusaner einen neuen Feldzug gegen die Etrusker.[21] Es stellte sich heraus, daß Capua und die anderen etruskischen Siedlungen in der Campania den Griechen nicht erfolgreich Widerstand leisten konnten. Und doch ging Cumae aus diesen Kämpfen schließlich nicht als Sieger hervor, denn Capua und Cumae unterlagen im Verlauf weniger Jahre (um 430–423 v. Chr.) den rückständigen, aber kriegerischen mittelitalischen Stämmen, den Samniten. Die Nachkommen der Samniten entwickelten sich im Lauf der Zeit und unter dem Einfluß der dort schon bestehenden Zivilisation zu einer neuen campanischen Nation.

Rom

Capua war eine blühende Stadt, solange es die Landverbindung nach Etruria durch Latium beherrschte. Einer der Gründe für den Verfall dieser Stadt im 5. Jahrhundert v. Chr. war die Unterbrechung dieser lebenswichtigen Verbindung. Bei diesem Vorgang spielte Rom die entscheidende Rolle, denn Rom war der Schlüssel für die Kommunikation zwischen Etruria und der Campania, und während eines Teils des 7. und fast des ganzen 6. Jahrhunderts wurde es von Etruskern beherrscht und war in vieler Hinsicht eine etruskische Stadt.

Wohl verbirgt sich die Frühgeschichte Roms hinter vielen Legenden; aber der Umstand, daß diese Stadt später eine so große Bedeutung erlangte, hat zur Folge gehabt, daß wir auch über ihre Anfänge zuverlässiges archäologisches Material und sogar einige vertrauenswürdige literarische Quellen besitzen. Das wiederum läßt uns die Entwicklungen verstehen, die sich zur gleichen Zeit in den rein etruskischen Städten vollzogen haben. Die Stadt Rom war zu allen Jahreszeiten gut mit Wasser versorgt und lag in einer fruchtbaren Gegend. Ihr Fluß, der Tiber, war der größte auf der italienischen Halbinsel, bildete die Grenze zwischen Etruria und Latium und war in seinem Unterlauf schiffbar. 21 Kilometer oberhalb der Mündung in das Tyrrhenische Meer befand sich jene Stelle, an der das am linken, südlichen Flußufer liegende Rom durch eine Furt mit dem anderen Ufer verbunden war. Über diese Furt führte auch der bequemste und wichtigste Landweg, der die italienische Halbinsel der Länge nach durchzog und Etruria mit Latium und der Campania verband. Von Rom führten auch gute Straßen den Tiber hinauf und hinunter. Flußabwärts verlief die Straße unmittelbar neben dem Fluß und gewährte den Römern Zugang zu den wertvollen Salzpfannen an der Küste. Stromaufwärts ging diese Salzstraße (Via Salaria) durch das Tibertal und über relativ leicht zu überschreitende Pässe in die zentralen, an Etruria grenzenden Gebiete Italiens.

Doch trotz ihrer unbestreitbaren strategischen Vorteile barg die Lage Roms auch Gefahren in sich – insofern nämlich, als sie den Neid der Nachbarn erregte. Deshalb bedurfte die Stadt eines besonderen Schutzes, und diesen gewährten die steil abfallenden Hügel oder Anhöhen, auf denen die Römer ihre Siedlungen angelegt hatten. Sie lagen dreißig bis neunzig Meter über dem Meeresspiegel und weit über der Hochwassermarke. Die meisten Hügel Roms waren schon im 2. Jahrtausend v. Chr. besiedelt.[22] Vielleicht haben die Bewohner des künftigen Rom schon damals die indoeuropäische Sprache gesprochen, aus der später das Lateinische wurde und die, wie wir gesehen haben, in ihrer Struktur mit

der am anderen Tiberufer gesprochenen etruskischen Sprache nicht verwandt war. Seit ihrer Besiedlung im 2. Jahrtausend sind die Hügel Roms aller Wahrscheinlichkeit nach ununterbrochen bewohnt gewesen. Bei Beginn des 1. Jahrtausends v. Chr. ist es hier wohl zu geringen Bevölkerungsverschiebungen gekommen, wobei zum Beispiel gewisse Gruppen, die bis dahin an dem fruchtbaren erloschenen Vulkan, dem Albanerberg (Monte Cavo), 20 Kilometer südostwärts von Rom, gelebt hatten, nun hierher zogen. Nach dem 10. Jahrhundert v. Chr. gab es auf mehreren römischen Hügeln ganz ähnliche neue oder neu aufgebaute Dörfer wie auf den Hügeln in Etruria. Die damaligen Bewohner praktizierten sowohl die Brand- als auch die Erdbestattung.
Zu einer späteren Zeit, als es schon eine lateinische Literatur gab, hat man versucht, die Gründung Roms zu datieren. Nach einer ganzen Reihe solcher Datierungsversuche einigte man sich auf das Jahr 753 v. Chr.; dieses ist seither das kanonische Gründungsdatum. Man ist dazu jedoch durch ganz willkürliche Synchronisierungen gekommen.[23] Aller Wahrscheinlichkeit nach erfolgte die Gründung erst viel später, nämlich zu einem Zeitpunkt, als es im südlichen Etruria längst zu ähnlichen Entwicklungen gekommen war. Erst dann haben sich die Dörfer auf dem Palatin, Esquilin und dem Caeliús zusammengeschlossen, was wahrscheinlich längere Zeit in Anspruch genommen hat. Um 625 v. Chr. schließlich begann man das zwischen den Hügeln gelegene versumpfte Gebiet, auf dem später das Forum entstand, systematisch trockenzulegen, um hier einen Versammlungsplatz zu schaffen. Etwa um die gleiche Zeit wurden auch die beiden am weitesten nördlich gelegenen römischen Dörfer auf dem Quirinal und dem Viminal mit der sich ständig ausdehnenden Stadt vereinigt.
Der Überlieferung nach soll der Bau der ersten Tiberbrücke in Rom ebenfalls zu dieser Zeit erfolgt sein. Die Brücke stellte die erste direkte Landverbindung zwischen Etruria im Norden und den in der Campania entstandenen etruskischen Siedlungen im Süden her. Es war diese Landverbindung, die die etruskischen Nachbarn Roms veranlaßte, in die Stadt zu kommen.[24] Die rasche Entwicklung der neuen Stadt war zum großen Teil, wenn nicht gar ausschließlich, den Etruskern zu verdanken, das heißt ihrem Interesse an den Möglichkeiten, die sich hier boten, mit der Campania in Verbindung zu treten. Seit dem 8. Jahrhundert v. Chr., der Zeit, in der die etruskischen Stadtstaaten feste Formen anzunehmen begannen, bemühte auch Rom sich immer mehr um Kontakte mit ebendiesen Stadtstaaten, um sich deren materielle Errungenschaften zunutze zu machen.
Allem Anschein nach war Rom fremden kulturellen Einflüssen in

gleicher Weise ausgesetzt wie die Etrusker. Auf dem römischen Viehmarkt neben dem Fluß und in der Nähe des Heraklesaltars, der von Griechen, Karthagern und sicher auch etruskischen Händlern besucht wurde, hat man Fragmente von Keramiken aus dem 8. Jahrhundert gefunden, die in der griechischen Handelsniederlassung Pithecusae hergestellt worden sind.[25] Bei anderen Ausgrabungen in Rom sind auch Gegenstände mit ägyptisch-phönikischen Stilmerkmalen zum Vorschein gekommen, die etwa um 600 v. Chr. entstanden sein müssen und genau denen entsprechen, die von Pithecusae und Cumae in großer Zahl nach Etruria exportiert wurden. Es gibt aber auch Anzeichen für direkte etruskische Einflüsse. So war die Trockenlegung des römischen Forums durch den Bau der eindrucksvollen Cloaca Maxima ein typisch etruskisches Unternehmen. Damals tauchten auch erstmals Keramiken und Metallwaren aus den unmittelbar benachbarten südetrurischen Städten am anderen Flußufer in Rom auf. In einem Grab auf dem Esquilin hat man eine etruskische Rüstung aus der Zeit um 600 v. Chr. gefunden. Die etruskischen Einwanderer und Besucher, deren Aufenthalt in der Stadt durch die Existenz der Etruskischen Straße bestätigt wird, haben dafür gesorgt, daß sich Rom allmählich zu einer etruskischen Stadt und einem etruskischen Stadtstaat entwickelte. Aber Rom war trotz allem keine etruskische Kolonie und kein von den Etruskern abhängiges Gemeinwesen, sondern ein Zentrum mit einer ganz eigenen und reichen Kultur etruskischen Charakters.[26]

In den gleichen Jahren vor 600 v. Chr. entstand auf dem Forum anstelle der älteren Hütten und Grabdenkmäler das erste auf Steinfundamenten errichtete Gebäude. Dieser Bau war in späteren Zeiten unter dem Namen ›Regia‹ bekannt; aber es ist durchaus möglich, daß er bereits von Anfang an so hieß. Das Wort ›Regia‹ ist von *rex* (König) abgeleitet, woraus hervorgeht, daß es sich um die Residenz des Königs von Rom gehandelt hat. Die späteren antiken Historiker bestätigen übereinstimmend, daß Rom zunächst von Königen regiert wurde. Außerdem wird berichtet, die Monarchie in Rom sei der Herrschaft der Etrusker vorausgegangen, und Ende des 7. Jahrhunderts v. Chr. habe eine etruskische Dynastie die vorherige abgelöst. Dies ist nach römischer Überlieferung auf friedliche Weise geschehen. Es wäre allerdings möglich, daß die Römer nur ungern zugeben wollten, von Fremden unterworfen worden zu sein, und daß sie deshalb diese Geschichte erfunden haben.

Der erste etruskische Herrscher war Tarquinius Priscus. Nach der Überlieferung regierte er von 616 bis 579 v. Chr., und das stimmt auch mit den archäologischen Forschungsergebnissen überein, nach denen die Urbanisierung Roms im letzten Viertel des 7. Jahrhunderts v. Chr. ihre entscheidende Phase erreicht hat. Die neuen Monarchen haben augenscheinlich die alte Residenz in der Regia verlassen und sind in die auf dem steilen und besser zu verteidigenden Capitolinischen Hügel gelegene Akropolis umgezogen. Die Regia selbst diente nur noch kultisch-religiösen Zwecken. In der Folgezeit kam Rom unter die Herrschaft oder den Einfluß anderer Etrusker: des Mastarna (Servius Tullius?), der Brüder Vibenna aus Vulci und des Lars Porsenna aus Clusium. Auf sie werden wir noch zurückkommen, wenn wir uns näher mit diesen Städten beschäftigen. Nach der Überlieferung hat es in Rom schließlich noch einen zweiten Tarquinius (Tarquinius Superbus) gegeben, und zwar unmittelbar bevor die Stadt in eine Republik umgewandelt wurde. Wie die Ausgrabungen der Archäologen bestätigen, wurde der schon im 7. Jahrhundert sehr starke etruskische Einfluß in der Stadt im 6. noch stärker. Doch wieweit darf man Rom zu dieser Zeit als eine etruskische Stadt bezeichnen? Es war nicht so etruskisch wie die Städte in Etruria, denn die Bevölkerung sprach immer noch lateinisch und bewahrte viele nationale Sitten und Gebräuche.[27] Rom gehörte deshalb in eine ganz besondere Kategorie von etruskisierten, aber noch italisch sprechenden Gemeinwesen, auf die wir an anderer Stelle noch zurückkommen werden. Der etruskische Einfluß hat sich jedoch in der römischen Gesellschaft sehr intensiv durchgesetzt. Im heiligen Bezirk von Sant'-Omobono in der Nähe des Hafens standen etruskische Statuen aus dem 6. Jahrhundert,[28] und der Tempel des Iuppiter, der Iuno und der Minerva (Tinia, Uni und Menrva bei den Etruskern; Zeus, Hera und Athene bei den Griechen) war der größte im etruskischen Stil erbaute Tempel, den es je gegeben hat. Seine dreiteilige Konstruktion findet man ebenso bei vielen anderen Tempeln in etruskischen Städten; zudem war er mit etruskischen Skulpturen von Vulca aus Veii geschmückt.[29] Die öffentlichen Einrichtungen in Rom trugen, obwohl sie in ihren Grundzügen latinisch waren, auch durchaus etruskische Züge. Zur Religion und Mythologie gehörten zum Beispiel der Mythos von Aeneas und viele andere etruskische Elemente. Etruskisch waren auch der Kalender, die religiösen Zeremonien, der Ackerbau, die Kunst und die Bekleidung der Römer. Es zeigt sich also eine viel stärkere kulturelle Durchdringung, als es Chauvinisten wie Livius zugeben wollen, die behaupten, Etruria sei von Rom absorbiert und nicht umgekehrt Rom in seiner Frühzeit von den Etruskern beherrscht worden. Wenngleich sich die herrschende etruskische Schicht in Rom mit ihrer Sprache nicht durchsetzen konnte, so war ihr Einfluß auf sämtliche Bereiche des öffentlichen Lebens immerhin doch so stark, daß Dionysios von Halikarnassos nicht zögert, Rom schlicht als »etruskische Stadt« zu bezeichnen.[30]

Latium

Die Etrusker legten größten Wert auf freundschaftliche Beziehungen zu der herrschenden Schicht in Rom, weil die Stadt die Landverbindung nach Capua, zu anderen Zentren in der Campania und zu den Sabinern im Inneren des Landes beherrschte. Immerhin waren aber bis zur Campania noch mehr als 160 Kilometer zurückzulegen, wenn man den Tiber bei Rom überschritten hatte. Das Gebiet, das dabei durchquert werden mußte, war Latium, die Südosthälfte des heutigen Lazio.
Latium war zu Beginn des 1. Jahrtausends v. Chr. von umherziehenden Stämmen bevölkert, die ebenso wie die Römer einen Dialekt der indoeuropäischen lateinischen Sprache verwendeten und deren Vorfahren Kontakte zur mykenischen Zivilisation gehabt hatten.[31] Zu den Siedlergruppen, die auf den Hügeln Roms seßhaft wurden, gehörten bekanntlich auch ehemalige Bewohner des nicht weit von hier entfernt gelegenen Albanergebirges. Der etwa 1000 Meter über dem Meeresspiegel liegende Gipfel des Albanerberges war eine natürliche Festung und beherrschte die sich im Halbkreis davor gruppierenden kegelförmigen Anhöhen. Der Berg war ein ehemaliger, schon seit einigen Jahrtausenden erloschener Vulkan, der die Erde bei seinen Eruptionen mit Phosphat und Pottasche durchsetzt hatte. Später war der Boden durch verrottetes Laub und Gras angereichert worden und brauchte jetzt nur noch entwässert zu werden, um fruchtbares Ackerland abzugeben.
In den Jahren nach 1000 v. Chr. ging die Besiedlung auf den Albanerbergen, wo sich wahrscheinlich kleine nomadisierende Gruppen aus dem Küstengebiet niedergelassen hatten, ihrer Vollendung entgegen. Mit fortschreitender Entwässerung trat immer mehr der Ackerbau an die Stelle der von den Nomaden betriebenen Weidewirtschaft. Am Ufer des neben dem Berg gelegenen Albanersees lagen das Dorf oder die Dörfer von Alba Longa (Castelgandolfo). Vergil hat diesen Ort als Mutter der Stadt Rom in seinen Legenden berühmt gemacht. Ob an dieser Geschichte etwas Wahres ist, wissen wir nicht. Alba Longa lag an einer Stelle, von der aus es eine der wichtigsten Durchgangsstraßen nach Süditalien, die spätere Via Appia, beherrschen konnte. Zu diesem Ort gehörte auch das Heiligtum der Himmelsgottheit Iuppiter auf dem Albanerberg, wodurch Alba Longa bereits im 10. Jahrhundert v. Chr. zum Mittelpunkt einer Gruppe in loser Gemeinschaft zusammengeschlossener latinischer Dörfer wurde. Vor Einführung der Erdbestattung im 8. Jahrhundert v. Chr. hat man in Latium vermutlich Urnen in Hüttenform für die Beisetzung der Asche von Verstorbenen verwendet, und diese Sitte ist später von den im Süden Etrurias gelegenen Siedlun-

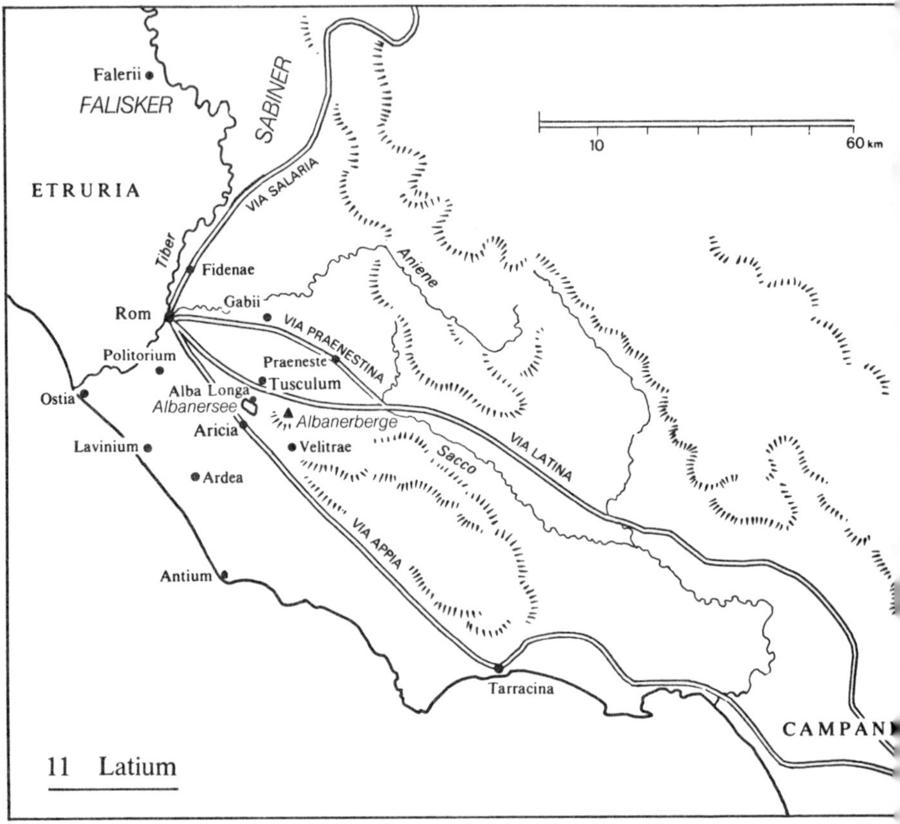

11 Latium

gen übernommen worden. Auf der anderen Seite wurden jedoch die materiellen Einflüsse aus Etruria im Gebiet von Latium immer stärker. Darüber hinaus sind die Namen gewisser legendärer albanischer Könige etymologisch etruskischen Ursprungs, besonders der Name Capys, der an das etruskische Capua erinnert, und Tarchetius, der nach der Sage ein Orakel in Etruria befragt hat.[32]

Außerdem erzählte man sich, der etruskische König Viba (oder Vibe) – der Name ist mit dem Haus der Vibenna aus Vulci verwandt – sei nach Veii gekommen, um seinen Kollegen Amulius in Alba Longa zu besuchen.[33] So hatte Alba Longa Kontakte mit den Etruskern, und es wäre denkbar, daß es kulturell zumindest zeitweise unter etruskischen Einfluß geriet. Doch die Tatsache, daß es hier einen eigenen Monarchen mit Namen Amulius gegeben haben soll, läßt uns vermuten, daß diese Städte in Latium keineswegs etwa Kolonien der etruskischen Stadtstaa-

ten waren, sondern autonome Gemeinwesen, die dem gleichen Kulturkreis angehörten.
In dieser Hinsicht verlief die Entwicklung in Alba Longa ähnlich wie in Rom, aber im Lauf der Zeit verlagerte sich der Schwerpunkt der Macht von Alba Longa auf die römischen Hügel mit ihrer günstigeren strategischen Position, und schließlich wurde Alba Longa sogar von den Römern erobert. Der Überlieferung nach geschah das in der ersten Hälfte des 7. Jahrhunderts v. Chr., aber die Archäologen datieren dieses Ereignis mindestens fünfzig Jahre später, nämlich auf die Zeit, als Rom, das damals selbst von Etruskern beherrscht wurde, seine Expansionspolitik begann. Nach der Annexion von Alba Longa sollen die Überlebenden mit ihren Anführern nach Rom übergesiedelt sein. So oder ähnlich haben wir uns auch die Bevölkerungsbewegungen vorzustellen, auf die wir bei der Frage nach dem ›Ursprung‹ der Etrusker zu sprechen kamen.
An einer der Routen, die quer durch Latium in die Campania führten, lag auch Praeneste (Palestrina), eine besonders wichtige Station.[34] Diese Siedlung lag 410 Meter über dem Meeresspiegel auf einer steilen Anhöhe und wurde von einer Zitadelle gekrönt, die sich weitere 400 Meter darüber erhob. Von hier aus überblickte man die Ebene, in der sich die Flußtäler des Aniene (Anio) und des Sacco (Trerus) trafen und durch die der wichtigste Verbindungsweg in den Süden führte. Über die Gründung von Praeneste gibt es die verschiedensten Legenden, und sie alle weisen auf die besonderen Beziehungen dieser Stadt zu bestimmten mythischen Heroen hin. Der Ort hatte auch wirklich eine beachtliche historische Vergangenheit, denn die Ausgrabungen zeigen uns, daß er in der zweiten Hälfte des 8. Jahrhunderts v. Chr.[35] eine sehr fruchtbare und rasche Entwicklungsphase durchgemacht hat. Damals erfolgte die Urbanisierung, neue Ideen wurden aufgenommen, und zum erstenmal tauchen in der Stadt aus dem Ausland importierte Gegenstände und ausländische Handwerker auf. Um die gleiche Zeit unterhielten die griechischen Handelsniederlassungen in Pithecusae und Cumae in der Campania Handelsbeziehungen zu Etruria und beteiligten sich an der Zivilisierung dieses Landes. Damals ist die heute so bezeichnete latinische Kultur in dieser Region und besonders in Praeneste zur vollen Blüte gekommen. Es war eine Mischkultur,[36] deren Elemente zum Teil auf lokale italische Traditionen vor der Urbanisierung zurückgingen, die jedoch auch sehr große Ähnlichkeit mit der Zivilisation der südetrurischen Städte hatte. Ebenso wie sich diese Zivilisation auf eine Mischung aus griechischen und nahöstlichen Einflüssen gründete, die durch Pithecusae und Cumae vermittelt wurden, war dies auch bei der Zivilisation in Praeneste der Fall. Der Inhalt der reich ausgestatteten Gräber aus der

Zeit um die Mitte des 7. Jahrhunderts v. Chr. – insbesondere derjenige der Barberini- und Bernardini-Mausoleen – erinnert in überraschender Weise an die Funde auf den südetrurischen Gräberfeldern, vor allem in Caere. An keinem anderen Ort kamen übrigens dermaßen viele Schmuckgegenstände und Metallarbeiten aus dieser Zeit zum Vorschein wie in Praeneste.

Wenn man die Gegenstände aus Praeneste betrachtet, versteht man, weshalb die Griechen vor dem 6. Jahrhundert v. Chr. zwischen Etruria und Latium keinen Unterschied feststellen konnten. Die Ähnlichkeiten gehen sogar so weit, daß man es am besten vermeidet, im Hinblick auf Zentren wie Praeneste von etruskischen ›Einflüssen‹ zu sprechen. Viel richtiger wäre es zu sagen, daß diese Kultur überhaupt nur deswegen entstehen konnte, weil sie aus den gleichen griechischen und nahöstlichen Quellen geschöpft hat wie die der Städte in Etruria. Das ist auch der Grund, weshalb das zwar zum Teil etruskisierte Alba Longa ein politisch ganz unabhängiger Stadtstaat war. Das gleiche galt offenbar auch für Praeneste. Da jedoch beide Regionen so unauflöslich miteinander verbunden waren, muß es hier ein ständiges Kommen und Gehen von Etruskern gegeben haben, und womöglich ist es in bestimmten Phasen auch zu einer Art Vorherrschaft etruskischer Städte gekommen. Einer alten Überlieferung zufolge sollen latinische Städte sogar nach dem bekannten etruskischen Ritual, das bei solchen Gelegenheiten vorgenommen wurde, gegründet worden sein; soweit wir wissen, haben Alba Longa und Praeneste wahrscheinlich zu diesen Gründungen gehört.

In den so entstandenen Gemeinwesen finden wir eine Kultur, die aus zwei Quellen schöpft. Das Wort ›Vetusia‹ auf einem Silberbecher aus dem Bernardini-Grab in Praeneste hängt mit einem etruskischen Eigennamen zusammen; wir wissen allerdings nicht, ob dieser Name männlich oder weiblich war.[37] Auch das lateinische Alphabet ist, wie wir wissen, aus dem etruskischen hervorgegangen, und zufällig stammt die älteste bekannte lateinische Inschrift ebenfalls aus Praeneste. Sie befindet sich auf einer goldenen Brosche aus den letzten Jahren des 7. Jahrhunderts v. Chr.[38] Wir müssen diesen Ort deshalb (ebenso wie Rom) als ein Beispiel für das Entstehen einer doppelten Kultur ansehen, in der die Bevölkerung weiterhin das Lateinische sprach, während man zugleich auch noch das Etruskische hören konnte.[39]

Die Verhältnisse in Gabii (Castiglione) sind ohne Zweifel ganz ähnlich gewesen. Dieser Ort beherrschte die in die Campania führende Straße zwischen Praeneste und Rom. Umfangreiche Grabungen aus neuerer Zeit haben bestätigt, daß Gabii im 7. und 6. Jahrhundert v. Chr. ein sehr

bedeutendes Kulturzentrum gewesen ist. Andere Städte wenige Kilometer weiter südlich haben wahrscheinlich ebenfalls etruskische Namen gehabt. Eine dieser Städte war das 670 Meter über dem Meeresspiegel gelegene Tusculum, das im antiken Latium eine bedeutende Rolle gespielt hat und an einem wichtigen nach Süden führenden Verkehrsweg lag. Zwar haben die Ausgrabungen bisher nicht den Nachweis erbracht, daß Tusculum eine Periode der Etruskisierung durchgemacht hat, aber sein Name scheint von dem etruskischen Wort *tuscus* abgeleitet zu sein. Auch der Name Tarracina (Terracina) ist wahrscheinlich etruskischen Ursprungs und mit dem Namen Tarquinii verwandt.[40]
Verschiedentlich hat man angenommen, die Bevölkerung von Ardea sei etruskisch gewesen; die Stadt ist offenbar etruskisiert oder von den Etruskern beherrscht worden.[41] Ihr legendärer Führer Turnus, den wir aus der *Aeneis* von Vergil kennen, trug einen mit dem Wort ›Tyrrhenus‹ verwandten etruskischen Namen. Die sogenannten ›Daunier‹, von denen bei Vergil die Rede ist[42] und die sich auf dem ›langen Marsch‹ in die Campania 525 bis 524 v. Chr. den etruskischen Kontingenten aus Spina und Clusium anschlossen, könnten sehr wohl aus Ardea gekommen sein; es handelte sich also höchstwahrscheinlich nicht um die in Südostitalien beheimateten Apulier, für die man später diesen Namen verwendet hat.[43] Auch die in Latium gelegene Stadt Antium ist von etruskischen ›Seeräubern‹ oder Kaufleuten als Hafen benutzt worden, und es wird berichtet, daß die Volsker, eine italisch sprechende Gruppe von Stämmen aus dem Inneren des Landes, deren Hauptzentrum zeitweilig Antium gewesen ist, vorübergehend von den Etruskern beherrscht worden seien.
Alle genannten Orte hatten für die Etrusker große Bedeutung, denn Latium war die in die Campania führende Brücke. Besonders interessierten sie sich für einen Ort, der sich ganz in ihrer Nähe und nur 16 Kilometer südlich von Rom befand. Das war das unmittelbar am Tiberufer gelegene Politorium (Castel di Decima), das zu einer Reihe eng benachbarter Siedlungen an dem von Rom nach Ostia führenden Wege gehörte. Neuere Ausgrabungen in Politorium beweisen, daß es ein blühender Ort mit vielen reich ausgestatteten Gräbern aus den letzten Jahrzehnten vor 700 v. Chr. gewesen ist.[44] Zu den Funden aus dieser Zeit gehören Artefakte etruskischen Aussehens, darunter eine Bronze mit der frühesten bekannten italischen Darstellung des Mythos von Aeneas,[45] der in Etruria eine so große Rolle spielte. Vielleicht sollten wir aus diesen Funden schließen, daß ein Teil der Bewohner von Politorium aus Etruria stammte. Aber ob das nun zutrifft oder nicht – in jedem Fall hat es den Anschein, daß hier eine blühende

Kultur etruskischen Charakters im Rahmen eines unabhängigen Gemeinwesens bestand, das direkte Beziehungen zu Etruria und griechischen Märkten wie Pithecusae im Süden unterhielt. Außerdem zeigen die Funde im Wohnbezirk neben dem Gräberfeld in Politorium einen Unterschied in der sozialen Stellung der Toten. Daraus wiederum kann man ableiten, daß die Urbanisierung zu dieser Zeit bereits begonnen hatte. Gegen 630 bzw. 620 v. Chr. bricht der Bau von Gräbern plötzlich ab. Das deutet darauf hin, daß die Siedlung damals von ihren Bewohnern verlassen wurde. Es könnte sein, daß die Römer den Ort zerstört haben, als sie an der Tibermündung Ostia gründeten, um die Salzpfannen an der Küste auszubeuten, die Veii ihnen streitig machte.[46]

Gegen Ende des 6. Jahrhunderts v. Chr. wurden Macht und Einfluß der Etrusker in Latium wie auch in der Campania schwächer. Die Schlacht von Aricia, in der die Etrusker gegen ein aus Latinern und Campaniern bestehendes Heer unterlagen (506/504 v. Chr.), war ein entscheidender Wendepunkt. Nach 500 v. Chr. hatten die Stadtstaaten in Etruria ihre politische Vormachtstellung in diesem Gebiet vollkommen eingebüßt, und auch ihr wirtschaftlicher und kultureller Einfluß ging zurück. Nun traten die Latiner die Nachfolge der Etrusker an, bis auch sie schließlich ihre beherrschende Stellung an die Römer verloren.

Das war das Ende einer Epoche, in der die Staaten in Latium und in der Campania zusammen mit den Stadtstaaten in Etruria politisch, wirtschaftlich und auch kulturell de facto eine Einheit gebildet hatten. Dionysios von Halikarnassos berichtet in Übereinstimmung damit, daß ganz Westitalien damals als ›Tyrrhenia‹ bezeichnet wurde,[47] und Livius, der darin Cato dem Älteren folgt,[48] behauptete, fast ganz Italien von den Alpen bis zur Straße von Messina habe sich während einer bestimmten Zeit unter etruskischer Herrschaft befunden.[49] Auch wenn diese Berichte die historischen Tatsachen etwas vergröbert darstellen (zumindest was Süditalien betrifft), so können wir immerhin verstehen, wie eine solche Auffassung zustande gekommen ist. Aber Livius hat nicht nur von Süditalien, sondern auch vom Norden des Landes gesprochen, und diesem Gebiet müssen wir uns jetzt zuwenden.

6. Expansion nach Norden

Die Zentren im Binnenland

Daß sich die etruskische Kultur in Norditalien jenseits des Arno und des Apennin so vital hat durchsetzen und behaupten können, ist ein Phänomen, das sich mit ihrer Expansion nach Süden in die Campania vergleichen läßt.[1] Hinzu kommt, daß es im einen wie im anderen Fall schwer zu beurteilen ist, inwieweit solche Beziehungen mit politischer Unterwerfung durch einen bestimmten etruskischen Stadtstaat oder mit wirtschaftlichen und kulturellen Kontakten Hand in Hand gegangen sind. Wie in der Campania erscheinen uns die im Norden gelegenen Zentren manchmal fast ebenso etruskisch wie die Städte in Etruria selbst, und wir haben den Eindruck, daß sie die gleiche Entwicklung durchgemacht haben. Andererseits sind sie aber auch unmittelbar von den etruskischen Stadtstaaten beeinflußt worden. Aufgrund ihrer geographischen Besonderheiten haben vor allem die im Norden gelegenen etruskischen Städte Beziehungen dieser Art gepflegt, die ja nicht auf föderativer Basis zustande kamen. Das älteste und bedeutendste etruskische Zentrum in Norditalien war das später von den Römern so benannte Bononia (das heutige Bologna). Bei den Etruskern trug der Ort den Namen Felsina.[2] Kurz vor oder nach 900 v. Chr. lag an dieser Stelle eine Gruppe von mehreren Dörfern auf einer Erhebung oberhalb einer sehr fruchtbaren und dicht besiedelten Ebene am Fluß Reno (Rhenus) – damals ein Nebenfluß des Po –, während die Siedlungen auf der anderen Seite der Bodenerhebung am Ufer eines zweiten Flusses angelegt waren. Der Grund, warum man die Dörfer gerade an dieser Stelle errichtet hatte, war die Nähe des großen Flusses Po, der den Zugang zum Adriatischen Meer ermöglichte.

In Bononia verlief die Entwicklung nicht anders als in den Städten Etrurias: Es wurde zu einem wohlhabenden Stadtstaat, weil sich seine Bewohner den Erzreichtum dieser Gegend zunutze machten. Die unmittelbar benachbarten Apenninen waren ebenso wie die anderen norditalienischen Gebirge reich an Eisenerz.[3] Vielleicht sind auch die Kupfer- und Goldvorkommen dieser Region schon damals ausgebeutet worden; so hat man in der Poebene beispielsweise Kupferklumpen aus dem 6. oder 5. Jahrhundert v. Chr. gefunden. In kultureller Hinsicht ließ Bononia neben anderen auch transalpine Einflüsse erkennen, denn hier stießen zwei Handelsstraßen zusammen, die in das Gebiet nördlich der Alpen führten, wo ebenfalls Metall verarbeitet wurde.[4] Es ist also

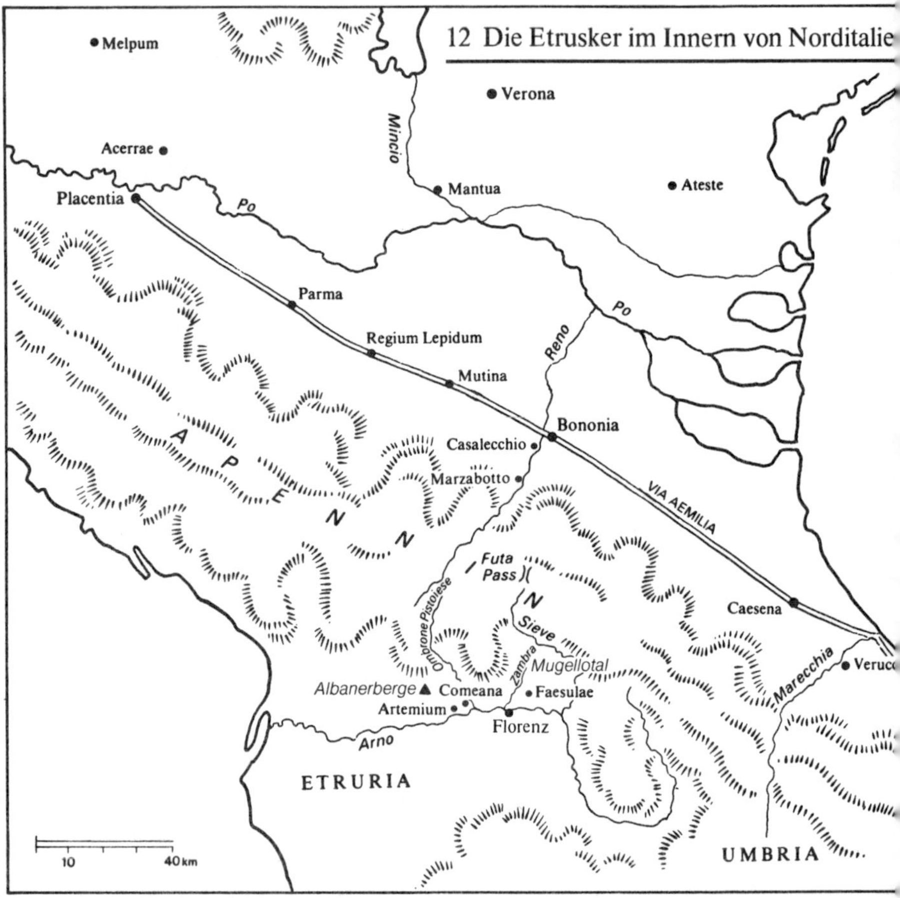

12 Die Etrusker im Innern von Norditalie

keineswegs überraschend, daß Bononia zu einem Zentrum der Bronzeindustrie wurde und unter anderen metallverarbeitenden Städten in der Poebene eine führende Stellung einnahm. Zu einem sehr reichen Bronzefund aus der Zeit kurz vor oder nach 700 v. Chr. gehören Gegenstände, die augenscheinlich nach ihrem Gewicht bewertet wurden und deshalb als Vorläufer des gemünzten Geldes gelten können.[5]
Die Metallindustrie war einer von zwei wesentlichen Faktoren, die dazu beigetragen hatten, daß sich in Bononia eine Gruppe von Dörfern zu einer bedeutenden Stadt entwickelte. Der zweite Faktor war der bequeme Zugang nach Etruria. Die Dörfer lagen in der Mitte des Renotals, von wo aus eine Paßstraße nach Etruria führte, die den Etruskern die Verbindung zum Norden ermöglichte. Unter dem Eindruck dieser

Beziehungen zu Etruria kam es Anfang des 8. Jahrhunderts v. Chr. zum Zusammenschluß der Dörfer, und bereits um 750 v. Chr. hatte das neue Zentrum seine größte flächenmäßige Ausdehnung erreicht und stand auf dem Höhepunkt seiner wirtschaftlichen Entwicklung.
Dieser Entwicklungsprozeß vollzog sich in sehr komplexer Weise. Ebenso wie die Städte in der Campania und in Latium könnte man Bononia als einen Teil des etruskischen Territoriums ansehen, und zwar schon zu der Zeit, als sich die Etrusker als Volk zusammenzuschließen begannen.[6] Eine massive etruskische Einwanderungsbewegung hat es mit Sicherheit nicht gegeben; man kann sich aber sehr wohl vorstellen, daß die etruskischen Pioniere einzeln oder in kleinen Gruppen ins Land gekommen sind.[7] Dementsprechend bedurfte es zur Etruskisierung von Bononia einer relativ langen Zeitspanne. Auch die Entwicklung zum Wohlstand ging in Bononia langsamer vor sich als bei den anderen etruskischen Städten im 7. Jahrhundert v. Chr. Offenbar gab es in Bononia keine so mächtige Aristokratie wie dort, obwohl auch hier eine wohlhabende Oberschicht gelebt haben muß, die wahrscheinlich aus dem Kaufmannsstand hervorgegangen ist.
Kurz nach 600 v. Chr. begann in Bononia die Herstellung der sogenannten *situlae*. Das waren Bronzekübel in der Form von Kegelstümpfen, geschmückt mit figürlichen Reliefs. Solche Kübel hat man auch im Alpenraum, in Österreich und besonders in Slowenien gefunden. Man vermutet daher, Bononia habe Form und Herstellungstechnik für diese Gefäße von dort übernommen.[8] Die in Bononia hergestellten Kübel zeigen jedoch einen ganz besonderen Stil und haben eine eigene Ikonographie.[9] Etwa um die gleiche Zeit wurden in Bononia auch Grabsteine in einer nur für diesen Ort charakteristischen Hufeisenform hergestellt.[10]
Obwohl wir in Bononia alle diese den Etruskern fremden Kulturelemente finden, hat die etruskische Kultur um die gleiche Zeit in der Stadt festen Fuß gefaßt, und das kommt in zahlreichen dort gefundenen Gegenständen zum Ausdruck. Der etruskische Einfluß hat um diese Zeit sicherlich vorgeherrscht, aber ebenso wie die Städte in Latium und in der Campania erfreute sich Bononia offenbar einer politischen Autonomie als etruskischer Stadtstaat und blieb unabhängig von den Städten in Etruria.[11] Um die Mitte des 4. Jahrhunderts v. Chr. wurde die Stadt von Galliern erobert. Der gallische Stamm der Boier gab ihr den Namen Bononia, der künftig anstelle des Namens Felsina verwendet wurde.
Unmittelbar südlich von Bononia lag die etruskisierte Siedlung Casalecchio di Reno. Casalecchio ist wahrscheinlich eine Art Kolonie von Bononia gewesen[12] und war ebenso wie Bononia schon seit Anfang des 1. Jahrtausends v. Chr. ununterbrochen bewohnt. Im 6. Jahrhundert

erlebte es eine etruskische Phase, ohne daß es vorher zu irgendeinem gewaltsamen Bruch gekommen wäre.
Casalecchio lag an der Stelle, wo sich das Renotal zur Poebene hin öffnet. Dort führte eine Straße in südlicher Richtung zum heutigen Marzabotto. Marzabotto liegt auf dem Pian di Misano und hieß in der Antike möglicherweise Misa.[13] Gegen Ende des 6. Jahrhunderts v. Chr. haben Etrusker (oder etruskisierte Bewohner von Bononia) in Marzabotto einen Dorfmarkt eingerichtet; etwa zehn Jahre später wurde aus dem Dorf eine Stadt. Der Stadtplan von Marzabotto erinnert an das Bratrostmuster, das seit etwa 500 v. Chr. für griechische Städte charakteristisch ist, und zwar auch für die in Süditalien gelegenen.[14] Doch in anderer Hinsicht ist Marzabotto so typisch etruskisch wie keine andere Stadt in Norditalien. Es liegt in einem schmalen bewaldeten Tal unterhalb von steilen Hängen an der Stelle, wo der Reno und die aus Etruria kommende Straße die Apenninen verlassen und nach Norden in die Ebene hinausführen. Diese besondere geographische Lage erklärt auch die Bedeutung des Ortes. Bononia ebenso wie Marzabotto waren nicht etwa befestigte Städte, sondern wirtschaftliche Zentren, in denen die in unmittelbarer Nähe gefundenen Metalle verarbeitet und als Handelsware weiterverkauft wurden. Man hat in Marzabotto sogar noch Eisenschlacke und die Reste einer Bronzegießerei aus dem späten 6. Jahrhundert v. Chr. gefunden.[15] Bei einem in der Nähe gelegenen Heiligtum sind außerdem hier hergestellte Votivgaben in Form männlicher und weiblicher Statuetten entdeckt worden, die im religiösen Leben der Etrusker jenseits des Apennin eine große Rolle spielten.[16]
Ebenso wie sich die etruskische Präsenz im Renotal bis Bononia, unmittelbar südlich des Po oder in Casalecchio und Marzabotto nachweisen läßt, gibt es auch Anhaltspunkte dafür, daß Etrusker zu irgendeiner Zeit den Po überschritten und sich am Mincio (Mincius), einem seiner nördlichen Nebenflüsse, niedergelassen haben. Hier lag auf einer Anhöhe die Stadt Mantua (das etruskische Manthva[17]), umgeben von seichten Seen, die von den Altwassern des Mincio gebildet wurden. Mantua war die Vaterstadt Vergils, dessen *Aeneis* einen bemerkenswerten Abschnitt enthält, in dem er die ethnische Zusammensetzung der Bevölkerung dieser Stadt beschreibt: »Mantua ist reich an Vorfahren, sie gehören aber nicht alle dem gleichen Volk an. Es gibt hier drei Rassen, und zu jeder Rasse gehören vier Völker. Sie ist das Haupt dieser Völker, und ihre Kraft kommt aus etruskischem Blut.«[18] Weiter berichtet Vergil, daß Mantua zwölf benachbarte Zentren oder Dörfer beherrscht habe.[19] Vielleicht war damit aber auch gemeint, daß die Stadt wie so viele andere Städte in Etruria und anderswo aus dem Zusammenschluß dieser Dörfer

entstanden war. Vergil fügt hinzu, die Bevölkerung der Dörfer habe zu gleichen Teilen drei verschiedenen Rassen oder Nationalitäten angehört.

Diese Darstellung erscheint uns zwar allzu symmetrisch,[20] wenngleich man mit Sicherheit davon ausgehen darf, daß sich die Bevölkerung von Mantua aus verschiedenen ethnischen Gruppen zusammengesetzt hat. Jedenfalls vermittelt uns Vergil ein sehr anschauliches Bild von der Vielfalt der einzelnen Bevölkerungsgruppen hier in den Randgebieten als auch in den Städten Etrurias selbst. Zu den drei Rassen, aus denen sich Vergil zufolge die Bevölkerung der Stadt Mantua zusammensetzte, gehörten nicht nur das etruskische Element (das er ausdrücklich erwähnt), sondern auch Veneter und Umbrer, die indoeuropäische italische Dialekte sprachen. Mit der Behauptung, daß die Etrusker die Vorherrschaft innehatten, mag Vergil durchaus recht haben; sein Bericht könnte auch gefärbt sein, denn wahrscheinlich war er selbst zum Teil etruskischer Abstammung. Das läßt sein Name Publius Vergilius Maro vermuten. ›Maro‹ ist mit fast absoluter Sicherheit ein etruskischer Name und von dem Titel *maru* abgeleitet.[21] Auch der Name ›Vergilius‹ kommt in Etruria häufiger vor als anderswo. Schließlich könnte auch der Name seiner Mutter, Magia, etruskisch sein. Es überrascht uns daher nicht, daß sich die *Aeneis* an vielen Stellen ausführlich und feinsinnig mit den Etruskern und ihrem Schicksal beschäftigt.

Wir wissen nicht, wann sich die Dörfer in Mantua, wahrscheinlich auf etruskische Initiative, zu einer Stadt zusammengeschlossen haben. Offenbar ist das jedoch irgendwann während der allmählichen Etruskisierung von Bononia geschehen, denn Mantua hatte als jenseits des Po gelegene Außenstation für Bononia eine große Bedeutung. Doch die Überlieferung (mit der wir durch den Kommentator Vergils, Servius, bekanntgemacht worden sind), Mantua und nicht Bononia sei das führende etruskische Gemeinwesen in Norditalien gewesen, ist erst relativ spät entstanden und entspricht nicht den Tatsachen,[22] obwohl es sehr anspruchsvolle Legenden über die Gründung von Mantua gibt, die angeblich solche Behauptungen stützen.[23] Die nachträgliche Glorifizierung von Mantua ist wahrscheinlich darauf zurückzuführen, daß dies die einzige Stadt in dieser Region war, in der das etruskische Element bis in das 1. Jahrhundert nach Christus überlebt hat. Das war genau die Zeit, zu der sich die römische Literatur mit solchen Themen beschäftigte.

Vielleicht haben die Etrusker auch nördlich von Mantua nicht weit von Verona eine Siedlung gegründet, wo ein Ort mit Namen Arusnates an den etruskischen Familiennamen Aruzinaie erinnert.[24] Eine ganze Reihe anderer Orte im Norden sind ebenfalls nach etruskischen Familien benannt. Dazu gehört beispielsweise Acerrae bei Cremona, das seinen Namen den Acerronii verdankt. Wie Strabo berichtet, gab es den Namen Acerrae auch in der etruskanisierten Campania.[25] Ähnliche Verbindungen lassen sich auch bei der weiter nördlich gelegenen etruskischen Stadt Melpum herstellen. Melpum war möglicherweise identisch mit dem heutigen Melzo bei Mailand, und sein Name erinnert an den des campanischen Flusses Melpis. Auch Mutina (Modena), Parma und Placentia (Piacenza) nordwestlich von Bononia sind etruskische Namen, und der etruskische Einfluß wird durch zahlreiche Funde belegt, von denen die bedeutendsten aus der Gegend um Mutina und Regium Lepidum (Reggio Emilia) stammen.[26]

Im Südosten des jenseits des Apennin gelegenen Gebiets innerhalb der Grenzen der heutigen Provinz Romagna haben die Etrusker ebenfalls deutliche Spuren hinterlassen. Ateste (Este) wurde zum Teil etruskisiert. Der Name von Caesena (des etruskischen Ceisna [?] und des heutigen Cesena) an der später so benannten wichtigen Durchgangsstraße Via Aemilia ist wiederum ein Beispiel dafür, daß ein Ort nach einer etruskischen Familie benannt wurde, einer Familie, die wir auch in Bononia finden.[27] Erst kürzlich hat man südöstlich von Cesena, bei Verucchio, unweit der Republik San Marino, eine bedeutende Siedlung von ausgesprochen etruskischem Charakter entdeckt. Verucchio hat augenscheinlich vom 8. bis 6. Jahrhundert v. Chr. eine wichtige Rolle gespielt; bei Ausgrabungen stieß man hier auf mehrere ungewöhnlich reich ausgestattete Gräber. Die ersten dieser Gräber sind kurz nach 700 v. Chr. angelegt worden, und sie zeigen die zylindrische Form eines Brunnens. Gräber dieses Typs sind bezeichnend für die Gegend um Verucchio und schon aus wesentlich früherer Zeit bekannt. Jetzt hatte man diese Tradition wiederaufgenommen, aber die Gräber selbst vergrößert.[28] Zu den ältesten Gegenständen, die man bei Verucchio ausgegraben hat, gehören Urnen mit helmförmigen Deckeln, wie sie auch in Etruria verwendet wurden; dazu Schilde des südetruskischen Typs.[29] Ein bedeutender Fund waren die Reste eines hölzernen Throns aus dem 7. oder 6. Jahrhundert v. Chr., der mit reichen Intarsien etruskischen Stils geschmückt war.[30] Der Thron erinnert auch stark an nichtetruskische und voretruskische Motive, was übrigens bei vielen der hier zum Vorschein gekommenen Kunstgegenstände der Fall ist. Dennoch sind die etruskischen Einflüsse unverkennbar. So besitzen beispielsweise Bronzebecher häufig Griffe in Form von stark stilisierten weiblichen Körpern und Tieren, wie sie in den verschiedensten Teilen von Etruria[31] und auch in der Gegend von Bononia ausgegraben worden sind.

Die starken etruskischen Einflüsse in Verucchio sind darauf zurückzuführen, daß die Stadt den in der Nähe gelegenen Fluß Marecchia (bei den Römern hieß er Ariminus) beherrschte, der unweit vom Tiber entspringt und durch dessen Tal eine der wichtigsten Verbindungsstraßen nach Mittelitalien führte.[32] Nur 14 Kilometer nordöstlich von Verucchio mündet die Marecchia in das Adriatische Meer, und über diesen Wasserweg kam auch der Bernstein nach Verucchio.[33]

Die Ostküste

An der Stelle, wo die Marecchia in das Adriatische Meer mündet, lag die Hafenstadt Ariminum (das heutige Rimini), die dem Fluß seinen antiken Namen gegeben hat. Dieser Ort war zwar keine etruskische, sondern eine umbrische oder teilweise umbrische Gründung. Sein Name war jedoch etruskisch und von dem der Familie der Arimna abgeleitet.[34] In der Nähe von Ariminum kamen aus Etruria importierte Bronzen zum Vorschein. Von der außerordentlichen Rolle der Etrusker im Leben dieser Stadt berichtet uns Strabo.[35] Sie haben an diesem strategisch so bedeutsamen Punkt wahrscheinlich einen Handelsposten oder eine Niederlassung besessen. Später endete hier die von Rom heranführende Via Flaminia. Nördlich von Ariminum lag Ravenna, das ebenfalls einen etruskischen Namen trägt, obwohl seine Kultur umbrisch war.[36]
Doch die wichtigsten Zentren der Etruskisierung in dieser Küstenregion lagen unmittelbar jenseits der Sümpfe, die Ravenna umgaben, und an der Mündung des Po, wo man in Frattesina bei Atria einen Hafen aus den ersten Jahren des 1. Jahrtausends v. Chr. entdeckt hat.[37] Am deutlichsten läßt sich der etruskische Einfluß in Spina, etwa 7 Kilometer westlich der heutigen Stadt Comacchio, erkennen. Hier diente eine Meereslagune, die sich im Podelta gebildet hatte, als Hafen.[38] Die ältesten Siedlungen an dieser Stelle bestanden aus Pfahlbauten. Im 6. Jahrhundert v. Chr. schlossen sich diese Dörfer zusammen und bildeten die Hafenstadt Spina. Sie lag auf einer Dünenkette zwischen der Meereslagune und der Küste, die damals weiter westlich verlief als heute, und zu beiden Seiten eines langen, breiten Kanals, den man auf Luftaufnahmen wiederentdeckt hat. Dieser Kanal war gebaut worden, um den Schiffahrtsweg zwischen der offenen See und der Lagune zu erweitern. Er wurde aus einem hier mündenden Fluß gespeist und hatte mehrere Zuflüsse. Auf diese Weise war ein ganzes Netz kleinerer Kanäle oder Gräben entstanden, über die Brücken führten und neben denen sich eine Reihe mehr oder weniger rechtwinkliger Häuser erhob. Spina

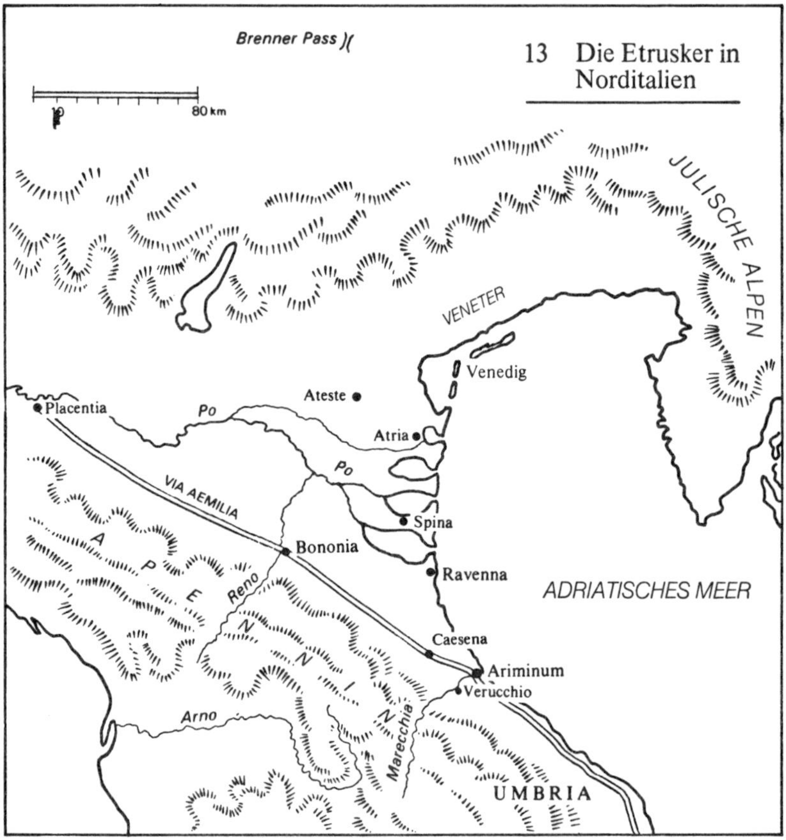

bedeckte eine Fläche von fast 3000 Hektar und war damit eine Vorläuferin von Venedig, der größten der an Kanälen erbauten Städte. Außerhalb des Wohngebiets von Spina lagen seine Friedhöfe zu beiden Seiten der alten Pomündung unmittelbar an der Küste. Die Bewohner der Stadt lebten vom Fischfang in der Lagune und bearbeiteten den fruchtbaren Boden beiderseits des Flusses. Gegen das Binnenland, mit dem es nur durch eine schmale Landzunge verbunden war, ließ sich Spina leicht verteidigen.

Der Name Spina läßt vermuten, daß die Siedlung bereits gegründet war, bevor Etrusker oder Griechen in diese Gegend kamen.[39] Wie jedoch zahlreiche Gründungslegenden bestätigen, ist Spina später von Angehörigen beider Völker bewohnt worden. Zwischen Griechen und Etruskern müssen also hier viel freundschaftlichere Beziehungen bestanden haben,

als dies zeitweilig an der Westküste der Fall war.[40] Aber auch dort waren Griechen und Etrusker nicht immer verfeindet, so zum Beispiel in Tarquinii und Caere, wo es unter etruskischer Herrschaft offenbar wohlhabende griechische Niederlassungen gegeben hat. Da in Spina griechische Keramiken schon im 6. Jahrhundert v. Chr. stark verbreitet waren und ihre Zahl bis Mitte des 5. Jahrhunderts ständig zunahm,[41] hat man den Eindruck, die Stadt sei von Griechen beherrscht worden. Auch die Tatsache, daß Spina in dem griechischen Heiligtum von Delphi eine eigene Schatzkammer besaß, scheint diese These zu stützen. Andererseits hatte das ohne jeden Zweifel etruskische Caere ebenfalls eine Schatzkammer in Delphi, und wenn wir alle archäologischen Funde berücksichtigen, dann kommen wir zu dem Schluß, daß Spina tatsächlich in erster Linie eine etruskische Stadt gewesen ist, in der ein Teil der Bevölkerung aus Griechen bestand, die ein eigenes Stadtviertel bewohnten. Die Etrusker haben Spina jedenfalls gerade zu der Zeit beherrscht, aus der die meisten griechischen Funde stammen.[42]
Übrigens hat man an der ganzen Küste etruskische Metallarbeiten gefunden,[43] und Dionysios von Halikarnassos überliefert uns einen recht seltsamen Bericht darüber, wie die Etrusker dorthin gekommen seien. Er behauptet, sie seien zu Schiff hier gelandet und hätten zunächst Spina gegründet;[44] da er jedoch in seinem Bericht den Ort Cortona erwähnt, an dem sie zwischengelandet seien und den er offensichtlich mit einer Stadt in Thrakien verwechselt,[45] erscheint uns diese Darstellung im höchsten Maße fragwürdig. Wahrscheinlicher ist es, daß die etruskischen Händler sowie das Metall, das in dem benachbarten Küstengebiet gefunden wurde, auf dem Landwege von Bononia nach Spina gekommen sind, denn Spina war der Hafen, in dem die für Bononia bestimmten Importwaren ausgeladen wurden. Spina ist allerdings mit großer Wahrscheinlichkeit eine selbständige und von Bononia unabhängige Stadt gewesen, unterhielt jedoch sehr intensive Beziehungen zu Bononia und dem Westen.[46] Insbesondere waren sich seine Bewohner der Möglichkeiten bewußt, die sich ihnen am Oberlauf des Po boten, dessen Mündung sie beherrschten. Der Fluß war für sie der wichtigste Verbindungsweg zu den Westalpen und nach Mitteleuropa. Es muß aber auch direkte Landverbindungen zwischen Etruria und Spina gegeben haben. Auffallend ist, daß man hier mehr Bronzearbeiten aus Vulci gefunden hat als in irgendeiner anderen Stadt des Nordens. Von Spina führten auch gute Straßen an der Küste entlang nach Norden, und die Stadt unterhielt Beziehungen zum Ostalpengebiet, das durch die Vermittlung von Spina mit einer Version des etruskischen Alphabets bekanntgemacht wurde.[47]
Auf diesen Verkehrswegen gelangte auch der von der Ostsee kommende

Bernstein nach Spina, der dann nach Griechenland und Etruria weiterverkauft wurde, und zwar entweder direkt oder über Bononia.[48]
In dem zwischen Spina und den Alpen gelegenen Gebiet an der Küste der nördlichen Adria lebten die Veneter. Vielleicht waren sie schon vor den Griechen und Etruskern bei Spina ansässig. Jedenfalls sind sie mit Sicherheit nie vollständig von diesen absorbiert worden oder abgewandert, denn man trifft auch noch in späterer Zeit auf venetische Namen. Allerdings sprachen diese Menschen nicht die indoeuropäische venetische Sprache, sondern etruskisch.[49] Nicht allein, daß die Veneter am Bernsteinhandel beteiligt waren oder Spina mit Pferden für den Export belieferten, sie unterstützten vielmehr auch die anderen Bewohner von Spina bei ihrem Handel mit den an der griechischen Küste gelegenen Staaten, indem sie die Rivalen Spinas in der Adria, die sie als ›Seeräuber‹ bezeichneten, bekämpften.[50] Der gleichen Aufgabe widmete sich übrigens die nördlich des Podeltas gelegene Stadt Atria (das heutige Adria), der das Adriatische Meer seinen Namen verdankt. Die Gründung dieser Siedlung geht zwar auf die Veneter zurück,[51] doch bildeten Griechen und Etrusker spätestens von der zweiten Hälfte des 6. Jahrhunderts v. Chr. an gemeinsam die Bevölkerung der Stadt.[52] Ebenso wie im Falle Spinas war man sich in der Antike nicht einig darüber, ob die Griechen oder die Etrusker Atria beherrschten. Um den Hafen zu verbessern, bauten die Etrusker von einem Mündungsarm des Po aus einen Kanal nach Atria.[53] Da jedoch die in Atria gefundenen attischen Vasen im allgemeinen älter sein dürften als die in Spina zum Vorschein gekommenen, die etruskischen Graffiti hingegen wesentlich jüngeren Datums sind, nimmt man an, daß Spina der wichtigste etruskische Hafen an der oberen Adria war, während Atria die gleiche Funktion für die Griechen innehatte. Zwischen beiden Städten kam es übrigens zu einer fruchtbaren Zusammenarbeit. Sie erreichte ihren Höhepunkt, als der griechisch-etruskische Handel in der Campania wegen offener Auseinandersetzungen zwischen beiden Bevölkerungsgruppen stark rückläufig war. Auf die Verhältnisse im Norden hingegen hatten diese Ereignisse keinerlei Auswirkungen, obwohl einmal sogar Etrusker aus den Städten im Podelta an den Auseinandersetzungen im Süden teilnahmen.
Wie wir wissen, berichtet Dionysios von Halikarnassos, daß in den Jahren 525–524 v. Chr. ein ›langer Marsch‹ nach Süden gegen die Griechen von Cumae in der Campania unter Beteiligung von Etruskern und anderen stattgefunden habe. Er sagt, der Marsch sei von den »Tyrrhenern (Etruskern) unternommen worden, die das Gebiet in der Nähe des Ionischen Golfs bewohnt hatten, im Lauf der Zeit jedoch von den Galliern vertrieben worden waren.« Er fügt hinzu, diesen Etruskern

hätten sich Umbrer, Daunier und »viele andere Barbaren« angeschlossen. Der Inhalt seines Berichts braucht nicht grundsätzlich angezweifelt zu werden.[54] Vielleicht kamen die ›Umbrer‹ aus Clusium in Etruria, während die ›Daunier‹, wie man annimmt, in Ardea in Latium beheimatet waren. Was jedoch das aus Tyrrhenern bestehende Gros der Teilnehmer betrifft, so machten die antiken Historiker nicht wie wir einen Unterschied zwischen dem Adriatischen Meer im Norden und dem Ionischen Meer im Süden, sondern verwendeten die Bezeichnung ›Ionisches Meer‹ (oder ›Ionischer Golf‹) auch für die Adria. Da nun Spina und Atria die bedeutendsten etruskischen Siedlungen an dieser Küste waren, könnte es sein, daß es die Bewohner einer dieser Städte oder sogar beider gewesen sind, die sich an dieser Expedition beteiligt haben, vielleicht als Abenteurer oder Söldner.[55]

Daß Dionysios jedoch behauptet, der Marsch sei durch eingedrungene Gallier veranlaßt worden, muß uns überraschen, denn der Zeitpunkt für den Beginn eines ersten, allmählichen Einsickerns von Galliern nach Norditalien liegt, den Quellen zufolge, erst kurz vor 500 v. Chr. [56] Aber auch wenn sich Dionysios mit seiner Datierung geirrt haben sollte, ist sein Bericht in anderer Hinsicht wiederum sehr aufschlußreich: Es läßt sich anhand der beschriebenen Ereignisse nämlich recht gut nachvollziehen, wie es zu den für diese Periode typischen Bevölkerungsbewegungen gekommen ist. Cumae konnte übrigens den Angriff abwehren; was aber mit den Angreifern geschehen ist, wissen wir nicht. Es gibt keine Angaben darüber, ob sie sich nach dem Scheitern ihres Unternehmens wieder in den Norden zurückzogen. Jedenfalls fielen Spina und Atria, die Städte, aus denen sie höchstwahrscheinlich stammten, um die Mitte des 4. Jahrhunderts v. Chr. in die Hände der Gallier.

Die Westküste

Auch an der westlichen (tyrrhenischen) Küste Italiens finden wir Beweise dafür, daß es hier eine ganze Kette von Märkten oder Handelsniederlassungen gegeben haben muß, die als Umschlagplätze für etruskische Waren dienten. Obwohl sie bedeutender waren als diejenigen an der Adria, sind sie doch weniger bekannt. Die Reihe dieser Niederlassungen erstreckte sich von der Arnomündung bis weit hinaus an die französische Küste. Allerdings wissen wir nicht, wieweit der Handel in dieser Region durch die Gründung größerer Siedlungen unterstützt wurde.

Ein wahrscheinliches, aber bis heute noch unerforschtes Glied in dieser Kette war Pisae (Pisa) unmittelbar nördlich der Arnomündung. Die

Stadt lag dort, wo sich der Fluß zu etruskischer Zeit mit dem Serchio (dem römischen Auser) vereinigte. Heute nehmen beide Flüsse einen getrennten Verlauf, aber damals mündeten sie wahrscheinlich in eine große Lagune, deren Wasser sich dann ins Meer ergoß. Geschützt liegende Meereslagunen wie diese waren zu antiker Zeit charakteristisch für die Küste von Etruria. Sie eigneten sich hervorragend zur Anlage von Häfen, so zum Beispiel bei Orbetello, Vetulonia und Rusellae.[57] Es läßt sich nachweisen, daß Pisae einen solchen Hafen besaß, der später, in augusteischer Zeit, ausgebaut und nach Süden hin erweitert wurde. Daß die Lagune auch schon zu früherer Zeit als Hafen benutzt worden war, geht aus Strabos Bericht hervor, die Bewohner von Pisae seien ein kriegerisches Volk gewesen und hätten aus eigenem Bauholz Schiffe gebaut.[58]

Der Ort selbst scheint eine uralte Gründung zu sein, denn sein Name ist auf einer Liste aus dem späten 2. Jahrtausend v. Chr. aufgeführt, die man in Pylos, einem der führenden Zentren der mykenischen Zivilisation in Griechenland, gefunden hat. Möglicherweise hat es in Pisae sogar eine mykenische Handelsniederlassung gegeben,[59] wenngleich dies bisher durch archäologische Funde nicht bestätigt werden konnte. Eine genaue Erforschung des gesamten Gebiets wird allerdings dadurch sehr erschwert, daß sich die Küstenlinie und der Verlauf der Flüsse seither wesentlich verändert haben. Schon in der Antike finden sich Hinweise auf das Alter von Pisae, dessen Entstehung legendären griechischen Gründern zugeschrieben wurde.[60] Es gab aber auch noch andere Überlieferungen, die von Cato dem Älteren erwähnt werden, der sagt, der Hafen sei von den Etruskern gebaut worden.[61] Die Lage des Hafens unmittelbar neben einer Flußmündung ist allerdings bezeichnend dafür, daß es hier schon eine feste Siedlung gegeben hat, die weder von den Etruskern noch von den Griechen, sondern von den Ligurern erbaut wurde, jenem einst in ganz Nordwestitalien ansässigen Volk, das eine sich vom Etruskischen und Griechischen unterscheidende nichtindoeuropäische Sprache gesprochen hat. Zudem haben Ausgrabungen bestätigt, daß Pisa etruskische beziehungsweise etruskisierte Bewohner hatte, oder zumindest, daß dort schon im 6. oder Anfang des 5. Jahrhunderts v. Chr. etruskische Gegenstände verwendet wurden.[62] Es ist auch durchaus möglich, daß zukünftige Entdeckungen dieses Datum auf einen noch früheren Zeitpunkt verschieben werden.

Daß Pisae am jenseitigen, also von Etruskern nicht besiedelten Ufer der Flußlagune lag (wo die Stadt besser gegen das Hinterland geschützt war), wäre für die Männer aus den Städten Etrurias kein Hinderungsgrund gewesen, sich hier niederzulassen, denn sie waren bereit, sogar noch viel

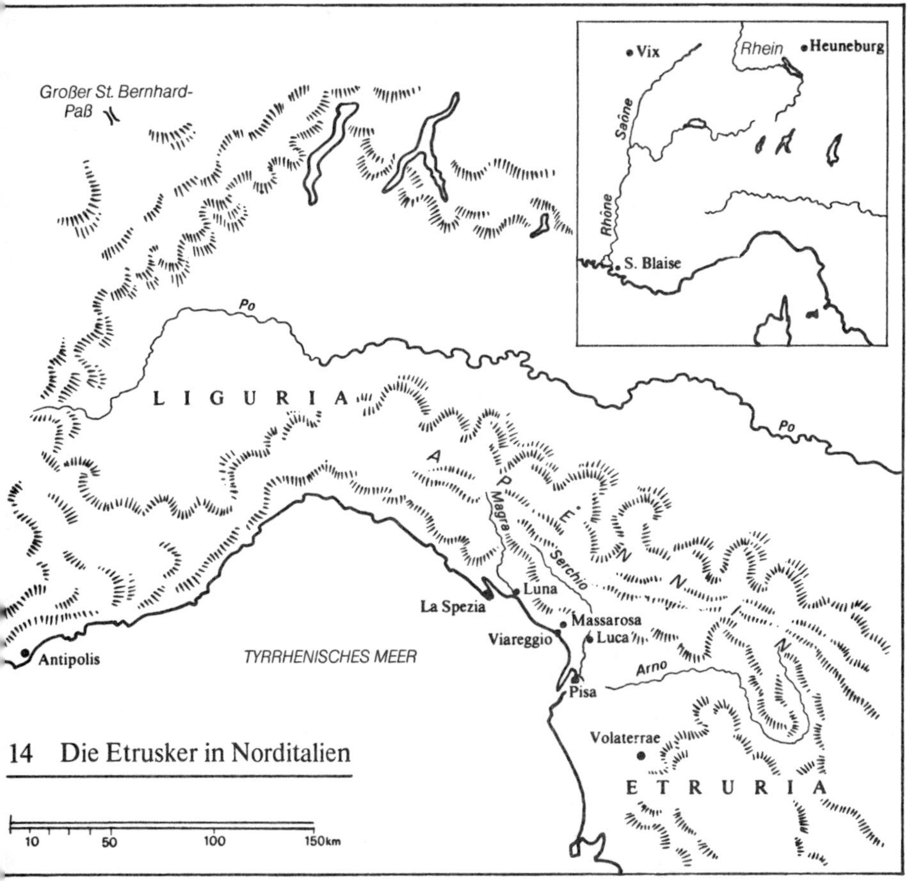

14 Die Etrusker in Norditalien

weiter in das Gebiet der Ligurer vorzustoßen (obwohl diese eine ganz andere Sprache sprachen). Man hat nämlich in jüngster Zeit 15 Kilometer weiter nördlich bei Massarosa etruskische Keramikfragmente gefunden, und zwar in einem Sumpfgelände am See Massaciuccoli, einem nördlichen Ausläufer der Meereslagune von Pisae,[63] wo sich einst auf Pfählen erbaute Hütten befanden. Nach dieser Entdeckung wird es noch wahrscheinlicher, daß in Pisae Etrusker gelebt haben. Die Funde gehen bis ins 8. Jahrhundert v. Chr. zurück. Damals befand sich der Ort vermutlich noch in ligurischen Händen, aber um 630–600 v. Chr. ist er offensichtlich etruskisiert worden, denn die aus dieser Zeit stammenden Gefäße sind mit etruskischen Schriftzeichen bedeckt.[64] Der Ort ist auch später noch bewohnt gewesen, wenn auch vielleicht nur vorüberge-

hend.[65] In unmittelbarer Nachbarschaft von Pisae, am Flusse Serchio, der für die Etrusker ein wichtiger, von Pisae nach Norden führender Verkehrsweg war, lag die Stadt Luca (Lucca). Sie scheint zwar ebenfalls ligurischen Ursprungs zu sein, ist aber offenbar nur zeitweilig von Ligurern und dann wieder von Etruskern bewohnt worden, zumindest im 5. Jahrhundert v. Chr.[66]
Einer der Hauptgründe dafür, daß sich Etrusker und andere Siedler an diesen Orten niederließen, waren die Erzvorkommen in dem an der Küste gelegenen Gebirgszug der Apuanischen Alpen, eines nördlichen Ausläufers der oben erwähnten Catena Metallifera (einer erzhaltigen Gebirgskette), die sich hinter der Küstenebene nördlich des Arno hinzieht.[67] Hier wurden unter anderem Kupfer- und Eisenerze geschürft. Die Siedlung von Massarosa liegt in den Vorbergen dieses Gebirgszuges. Andere Orte, an denen etruskische Gegenstände zum Vorschein kamen, lagen unweit der Küstenstraße, aus der später die Via Aurelia wurde. Nur 8 Kilometer von Massarosa entfernt liegt der moderne Hafen von Viareggio, in dessen unmittelbarer Nachbarschaft man in jüngster Zeit zahlreiche etruskische Gegenstände ausgegraben hat, obwohl es hier im Altertum Wälder und Sümpfe gab.[68]
Ebenfalls an der Via Aurelia, und zwar in Richtung auf den nördlichen Ausläufer der Ebene, lag Luna (Luni), wo im 2. Jahrhundert v. Chr. ein römischer Flußhafen entstand und Marmor gebrochen wurde.[69] Livius berichtet, dieses Gebiet sei früher von den Etruskern beherrscht worden,[70] was aber bis in neuere Zeit hinein angezweifelt wurde. Nachdem man jedoch auf halbem Wege zwischen dem Arno und diesem Ort bei Viareggio und Massarosa neue Funde gemacht hat, erscheint der Bericht glaubhaft. Auch Strabo spricht von einem etwas weiter nördlich im Golf von La Spezia gelegenen etruskischen Hafen.[71] Wahrscheinlich meint er Luna, das über ein tiefes, natürliches Hafenbecken verfügte – wenn es nicht in der Bucht von La Spezia einen anderen Hafen gegeben hat, von dessen Existenz wir noch nichts wissen.
Das Vorhandensein dieser Häfen läßt interessante Schlüsse über etruskische Niederlassungen an der Küstenstraße zu, die vom Arno nach Norden führte,[72] und heute ist es den Archäologen gelungen, die Etrusker noch weiter nördlich nachzuweisen. Ein vor Antipolis (Antibes) an der französischen Riviera untergegangenes Schiff enthielt zahlreiche etruskische Amphoren und Vasen im korinthischen Stil aus den Jahren um 575–550 v. Chr. [73] Auch an der Rhônemündung, nicht weit von der phokischen Kolonie Massalia, die um 600 v. Chr. gegründet worden war und im folgenden Jahrhundert ihre größte wirtschaftliche Blüte erlebte, kam eine ganze Reihe etruskischer Gegenstände zum Vorschein. Die

griechischen und etruskischen Händler, die an dieser Küste entlangzogen, haben Massalia als wichtigen Handelsplatz angesehen. Auch in dem befestigten Zentrum von Saint Blaise (Bouches du Rhône) sind zahlreiche etruskisch-korinthische Keramiken ausgegraben worden. Dieser Ort stand offenbar unter starkem etruskischen Einfluß und war augenscheinlich eine Zwischenstation für die Auslieferung etruskischer Waren. Überdies hat man an den Ufern der Rhône und Saône bis nach Ostfrankreich hinein vereinzelt etruskische und griechische Gegenstände gefunden. Tief im Inneren des Landes, zum Beispiel bei Vix (Côte d'Or in Burgund), einem strategisch bedeutsamen Punkt in der Nähe der starken keltischen Festung auf dem Mont Lassois, tauchten ebenfalls etruskische Gegenstände auf. Wie die etruskischen Grabbeigaben von Vix, darunter ein bronzener Weinkrug, einige Bronzebecken und eine Bronzestatuette aus der Zeit um 500 v. Chr.,[74] ihren Weg hierher gefunden haben, ist noch ungeklärt. Etruskische Artefakte sind zudem nicht nur in Spanien und Nordafrika entdeckt worden,[75] sondern vor allem auch in Deutschland (sowie in Belgien und Luxemburg).[76] Weitaus die meisten von ihnen stammen aus der Zeit nach dem 5. Jahrhundert, als es für die Etrusker immer schwieriger wurde, die Beziehungen zum Süden aufrechtzuerhalten. Übrigens machte sich der Einfluß etruskischer Kunst auf die keltische in gewissen Regionen besonders stark bemerkbar.[77] Dionysios von Halikarnassos teilt uns mit, ganz Westitalien sei früher als Tyrrhenia bezeichnet worden, und Cato der Ältere wie auch Livius nahmen sogar an, die Etrusker hätten die ganze italienische Halbinsel beherrscht. Das stimmt zwar nicht ganz, aber einige südliche und nördliche Gebiete haben in der Tat ähnliche Entwicklungen durchgemacht wie Etruria selbst. Dazu kommt, daß einzelne etruskische Stadtstaaten die Ausbreitung des etruskischen Einflusses mit enormer Aktivität betrieben. Im übrigen haben Cato und Livius, wie wir heute wissen, in gewissem Sinne eher zuwenig als zuviel gesagt: Die starke Ausstrahlungskraft der etruskischen Kultur war nämlich nicht nur in ganz Italien, sondern weit über die Grenzen dieses Landes hinaus zu spüren, bis zunächst die Griechen im Süden und dann die Gallier im Norden die Etrusker zwangen, sich in ihre engere Heimat zurückzuziehen.

Teil 2
Die unabhängigen Stadtstaaten

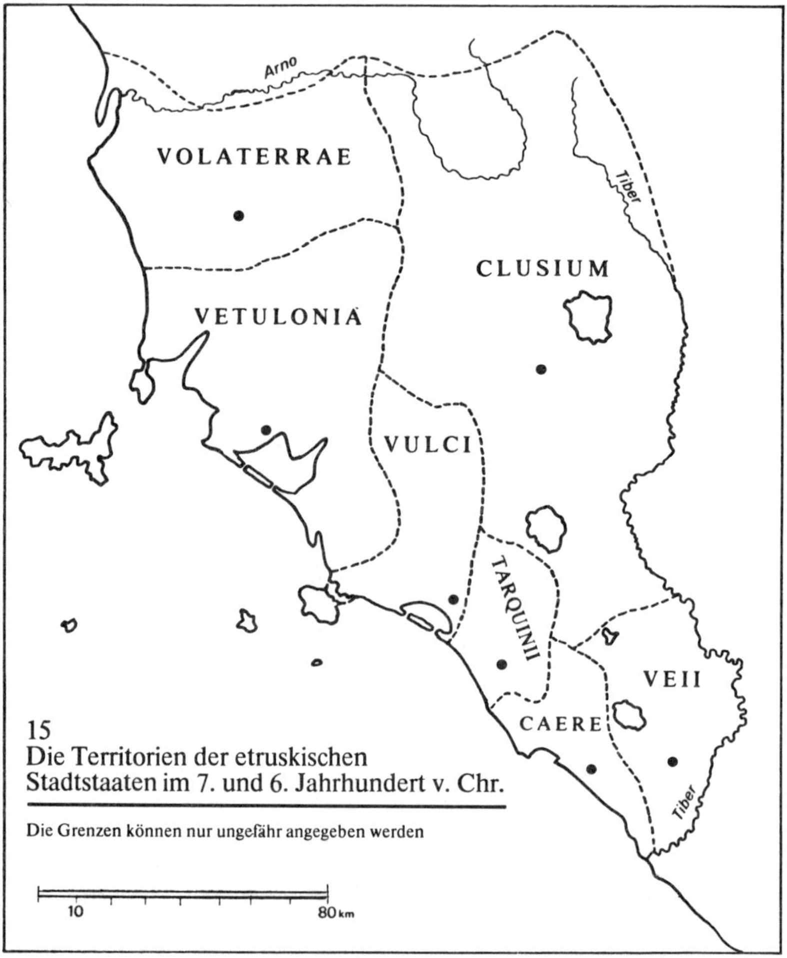

15
Die Territorien der etruskischen Stadtstaaten im 7. und 6. Jahrhundert v. Chr.

Die Grenzen können nur ungefähr angegeben werden

7. Uneinigkeit

Soziale Uneinigkeit

Daß sich so viele Etrusker jenseits der Grenzen von Etruria niedergelassen haben und damit wirklich eine massive Bevölkerungsverschiebung stattgefunden hat, lag wahrscheinlich daran, daß die vielen enttäuschten und unzufriedenen Menschen, die das Gesellschaftssystem in ihrer Heimat ablehnten, nach Ausweichmöglichkeiten suchten.[1] Denn der Zusammenhalt des Landes und der einzelnen Stadtstaaten wurde durch die bestehende soziale Unausgewogenheit erheblich gestört. Wir erkennen immer deutlicher, unter welchen Belastungen diese Menschen gelebt haben, aber unsere Informationen sind immer noch zu wenig konkret und zu bruchstückhaft, um ein zusammenhängendes Bild von der gesellschaftlichen Entwicklung im Lande zu gewinnen. Die Zeit ist noch nicht gekommen, in der es möglich wäre, eine Sozialgeschichte von Etruria zu schreiben, aber die jüngst erschienenen Bücher von Mauro Cristofani, *The Etruscans* und *L'arte degli Etruschi*, haben gezeigt, wie man eines Tages an diese Aufgabe herangehen könnte. Hier soll nur das Notwendigste gesagt werden. Die archäologischen Funde aus der Zeit vor den Städtegründungen im 9. Jahrhundert v. Chr. lassen vermuten, daß die Gesellschaft in den etrurischen Dörfern im allgemeinen uniform, egalitär und klassenlos gewesen ist. Hier gab es nur eine Ausnahme, denn diese Gesellschaft wurde von Anfang an durch den traditionellen Clan bestimmt (und durch die Familien, aus denen sich die Clans zusammensetzten). Innerhalb der Clans und Familien war die führende Stellung des jeweiligen Oberhaupts unbestritten. Doch im folgenden Jahrhundert, als die Etrusker engere Beziehungen zu den Griechen und den Völkern im Nahen Osten entwickelten, ist, wie wir aus den ungewöhnlich reich ausgestatteten Gräbern ersehen können, eine ganz neue wohlhabende Klasse entstanden,[2] die ihren Reichtum dem Metallhandel verdankte. Unter der Führung dieser Klasse entstand eine entschieden feudale Gesellschaft, in der die Monarchien allmählich von oligarchischen Regierungen abgelöst wurden. Der Adel umgab sich mit Handwerkern, Klientelen, Freigelassenen und Sklaven, die zum Teil ebenfalls zu Wohlstand kamen.[3] Dionysios von Halikarnassos berichtet von führenden Etruskern, die 480 v. Chr. mit ihrem ganzen Anhang ins Feld gezogen seien.[4] In diesem Zusammenhang verwendet er ein Wort, das an anderer Stelle die Bedeutung ›Leibeigener‹ hat. Damit sind unterprivilegierte Personen ohne politische Rechte gemeint. Man hat daher den

Eindruck, daß die bewaffneten Fußsoldaten in Etruria enger an die herrschende Klasse gebunden und weniger unabhängig waren als ihr griechisches Gegenstück.[5]
Es hat jedoch neben den riesigen Landgütern, die von Pächtern und Sklaven bewirtschaftet wurden, auch bescheidene Bauernhöfe gegeben.[6] Die bis heute vorherrschende Auffassung, die feudalistische Gesellschaftsstruktur in Etruria sei im Verlauf der ganzen Geschichte dieses Landes starr und unverändert die gleiche geblieben, trifft nicht zu. Im Gegenteil, es läßt sich hier ein Evolutionsprozeß feststellen: Gegen Ende des 7. Jahrhunderts war die Gesellschaftsstruktur schon weniger starr. So bestätigen Gräberfunde in Volsinii zum Beispiel die Existenz einer Klasse von Kaufleuten und Handwerkern,[7] und auch nach der Ausgrabung von Häusern in Vetulonia, San Giovennale und Veii lassen sich dort ähnliche Entwicklungen erkennen. Die soziale Mobilität nahm zu, und die Großgrundbesitzer sahen sich gewungen, Kaufleute und Handwerker an der politischen Macht teilhaben zu lassen. Der Umstand, daß gegen Ende des 6. Jahrhunders v. Chr. ›Tyrannen‹ oder nicht verfassungsmäßige Diktatoren aufgetreten sind – Männer wie Lars Porsenna aus Clusium und vielleicht Thefarie Velianas in Caere –, könnte darauf hinweisen, daß der Adel von dieser neuen, zu Wohlstand gekommenen Klasse abgelöst wurde.
Es ist aber eine Tatsache, daß die sozialen Unterschiede niemals ganz überbrückt werden konnten. Der erbliche Adel ist vielleicht zum Teil von wohlhabenden Kaufleuten und ihrem Anhang abgelöst worden, aber in Etruria hat sich keine mit der griechischen und römischen vergleichbare Gesellschaftsordnung entwickeln können.[8] Wie alle römischen Historiker aus späterer Zeit wußten, war eines der Hauptprobleme in der Geschichte Roms vom 5. bis zum 3. Jahrhundert v. Chr. der lange währende Machtkampf zwischen Patriziern und Plebejern. Aus diesem Ringen ist zwar keine Demokratie hervorgegangen, es führte aber schließlich (nach erheblichen Erschütterungen) zu praktischen Veränderungen und Anpassungen, die es den Römern ermöglichten, die vor ihnen liegenden gewaltigen Aufgaben von einer breiten Basis aus zu bewältigen. Aber die relative soziale Rückständigkeit und Unausgewogenheit in Etruria hatten zur Folge, daß die Etrusker für die Bewältigung ihrer Zukunftsprobleme weniger gut gerüstet waren.
In den letzten Jahren des 4. Jahrhunderts v. Chr. und in der ganzen folgenden Periode kam es in der Bevölkerung von Städten wie Volsinii und Arretium zu verhängnisvollen sozialen Konflikten, über die römische Historiker ausführlich berichtet haben. Hätten sich die gleichen Historiker ebenso eingehend mit den inneren Angelegenheiten der

Etrusker in den beiden vorangegangenen Jahrhunderten beschäftigt, dann hätten sie wahrscheinlich in den verschiedenen Stadtstaaten ganz ähnliche Verhältnisse festgestellt.[9] Diese chronische innere Zerrissenheit kam den Römern natürlich sehr gelegen, die die Lage für sich ausnutzten. Gewöhnlich unterstützten sie die jeweils herrschende Klasse, ob es nun der erbliche Adel oder die Kaufleute waren, um die verschiedenen etruskischen Regierungen von sich abhängig zu machen.

Eine Liga, die nichts bewirken konnte

Das ganze Gesellschaftsgefüge der Etrusker war durch solche inneren Spannungen geschwächt. Hinzu kam, daß die Politik der untereinander sehr oft zerstrittenen etruskischen Stadtstaaten dem Zusammenhalt der Etrusker schwer geschadet hat. Wohl betrachteten sich die Etrusker als ethnische und kulturelle Einheit, aber sie bildeten keine wirkliche politische Gemeinschaft. Im Gegenteil, sie stellten nur eine Gruppe einzelner Stadtstaaten dar. Von daher gesehen ist es eigentlich falsch, von der Geschichte ›der Etrusker‹ zu sprechen; es gilt vielmehr zu erforschen, was jeweils in den einzelnen Stadtstaaten geschehen ist.

Dieser Aspekt ist bislang nur selten berücksichtigt worden, vor allem weil die Existenz einer sogenannten ›Etruskischen Liga‹ die Historiker daran gehindert hat, dem Problem gebührende Aufmerksamkeit zu schenken. Aber diese ›Liga‹ hat in Wirklichkeit kaum als solche existiert. Verhältnismäßig spät, im 5. und 4. Jahrhundert v. Chr., haben die etruskischen Stadtstaaten ihre Vertreter zu einer jährlich einberufenen Versammlung geschickt, die an einem bis heute nicht lokalisierten Heiligtum in der Nähe des Bolsenasees stattfand. Das war das Fanum Voltumnae, das Heiligtum der Voltumna – der etruskischen Veltha oder Veltune, einer Erd- oder Jahreszeitengottheit, deren Geschlecht sich nicht mehr feststellen läßt. Wenn es eine männliche Gottheit war, dann dürfte sie dem römischen Vertumnus entsprochen haben.[10] Die jährlichen Zusammenkünfte am Fanum Voltumnae waren in erster Linie eine religiöse Veranstaltung; in diesem Rahmen wurden auch Spiele nach griechischem Muster veranstaltet. Außerdem wählten die versammelten Vertreter der Stadtstaaten bei dieser Gelegenheit für ein Jahr einen Mann aus ihrer Mitte zum Hohenpriester für den ganzen Etruskischen Bund. Man hat den Inhaber dieses Amtes auch als ›König‹ von Etruria bezeichnet.

Nach Auffassung der Historiker sollen die einzelnen Staaten, die ihre jeweiligen Vertreter zu diesen Versammlungen schickten, eine Art Liga gebildet haben. Das mag in gewissem Sinne auch zutreffen, obwohl es erst um die Mitte oder gegen Ende des 6. Jahrhunderts v. Chr. zu dieser Entwicklung gekommen zu sein scheint. Aber der Historiker Livius spricht auch für diese Zeit oder vielmehr die Zeit nach 500 v. Chr., mit der er sich eingehender beschäftigt, nie davon, daß die Mitgliedstaaten eine ›Liga‹ gebildet hätten. Er verwendet vielmehr unbestimmtere Begriffe wie *consilium* (Rat) oder *foedus* (Bündnis).[11] Außerdem klingen seine Berichte über das, was bei solchen Versammlungen wirklich geschah, recht romanhaft. Wie andere Historiker meint auch er, das ›Bündnis‹ habe aus zwölf Staaten bestanden. Das könnte durchaus der Fall gewesen sein, wenn es uns auch erhebliche Schwierigkeiten bereitet, diese zwölf Stadtstaaten zu nennen. Der Zusammenschluß von zwölf Städten ist eine uns aus der Geschichte der griechischen Stadtstaaten vertraute Erscheinung – denken wir zum Beispiel an den sogenannten Ionischen Bund. Die Ionier haben das Leben in Etruria in vielfältiger Weise beeinflußt. Auch die ›Liga‹ dürfte zumindest teilweise unter ionischem Einfluß zustande gekommen sein, allerdings erst gegen Ende des 6. Jahrhunderts v. Chr.; für die Zeit davor ist ein Zusammenschluß von ›zwölf‹ etruskischen Städten äußerst unwahrscheinlich.[12] Solche Gruppierungen waren zu jener Zeit in der griechischen Welt durchaus üblich und wurden gelegentlich auch politisch aktiv. Zweifellos haben Livius und andere recht, wenn sie behaupten, die versammelten Vertreter der etruskischen Stadtstaaten seien damals in ähnlicher Weise tätig geworden. Es ist jedoch unwahrscheinlich, daß Etruria zu einer früheren Zeit politisch fortschrittlicher gewesen sein sollte als Griechenland, denn in Griechenland hat man damals die Gründung einer in erster Linie politischen Liga noch kaum in Betracht gezogen. So war zum Beispiel die griechische Liga mit dem Zentrum in Delphi (die Amphiktyonie), obwohl sie schon im 8. Jahrhundert v. Chr. bestand, vor allem ein religiöser Verband und hat sich bis nach 600 v. Chr. fast ausschließlich mit religiösen Fragen beschäftigt. Eine politische Liga zu einer früheren Zeit wäre eine bemerkenswerte Ausnahme gewesen,[13] und wir haben keine Veranlassung anzunehmen, daß dies in Etruria anders gewesen ist.[14]

Ebenso irrig wäre die Vorstellung, daß die Ausweitung des etruskischen Einflußbereichs in südlicher wie in nördlicher Richtung auf einen gemeinsam gefaßten Beschluß der Stadtstaaten hin erfolgt wäre. Was die Campania betrifft, so ist Strabos Bericht, es habe dort zwölf etruskische Kolonien[15] gegeben, die jeweils von einer der angeblich zwölf verbündeten Städte oder von ihnen gemeinsam gegründet worden seien, viel zu simpel und widerspricht den Feststellungen der Archäologen.

Nach unseren allerneuesten Erkenntnissen sind solche Unternehmungen allein der Initiative einzelner etruskischer Stadtstaaten oder auch einzelner führender Persönlichkeiten aus diesen Staaten zu verdanken. In diesem Zusammenhang wäre es auch falsch, von *zwölf* campanischen Gründungen zu sprechen. Was nun die Poebene im Norden angeht, so gibt es hier eine ganz ähnliche Überlieferung, derzufolge zwölf Städte in Etruria zwölf Kolonien gegründet haben sollen;[16] doch solchen Behauptungen muß man mit der gleichen Skepsis begegnen. Auch jene andere Gründungslegende, die besagt, der Heros Tarchon habe bald nach der Gründung von Tarquinii die zwölf Städte im Norden gegründet, ist zu schematisch und nur mit der hohen Selbsteinschätzung der Bewohner von Tarquinii zu erklären. Dazu kommt, daß alle diese Überlieferungen solche Städtegründungen in eine viel zu ferne Vergangenheit zurückverlegen.

Aber kehren wir zu den Stadtstaaten in Etruria selbst zurück. Hier erkennen wir deutlich, daß die ›Liga‹, in der sie sich zusammengeschlossen hatten, zu der Zeit, als Macht und Wohlstand in Etruria ihren Höhepunkt erreichten, auf politischem wie militärischem Gebiet keine sehr wirksame Körperschaft gewesen sein kann. So wissen wir beispielsweise nichts davon, daß die Liga jemals mit einer auswärtigen Macht einen Vertrag geschlossen hätte oder ein Bündnis eingegangen wäre. Mindestens bis zum 4. oder sogar bis zum 3. Jahrhundert v. Chr. (als es schon viel zu spät war, um sich Rom zu widersetzen) ist es den Etruskern nicht gelungen, die etrurischen Stadtstaaten zu einigen oder zum gemeinsamen Handeln zu bewegen. Livius und Dionysios von Halikarnassos sagen ganz deutlich, daß es gemeinsame oder zumindest aufeinander abgestimmte politische Aktionen niemals gegeben habe. Das klassische Beispiel für diesen Mangel an Gemeinsamkeit ist die Tatsache, daß die anderen etruskischen Städte Veii in seinem Kampf ums Überleben gegen Rom nicht zu Hilfe gekommen sind. Ebensowenig hat irgendeine andere etruskische Stadt etwas unternommen, um Clusium gegen die Gallier zu unterstützen. Vielmehr lassen zum Beispiel Wandgemälde in Vulci sowie Inschriften in Tarquinii keinen Zweifel daran, daß die etruskischen Stadtstaaten gegeneinander gekämpft und Kriege geführt haben. Dies spiegelt sich auch in Vergils *Aeneis*, so etwa in der Szene, in der Vergil den Etrusker Mezentius gegen andere Etrusker kämpfen läßt.[17]
Wenn es dazu kam, daß die Interessen von ganz Etruria mit denen eines einzelnen Stadtstaats in Konflikt gerieten, dann standen die Interessen der einzelnen Stadt immer an erster Stelle. Das darf uns nicht überraschen. Auch die antiken griechischen Städtebünde waren ebenso wie heute die Vereinten Nationen oder kleinere regionale Gruppierungen

alles andere als Modelle für einen harmonischen Zusammenhalt. Luisa Banti fragt mit Recht: »Sollen wir denn wirklich glauben, daß die Etrusker die einzige Ausnahme gewesen seien, das einzige Beispiel für politische Zuverlässigkeit?«[18] Dennoch gibt es die sehr populäre, aber durch nichts begründete Vorstellung, die Etrusker seien irgendwie von dieser Norm abgewichen und hätten im wesentlichen harmonisch zusammengearbeitet. Diese irrige Auffassung geht in erster Linie auf die antiken griechischen und römischen Schriftsteller zurück. Die so ganz andersgeartete etruskische Kultur und Sprache verführte Griechen wie Römer gleichermaßen dazu, alle Etrusker als eine amorphe Masse zu sehen. So machten auch die Schriftsteller keinen Unterschied zwischen den einzelnen etruskischen Stadtstaaten, sondern begnügten sich damit, nur ganz allgemein von den ›Etruskern‹ zu sprechen. Ebensowenig haben sie sich mit den Ereignissen beschäftigt, die uns erkennen lassen würden, daß jeder einzelne Stadtstaat für sich die besondere Beachtung des Historikers verdient. Luisa Banti hat daher recht, wenn sie sagt: »Die Etruskische Liga ist zu einer schweren Kette geworden, die die Etrusker und ihre ganze Geschichte belastet.« Unsere Aufgabe wird es sein, sie von dieser Kette zu befreien und ihre Stadtstaaten als selbständige Einheiten sehen zu lernen.

Es ist deshalb angebracht, nach Möglichkeit auf den Begriff ›etruskisch‹ zu verzichten und statt dessen jeweils den Namen der Stadt zu nennen, von der die Rede ist. Diese Städte haben entweder als geschlossene Gemeinwesen oder durch verschieden große, aus ihren Bürgern bestehende Gruppen gewirkt, die gelegentlich mehr oder weniger unabhängig von ihren Regierungen vorgegangen sind. Es mag auch vorgekommen sein, daß zwei oder drei Stadtstaaten (oder Persönlichkeiten aus verschiedenen Städten) vorübergehend zusammenwirkten, um ein bestimmtes Ziel zu erreichen, und noch häufiger dürfte es der Fall gewesen sein, daß die herrschenden Familien in bestimmten Stadtstaaten sich zu solchen Zwecken zusammengeschlossen haben.[19] Massimo Pallottino sagt daher: »Wir sollten weniger von einer Geschichte der Zivilisation der Etrusker als von der Geschichte Caeres, Vulcis oder Tarquiniis sprechen.«[20] Das ist die einzig richtige Methode. Auch D. H. Lawrence hat das schon gewußt, wie aus einem klugen Satz in seinem Buch *Etruscan Places* (1932) hervorgeht: »Wollte man versuchen, alle (etruskischen Städte) in einen Topf zu werfen, dann käme dabei nicht der echte Etrusker heraus, sondern ein Gebräu, das mit der Wirklichkeit nichts zu tun hat.«[21]

Die Vielgestaltigkeit von Etruria

Wer heute in der Toskana oder im nördlichen Lazio lebt, also in einer Gegend, die in der Antike der südliche Landesteil von Etruria war, kennt die geographische Vielgestaltigkeit dieses Landes. Zunächst gibt es gewaltige regionale Unterschiede zwischen dem großen vulkanischen Plateau mit seinen zahlreichen Seen im Süden, den ausgedehnten erzführenden Sandstein- und Kalksteingebirgen in der Mitte und im Nordwesten und den fruchtbaren Tälern im Osten und Nordosten. Nur ein kurzer Besuch der wichtigsten Museen, die etruskische Gegenstände ausstellen, sowie der alten Gräberfelder in der Nähe ehemaliger etruskischer Siedlungen zeigt, daß diese Unterschiede in ebenso auffallenden regionalen Variationen beim Baumaterial, bei Sitten und Gebräuchen, bei den künstlerischen Motiven und Techniken, bei der alphabetischen Form der Schrift und nicht zuletzt in den jeweiligen Dialekten zum Ausdruck kommen.[22]

Auch innerhalb der Grenzen einer Hauptregion unterschied sich jedes kleinere Gebiet – und das waren die Hoheitsgebiete der einzelnen Stadtstaaten – in allen diesen Punkten auffallend von seinen nächsten Nachbarn (zuweilen sogar in der Form seiner Regierung). So waren die Verhältnisse in Clusium zum Beispiel völlig anders als in allen anderen Stadtstaaten; Vulci unterschied sich von Tarquinii und Tarquinii von Caere – obwohl beide nur wenige Kilometer auseinanderlagen.

Noch heute gibt es in Italien diese scharfen Trennungslinien, und zwar so ausgeprägt, daß es die Engländer mit ihrer älteren Tradition der Zentralisierung überraschen muß. Ein Volk wie die Deutschen, das selbst ein Land bewohnt, in dem es zwischen den einzelnen Regionen große Unterschiede gibt, wird das besser verstehen. Der engliche Schriftsteller und Journalist Vernon Bartlett, der in der Nähe von Lucca lebte, illustriert das sehr anschaulich, wenn er über zwei seiner landwirtschaftlichen Arbeiter, von denen der eine aus Lucca und der andere aus Pisa stammte, zu berichten weiß, daß jeder die Feldarbeit auf eine andere Weise und an einem anderen Tag tun wollte.[23] Und doch liegen Lucca und Pisa nur 16 Kilometer auseinander. Nicht größer war auch die Entfernung zwischen einigen antiken etruskischen Städten; und in der Antike, da jede dieser Städte unabhängig von den anderen wuchs und sich entwickelte, haben solche Gemeinwesen ihre Besonderheiten sorgfältig gepflegt und eifersüchtig bewahrt.

Im folgenden wollen wir nun die wichtigsten etruskischen Stadtstaaten der Reihe nach als selbständige und voneinander getrennte Phänomene untersuchen. Wie wir bereits sehen konnten, spielte bei ihrem Entstehen das lebhafte Interesse auswärtiger Händler an den etrurischen Erzen eine entscheidende Rolle, und in diesem Zusammenhang wiederum kam den griechischen Märkten von Pithecusae und Cumae eine besondere Bedeutung zu. Als Reaktion auf diese Nachfrage vereinigten sich die in den etrurischen Bergen gelegenen Gruppen von Dörfern zu Städten und Stadtstaaten, die jeweils über ihre eigene politische, industrielle und wirtschaftliche Organisation verfügten. Jetzt müssen wir zeigen, wie die Entwicklung weiterging, wie die verschiedenen Städte aufzublühen begannen und wie jede von ihnen ihre ganz besondere und deutlich erkennbare Identität gewann.

8. Tarquinii

Reichtum und Kunst

Die erste etruskische Siedlung, die auf die Nachfrage nach ihren Metallen damit reagierte, daß sie die Urbanisierung vollendete und so die organisatorischen Voraussetzungen für ihre industrielle und wirtschaftliche Entfaltung schuf, war Tarquinii – erbaut auf dem gut zu verteidigenden Höhenzug am Flusse Marta, der aus dem Bolsenasee (dem Tarquinischen See) entspringt und ins nahe Tyrrhenische Meer mündet. Der Umstand, daß es ganz in der Nähe im Tolfagebirge reiche Metallvorkommen gab, führte dazu, daß Tarquinii sehr bald zu einer mächtigen Stadt wurde und in dieser Region eine gewisse Vorherrschaft gewann.
Kulturell ergab sich in den ältesten etruskischen Städten zunächst eine ganz eigentümliche Mischung aus Altem und Neuem. Man bewahrte einerseits die Tradition aus der Zeit vor der Urbanisierung, andererseits aber hatte der jüngst erworbene Reichtum eine ganze Reihe neuer Entwicklungen zur Folge. Hier bildete Tarquinii keine Ausnahme. Die Kontinuität der lokalen Tradition zeigt sich an den Kunstgegenständen, die man in den Gräbern gefunden hat. Dabei ist aber auch der starke Einfluß der neu aufgenommenen Handelsbeziehungen mit den Griechen sehr deutlich zu spüren. Denn die Bewohner von Tarquinii bemühten sich sofort um Kontakte zu Pithecusae und Cumae, den beiden Märkten , die griechische Händler aus Euboia im 8. Jahrhundert v. Chr. gegründet hatten. So können wir zum Beispiel feststellen, daß die nachweislich aus Pithecusae und Cumae stammenden griechischen Vasen mit geometrischen Mustern unmittelbar nach Aufnahme solcher

Handelsbeziehungen in Tarquinii aufgetaucht sind, wo sie sehr bald nachgearbeitet wurden. Ganz offensichtlich war Tarquinii der erste Ort in Etruria, der solche Waren eingeführt hat, und der erste, der selbst bemalte Keramikvasen herstellte.[1]

Tarquinii ist, was die Wohnstätten der Lebenden betrifft, ebenso wie alle anderen etruskischen Städte praktisch vom Erdboden verschwunden. Das erschwert natürlich unsere Aufgabe, seine Zivilisation zu erforschen, ungeheuer. Dennoch gibt es einige spärliche Anhaltspunkte. So können wir zum Beispiel an den Resten der ehemaligen Stadtmauer ablesen, daß die Stadt einen Umfang von 8 Kilometern hatte. Allerdings ist es unwahrscheinlich, daß diese ganze Fläche jemals völlig bebaut gewesen ist. Innerhalb der Umfassungsmauern auf der Anhöhe von La Cività hat man mit Hilfe von Zehntausenden mit dem Computer ausgewerteter magnetischer Messungen den Grundriß der Stadt zur Zeit ihrer größten Ausdehnung, den Verlauf der Hauptstraßen und in manchen Fällen sogar die Grundrisse einzelner Gebäude zu rekonstruieren vermocht. Dabei kamen auch die Reste eines prächtigen Tempels ans Licht.

Im übrigen stehen wir hier vor dem gleichen Problem wie überall in Etruria. Eine Vorstellung vom Leben der einstigen Bewohner dieser Stadt können wir uns allenfalls anhand der Wohnstätten machen, die sie ihren Toten bereitet haben. Da das Leben nach dem Tode in der etruskischen Religion einen zentralen Platz einnahm, haben die Etrusker viel Mühe auf die Ausstattung ihrer Gräber verwendet, und das erleichtert die Arbeit der modernen Forschung. In der zweiten Hälfte des 8. Jahrhunderts v. Chr., als sich die etruskische Zivilisation unter den neuen, aus der Campania kommenden griechischen Einflüssen zu wandeln begann, wurde in Tarquinii wie anderswo die Beisetzung in Urnengräbern nach und nach von der Erdbestattung in Steinsärgen abgelöst. Doch bald nach 700 v. Chr. begannen sich abermals völlig neue Bestattungsformen zu entwickeln. Man baute Grabkammern, die häufig mit monumentalen Erdhügeln bedeckt wurden. Die Grabkammern selbst waren ungeheuer reich ausgestattet, und diese Tendenz verstärkte sich immer mehr. Darin kam vor allem der durch den Handel mit den griechischen Hafenstädten erworbene Wohlstand zum Ausdruck.

Diese neue wirtschaftliche und kulturelle Phase zeigt sich deutlich im Bocchorisgrab. Das Grab trägt diesen Namen, weil sich unter den verschiedenen in der Grabkammer gefundenen Gegenständen einheimischer, griechischer und nahöstlicher Herkunft auch ein gläsernes Salbengefäß befindet, das den Namen des ägyptischen Pharao Bocchoris aus der 24. Dynastie trägt. Bocchoris hatte die Herrschaft von 730 bis 715

v. Chr. inne. Das Gefäß hingegen scheint etwas jüngeren Datums zu sein, und es handelt sich bei ihm offensichtlich um die phönikische Nachbildung eines ägyptischen Originals,[2] das wie so viele andere Importwaren aus dem Nahen Osten zunächst auf die griechischen Märkte in der Campania und von dort nach Etruria gelangt war. Das Grab dürfte demnach etwa auf das Jahr 675 v. Chr. zu datieren sein. Um diese Zeit erreichte der Wohlstand in Tarquinii einen neuen Höhepunkt.

In der folgenden Periode ist auf den Friedhöfen des Monterozziplateaus neben der Stadt Tarquinii eine ungewöhnlich große Zahl von Gräbern angelegt worden. Allein in den letzten zwanzig Jahren hat man mit Hilfe neuer geophysikalischer Techniken hier mehr als 6000 Gräber entdeckt.[3] Es gibt heute noch hundert von Erdhügeln bedeckte Gräber. Vor 150 Jahren waren es mehr als 600. Wie stark der griechische Einfluß in Tarquinii zu dieser Zeit gewesen ist, wird durch die bekannte Geschichte von einem gewissen Demaratos illustriert, der in der ersten Hälfte des 7. Jahrhunderts v. Chr. gelebt hat. Danach wanderte Demaratos mit seiner ganzen Familie aus seiner Vaterstadt Korinth aus, die er verließ, weil er als Aristokrat die politische Tyrannei nicht ertragen wollte. Bevor er sich zu diesem Schritt entschloß, hatte er angeblich durch den sehr einträglichen Handel mit den Etruskern ein Vermögen verdient und ließ sich, nachdem er Griechenland verlassen hatte, in Tarquinii nieder. Die Geschichte gehört jedoch zum Teil ins Reich der Legende, denn Demaratos wurde als Vater des Tarquinius Priscus, eines Königs von Rom, angesehen. Plinius der Ältere berichtet, Demaratos habe drei Künstler oder ›Modelleure‹ (*fictores*) nach Etruria mitgebracht,[4] und damit meint er wahrscheinlich Handwerker, die Gegenstände aus gebranntem Ton herstellten.[5] Einige Fachleute haben ihre Namen Eucheir (der Mann mit den geschickten Händen), Eugrammos (der geschickte Zeichner) und Diopos (der Mann, der die *dioptra*, eine Art Wasserwaage, verwendet) als fiktiv abgelehnt. Sie könnten aber dennoch authentisch sein, denn der Name ›Diopos‹ beispielsweise kommt auch in einer auf Sizilien gefundenen Inschrift aus dem 5. Jahrhundert v. Chr. vor.[6]

Doch ob nun diese Männer wirklich gelebt haben oder nicht, sie illustrieren eine historische Wirklichkeit, denn zu dieser Zeit bedeutender künstlerischer Entwicklungen in Etruria haben Korinth und seine Kolonien auf die Kunst in diesem Lande einen starken und lange anhaltenden Einfluß ausgeübt. So zeigen für das 7. Jahrhundert charakteristische Keramiken in Tarquinii eine deutliche Verwandtschaft mit dem korinthischen Stil. Dieser Stil ist allem Anschein nach durch Händler aus Cumae nach Tarquinii gelangt und wird daher als cumano-etruskisch bezeichnet. Tarquinii ist eine der führenden Städte, die diesen ›orientalisierenden‹ Stil entwickelt haben, der sich so eng an den der weit verbreiteten korinthischen Keramiken anlehnt; hier hat die Nachahmung der korinthischen Keramiken in Etruria vermutlich auch begonnen.

Demaratos soll einen seiner Söhne etruskisch und den anderen griechisch erzogen haben,[7] und Tarquinii ist mit Sicherheit eine Stadt gewesen, in der sich ein Grieche heimisch fühlen konnte. Aus einer ganzen Reihe von Urnengräbern wird ersichtlich, daß die hier bestatteten Toten enge Beziehungen zur griechischen Kultur hatten. Einer von ihnen, Lars Pulenas, heute als ›der Magistrat‹ bezeichnet, sagt von seinem Urgroßvater, er sei ein *Greices,* ein Grieche gewesen. Ein anderer Verstorbener, dessen Asche in einem tarquinischen Grab beigesetzt worden ist, nannte sich Rutile Hipukrates;[8] sein erster Name war also etruskisch, sein zweiter griechisch (Hippokrates). Wahrscheinlich entstammte er einer Mischehe und war der Sohn eines griechischen Vaters und einer etruskischen Mutter.

Rutile Hipukrates soll ebenso wie Demaratos im 7. Jahrhundert v. Chr. gelebt haben. Aber der griechische Einfluß auf die Kunst in Tarquinii kam erst ein Jahrhundert später voll zur Geltung. Das zeigt sich besonders bei den in leuchtenden Farben ausgeführten Wandgemälden in den Grabkammern. Bei etwa 150 der uns bekannten Grabkammern in Tarquinii sind die Innenwände mit Bildern bedeckt, und in zwanzig von ihnen sind sie noch erstaunlich gut erhalten. Sie sind farbenfroh und kraftvoll, in fließenden, klaren Linien komponiert und durch starke grüne, blaue und rote Farbakzente belebt. Unwillkürlich gewinnt man den Eindruck, daß die etruskische Oberschicht ein angenehmes Leben führte und auf ein ebenso angenehmes Leben nach dem Tode hoffte.

Die ersten mit Gemälden geschmückten Kammergräber sind Mitte des 6. Jahrhunderts v. Chr. entstanden. Zu dieser Zeit hatte Tarquinii seine politische Vormachtstellung bereits eingebüßt. Außerdem kamen jetzt viele ionische Flüchtlinge in dieses Gebiet, nachdem ihre Städte unter die Herrschaft der Perser geraten waren.

Die Gemälde in Tarquinii erreichen von allen Wandmalereien in Etruria die höchste künstlerische Qualität. Es hat zwar auch in anderen Teilen des Landes hervorragende Maler gegeben, aber in keiner anderen Stadt finden wir so viele Meisterwerke und eine stetige Weiterentwicklung der Malerei über einen so langen Zeitraum hinweg. Das liegt nicht nur daran, daß diese Kunstwerke als Folge günstiger Umstände erhalten geblieben sind, sondern diese Gemälde stellen eine Kunstform dar, in der Tarquinii sich vor allen anderen Städten auszeichnet – ja, die Wandgemälde sind nicht nur die besten in ganz Etruria, sondern nirgendwo in der antiken Welt findet man ihresgleichen. Selbst in Griechenland gibt es nichts Vergleichbares. Die Gemälde an den Wänden der griechischen Tempel und Häuser sind nicht erhalten, und die Wände in den griechischen Grabkammern wurden nicht bemalt (oder erst viele Jahrhunderte später). Aber die Gemälde in Tarquinii zeigen die charakteristischsten Merkmale der aufeinanderfolgenden griechischen Stilepochen, die die etruskische Kultur in der gleichen Reihenfolge beeinflußt haben – wenn auch mit gewissen Abwandlungen, um dem spezifischen etruskischen Geschmack gerecht zu werden.

Das älteste mit Wandgemälden geschmückte Kammergrab, das man bisher in Tarquinii entdeckt hat, ist wahrscheinlich das *Grab der Stiere* aus der Zeit um 550–540 v. Chr. Man nennt es so, weil auf einem der Gemälde ein Reiter dargestellt ist, der von einem Stier verfolgt wird. Das größte Gemälde befindet sich auf der mittleren Tragsäule und zeigt eine Szene aus dem mythologischen Zyklus des Troianischen Krieges: Achilles lauert hinter einem Brunnen dem jungen troianischen Prinzen Troilos auf, der ihm offenbar ahnungslos entgegenreitet. Pferd und Reiter sind dabei im Profil dargestellt. Es ist dies das einzige mythologische Gemälde, das bisher in Tarquinii zum Vorschein kam. Seine Gestalten und Motive verbreiten eine geheimnisvolle, düstere Atmosphäre. Zwar finden wir hier gewisse korinthische und andere griechische oder nahöstliche Analogien, aber die fremden Einflüsse sind noch nicht vollständig assimiliert und werden von Themen und Motiven aus lokalen Quellen begleitet. Selbst der Natur, die in der griechischen Kunst im allgemeinen vernachlässigt wird, um die Aufmerksamkeit des Betrachters nicht von der menschlichen Gestalt abzulenken, kommt hier besondere Bedeutung zu – auch wenn sie, wie das bei den Etruskern üblich war, stilisiert und nicht ganz naturalistisch wiedergegeben wird. Drei andere Kammern im selben Grab zeigen Gemälde mit erotischen Szenen.

Wie in mehreren anderen Städten folgte nun eine Periode, in der sich die Einflüsse aus Ionia besonders deutlich bemerkbar machten und vollkommen mit den traditionellen etruskischen Formen verschmolzen,[9] obwohl sie andererseits auch jetzt noch als solche erkennbar bleiben. In den Grabkammern erscheinen farbige Tier- und Pflanzenmotive, wie sie auch bei der Dekoration von Tempeln und anderen großen Gebäuden verwendet wurden. In manchen Fällen lassen sich die Wandgemälde in den Grabkammern auf phokische Vorbilder zurückführen. Die Phoker hatten bis zu ihrer Niederlage vor Alalia (im Seegebiet von Korsika) um 535 v. Chr. im westlichen Mittelmeerraum eine bedeutende Rolle gespielt. Ein besonders markantes Beispiel für phokische Einflüsse ist das

Grab der Gaukler mit der Darstellung eines tanzenden jungen Mädchens vor einem unbeweglich daliegenden toten Mann.[10] Zeitlich in dieselbe Periode gehören auch die im gleichen Stil ausgeführten Malereien im *Grab der Auguren*, die eine lange Reihe etruskischer Szenen einleiten, in denen bestimmte Ereignisse zu Ehren des Verstorbenen dargestellt werden. Eines der Gemälde in der Grabkammer zeigt zwei Ringer, denen der Unparteiische das Zeichen zum Beginn des Kampfes gibt. Eine weitere Darstellung zeigt Phersu in der Maske eines Dämons und ihm gegenüber sein Opfer, auf das er einen zähnefletschenden schwarzen Hund hetzt. Das Opfer, mit einer Tierhaut bekleidet, sucht sich verzweifelt mit einem Knüppel zur Wehr zu setzen – allerdings vergeblich, denn es kann den Angreifer nicht erkennen, weil sein Kopf von einem Sack verhüllt ist. Die Szene dürfte esoterische Bedeutung haben und mit der Jenseitsmythologie der Etrusker zusammenhängen.[11] Andere Interpreten wiederum behaupten, daß es sich hier um die Darstellung eines der bei den Etruskern (ebenfalls im Zusammenhang mit dem Totenkult) üblichen grausamen Gladiatorenkämpfe handle, die den gegen wilde Tiere ausgetragenen Schaukämpfen in Rom zum Vorbild dienten. Stil und Ikonographie dieser Gemälde sind zwar stark von der ionischen Kunst beeinflußt, in mancher Hinsicht aber auch den Wandgemälden im mittleren und südlichen Kleinasien sehr ähnlich.[12]

Ein anderes, wenngleich weniger düsteres Meisterwerk läßt ebenfalls den Einfluß ionischer beziehungsweise ostgriechischer Künstler sichtbar werden. Es handelt sich um das *Grab der Löwinnen* (um 540–530 v. Chr.). Hier sind die Wandgemälde nicht, wie bisher üblich, in drei, sondern nur in zwei übereinanderliegenden Reihen angeordnet. Die Darstellungen selbst zeugen von lebendiger, üppiger Kraft. Thema sind jedoch nicht mehr sportliche Wettkämpfe, sondern Feste mit rauschenden Gelagen. Die Hauptszenen sind von Girlanden aus Palmwedeln und Lotusblüten, von spielenden Delphinen und Vögeln umrahmt. Auch das *Grab der Jagd und der Fischerei* (um 530–520 v. Chr.) zeigt Vögel und Delphine, die trotz der Stilisierung nichts von ihrer naturhaften Lebendigkeit eingebüßt haben. Im Mittelpunkt aber steht jene Szene, der das Grab seinen Namen verdankt: Sie stellt einen Jäger und einen Fischer dar, die ihrer Tätigkeit nachgehen, während ein Dritter mit elegantem Sprung ins Wasser taucht. Zwar spürt man auch hier deutlich den ionischen Einfluß, aber die frischen, traumbildähnlichen Seestücke entsprechen ganz dem etruskischen Lebensgefühl.

Im *Grab der Olympiade* (um 520–510 v. Chr. oder etwas später) befindet sich die Darstellung eines Wagenrennens. Als Vorbild diente hier eine ostgriechische Vasenmalerei, wobei die etruskische Version

allerdings wesentlich lebendiger ist. Überhaupt werden Themen, die dem griechischen oder nahöstlichen Kulturkreis entlehnt sind, von den etruskischen Künstlern sehr phantasievoll und originell variiert. Die Figuren, mit denen das *Cardatelli-Grab* ausgemalt ist, sind von einem Künstler entworfen, dessen besondere Begabung darin liegt, alle Bewegungen des menschlichen Körpers äußerst lebendig und mit spielerischer Eleganz wiederzugeben. Im *Grab des Barons* (um 520–510 v. Chr.) wird die ionische Formensprache übertrieben und farbenprächtig stilisiert, und die Gemälde hier erinnern in eigenartiger Weise auch an die Kunst der Hethiter, die im 2. Jahrtausend v. Chr. das mittlere Kleinasien beherrscht hatten.[13]
Das Grab mit zwei Pferden vor einem Streitwagen aus dem 5. Jahrhundert v. Chr. zeigt die ersten Versuche einer naturalistischen Wiedergabe der menschlichen Gestalt. Aus dieser Art der Darstellung läßt sich ersehen, daß nun anstelle des ionischen Einflusses der athenische vorherrschte. Hierbei spielte gewiß die weite Verbreitung der Vasen mit den roten Figuren (deren künstlerischer Einfluß allerdings niemals sehr stark gewesen ist) eine große Rolle. Nicht allein der auf den Wandgemälden behandelten Themen wegen ist das Grab eine Besonderheit, vielmehr zeichnet es sich auch durch die reichen Dekorationen und die subtile Farbgebung aus. Das *Grab des Jägers* zeigt ein ungewöhnlich prächtiges Zelt, das mit Jagdtrophäen geschmückt ist. Es mag überdies ein warnendes Beispiel für alle diejenigen sein, die die etruskische Kunst in eine allzu enge chronologische Ordnung zwängen wollen, denn die Entstehung der einzelnen Gemälde erstreckt sich insgesamt über mehrere Jahrzehnte: So ist das erste Bild in diesem Kammergrab bereits 525 v. Chr. geschaffen worden, das letzte dagegen erst um 480 v. Chr. Die *tomba del triclinio* (um 460–455 v. Chr.) ist in einem flüssigen, eleganten athenischen Stil ausgemalt, und der Künstler hat sich darum bemüht, mit Schattierungen besondere Wirkungen zu erzielen. Aber das *Giustinianigrab* aus der Zeit um 450 v. Chr. entspricht eher den allgemeinen Tendenzen der etruskischen Kunst dieser Periode: Der Maler hat es nämlich hier bewußt vermieden, sich ganz dem reifen Klassizismus der athenischen Kunst anzupassen, und statt dessen auf gewisse archaische Stilelemente zurückgegriffen, mit denen er sehr großzügig umgegangen ist und dabei auch an typisch etruskische Vorstellungen angeknüpft hat. Bisher war man allgemein der Auffassung, es habe nach dieser Zeit einen Bruch oder Verfall in der guten tarquinischen Malerei gegeben (bis zu der Zeit, da diese Kunst in den letzten drei Jahrhunderten v. Chr. wieder auflebte). Neuere Entdeckungen lassen es jedoch geraten erscheinen, diese Ansicht vorsichtig zu revidieren oder wenigstens die

Zeitspanne für den Niedergang der Malerei wesentlich stärker einzugrenzen.[14] Andererseits kann man auch weiterhin nicht darüber hinwegsehen, daß die künstlerische Kraft und Vitalität sowohl in der Malerei wie auf allen anderen Gebieten der Kunst spätestens nach 450 v. Chr. spürbar nachgelassen hat.

Das Territorium von Tarquinii und seine Häfen

Als sich die Dörfer von Tarquinii im 8. Jahrhundert v. Chr. zur Stadt zusammenschlossen, sind augenscheinlich zwei von Tarquinii abhängige Ortschaften sehr bald untergegangen. Das waren Luni am Fluß Mignone und Visentium (Bisenzio) in der Nähe des Bolsenasees, aus dem die Marta entsprang. Visentium, dessen Bronzefunde beweisen, daß der Ort zur tarquinischen Einflußsphäre gehörte,[15] überlebte nur noch wenige Jahre, aber diese Zeit reichte aus, um hier unter dem Einfluß von Pithecusae noch eine gewisse Anzahl von Tonkrügen mit geometrischen Mustern entstehen zu lassen.[16] Des weiteren hat man ein auf Rädern stehendes Weihrauchbecken gefunden, das mit Bronzefiguren des gleichen Stils verziert ist. Eine dieser Figuren stellt eine monströs wirkende Gottheit dar, die aller Wahrscheinlichkeit nach auf vorgriechische Zeit zurückgeht.

In verschiedenen Teilen des von Tarquinii beherrschten Territoriums blieb aber doch eine ganze Reihe größerer Siedlungen oder Städte auch weiterhin bestehen. Einer dieser Orte lag ganz in der Nähe von Tarquinii und trug den Namen Tuscania (etruskisch Tusc[a]na). Er lag an der Stelle, wo die durch das Flußtal der Marta führende Straße eine wichtige, parallel zur Küste verlaufende Handelsstraße, die spätere Via Clodia, kreuzte. Deshalb wurde Tuscania, einige Zeit nachdem Visentium aufgehört hatte zu bestehen, zu einem bedeutenden, unter dem Einfluß von Tarquinii stehenden Umschlagplatz, und zwar wahrscheinlich um das Jahr 600 v. Chr.[17]

Tarquinii war schon seit langer Zeit durch Straßen mit dem im Nordosten gelegenen Clusium verbunden. Nicht nur, daß die Tarquinier ihre Künstler dorthin schickten, auch die tarquinischen Händler benutzten es als Zwischenstation beim Transport ihrer Exportwaren in das Gebiet jenseits des Apennin. Zu vielen anderen etruskischen Städten unterhielten die Tarquinier ebenfalls enge Beziehungen. Dabei kam ihnen natürlich ganz besonders die zentrale Lage ihrer Stadt entgegen, denn ihr verdankten sie große Vorteile bei ihren Handelsreisen in die anderen Teile von Etruria (so nutzten sie beispielsweise auch die Möglichkeiten

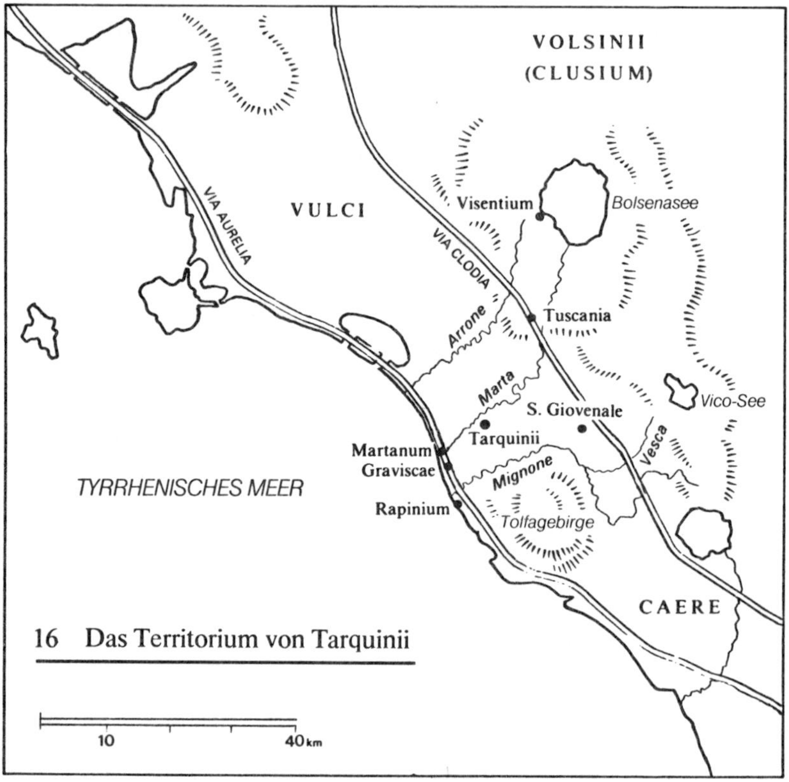

16 Das Territorium von Tarquinii

zur Erhebung einträglicher Straßenzölle an den Punkten, wo sich die Handelsstraßen kreuzten). Noch vor Ende des 8. Jahrhunderts v. Chr. hatte Tarquinii begonnen, auf der Küstenstraße seine Waren nach Vetulonia zu bringen. Zu jener Zeit oder etwas später nahm es enge Beziehungen zu Vulci auf, das an der gleichen Straße lag. Es gibt noch heute Reste der von Tarquinii in südlicher Richtung nach Veii führenden Straßen – und Veii selbst könnte ursprünglich sogar eine von den Tarquiniern gegründete Kolonie gewesen sein.[18] Die Straßenverbindungen in diese Richtung wurden dadurch ermöglicht, daß die Tarquinier die Wälder in ihrem umfangreichen Gebiet stark durchforsteten und das urbar gemachte Gelände teils besiedelten, teils zur Landwirtschaft nutzten. So bauten sie unter anderem Flachs an, den sie zur Herstellung ihrer berühmten Leinengewebe benötigten. Dazu kamen auch einige technische Neuerungen, beispielsweise eine mit der Hand betriebene Getreidemühle.[19]

Doch Tarquinii war für seinen blühenden Handel nicht nur auf die

Verkehrswege zu Lande angewiesen. Denn die Tatsache, daß die Stadt über einen Abschnitt der nach Vetulonia und Vulci führenden Küstenstraße verfügte, erinnert uns daran, daß sie auch in der Nähe des Tyrrhenischen Meeres lag und ein etwa 25 Kilometer langer, wertvoller Küstenstreifen zu ihrem Territorium gehörte. Zur Zeit der Hochblüte von Tarquinii erstreckte sich dieser Küstenstrich vom Mündungsgebiet des Flusses Arrone im Norden (neben der heutigen Riva di Tarquinii) bis über den Mignone hinaus nach Süden. Damit gehörte eine Zeitlang auch das unmittelbar an der Küste gelegene erzreiche Tolfagebirge zu dem Territorium der Stadt.

Damals lag der Meeresspiegel wesentlich höher als heute, und die Küste hatte viel tiefere und besser verwendbare Buchten.[20] So konnte Tarquinii nicht weniger als drei Häfen ausbauen. Jeder dieser Häfen lag nur wenige Kilometer von der Stadt entfernt, so weit wie vergleichsweise etwa Piraios von Athen oder Lechaion und Kenchreai von Korinth. Wir kennen nicht die etruskischen Namen der tarquinischen Häfen, wissen aber, wo sie gelegen haben. Einer von ihnen lag an der Mündung der Marta und hieß später bei den Römern Martanum. Der zweite, etwas weiter südlich gelegen, war Graviscae (Porto Clementino). Der dritte Hafen schließlich war das noch weiter im Süden, an der Mündung der Mignone liegende Rapinium.

Seit Beginn der Urbanisierung von Tarquinii im 8. Jahrhundert v. Chr. muß in diesen Häfen reges Leben geherrscht haben. Schon damals gab es nämlich eine Schiffsverbindung zwischen Tarquinii und der etruskischen Campania (wo man die tarquinische Form des etruskischen Alphabets benutzte).[21] Ab 650 v. Chr. gelangten tarquinische Erzeugnisse nicht nur in die Campania, sondern auch in die Ägäis und später sogar nach Nordafrika.[22] ›Die Etrusker‹ – wie sie die antiken Schriftsteller sehr unspezifisch nennen – verfügten schon im 8. Jahrhundert v. Chr. über eine Seemacht, und die erste Flotte, mit der diese Macht begründet wurde, muß der ältesten Küstenstadt gehört haben, die es zu Einfluß und Wohlstand gebracht hatte, nämlich Tarquinii.

Es läßt sich heute nicht mehr feststellen, welchen Hafen die tarquinische Flotte vorzugsweise benutzt hat. Vielleicht ist es Martanum gewesen, das der Stadt am nächsten lag. Die wenigen Reste der Hafenanlagen, die es heute noch gibt, stammen allerdings aus römischer Zeit. Neuere Ausgrabungen haben indessen ergeben, daß Graviscae als Hafen von Tarquinii schon vor Ende des 7. Jahrhunderts v. Chr. benutzt worden ist. Die Anlagen nahmen einen weiten, etwa rechtwinkligen Raum ein. An den nahe gelegenen Berghängen, die zum Plateau von Tarquinii hinaufführten, stieß man zudem auf sorgfältig bearbeitete, in den Fels

gehauene Grabkammern. Wie man heute weiß, lag jedoch die eigentliche Bedeutung von Graviscae darin, daß es hier eine griechische Handelsniederlassung gab, die sich schon für die Zeit um 600 v. Chr. nachweisen läßt.[23] Man hat hier zwei Brunnen, einige Pfahllöcher für schilfgedeckte Hütten sowie ein kleines, der Aphrodite (der etruskischen Turan und der römischen Venus) geweihtes Heiligtum entdeckt. Es scheint sich hierbei um den ältesten aus festem Material errichteten Sakralbau an dieser Stelle gehandelt zu haben. Rund vierzig Jahre nach seiner Entstehung wurden hier auch Hera (Uni, Iuno) und Demeter (Ceres) verehrt. Mehr als die Hälfte der fünfzig griechischen Inschriften, die man in Graviscae gefunden hat, sind der Hera gewidmet. Zu weiteren Entdeckungen gehören mehr als 5000 Lampen, die beim Kult der Demeter verwendet wurden. Eine Lampe in der Form eines Bootes kam aus Sardinien und gilt als Beweis für die Kontakte mit dieser Insel.[24]
Die meisten Griechen in Graviscae scheinen Ende des 6. Jahrhunderts v. Chr. aus den griechischen Kolonien an der kleinasiatischen Küste hierhergekommen zu sein, also zu jener Zeit, als sich der persische Druck in dieser Region immer mehr verstärkte. Von diesen griechischen Flüchtlingen dürfte wiederum die Mehrzahl aus Samos stammen. Tarquinii erlaubte ihnen, in Graviscae eine Handelsniederlassung einzurichten – so wie auch die ägyptischen Pharaonen Griechen die Genehmigung erteilt hatten, Märkte in Naukratis (Nabira) und anderswo zu gründen.[25] Solche Märkte ließen sich mit jenen griechischen (euboiischen) Handelszentren vergleichen, die schon früher in Al Mina und Tell Sukas an der syrischen Küste eingerichtet worden waren, obwohl die Griechen in Naukratis, anders als in ihren sonstigen Handelsniederlassungen, vom gastgebenden Staat offenbar besondere Vorrechte eingeräumt bekamen. Ähnlich könnte es auch in Graviscae gewesen sein. Man nimmt an, daß in früherer Zeit Staat und Gesellschaft in Tarquinii Angehörigen fremder Volksgruppen noch wesentlich offener gegenübergestanden hatten – so wie etwa im Falle des korinthischen Einwanderers Demaratos. Graviscae zeugt dafür, daß nun in Tarquinii eine neue, geschlossenere Gesellschaft entstanden war, die es lieber sah, wenn sich die Fremden in besonderen und nur für sie bestimmten Marktbezirken aufhielten.
Später, gegen Ende des 6. Jahrhunderts v. Chr., kamen neben den Ioniern auch Angehörige anderer griechischer Seemächte nach Graviscae. Auch Athener müssen darunter gewesen sein, denn man hat im Hafen von Graviscae athenische Vasen gefunden. Desgleichen gehörten dazu Bewohner aus dem mit Athen rivalisierenden Inselstaat Aigina. Daß Griechen aus Aigina hierhergekommen sind, beweist eine Inschrift,

die man vor dem Heiligtum der Hera gefunden hat (die einzige in Stein gehauene griechische Inschrift, die bis heute auf etruskischem Boden entdeckt worden ist). Dort heißt es: »Ich gehöre dem Apollon von Aigina. Sostratos hat mich gemacht.« Die Insel Aigina war gegen Ende des 6. Jahrhunderts v. Chr. eine bedeutende Seemacht, als ihr lange dauernder und schließlich erfolgloser Kampf gegen die Athener begann. In Graviscae haben die Händler aus Aigina vermutlich ihren eigenen Bezirk gehabt, den sie allerdings mit den Ioniern teilen mußten – so etwa wie sie auch das Hauptheiligtum in Naukratis mit anderen teilten. Die vorhin erwähnte Inschrift bezieht sich auf eine Statue des Apollon, die ein Händler mit Namen Sostratos dem Heiligtum gestiftet hat. Vielleicht ist es derselbe wohlhabende Kaufmann aus Aigina, den Herodot erwähnt und der mit Tartessus in Südspanien gute Handelsbeziehungen unterhielt. Sostratos könnte aber auch ein Verwandter dieses Mannes gewesen sein.[26]

Als sich die Beziehungen zwischen Etruria und dem griechischen Süditalien nach 480 v. Chr. deutlich verschlechterten, scheinen die Griechen Graviscae plötzlich verlassen zu haben. Ihr Heiligtum wurde jedenfalls umgebaut und in einen etruskischen Tempel verwandelt.

Römische Monarchen aus Tarquinii

Tarquinii verfolgte eine ehrgeizige Handelspolitik, die durch gute Land- und Seeverbindungen begünstigt wurde, und so war es nur natürlich, daß die Tarquinier auf der Suche nach neuen Märkten weit über die Grenzen von Etruria nach Süden und Norden hinausgingen. Das wird auch durch den übertriebenen chauvinistischen Bericht illustriert, der legendäre Gründer von Tarquinii, Tarchon, habe die gesamten etruskischen Handelsniederlassungen in der Poebene eingerichtet. Der Name des in Latium gelegenen Ortes Tarracina (Terracina) läßt uns vermuten, daß es sich auch hier um eine tarquinische Gründung handelt. Doch viel wichtiger ist es, daß die Tarquinier wahrscheinlich in Rom eine Dynastie begründet haben – eine Dynastie, unter deren Herrschaft die Stadt etruskanisiert wurde.

Der erfolgreiche Geschäftsmann Demaratos, der kurz vor Mitte des 7. Jahrhunderts v. Chr. als politischer Flüchtling aus Korinth nach Tarquinii ausgewandert war, heiratete, wie der römische Kaiser Claudius berichtet,[27] eine adelige Tarquinierin und hatte zwei Söhne mit ihr. Der eine dieser Söhne, Lucumo, ging diesem Bericht zufolge nach dem Tode seines Vaters Demaratos mit seinen Gefolgsleuten nach Rom und gewann dort viele Freunde. Zu ihnen gehörte auch der römische König Ancus Marcius, dem Lucumo nach der Überlieferung 616 v. Chr. auf dem römischen Thron folgte. Dabei wurde er besonders von seiner tatkräftigen Gattin Tanaquil unterstützt. Später führte er den Namen Lucius Tarquinius Priscus, der ›erste‹ oder ›ältere‹ Tarquinius. Man nimmt an, daß er und sein Sohn oder Enkel Lucius Tarquinius Superbus, ›der Stolze‹ (zusammen mit einem zweiten Herrscher, Servius Tullius, über den später noch mehr zu berichten sein wird), insgesamt länger als hundert Jahre in Rom regiert haben. Schließlich wurde Tarquinius Superbus aus Rom vertrieben und die Republik eingeführt.

Die uns überlieferte Geschichte enthält legendäre und unglaubhafte Einzelheiten. So erscheint es zum Beispiel zweifelhaft, daß Demaratos der Vater eines römischen Königs gewesen sein soll. Die Berichte über seine Auswanderung nach Tarquinii und die seines Sohnes nach Rom klingen einander viel zu ähnlich, als daß sie der historischen Wahrheit entsprechen könnten. Zweitens hat der erste Name des Tarquinius Priscus, Lucumo, nur die Bedeutung ›Häuptling‹, und die Verfasser der Legende scheinen ihn gewählt zu haben, um seiner Übersiedlung nach Rom und seinem Herrschaftsanspruch dort mehr Glaubhaftigkeit zu verleihen.[28] Außerdem dürfte es sich beim Namenswechsel des ›Lucius‹ mit ziemlicher Sicherheit um eine Erfindung handeln, beruhend auf einer falschen etymologischen Umdeutung des Namens Lucumo.[29] Daß es zwei tarquinische Könige gegeben haben soll, klingt gleichfalls verdächtig. Man hat den ersten der beiden als ›gut‹ und den anderen als ›böse‹ bezeichnet, um zu erklären, daß Rom auf der einen Seite seiner etruskischen Dynastie bedeutende kulturelle Impulse verdankte, diese Dynastie jedoch andererseits verurteilt werden mußte, weil sie von der glorreichen Republik gestürzt wurde. Es ist auch keineswegs sicher, daß die Übernahme der Macht durch Tarquinius Priscus so friedlich erfolgte, wie es die Überlieferung behauptet. Solche Berichte sind ganz offensichtlich erfunden worden, weil man den Eindruck vermeiden wollte, Rom sei jemals von äußeren Feinden erobert worden.

Trotzdem dürfen wir annehmen, daß es in Rom wirklich eine etruskische Dynastie gegeben hat. Wenn wir ihren Beginn etwa auf das Jahr 616 v. Chr. ansetzen, dann entspricht das den archäologischen Entdeckungen in Rom, das um diese Zeit unter etruskischen Einfluß kam und urbanisiert wurde. Daß die ersten etruskischen Herrscher in Rom aus Tarquinii gekommen sein könnten, ist durchaus wahrscheinlich, vor allem deshalb, weil nach einer anderen Tradition auch die königlichen Insignien von dort stammten.[30] Einige Historiker behaupten allerdings, sie seien aus Caere gekommen, wo man ein Grab (aus einer späteren

Zeit) entdeckt hat, dessen Inschriften besagen, es habe der Familie der Tarchna oder Tarquinii gehört.[31] Nach seiner Absetzung soll Tarquinius Superbus mit seinen Söhnen nach Caere geflohen sein. Doch die Tarchna waren ein großer Clan, dessen Angehörige nicht nur in Caere, sondern auch in einigen anderen etruskischen Städten lebten, und zu diesen Städten gehörte auch Tarquinii selbst. Das Grab in Caere ist daher kein schlüssiger Beweis dafür, daß die Tarquinier nicht aus Tarquinii stammten, das auch nach der Zeit, als Caere und Vulci sich zu mächtigen Rivalen entwickelten, ein bedeutender Ort blieb, wie seine Wandgemälde deutlich erkennen lassen.

Livius und Dionysios von Halikarnassos berichten, Tarquinius Priscus habe sich entschlossen, Tarquinii zu verlassen, weil die dortige Bevölkerung ihn als Außenseiter angesehen, verachtet und ihm die Bürgerrechte abgesprochen habe. Daß er gerade Rom als Exil wählte, hängt in erster Linie damit zusammen, daß Rom ein junges und aufstrebendes Gemeinwesen war, das bereitwillig Fremde aufnahm.[32] Das sind plausible Gründe, und sie sagen auch einiges über die bisher kaum erforschten Bevölkerungsbewegungen zu jener Zeit aus. Tarquinius Priscus ist wahrscheinlich einer jener etruskischen Abenteurer gewesen, die außerhalb ihrer Vaterstadt eine neue Heimat gefunden und dort eine führende Stellung errungen haben. Was nun die angebliche Herrschsucht der Königin Tanaquil betrifft, so können wir auf das legendäre Beiwerk verzichten, mit dem griechische und römische Schriftsteller auf die nach ihrer Ansicht übertriebene Emanzipation der etruskischen Frauen hinweisen wollten. Wir dürfen aber doch annehmen, daß sie eine führende Rolle gespielt hat, denn die etruskischen Frauen der Oberschicht nahmen im allgemeinen stärkeren Anteil am öffentlichen Leben als die Frauen im Rom der Frühzeit.

Die Geschichte des Niedergangs von Tarquinii

Über die Geschichte Tarquiniis in den letzten Jahren seines Bestehens finden wir manche aufschlußreichen Aussagen in einer Reihe lateinischer Inschriften aus dem 1. Jahrhundert n. Chr., die man dort entdeckt hat.[33] Ebenso wie gleichartige Dokumente aus anderen etruskischen Städten sind es *elogia*, kurze Darstellungen des Lebenslaufs von Beamten oder militärischen Befehlshabern auf den Sockeln der ihnen zu Ehren errichteten Statuen oder Monumente. Solche *elogia* enthalten wahrscheinlich in den meisten Fällen Material aus Familiengeschichten und Archiven. – Die in Tarquinii gefundenen *elogia* ehren die dort ansässige

Familie der Spurinna. Zwar mag manches aus verständlichen Gründen ein wenig übertrieben klingen, aber es läßt sich nicht bestreiten, daß diese Inschriften historisch recht zuverlässig sind. Dennoch ist es ziemlich schwierig, Genaueres über die Abstammung dieser Männer und ihr Wirken innerhalb des Gemeinwesens in Erfahrung zu bringen. So ist zum Beispiel davon die Rede, daß der ›Praetor‹ Velthur Spurinna I. eine Armee nach Sizilien geführt habe und damit der erste etruskische Heerführer gewesen sei, der mit seinen Soldaten eine über das Meer führende Operation vornahm. Für seinen Sieg verlieh man ihm einen Schild und eine goldene Krone. Man hat verschiedene Versuche angestellt, dieses Unternehmen historisch zu fixieren. Am glaubhaftesten erscheinen die drei folgenden Daten:

1) Es läßt sich nachweisen, daß es um 474 v. Chr. im südlichen tyrrhenischen Meer eine etruskische Flotte gegeben hat.
2) Um 413 v. Chr. haben sich etruskische Schiffe an einer Expedition der Athener gegen Syrakus beteiligt.
3) Um 307 v. Chr. unterstützten achtzehn etruskische Schiffe und tausend Mann Syrakus gegen Karthago.

Es steht aber bis heute nicht fest, welches dieser Ereignisse hier gemeint ist. Was uns jedoch interessiert, ist nicht so sehr die Festlegung des genauen Zeitpunkts wie die Tatsache, daß diese Inschrift von einer Überlieferung des Stadtstaates Tarquinii und seiner Bürger berichtet. Es gibt keinen Grund für die Annahme, daß das erwähnte Unternehmen ein allgemein ›etruskisches‹ gewesen sei. Vielmehr handelte es sich um die Expedition einer von Tarquinii ausgesandten Flotte, wobei die Möglichkeit einer Beteiligung anderer, verbündeter Städte nicht ganz ausgeschlossen werden darf, auch wenn das nicht ausdrücklich erwähnt wird. Die etruskische ›Liga‹ jedenfalls kommt als Initiator eines solchen Unternehmens nicht in Frage, da sie viel zu schwach und amorph war. Auch das ›Praetorenamt‹ des Velthur Spurinna war nicht das eines Beamten der Liga, sondern des Stadtstaats von Tarquinii.

Auf einer Inschrift, die nur fragmentarisch erhalten ist, berichtet derselbe Beamte, er habe eine Armee gegen Caere geführt, und wiederum auf einer anderen, ebenso schwer zu entziffernden Inschrift heißt es, daß Aulus Spurinna, der Sohn des Velthur, den König von Caere, Orgolnius, abgesetzt habe und mit Waffengewalt gegen die etruskische Stadt Arretium (Arezzo) vorgegangen sei. Ob sich das im 5. oder 4. Jahrhundert v. Chr. zugetragen hat, wissen wir nicht. Im letzteren Fall kann es sich dabei um soziale Unruhen gehandelt haben, zu denen es um 358–351 v. Chr. in diesen Städten gekommen ist.[34] Aber das Entscheidende ist auch hier, daß die etruskischen Stadtstaaten oder ihre Bürger durchaus nicht immer als ›die Etrusker‹ und Mitglieder einer Liga harmonisch zusammenwirkten, sondern sehr wohl in der Lage waren, gegeneinander Krieg zu führen und dabei in das Gebiet anderer etruskischer Stadtstaaten einzudringen. In der Inschrift, von der wir zuletzt berichteten, heißt es weiter, daß Aulus Spurinna auch neun ›latinische Städte‹ eingenommen habe. Das waren entweder Städte in Latium oder Orte in den mehr oder weniger unter etruskischem Einfluß stehenden Grenzgebieten.[35] Während des entscheidenden Krieges, den Rom gegen Veii führte, fielen die Tarquinier mindestens einmal in römisches Gebiet ein. Doch ebenso wie die anderen etruskischen Städte machten sie dabei den verhängnisvollen Fehler, ihre Landsleute aus Veii nicht energisch genug zu unterstützen. Nach der katastrophalen Niederlage Veiis um 396 v. Chr. richtete sich der Unwillen Roms gegen Tarquinii, denn es waren die Tarquinier, die jetzt die führende Rolle in Etruria hätten übernehmen können. 358 v. Chr. kam es zum Kriege, der sieben Jahre dauerte.[36] Die Römer beschuldigten dabei ihre etruskischen Gegner, Kriegsgefangene mißhandelt und damit die schon vorher gegen sie erhobene Beschuldigung besonderer Grausamkeit bestätigt zu haben. Nach einer Pause von fast vierzig Jahren brachen die Feindseligkeiten 314 v. Chr. erneut aus. Drei Jahre später errang Rom den entscheidenden Sieg und erlegte den Tarquiniern harte Friedensbedingungen auf. Es war ein Grundsatz römischer Politik, mit solchen etruskischen Städten ›Verträge‹ oder auch – je nach den Umständen – einen Waffenstillstand abzuschließen, was den Römern die größten Vorteile brachte.[37] Aber Tarquinii hatte aufgehört, eine unabhängige politische Macht zu sein.

9. Caere

Reichtum und Kunst

Das strategisch günstig zwischen der Küstenebene und der parallel dazu verlaufenden Bergkette gelegene Caere scheint wie viele andere Städte durch den Zusammenschluß einer Gruppe benachbarter Dörfer entstanden zu sein. Diese Entwicklung vollzog sich nur wenig später als bei seinem nordwestlichen Nachbarn Tarquinii. Daß in Caere dieser Prozeß schon so früh begonnen hat, läßt uns vermuten, daß die Bewohner dieser Dörfer an der Ausbeutung der Erze im Tolfagebirge beteiligt waren. Zunächst sind die Minen wahrscheinlich ausschließlich im Besitz der

Tarquinier gewesen (siehe 2. Kapitel). Doch sehr bald, vielleicht gegen Ende des 7. Jahrhunderts v. Chr., scheint Caere einen großen Teil der Erzgruben selbst in Besitz genommen zu haben. Als Folge der lebhaften Nachfrage aus dem Ausland nach diesen Metallen wurde die Stadt später zu einer der reichsten im ganzen Mittelmeerraum. Wir erkennen eine ununterbrochene Kontinuität bei der Herstellung von Artefakten von der Zeit vor der Gründung der Stadt bis nach dem Zusammenschluß der hier gelegenen Dörfer zur Stadt Caere, und das gilt besonders für die hier erzeugten Keramiken. Aber nachdem es den Bürgern von Caere gelungen war, einen großen Teil der Erzgruben im Tolfagebirge an sich zu bringen, kam es zu radikalen und sensationellen neuen Entwicklungen, die durch den ungeheuren Reichtum der herrschenden Schicht ermöglicht wurden.

Ebenso wie in Tarquinii läßt sich anhand der Funde im ehemaligen Wohngebiet der Stadt kaum etwas über den Ablauf der historischen Ereignisse aussagen, denn von der Siedlung selbst ist so gut wie nichts erhalten. Dennoch – einige bescheidene Erkenntnisse konnten mittlerweile gewonnen werden. So darf es beispielsweise als gesichert gelten, daß die Stadt schließlich eine Fläche von etwa 1520 Hektar einnahm und ungefähr 25.000 Einwohner hatte. Wir kennen zwar den Grundriß nicht im einzelnen, doch immerhin hat man inzwischen die Reste von wenigstens acht Tempeln und heiligen Bezirken gefunden, und an einigen Stellen sind die Ausgrabungen bereits im Gange. Eines der Heiligtümer hatte etwas mit dem Kult der Heilquellen zu tun, die an einem in der Nähe gelegenen Berghang entsprangen und bei der ausgezeichneten Wasserversorgung von Caere eine besondere Rolle spielten.

Doch wie so oft in Etruria müssen wir uns auch hier die Gräber und weniger die Wohnstätten der Lebenden ansehen, um zu erfahren, welche Auswirkungen die Urbanisierung auf den Lebensstandard der Bürger dieser Stadt gehabt hat. Die Nekropole von Sorbo westlich der Stadt hatte schon vor dem Zusammenschluß der Dörfer als Begräbnisstätte gedient. Damals waren die Toten verbrannt und in Urnen beigesetzt worden, aber nach der Gründung von Caere ging man zur Erdbestattung über. Eines der am reichsten ausgestatteten Gräber ist das nach seinen Entdeckern benannte *Regolini-Galassi-Grab* aus der Zeit um die Mitte des 7. Jahrhunderts v. Chr. Ein langer Korridor, flankiert von zwei elliptischen Kammern, führt in die eigentliche Grabkammer, die aus zwei rechtwinkligen Räumen mit falschen Gewölben besteht – das heißt, die Gewölbe werden von übereinanderliegenden, stufenförmig nach oben führenden Steinplatten gebildet, die sich immer mehr annähern, um sich schließlich am höchsten Punkt in der Mitte zu treffen.

Außer diesen falschen Gewölben finden wir im Regolini-Galassi-Grab Beispiele für das gleiche Verfahren auf einer quadratischen oder runden Basis, also die nach ähnlichen Prinzipien konstruierte ›falsche Kuppel‹, wie wir sie aus der Zeit vor Gründung der Stadt im weiter nördlich gelegenen Populonia antreffen. Die ›falschen Kuppeln‹ sind ebenso wie die ›falschen Gewölbe‹ mykenischen Ursprungs. Die Grabgewölbe und Kuppeln im Regolini-Galassi-Grab erinnern uns an Konstruktionen in der mykenischen Festung Tiryns. Aller Wahrscheinlichkeit nach kam diese Art des Gewölbe- beziehungsweise Kuppelbaus über Sardinien ins nördliche Etruria und von da schließlich in den Süden des Landes.

Aber das Interessanteste an dem Regolini-Galassi-Grab sind die Grabbeigaben. Die Anlage blieb von Grabräubern verschont, denn der ursprüngliche Grabhügel ist schon sehr bald von einem zweiten, größeren überdeckt worden; deshalb ließ sich seine Lage später nicht mehr genau feststellen. So ist der ganze Inhalt noch vollständig und kann heute im Museo Gregoriano Etrusco im Vatikan besichtigt werden. Die Beigaben bestehen unter anderem aus Goldgeschmeide von unvergleichlicher Pracht; es gehört zu einer Frau, die in der inneren Grabkammer beigesetzt war und als Gattin oder Tochter des Larth bezeichnet wird. Ihren Bedarf an Gold deckten die Bewohner Caeres auf den griechischen Märkten in Cumae und Pithecusae, und zwar mit dem Gewinn, den sie beim Verkauf ihres Kupfers und Eisens erzielt hatten. Sie beauftragten griechische Goldschmiede, einen Teil des Goldes für sie gleich an Ort und Stelle zu verarbeiten, obwohl sie zweifellos auch ihre eigenen Metallhandwerker hatten, deren Stil sich allerdings kaum vom griechischen unterscheiden läßt.

Die Details an diesen goldenen Armbändern, Broschen, Spangen und Ohrringen waren ebenfalls griechisch oder ähnlichen Erzeugnissen aus dem Nahen Osten nachempfunden, aber die Formen und Muster sowie die großen Dimensionen der einzelnen Stücke waren etruskisch oder wenigstens dem etruskischen Geschmack angepaßt. Das galt auch für die sehr häufig angewandte Granulations- und Treibtechnik. Auch diese Techniken waren in Griechenland und im Nahen Osten nicht unbekannt, aber die Etrusker hatten sie unglaublich verfeinert. Die im Regolini-Galassi-Grab gefundenen Gegenstände zeigen deutlich, daß die etruskische Goldschmiedekunst ein bisher nicht dagewesenes Niveau erreicht hatte. Es gibt sogar einzelne Verfahrensgeheimnisse, hinter die man bis heute nicht gekommen ist. So ist etwa die Frage, wie die winzigen Goldkügelchen beim Granulieren auf der Goldplatte befestigt wurden, nicht so vollständig beantwortet, wie manche es schon glaubten.[1]

Höchstwahrscheinlich ist das etruskische Alphabet über Caere ins Land gekommen. Es hat sich aus den griechischen Lettern entwickelt, die in der griechischen Handelsniederlassung und späteren Kolonie Cumae in der Campania verwendet wurden, und in Cumae ist auch das etruskische Alphabet entstanden. Zunächst haben etruskische Kaufleute diese Schrift benutzt, aber später sind auch viele religiöse Texte darin abgefaßt worden. Den Etruskern haben wir es zu verdanken, daß Mittel- und Norditalien und schließlich ganz Westeuropa eine einheitliche Schriftsprache bekommen haben. Die Meinungen darüber, welches die ältesten etruskischen Inschriften sind und woher sie stammen, wechseln ständig, denn es werden laufend neue Entdeckungen gemacht. Gegenwärtig hält man Inschriften auf einem im Regolini-Galassi-Grab gefundenen silbernen Gefäß sowie eine andere, die in Tarquinii zum Vorschein kam, für die ältesten. In beiden Fällen stammen die Inschriften aus den ersten Jahren des 7. Jahrhunderts v. Chr. Noch demselben Jahrhundert gehören die von den anderen leicht zu unterscheidenden etruskischen Schriftzeichen aus Veii und Marsiliana an.

Caere und Veii waren offenbar die ersten etruskischen Städte, die das griechische Alphabet übernahmen und daraus die etruskischen Schriftzeichen entwickelten, denn diese beiden Städte lagen Cumae am nächsten (auch wenn die ältesten bisher hier gefundenen Inschriften aus einer etwas späteren Zeit stammen sollten als die tarquinischen). Aber Caere hat als Vermittler wahrscheinlich die wichtigere Rolle gespielt. Zu der Zeit, da dieses Alphabet in Etruria entstand, unterhielt Caere viel engere Beziehungen zu den Griechen in der Campania als das mehr auf sich selbst beschränkte Veii. Auch als Handelszentrum übertraf es Veii an Bedeutung. Caere war eine von jenen etruskischen Städten, die die Griechen gegründet hatten. Auf den Inschriften aus Caere finden wir häufig die Namen von Griechen oder Personen, die griechisch-etruskischen Mischehen entsprossen waren. In diesem Personenkreis haben wir auch die Leute zu suchen, die die etruskischen Schreiber mit dem griechisch-cumaeischen Alphabet bekannt machten – Leute wie beispielsweise Lars Telekles, der Ende des 7. Jahrhunderts v. Chr. gelebt hat.

Um diese Zeit nahm der Handel mit griechischen Importwaren einen beachtlichen Aufschwung, und immer mehr Griechen besuchten das Land. Einer dieser Griechen war der bedeutende Töpfer und Keramiker Aristonothos, der die von ihm gefertigten Vasen mit seinem Namen gezeichnet hat. Sie sind mit größter Wahrscheinlichkeit in Caere hergestellt und nicht importiert worden. Der Name Aristonothos bedeutet eigentlich ›der beste Sohn eines Bastards‹ (eines Nichtbürgers) und bringt eine gewisse Selbstironie dieses Einwanderers zum Ausdruck.[2]

Ein sehr schönes, von ihm hergestelltes und in Caere gefundenes Mischgefäß zeigt eine Seeschlacht, in der sich griechische und caeretanische Schiffe ein Gefecht liefern.[3] Stil und Form der von Aristonothos hergestellten Keramiken lassen vermuten, daß er aus Euboia stammte, jener Insel, von der auch die Kolonisten kamen, die sich auf Pithecusae und in Cumae niederließen. Aus der für diesen Künstler charakteristischen Technik glaubte man auch schließen zu können, daß Aristonothos, nachdem er Euboia verlassen hatte, zunächst in Griechenland und dann im griechischen Süditalien – vielleicht in Cumae – gearbeitet hat, bevor er sich in Caere niederließ. Im letzten Viertel des 7. Jahrhunderts v. Chr. hat man in Caere auch sehr schöne Keramiken im korinthischen Stil hergestellt. Einige der Männer mit griechisch-etruskischen Doppelnamen, die während dieser Jahre in Caere gelebt haben, stammen wahrscheinlich aus Korinth und könnten Töpfer gewesen sein. Doch sehr bald übernahmen die Etrusker selbst die Herstellung von Keramiken, behielten aber die griechischen Stilelemente bei.

In ähnlicher Weise haben die etruskischen Handwerker auch die Erzeugung der schwarzen Buccherokeramiken um 650 v. Chr. von griechischen Einwanderern übernommen. Der irreführende moderne Name *bucchero* ist von dem spanischen Wort *bucaro* abgeleitet, das für die präkolumbischen südamerikanischen Keramiken verwendet wird. Zur Herstellung der etruskischen Buccherokeramiken benutzte man besonders feinen, nach Möglichkeit manganhaltigen Ton. Die Gefäße wurden auf der Töpferscheibe gedreht und in einem langsamen Feuer so gebrannt, daß nur wenig Sauerstoff mit dem Brenngut in Berührung kam. Auf diese Weise erreichte man, daß die fertiggebrannten Keramiken anstatt der roten eine schwarze Färbung erhielten. Gefäße dieser Art wurden zunächst offenbar ausschließlich für die Ausstattung der Gräber verwendet, doch später stellte man in der gleichen Technik auch Haushaltswaren her, die zum Teil für den Export bestimmt waren. Es handelt sich hierbei um eine Weiterentwicklung der griechischen und aus dem Nahen Osten eingeführten Keramiken, besonders aber auch der frühen, nicht glasierten (*impasto*) Keramiken aus Caere. Doch nun schufen die Künstler mit der Verwandlung ihrer ursprünglichen Modelle etwas völlig Neues und Einmaliges.[4] Die ersten Entwürfe stammten hier wahrscheinlich von griechischen Handwerkern, die aber schon sehr bald etruskische Nachahmer fanden. Die Töpfer in Caere spezialisierten sich auf die dünnwandigen Buccheros, während im nördlichen Etruria und besonders in Clusium schwerere Gefäße hergestellt wurden. Die schönsten Stücke aus Caere zeichnen sich durch ihre glatten, harmonischen Konturen aus. Diese eleganten Keramiken waren billiger als Bronzegefäße, wenngleich ihre Form in mancher Hinsicht an solche erinnert und diese ihnen anscheinend auch zum Vorbild gedient haben.[5] Über Caere sind vermutlich auch die großen Bronzegefäße im östlichen Stil aus Pithecusae und Cumae nach Etruria gekommen, und es war nicht schwer, sie hier nachzuarbeiten, denn in Caere verfügte man jetzt über die Erze aus dem Tolfagebirge.

Wie reich die Oberschicht in Caere durch den Metallhandel geworden war, zeigt sich besonders deutlich in der Banditaccia-Nekropole nordwestlich der Stadt, dem bekanntesten, eindrucksvollsten und größten Gräberfeld in dieser Gegend. Man hatte die Toten schon vor der Urbanisierung hier beigesetzt, aber in den Jahren kurz vor 600 v. Chr. wurde die Nekropole erweitert und hatte eine größere Bedeutung als die von Sorbo und andere große Friedhöfe aus älterer Zeit, die näher an der Stadt gelegen waren. Vielleicht spielte dabei auch die Tatsache eine Rolle, daß es hier das für den Bau der Grabkammern geeignete vulkanische Gestein gab. George Dennis bezeichnet die Banditaccia-Nekropole als einen »einzigartigen Ort – eine riesige, von Maulwurfshügeln bedeckte Fläche«.

Aber das ist kein sehr guter Vergleich, denn hier wird uns wie kaum an einer anderen Stelle die etruskische Zivilisation in einzigartiger Weise nahegebracht. Es gibt hier zahlreiche über Steinsockeln und Felsplatten aufgeschüttete Erdhügel, von denen einige einen Umfang von fast 35 Metern haben. Unter diesen Erdhügeln liegen jeweils mehrere aus dem Fels gehauene Grabkammern. In Caere wurde die Bestattung in zylindrischen Gruben und in Gräben noch eine Zeitlang fortgesetzt, während man andererseits bereits damit begonnen hatte, diese neuen Kammergräber zu bauen. Erst im 7. Jahrhundert war die Beisetzung in den von Erdhügeln bedeckten Grabanlagen die häufigste Bestattungsform. Es hatte solche Gräber schon in der Zeit vor den Städtegründungen in Südetruria gegeben. Aber die Mausoleen von Caere sind ungleich größer und komplexer als alles, was man bis dahin geschaffen hatte.

Das sehr große *Grab der Schilde und Throne* enthält drei Kammern aus verschiedenen Perioden von Ende des 7. bis Anfang des 6. Jahrhunderts v. Chr., und das *Giuseppe Moretti-Grab* besteht sogar aus nicht weniger als zehn Grabkammern. Die Anordnung der Gräber in Caere spiegelt die Beziehungen der Stadt zu den umliegenden Ortschaften, denn hier sind die kleineren Gräber jeweils geometrisch im Umkreis eines größeren angeordnet. Mitten durch das Gräberfeld muß ursprünglich eine eindrucksvolle Allee geführt haben, von der aus der Friedhof nach beiden Richtungen hin symmetrisch angelegt wurde. Auch in den einzelnen Gräbern erkennen wir deutlich bestimmte architektonische Grundmu-

ster. Ihre Maße und Proportionen zeugen von verfeinertem Geschmack und großem Können. Vor allem spiegeln sie die religiöse Überzeugung, daß man den Toten Wohnstätten bereiten müsse, in denen sie die gleichen Annehmlichkeiten genießen können wie zu ihren Lebzeiten.
Die Gräber sind zwar keine exakten Nachbildungen der Häuser der Lebenden, doch finden wir bei ihnen gewisse Übereinstimmungen mit einzelnen Innenräumen aus einer Zeit, als die Wohnhäuser offenbar luxuriöser ausgestattet wurden. So ist beispielsweise das *Grab mit dem Strohdach* – das erste, das um die Mitte des 7. Jahrhunderts v. Chr. aus dem vulkanischen Gestein gehauen wurde – die Nachbildung einer mit Stroh gedeckten Hütte aus der Zeit vor der Städtegründung. Das *Grab des Schiffes* und auch das *Grab der gemalten Löwen* – eines der frühesten etruskischen Gräber, deren Kammern ausgemalt worden sind – imitieren die Holz- und Balkenkonstruktionen von Privathäusern (um 600 v. Chr.). Das *Grab der Kapitelle* aus dem frühen 6. Jahrhundert v. Chr. zeigt mit blumenverzierten Voluten (spiralförmigen Einrollungen) versehene Kapitelle eines Typs, wie man ihn sonst bei den künstlerisch sehr produktiven aiolischen Griechen (nördlich der ionischen Niederlassungen) an der Westküste von Kleinasien findet.[6] Um die Mauern des *Grabes mit dem Sims* (um 550 v. Chr.) führt ein behauener Steinsims. In der Grabkammer selbst befinden sich zwei große steinerne Sessel mit Fußbänken und einer Rückenlehne aus Stein, deren Form an Metallarbeiten erinnert. Gleichfalls im 6. Jahrhundert v. Chr. kam ein weiterer neuer Grabtypus hinzu, nämlich Gräber in rechteckiger Form, wie wir sie auch in den ländlichen Gebieten hinter der Stadt finden. In Caere trifft man überdies auf die Vorform der geschlossenen *atria*, den Innenhof, der später so charakteristisch für die Häuser in Pompeii und anderswo werden sollte.
Die Architektur der Kammergräber in Caere gibt uns also in der Tat eine Vorstellung von den etruskischen Wohnhäusern, deren Modelle sie darstellen – von Gebäuden, die heute vollständig verschwunden sind. Neben den Grabstätten der sehr Reichen finden wir aus der Zeit um 500 v. Chr. und danach auch Gräber wesentlich bescheideneren Formats; das gibt uns wichtige Hinweise für die sonst nur spärlich dokumentierte etruskische Sozialgeschichte.
Nach Mitte des 6. Jahrhunderts v. Chr. hat es in Caere auch auf einer ganzen Reihe anderer Gebiete künstlerische Weiterentwicklungen gegeben. Mit den im Tolfagebirge gewonnenen Erzen blieb die Stadt ein Zentrum für die Verarbeitung von Bronze. Eine besondere Spezialität waren die Arbeiten aus gehämmertem Bronzeblech mit getriebenen figürlichen Darstellungen. Dies spiegelt sich auch in jener Stelle in

Vergils *Aeneis* wider, in der es heißt, Aeneas sei in das Tal von Caere gekommen, um sich hier seine geweihte Rüstung zu holen.[7]

Um 540 v. Chr. oder etwas später entwickelte sich in Caere nach den früheren Erfolgen des Aristonothos und anderer auf diesem Gebiet eine sehr interessante neue Schule für die Herstellung von Keramiken. Die ersten Anregungen dafür lieferten ionische Künstler, die damals in großer Zahl nach Etruria kamen, nachdem ihre Heimat in den persischen Machtbereich gefallen war. Aus einer offenbar sehr leistungsfähigen ionischen Werkstätte in Caere stammt ein besonders schöner Typus von Wasserkrügen (*hydriae*) mit bauchiger Form, die polychrom mit Szenen aus der griechischen Mythologie bemalt waren. Wenigstens zwei hochbegabte Künstler teilten sich in die Gestaltung dieser Gefäße, die nach ihrer Vollendung auf den örtlichen Markt gelangten.[8] Offensichtlich konnte ein ionischer Grieche im 6. Jahrhundert v. Chr. in der liberalen und offenen Atmosphäre, die das Leben in Caere damals bestimmte, nicht nur in Ruhe seinen Geschäften nachgehen, sondern hatte auch die Möglichkeit zu freier und ungehinderter Religionsausübung. So gab es beispielsweise in einem der Häfen von Caere ein Heiligtum, in dem die Göttin Hera, die zugleich Stadtgottheit von Samos war, unter ihrem griechischen Namen verehrt wurde.

Ebenfalls unter ionischem Einfluß, der ja sämtliche Bereiche des kulturellen Lebens erfaßte, entstand in Caere eine beachtliche Schule für Skulpturen aus Terrakotta, die gegen Ende des 6. Jahrhunderts v. Chr. ihre Blütezeit hatte. Terrakottakunst war hier auch schon vor dieser Zeit keineswegs unbekannt gewesen. Das beweisen qualitativ hochwertige, sitzende weibliche Figuren darstellende Terrakottaplastiken aus der Zeit um 600 bis 570 v. Chr.[9] Einen Höhepunkt der Bildhauerkunst in Terrakotta stellen die Sarkophage dar, deren Entstehung allerdings in eine etwas spätere Zeit fällt. 520 v. Chr. sind beispielsweise mehrere Sarkophage mit Skulpturen geschaffen worden, die den Ehemann neben seiner Gemahlin auf einem Ruhebett liegend zeigen.[10] Das berühmteste Beispiel für diesen Typus ist der Sarkophag von Cerveteri; er befindet sich im Museo della Villa Giulia in Rom. Auch hier wird das Paar auf einem Sofa ruhend dargestellt, wobei der Ehemann den Arm um die Schulter seiner Frau gelegt hat; die Gesten beider deuten eine lebhafte Unterhaltung an. Anhand dieser Plastik läßt sich übrigens besonders gut aufzeigen, daß die etruskische Kunst zugleich sehr griechisch und sehr ungriechisch sein konnte. Die eiförmigen Köpfe, die ovalen Gesichter, die glatten, weichen Körper und der fließende Faltenwurf der am unteren Rand der Figuren zusammengelegten Gewänder erinnern an die Eleganz ionischer Kunstwerke, und auch das Motiv der beim Gastmahl auf dem

Ruhebett liegenden Menschen ist griechisch. Aber wie bereits erwähnt, haben die Griechen niemals Mann und Frau als gleichberechtigte Partner auf einem Ruhebett liegend dargestellt, denn das entsprach nicht griechischen Sitten und Vorstellungen. Auch das lange Gewand und der Umhang der Frau sowie ihre Schuhe mit nach oben gebogenen Spitzen sind typisch etruskisch. Das gleiche gilt für das schwere Polster auf dem Ruhebett. Ebenfalls sehr etruskisch wirkt dazu die gewollt unausgewogene Komposition der in die verschiedenen Richtungen führenden Linien. Wenngleich der Künstler auch in technischer Hinsicht den Ioniern viel verdankt, so geht er dennoch – was Stil und Geschmack betrifft – völlig eigene Wege. Das äußert sich vor allem in der formalen Gliederung der Skulptur selbst, bei der er sich ganz entschieden von aller griechischen Tradition und griechischem Stilempfinden entfernt und statt dessen stilistische Ausdrucksmittel benutzt, die eine irgendwie erregende und zugleich geheimnisvolle Disharmonie schaffen.

Das Hinterland

Das Hinterland von Caere erstreckte sich bis zum Bracciano-See, wo man bei Trevignano Romano reiche Funde in Grabanlagen aus sehr früher Zeit gemacht hat. Schon ziemlich rasch nämlich begann Caere sein Herrschaftsgebiet nach Norden hin auszudehnen. Auf der Karte sieht es aus, als habe die wildromantische Gegend nördlich des Flusses Mignone zu Tarquinii gehört, und das ist allem Anschein nach zunächst auch der Fall gewesen. Doch als Caere immer mächtiger wurde und seinem Rivalen Tarquinii einen Teil der Erzgruben des Tolfagebirges abgenommen hatte, gab es sich keineswegs damit zufrieden, sondern brachte sich obendrein noch in den Besitz eines großen Teils tarquinischen Gebiets, um seine Stellung politisch wie wirtschaftlich weiter zu festigen. Ein Ort, den Caere vermutlich damals seinem Herrschaftsbereich einverleibte, war die alte Siedlung von San Giovenale[11]. Ursprünglich hatte sie zu Tarquinii gehört und nach dem 7. Jahrhundert v. Chr. korinthische und andere griechische Keramiken importiert. Aber um 600 v. Chr. vergrößerte sich diese Siedlung, ihre wirtschaftliche Bedeutung nahm zu, und die unter Erdhügeln liegenden Gräber zeigen für diese Zeit deutlich den künstlerischen Einfluß von Caere. Noch heute kann man in der Ortschaft die Reste mehrerer einstöckiger und nicht besonders reich ausgestatteter Häuser erkennen. Daß in dieser Gegend überhaupt noch etwas von Wohnsiedlungen aus der damaligen Zeit erhalten ist, darf man als besonderen Glücksfall ansehen.

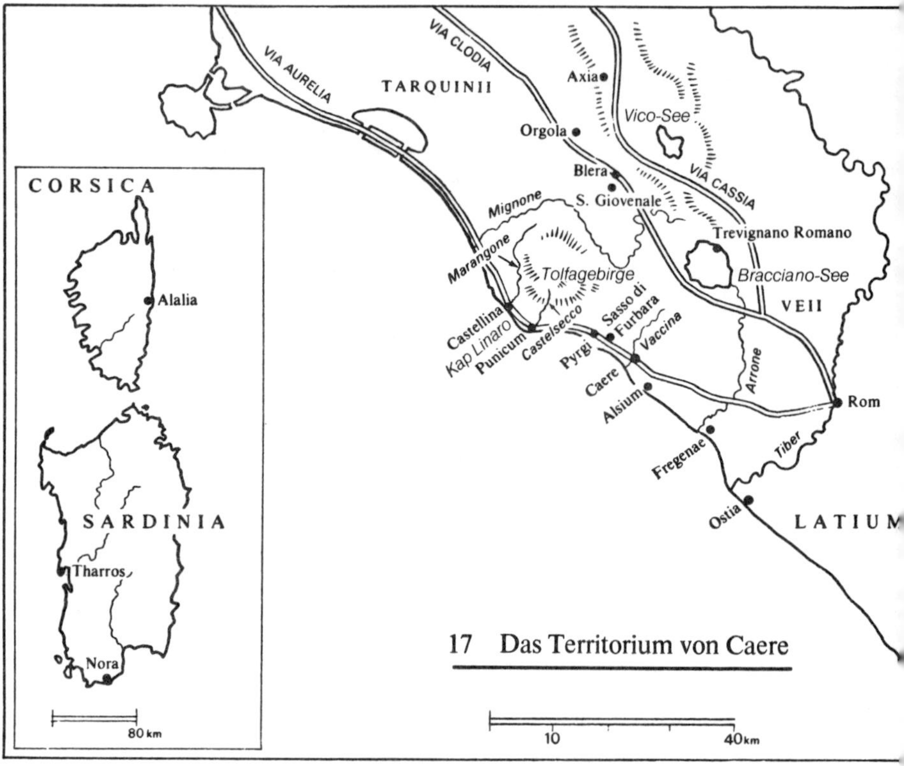

17 Das Territorium von Caere

Der Einflußbereich Caeres reichte bis in ein weites Gebiet westlich des Vico-Sees. Man erkennt es daran, daß die Bewohner von Caere nach dem 6. Jahrhundert v. Chr. hier eine Reihe von Siedlungen angelegt haben, deren Gräber ähnliche Beigaben enthalten wie die in der Stadt selbst. Sie liegen in einer zerklüfteten Felslandschaft, wo sich steile Wände über tiefen, durch Erosion entstandenen Schluchten erheben. An den Felshängen finden wir die in den Stein gehauenen Gräber. Die malerischen Monumente zeugen von der Existenz recht bedeutender etruskischer Niederlassungen in unmittelbarer Nachbarschaft, von denen jedoch nichts mehr übriggeblieben ist. Wahrscheinlich sind es von Caere abhängige Außenposten gewesen.

Einer dieser Orte war Blera (das etruskische Phleva [?] und spätere Bieda). Der Ort beherrschte ein komplexes Straßennetz und lag an der alten, in Nord-Süd-Richtung verlaufenden Durchgangsstraße, die später, zu römischer Zeit, unter dem Namen Via Clodia bekannt war. Sie führte nahe an Caere vorbei und war der wichtigste Verkehrsweg durch

Wandgemälde im Grab
r Stiere, Tarquinii (um
0–540 v. Chr.). Achil-
s lauert dem jungen
ianischen Prinzen
oilos auf.

Gedenkinschrift für
Familie Spurinna aus
rquinii (vielleicht Mitte
Jh. v. Chr.).

Zeichnung einer
abkammer in Tuscania
n Samuel Ainsley,
42.

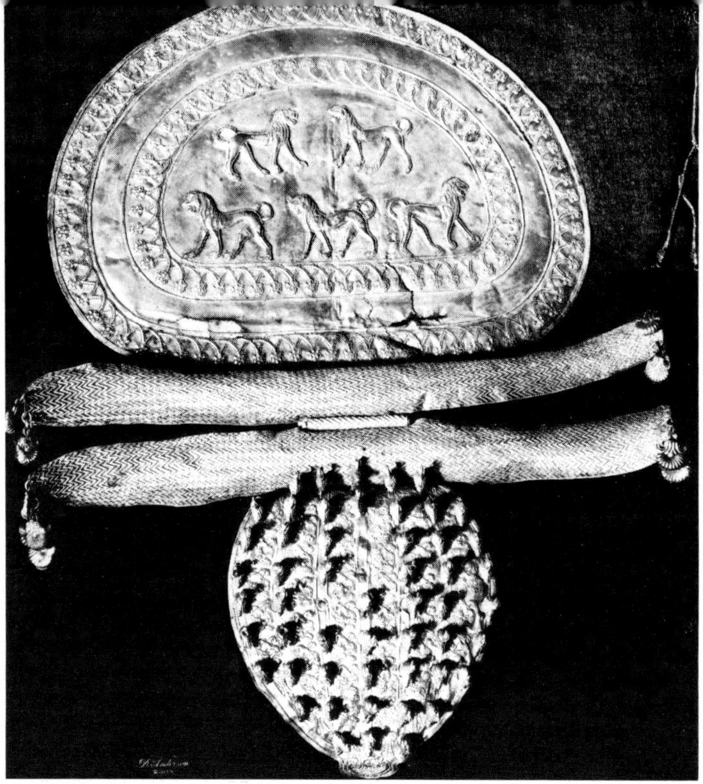

← Goldbrosche *(fibula*
aus dem Regolini-Gala
Grab auf dem Sorbo-
Friedhof in Caere (Mitt
7. Jh. v. Chr.) Die unte
Platte ist reich granulie
und von der oberen du
zwei kleinere Querbalk
getrennt.

→ Die reich aus-
gestatteten Rundgräbe
auf dem Banditaccia-
Friedhof in Caere (7. J
v. Chr. oder später)
wurden mit Erdhügeln
bedeckt, genauso wie
Gräber in Teilen Vorde
asiens.

← Schwarze (dünn-
wandige) Bucchero-
keramiken aus Caere:
Links eine vogelförmig
Flasche aus der Tomb
Calabrese (Ende 7. Jh.
v. Chr.) mit zwei ge-
krönten Pferdeköpfen u
einer stehenden männ-
lichen Figur als Teil de
Henkels, rechts ein Tri
gefäß aus dem Regolin
Galassi-Grab. Die Figu
sind geflügelte Gotthei
oder Dämonen im nah
lichen Stil.

→ Die Grabkammer d
Schilde und Throne in
Caere. Über den Sess
mit ihren weiten,
geschwungenen Rücke
lehnen und den Fuß-
bänken davor befinden
sich Wandreliefs in For
großer runder Schilde.

→ Wassergefäß *(hydria)* aus Caere (um 530–520 v. Chr.) mit einer humoristischen Darstellung des Herkle (Herakles, Hercules), wie er sich seiner ägyptischen Feinde entledigt. Diese schwarzfigurigen Vasen sind wahrscheinlich das Werk ionischer Handwerker in Caere, die sich dem etruskischen Geschmack angepaßt haben.

↓ Blick auf die Felsenfriedhöfe im gebirgigen Hinterland des Territoriums von Caere (bei der ehemaligen Stadt Blera).

· Das Ufer der Fiora.
inks auf der Anhöhe ein
Dorf aus der späten
Bronzezeit (Anf. d. 1. Jt.
. Chr.) mit einem Fried-
of im Tal. Rechts über
er Straße ein Friedhof
us dem 2. Jt. v. Chr.

✓ Figurenpaar auf einem
Terrakotta-Sarkophag aus
Caere (um 520 v. Chr.).

→ Steinplastik *(nenfro)* eines jungen Mannes auf einem Meeresungeheuer, wahrscheinlich ein Grabwächter (Vulci, um 550–530 v. Chr.).

↓ Bronzener Dreifuß aus Vulci (Ende d. 6. Jh. v. Chr.).

→ Die längere der beiden in Pyrgi gefundenen etruskischen Inschriften mit einer punischen Paraphrase.

← Wandgemälde aus dem François-Grab in Vulci (Ende 4. bis Mitte 3. Jh. v. Chr.): Marce Camitlnas aus Vulci erschlägt Cneve Tarchunies Rumach, einen Römer, Mitglied des Clans der Tarquinier (wahrscheinlich 6. Jh. v. Chr.).

↓ Terrakotta-Sims aus einem Tempel in Statonia (Poggio Buco), Anfang des 6. Jh. v. Chr. Streitwagen und Fußsoldaten.

→ Durch den Fels gehauene Straße auf dem Territorium von Vulci nahe Suana (Sovana) und Pitigliano.

↑ Blick von Vetulonia auf Rusellae über das Tal der Bruna. In der Antike war die Flußniederung eine Meereslagune.

↑ Grab in Form eines Tempels (Tomba del Bronzetto di Offerente) auf dem Friedhof San Cerbone bei Populonia. Ausgeraubt im 3. Jh. v. Chr., wurde es 1957 unter Schlackenhaufen wiederentdeckt. Durch Zufall ist das Dach erhalten geblieben.

→ Schmelzofen in Populonia, wo Eisen aus der benachbarten Region von Campigliese das Kupfer als wichtigstes Metall abgelöst hat.

← Etruskische Silbermünzen, wahrscheinlich aus dem 5. Jh. v. Chr. *Oben:* Ein Eber, die Rückseite zeigt keine Prägung; ausgegeben in Populonia. *Unten:* Ein Seeungeheuer und ein Stierkopf mit der Inschrift ›Thezle‹; ausgegeben in einem Hafen, der entweder zu Rusellae oder Vulci gehörte.

↓ Insel Elba: der Golf von Portoferraio. Bei den Römern hieß der Ort Fabricia und wurde im Mittelalter wegen seiner Eisenerzbergwerke in Feraia umbenannt. Hier befand sich auch der Hafen für die Verschiffung der Erze. An der Küste hat man Reste etruskischer Schmelzöfen gefunden.

↑ Die Stadtmauer von Rusellae aus dem 6. Jh. v. Chr., die stellenweise über einer Mauer aus dem vorangegangenen Jahrhundert errichtet worden war und damit die älteste bisher in Etruria entdeckte Befestigungsanlage darstellt. Sie diente vielleicht zur Verteidigung gegen Vetulonia.

↖ Luftaufnahme von Telamon (Talamone), einem Hafen, der wahrscheinlich zu Rusellae gehörte. Telamon lag zwar nicht in unmittelbarer Nachbarschaft einer größeren Stadt, wohl aber auf deren Territorium.

↑ Grabstein des Avle Tite in Volaterrae, 2. Viertel des 6. Jh. v. Chr. Der älteste Grabstein dieser Art mit einem Relief. Avle Tite trägt eine gewellte Perücke und eine kurze Tunika. Er führt einen Speer und einen Bogen oder ein machetenartiges Schwert.

↑ Aschenurne aus Montescudaio am Südufer der Cecina, an der auch Volaterrae lag (Ende 7. oder Anfang 6. Jh. v. Chr.). Die Urne ist mit geometrischen Motiven und Hakenkreuzreliefs dekoriert. Auf dem Deckel die Darstellung eines Mannes an einem mit Speisen beladenen Tisch. Ihm gegenüber steht eine Frau, daneben ein Mischgefäß.

Le Balze; gewaltige
'drutsche haben Teile
}s Westhangs der
ıhöhe fortgerissen, auf
}r Volaterrae errichtet
ar, und die etruskischen
:äberfelder verschüttet.

→ Grabkammer aus Casale Marittimo (Casalmarittimo), frühes 6. Jh. v. Chr. Sie hat eine ›falsche Kuppel‹ (Tholos), d. h. die Kuppel ist aus übereinanderliegenden Steinplatten gebaut, die in einer konischen Spitze zusammenlaufen. Gewöhnlich wurden solche Kuppeln durch einen Mittelträger gestützt.

← Aschenurne aus Clusium (die Gualandi-Urne), Ende 7. Jh. v. Chr. Die weibliche Figur trägt ein Gewand sowie einen Mantel aus gestepptem Stoff und ist von kleinen tanzenden Figuren umringt. Greifenköpfe blicken drohend nach allen Seiten und schützen die Verstorbene.

↓ Alabastersarkophag aus Clusium. Der Verstorbene hält eine Opferschale in der Hand. Es ist der typische *obesus Etruscus,* der dicke Etrusker, der bei den Griechen und Römern einen so schlechten Ruf hatte.

← Der Sockel eines Grabsteins aus Kalkstein *(pietra fetida)* in Clusium. Tänzer sollen die Freuden des Jenseits symbolisieren.

↑ Trinkhorn aus Buccherokeramik (Ende 6. Jh. v. Chr.). Der spitzbärtige Kopf geht unmittelbar in ein Bein über.

↑ Bronzeschimäre aus Arretium, 400 v. Chr. oder später. Das doppelköpfige Ungeheuer ist am Fuß verwundet (die von Cellini im 16. Jh. n. Chr. vorgenommene Restaurierung mit der Schlange, die in den Ziegenkopf beißt, ist falsch).

↘ Bronzener Seitenbeschlag eines Kampfwagens aus Monteleone di Spoleto (um 550 v. Chr.). Zwei Heroen im Kampf miteinander über der Leiche eines dritten; ein Vogel verhilft dem einen Kämpfer zum Sieg, indem er den Speer seines Gegners ablenkt.

↘ Der Friedhof des Crocifisso del Tufo in Orvieto, das man jetzt recht überzeugend als Volsinii identifiziert hat (6. und 5. Jh. v. Chr.).

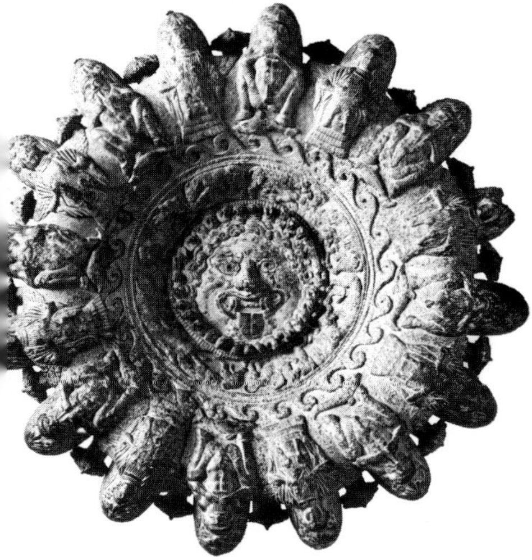

Lampe aus Bronze-
ıß, Cortona (Mitte 5. Jh.
Chr.). Medusenkopf,
ngeben von einem
reis kämpfender wilder
ere, an den sich ein
weiterer Kreis anschließt, bei dem geflügelte Sirenen und flötespielende Silene einander abwechseln.

↑ Eine der sogenannten ›kanopischen Urnen‹, die besonders in Clusium Verwendung fanden (Anfang 6. Jh. v. Chr.), Terrakotta. Köpfe und Gesichter sollten dem bei der Verbrennung zerstörten physischen Erscheinungsbild des Verstorbenen Dauer verleihen.

↓ Die Münze einer von Etruskern gegründeten Stadt in der Campania (3. Jh. v. Chr.) zeigt die personifizierte Darstellung der Sonne sowie einen Elefanten. Die Inschrift ›Velecha‹ deutet auf ihre Herkunft aus Volcei (Buccino) hin.

→ Weihrauchbehälter (?) aus schwarzer Buccherokeramik (Ende 7. Jh. v. Chr.), gefunden in Artimino.

← Der Ponte Sodo in Veii. Der künstlich erweiterte Tunnel leitet den Fosso Valchetta (die Cremera) durch einen Felsvorsprung. Das garantiert die Bewässerung und verhindert Überschwemmungen.

↑ Etruskische Zahnspange; ein Beispiel für die fortgeschrittene Zahnmedizin der Etrusker.

← Amazone auf dem Rand eines Kessels aus Capua (S. Maria di Capua Vetere) in der Campania (5. Jh. v. Chr.).

↓ Mischgefäß aus dem späten 7. Jh. v. Chr. mit einem von zwei Pferden flankierten Gott. Vermutlich faliskisch.

Der Kopf einer erakottastatue des pulu (Apollon) vom Dach es Portonaccio-Tempels ı Veii (um 520–500 . Chr.) zeigt das typische tarre Lächeln der rchaischen griechischen onischen) Kunstuffassung. Der Gott vendet sich im Streit um ine erlegte Hirschkuh egen Herkle (Herakles, lercules).

→ Eine von 13 kürzlich entdeckten sitzenden Terrakottafiguren aus Murlo (Poggio Civitate), ca. 550 v. Chr. Diese fast lebensgroßen männlichen und weiblichen Figuren mit breitrandigen Hüten standen auf dem Ziergiebel eines großen Gebäudes, vielleicht der Residenz eines von Clusium ernannten Gouverneurs.

↓ Goldenes Armband aus dem etruskisierten Praeneste (Palestrina) (7. Jh. v. Chr.). Die rechteckigen Teilstücke sind mit getriebenen Figuren geschmückt und granuliert.

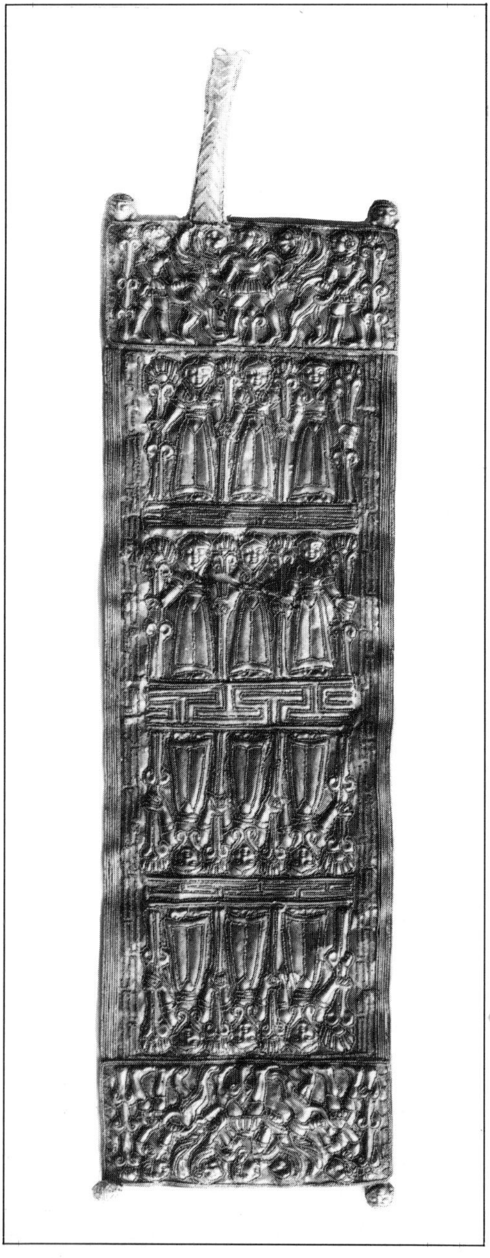

Bronzekübel *(situla)*, wendet als Aschen- e, vom Certosa- dhof bei Bononia (um 5 v. Chr.).

Versilberte Schüssel dem Bernardini-Grab Praeneste (Mitte 7. Jh. Chr.).

Aschenurne aus branntem Ton in Form er Hütte (Rom, 8. Jh. Chr.). Es handelt sich eine Nachbildung der mals üblichen Hütten s geflochtenen veigen, die mit Lehm rschmiert und von ählen gestützt wurden.

Grabstein vom ertosa-Friedhof bei onia (um 380 v. Chr.). on oben: Meeres- geheuer, die Reise nes Verstorbenen in die nterwelt, Athleten, auen.

↗ Bronzekopf einer Sirene (eines Vogels mit Menschenkopf) auf dem Rand eines Kessels aus dem Bernardini-Grab in Praeneste.

→ Rekonstruktion eines etruskischen Tempels nach der Beschreibung von Vitruvius (1. Jh. v. Chr.).

← Die Fundamente von Häusern der nach dem ›Bratrost‹-Muster angelegten etruskischen Stadt Marzabotto (vielleicht das alte Misa) (um 500 v. Chr.).

↓ Luftaufnahme von Spina, einem nord-adriatischen Hafen an der Pomündung, wo Etrusker und Griechen zusammen lebten und Handel trieben. Unter den weißen Linien (moderne Bewässerungsanlagen) sieht man die dunklen Linien der alten Kanäle, die zwischen den einzelnen Häuserblocks verliefen.

ganz Etrurien, bis die Römer 171 v. Chr. weiter landeinwärts die Via Cassia bauten. Aber auch die Via Cassia war durch den Ausbau einer etruskischen Straße entstanden. Sie führte ebenfalls an Blera vorüber, das damit den Vorzug hatte, in der Nähe von zwei bedeutenden Fernverkehrsstraßen zu liegen.[12] Das heute nicht mehr vorhandene Wohngebiet von Blera lag am Ende eines etwa anderthalb Kilometer langen Bergrükkens, der auf der anderen Seite zu einem Punkt abfiel, an dem vier Schluchten zusammenstießen. Auf diesem Bergrücken befand sich auch die etruskische Nekropole von Blera, die schon im 7. Jahrhundert v. Chr. angelegt worden ist und die für Caere zu Beginn des folgenden Jahrhunderts charakteristischen kubischen Kammergräber zeigt.

Nordwestlich von Blera an der Via Clodia finden wir bei Orgola (dem etruskischen Orcle und heutigen Norchia) eine Reihe interessanter Gräber, aber dieser Friedhof ist offenbar erst im 4. Jahrhundert v. Chr. angelegt worden. In der Nähe lag jedoch das viel ältere Zentrum von Axia (Castel d'Asso), das zur Blütezeit von Caere ebenfalls zu dieser Stadt gehört zu haben scheint. An den Hängen bei Axia hatte man direkt in den Felsen Gräber gehauen, deren Fassaden den Häuserfronten nachgebildet sind. George Dennis schreibt: »Auf beiden Seiten liegt eine aus dem Fels gehauene Grabkammer neben der anderen. Die Fassaden dieser Felsengräber zeigen Simse und Kehlungen im Hochrelief, und die zahlreichen Inschriften an den Fronten sind mit den charakteristischen Schriftzeichen der geheimnisvollen Sprache von Etruria in den Stein gemeißelt.«[13]

Dennis spricht auch von der feierlichen Atmosphäre des Ortes, von der Einsamkeit und absoluten Stille, die hier herrschen. Doch trotz der Abgeschlossenheit des Tals von Axia zu seiner Zeit lag der Ort in der Antike ganz in der Nähe der beiden wichtigsten Durchgangsstraßen, der Via Clodia auf der einen und der Via Cassia auf der anderen Seite.

Caere als Seemacht

Die Verbindungen zur Außenwelt hat Caere vor allem mit seiner Flotte unterhalten, denn nachdem die Stadt einen großen Teil der Erzgruben im Tolfagebirge von den Tarquiniern übernommen hatte, trat sie auch deren Nachfolge als führende etruskische See- und Handelsmacht an. Wahrscheinlich haben die Griechen aus Cumae im 7. Jahrhundert v. Chr. auch ihr Alphabet über das Meer nach Caere gebracht, und auf dem gleichen Weg sind wohl auch die reichen, im Regolini-Galassi-Grab gefundenen Goldschätze in die Stadt gekommen. Der Importhandel hat sich in der Folgezeit stetig erweitert. Im Austausch gegen die importierten Waren hatten die Bewohner von Caere nicht nur das Kupfer und das Eisen aus dem Tolfagebirge anzubieten, sondern auch ihre Buccherokeramiken und all die Landesprodukte, mit denen diese Gefäße einst gefüllt gewesen sein mögen. Große Mengen solcher Keramiken sind auf dem Seeweg ins Ausland gegangen.[14] Schon sehr bald nachdem man mit der Herstellung dieses völlig neuartigen Typs von Gefäßen begonnen hatte, entwickelte sich ein lebhafter Handel damit im ganzen Mittelmeerraum und in der Ägäis. Wenn es zutrifft, daß die ägäische Insel Lemnos eine etruskische Handelsniederlassung war, dann ist diese Niederlassung wahrscheinlich von der damals bedeutendsten etruskischen Seemacht, Caere, gegründet worden. Um 500 v. Chr. haben die Athener die Insel in Besitz genommen.

Die geographische Lage von Caere erklärt die engen Beziehungen zu den Griechen, denn es war die am weitesten im Süden gelegene etruskische Hafenstadt. So lag Caere den griechischen Märkten und Kolonien in der Campania am nächsten. Das heißt, es war der erste etruskische Stadtstaat, den die Händler aus Pithecusae und Cumae anlaufen konnten, und aus diesem Grund hat sich Caere schon so bald jedem griechischen Einfluß geöffnet. Wenn der Geograph Strabo Caere das ungewöhnliche Kompliment macht, seine Bewohner seien die einzigen Etrusker gewesen, die keine Seeräuber waren,[15] dann wollte er damit nicht nur ihre freundschaftlichen Beziehungen zu Rom hervorheben, sondern auch zum Ausdruck bringen, daß ihr Überseehandel ungewöhnlich gut organisiert war. Es ist allerdings im Verlauf der Handelsbeziehungen mit den Griechen auch zu kriegerischen Auseinandersetzungen gekommen. Aristonothos war nicht der einzige und auch nicht der letzte Vasenmaler aus Caere, der eine Seeschlacht zwischen Griechen und Etruskern dargestellt hat. Und diese Etrusker waren Soldaten aus Caere, die die Schiffe dieser Stadt bemannten und auf ihnen kämpften. Das für den Bau so großer Flotten benötigte Holz stand Caere im Tolfagebirge zur Verfügung; es wuchs aber auch an den Ufern des Flusses Vaccina, an dem Caere lag. Deshalb spricht Vergil gerade von dem hier geschlagenen wertvollen Pinienholz und läßt alle anderen Holzvorkommen in Etruria unerwähnt.[16]

Die in Caere hergestellten Tongefäße gelangten weit in den Süden. Die Buccheros aus Caere, die man in der nördlichen Campania, zum Beispiel in Capua, gefunden hat (und die dort auch imitiert wurden),[17] könnten zwar auf dem Landweg dorthin gekommen sein, aber die zahlreichen im Süden ausgegrabenen Gegenstände aus Caere sind wahrscheinlich auf dem Seeweg transportiert worden. Dazu gehörte zum Beispiel ein in Picentia gefundener Teller aus dem 7. Jahrhundert v. Chr., der den in Caere ausgegrabenen sehr ähnlich ist.[18] Außerdem zeigt eine unweit davon in Fratte di Salerno entdeckte Inschrift das in Caere verwendete Alphabet.

Da Caere über eine beachtliche Handelsflotte verfügte, nimmt es nicht wunder, daß es Kontakte freundschaftlicher wie feindschaftlicher Natur zu den anderen in italischen Gewässern operierenden Seemächten gegeben hat. Eine der bedeutendsten unter diesen Mächten war Karthago in Nordafrika, das im Westen die Nachfolge der phönikischen Städte Sidon und Tyros angetreten hatte. Gegen Ende des 7. Jahrhunderts v. Chr. importierte Karthago nicht nur etruskische Metalle und in Etruria hergestellte Imitationen korinthischer Keramiken, sondern auch Buccherokeramiken aus Caere. Zwischen Karthago und Caere bestanden aber nicht nur friedliche Handelsbeziehungen, sondern beide Städte standen auch in einem gefährlichen Konkurrenzkampf gegeneinander, der allzuleicht zum Konflikt führen konnte. Die Gefahr einer solchen Konfrontation erhöhte sich besonders nach 600 v. Chr., als Karthago seine Bemühungen um eine weitere Expansion verstärkte.[19] Doch die Rivalität war eigentlich eine Dreiecksbeziehung, denn ein drittes, sehr mächtiges konkurrierendes Element stellten die Griechen dar. Um die Jahrhundertwende hatten sich insbesondere ionische Griechen aus Phokaia in dem strategisch wichtigen Massalia (dem römischen Massilia und heutigen Marseille) niedergelassen. Später spielte Alalia (das heutige Aleria, das auch schon bei den Römern so hieß) im Osten der Insel Korsika, eine Hafenstadt direkt an der Seehandelsroute nach Spanien, eine Schlüsselrolle. Alalia beherrschte den Zugang zum Inneren der Insel und zu fischreichen Seen und ergiebigen Salzpfannen. Von hier aus überblickte man das Schwemmland im Flußtal des Tavignano, einen der wenigen flachen Küstenabschnitte von Korsika neben einer heute verlandeten weiten Bucht, die gegen die Nordostwinde geschützt war. In ihrer strategisch günstigen Lage beherrschten die Alalier die nach Caere und anderen etruskischen Hafenstädten führenden Seewege.[20] So bestand zwischen Etruskern, Karthagern und phokischen Griechen in den Gewässern des zentralen Mittelmeers ein sehr labiles Gleichgewicht.

Um 550 v. Chr. unternahm der karthagische Befehlshaber Malchus mit einem doppelten Handstreich den kühnen Versuch, dieses Gleichgewicht zugunsten von Karthago ins Wanken zu bringen. Zunächst stärkte er die karthagische Position in Westsizilien und benutzte dabei schon vorhandene karthagische Kolonien als Ausgangsbasen; dann wollte er sich mit den gleichen Methoden gewaltsam auf Sardinien festsetzen. Die sardischen Stadtstaaten und kleineren Gemeinwesen leisteten ihm entschlossen Widerstand und hatten dabei offenbar auch einigen Erfolg.[21] Dennoch konnte Malchus zumindest einige von seinen Zielen erreichen, doch mußte er einen hohen Preis dafür zahlen, denn die Folge seines Unternehmens war eine Konfrontation zwischen Karthagern und Phokern, für die Sardinien eine große Bedeutung hatte.

Was sollte nun die dritte interessierte Seemacht, das etruskische Caere, unternehmen? Die führenden Männer des Stadtstaates berieten die Lage und kamen zu dem Schluß, die größte Gefahr ginge trotz der karthagischen Expansionsbestrebungen nicht von Karthago, sondern von den Phokern aus, deren Kolonie auf Korsika in unmittelbarer Nähe der etrurischen Küste eine zu gefährliche Bedrohung darstellte. Deshalb stellte sich Caere auf die Seite von Karthago.[22] Damit begann die wichtige, nicht immer ganz zuverlässige, aber im allgemeinen haltbare Allianz zwischen den Karthagern und ›Etruskern‹,[23] von der Aristoteles später berichtet hat.

Der erste Zusammenstoß zwischen den beiden neuen Verbündeten und den Phokern ließ nicht lange auf sich warten. Um 535 v. Chr. kam es irgendwo vor der Küste von Korsika (vielleicht aber auch vor der Küste Sardiniens) zu der historisch bedeutsamen Seeschlacht von Alalia. Im folgenden Jahrhundert hat Herodot berichtet[24], wie die Phoker, die er als Räuber und Plünderer bezeichnet – obwohl es seine griechischen Landsleute waren – sechzig Schiffe ausrüsteten, während den Karthagern und ›Tyrrhenern‹ (Etruskern) – und das waren die Bewohner von Caere – jeweils sechzig, also insgesamt einhundertzwanzig Schiffe zur Verfügung standen. Die Phoker gewannen die Schlacht, aber ihre Verluste an Menschen und Material waren so hoch, daß die Überlebenden beschlossen, Alalia zu räumen und statt dessen weit im Südwesten Italiens eine Kolonie zu gründen.

Herodot berichtet weiter: »Was nun die Besatzungen der zerstörten (phokischen) Schiffe betrifft, so warfen die Karthager und die Etrusker das Los um sie, und der weit größere Teil fiel an . . .« An dieser Stelle fehlen ein paar Worte, man hat den Text aber recht plausibel wie folgt ergänzt: ». . . die etruskische Stadt Agylla«. Das war der griechische Name von Caere, denn im Anschluß heißt es, »die Agyllaier führten die Gefangenen hinaus und steinigten sie zu Tode; und um dieses Vergehen zu sühnen, schickten sie (eine Delegation) zum Orakel von Delphi, wo sie erfuhren, welche Riten sie vollziehen und welche Spiele sie ausrichten müßten«. Das ist ein in mancher Hinsicht aufschlußreicher Bericht. Erstens bestätigt Herodot unsere Auffassung, daß es nicht ›die Etrusker‹ als Volk gewesen sind, die an diesem Unternehmen beteiligt waren, sondern nur der Stadtstaat Caere. Caere hatte sich mit Karthago verbündet und gemeinsam mit seinem Bundesgenossen die Seeschlacht von Alalia bestanden; und der Führer des Kontingents aus Caere hatte sich gegen die phokischen Gefangenen vergangen, eine Verhaltensweise, die mit Sicherheit viel dazu beitrug, daß die Etrusker von den Griechen und später auch von den Römern als besonders grausam bezeichnet wurden. Aber noch ein anderer Aspekt des Berichts von Herodot ist interessant – der Umstand, daß sich Caere an das Delphische Orakel gewandt hat. Augenscheinlich besaßen die Bürger von Caere in Delphi ein eigenes ›Schatzhaus‹. Das war bei den Griechen üblich, aber Caere war der einzige etruskische Stadtstaat, der diesen Brauch übernommen hat. Dies wiederum beweist die einzigartig engen Beziehungen zu Griechenland, die in der ganzen Kulturgeschichte von Caere zum Ausdruck kommen,[25] auch wenn die Stadt schließlich einen Krieg gegen die Phoker geführt hat.

Was nun diesen Krieg und seine Folgen betrifft, so haben wir den archäologischen Nachweis dafür, daß die Phoker während der auf die Schlacht folgenden vierzig Jahre trotz der Räumung von Alalia keineswegs so total von Korsika verdrängt worden sind, wie es uns der moralisierende Bericht des Herodot glauben machen will (denn ihm liegt daran zu zeigen, daß sie für ihre Seeräuberei bestraft wurden). Das Gleichgewicht der Macht hatte sich jedoch nun zugunsten der Karthager und Etrusker verschoben. Die Position Karthagos auf Korsika hatte sich gestärkt, aber der Historiker Diodoros Siculus aus dem 1. Jahrhundert v. Chr. macht uns auch die einigermaßen überraschende Mitteilung, daß die Etrusker (aus Caere) ebenfalls eine Kolonie auf der Insel gegründet haben, und zwar wahrscheinlich schon sehr bald nach der Schlacht. Diese Niederlassung lag im Nordosten von Korsika, vielleicht in Alalia oder in der unmittelbaren Nachbarschaft dieses Hafens[26]. Diodoros fügt hinzu, die ersten Siedler hätten dem Ort den Namen Nikaia, ›Stadt des Sieges‹, gegeben, und das hat zu der Vermutung geführt, es müsse sich hier um eine griechische und nicht um eine etruskische Kolonie gehandelt haben. Doch die so stark hellenisierten Bewohner von Caere können ihrer Kolonie sehr wohl einen griechischen Namen gegeben und sogar Griechen dort angesiedelt haben. Wir haben jedenfalls keine Veranlassung, an dem Bericht des Diodoros zu zweifeln. Schließlich teilt uns der Historiker noch mit, die Etrusker hätten auf Korsika Tribut in der Form von Baumharz, Wachs und Honig erhoben.

Um die Wende vom 6. zum 5. Jahrhundert v. Chr. gab es in Alalia auch eine etruskische Werkstatt; man hat nämlich etruskische Graffiti und Kammergräber im etruskischen Stil mit etruskischen Beigaben gefunden. Alalia unterhielt Beziehungen zu sämtlichen etruskischen Häfen, vor allem zu der Hafenstadt Caere. Vielleicht hat es auch in Sardinien Siedler aus Caere gegeben, denn Strabo nennt die Bewohner der Insel bezeichnenderweise ›Etrusker‹.[27]

Wenn wir feststellen wollen, wie Caere die Schiffahrt betrieben und als Seemacht operiert hat, dann müssen wir uns seine Häfen ansehen. Die von Caere beherrschte Küste war länger als die seiner Nachbarstadt Tarquinii und erstreckte sich zur Blütezeit des Stadtstaats etwa von der Mündung des Flusses Mignone im Norden bis an einen Punkt zwei oder drei Kilometer nördlich der Tibermündung im Süden. Den jüngsten Entdeckungen nach zu urteilen hatte Caere überall längs dieser Küste Hafenanlagen samt den dazugehörigen Siedlungen eingerichtet. Wir kommen hier insgesamt auf fünf mehr oder weniger nacheinander entstandene Häfen, von denen zwei im Norden, zwei im Süden und der wichtigste in der Mitte lagen.

Die beiden Häfen im Norden waren bei Castellina (nahe dem römischen Castrum Novum) und bei Santa Marinella (dem römischen Punicum) angelegt worden. In Castellina beherrschte eine Befestigungsanlage auf einer Anhöhe den Hafen bei Torre Marangone. Der Hafen selbst lag an der Mündung des Marangone, und dieser Fluß war der kürzeste und bequemste zum Tolfagebirge führende Wasserweg für den Abtransport der dort geschürften Erze und des an den Berghängen geschlagenen Bauholzes für die Schiffe. Offensichtlich ist der Hafen unterhalb der Anhöhe von Castellina in früherer Zeit von griechischen Händlern und Kundschaftern benutzt worden, denn dort zum Vorschein gekommene Scherben von Tongefäßen aus dem 7. Jahrhundert gleichen ähnlichen Fundstücken aus Pithecusae.[28]

Unmittelbar südlich von Castellina lag eine weitere kleine Hafenstadt bei Punicum. Die Reste der alten Hafenanlagen sind nicht mehr zu sehen oder werden gerade ausgegraben, und zwar unterhalb des niedrigen felsigen Vorgebirges Kap Linaro. An der gegenüberliegenden Seite der Bucht hat man ein Heiligtum der Menrva (Minerva) entdeckt.[29] Der Name ›Punicum‹ ist wahrscheinlich von dem römischen Wort für ›karthagisch‹ abgeleitet und läßt darauf schließen, daß sich an dieser Stelle einst eine Siedlung karthagischer Kaufleute und Händler befunden haben muß, die sich aufgrund eines Vertrages zwischen Karthago und Caere hier niederlassen durften. Ebenso wie Castellina beherrschte auch Punicum den hier ins Meer mündenden Fluß, den Castelsecco, der den Hafen mit den Erzgruben im Tolfagebirge verband.

Das südliche Gegenstück zu diesen beiden Häfen im Norden waren Alsium (Palo bei Ladispoli) und Fregenae (Fregene). Die Bedeutung von

Alsium lag darin, daß Caere nur etwa sechs Kilometer von hier entfernt war, wenn man dem Tal der Vaccina folgte. Die Überlieferung, Alsium sei nach einem Griechen so benannt worden, gründet sich zwar auf eine falsche etymologische Analogie,[30] doch schließt das nicht aus, daß sich dort in früherer Zeit eine griechische Handelsniederlassung oder Siedlung befunden haben könnte – ähnlich wie im Falle der tarquinischen Hafenstadt Graviscae. Der kleine Hafen bei Fregenae südlich von Alsium lag an der Mündung des im Bracciano-See entspringenden Arrone (der von dem Fluß gleichen Namens nördlich von Tarquinii unterschieden werden muß). Fregenae war etwa 21 Kilometer von Caere und Veii entfernt, hat aber wahrscheinlich zu Caere und nicht zu Veii gehört. Demnach verfügte Veii über einen nur sehr kurzen Küstenstreifen, doch hat sich die Stadt im Lauf ihrer Geschichte nie sonderlich darum bemüht, eine Seemacht zu werden.

Pyrgi

Zwischen den beiden Häfen im Norden und den anderen beiden im Süden lag, wie bereits erwähnt, der fünfte Hafen: Pyrgi (Santa Severa).[31] Es dürfte hier schon zu relativ früher Zeit, lange vor Gründung der Stadtstaaten, einen Vorläufer dieses Hafens gegeben haben. Denn nur etwas weiter südlich und kaum 300 Meter von der Küste entfernt, entdeckte man in einem Friedhof aus dem frühen 1. Jahrtausend v. Chr. in einer Grabkammer ein Boot aus Eichenholz.[32]

Der Hafen von Pyrgi ist im Laufe der Zeit zum größten Teil durch Küstenströmungen fortgespült worden, aber die Ausgrabungen haben den Nachweis erbracht, daß es der wichtigste Hafen von Caere gewesen ist. Der Grund dafür ist nicht auf den ersten Blick zu erkennen. Pyrgi war allerdings wie die anderen, weiter nördlich gelegenen Hafenstädte durch ein Flußtal mit dem Tolfagebirge verbunden. Außerdem müssen die Händler durch die kleine Bucht, in der ihre Schiffe vor Anker gehen konnten und die im Nordwesten durch ein Vorgebirge geschützt war, veranlaßt worden sein, sich hier niederzulassen. Pyrgi war 13 Kilometer von Caere entfernt, doppelt so weit wie Alsium. Von hier führte jedoch eine gut ausgebaute, breite Straße in die Stadt, flankiert von Gräbern, die unter mächtigen Erdhügeln lagen. Eines dieser Gräber ist der monumentale Hügel des Monte Tosto, der um die Mitte des 6. Jahrhunderts v. Chr. unmittelbar neben der Grundplatte eines ungewöhnlich großen etruskischen Tempels angelegt wurde. Die von Pyrgi nach Caere führende Straße dürfte wohl in erster Linie sakrale Funktion gehabt haben,

denn nicht nur der Monte Tosto war ein heiliger Ort, sondern auch Pyrgi selbst galt als religiöses Zentrum. Darin liegt auch, abgesehen von der Tatsache, daß es über einen Hafen verfügte, der eigentliche Grund dafür, daß der Ort eine so enorme Bedeutung erlangt hat.
1964 hat man in Pyrgi drei dünne, rechteckige Goldbleche gefunden. Jedes von ihnen trägt eine Inschrift – eine in punischer (karthagischer), die beiden anderen in etruskischer Sprache.[33] Die Goldbleche sind durchbohrt, so daß man sie mit Nägeln auf Holzbrettern befestigen konnte. Augenscheinlich stammen sie aus der Zeit kurz vor oder nach 500 v. Chr. Der Text der punischen Inschrift bereitet uns zwar gewisse Schwierigkeiten, läßt sich aber übersetzen. Zunächst hatte man gehofft, die etruskischen Inschriften seien genaue Entsprechungen der punischen; wäre das der Fall gewesen, so hätte man damit den Schlüssel zum Verständnis der etruskischen Sprache in der Hand gehabt – ähnlich wie es seinerzeit der heute im Britischen Museum aufbewahrte Stein von Rosetta ermöglicht hat, das Altägyptische zu entziffern. Leider stellte sich jedoch sehr bald schon heraus, daß der Wortlaut der punischen Inschrift mit keinem der beiden etruskischen Texte übereinstimmen konnte. Die kürzere der etruskischen Inschriften weicht so stark von der punischen ab, daß ein direkter Vergleich überhaupt nicht möglich ist, und die Abweichungen bei der längeren sind sogar noch stärker, so daß es sich hier keinesfalls um eine Übersetzung, sondern höchstens um eine freie Paraphrase handeln kann.
Dennoch sind die Inschriften auf den Goldblechen für uns von unschätzbarem Wert. Die punische Inschrift ist die erste in dieser Sprache, die auf italienischem Boden gefunden wurde. Die beiden anderen sind unsere ersten zeitgenössischen etruskischen Quellen, die über historische Ereignisse Aufschluß geben. Schließlich ist der Inhalt aller drei Inschriften, wenn auch in einigen Punkten nicht ganz klar, so doch von beachtlichem Interesse. Das punische Original sowie die kürzere etruskische Entsprechung beziehen sich darauf, daß Thefarie Velianas, der Herrscher von Caere, im 3. Jahr seiner Regierungszeit der karthagischen (phönikischen) Göttin Astarte oder Ashtart (der etruskischen Uni, der griechischen Hera und der römischen Iuno) Weihgaben gespendet und ein Heiligtum geweiht hat.[34] Die dritte, längere etruskische Inschrift enthält darüber hinaus Anweisungen, wie der Stiftung des Thefarie Velianas gedacht werden sollte.
Thefarie Velianas war der erste Herrscher in einer etruskischen Stadt, über dessen Namen wir ein zeitgenössisches Zeugnis besitzen. Doch obwohl er im punischen Text als ›König von‹ oder ›Beherrscher von‹ Caere bezeichnet wird, glaubt man, daß der etruskische Titel *zilath*

(höchster Beamter) zu der Annahme berechtigt, er sei kein erblicher Monarch gewesen. Es gibt in der Tat Gründe, die dafür sprechen, daß die erbliche Monarchie in Caere ebenso wie in vielen anderen etruskischen Stadtstaaten schon vor dieser Zeit abgeschafft wurde. Wir dürfen deshalb vermuten, daß Thefarie Velianas ein ›starker Mann‹ oder ›Tyrann‹ gewesen ist, der die Macht im Staat an sich gerissen hatte – so wie das um die gleiche Zeit nicht nur der Grieche Aristodemos in Cumae, sondern auch andere Etrusker (beispielsweise Lars Porsenna in Clusium) getan haben. Solche Diktatoren, die ihre Illegalität mit dem angesehenen Titel eines höchsten Beamten tarnten, waren oft nach inneren Unruhen an die Macht gekommen, wenn eine neue Schicht von Wohlhabenden entstanden war, die sich an die Stelle der alten Aristokratien und Oligarchien setzte.
Daß Thefarie Velianas der karthagischen Göttin Astarte, die ausdrücklich mit Uni *(Uniel Astres)* gleichgesetzt wird, seine Verehrung zollt, scheint zu bedeuten, daß es sich hierbei nicht nur um einen religiösen Akt handelt, sondern auch um eine politisch motivierte Geste mit dem Zweck, Caeres Bündnistreue gegenüber Karthago zum Ausdruck zu bringen. Die Schlacht von Alalia, in der Caeretaner und Karthager Seite an Seite gegen die Phoker gekämpft hatten, sollte die vor diesem Ereignis traditionell guten Beziehungen Caeres zu Griechenland noch weitere drei oder vier Jahrzehnte erheblich belasten. Was die Inschriften betrifft, so scheinen sie sogar eine gewisse Unterwürfigkeit des Herrschers von Caere gegenüber den Karthagern zu zeigen, die seinen Herrschaftsanspruch offenbar unterstützten. Vielleicht haben sie ihn sogar auf den Thron gebracht – oder ihn an der Macht gehalten, weil sie einen progriechischen Staatsstreich fürchteten.
Wie dem auch gewesen sein mag – fest steht jedenfalls, daß in den Jahren um die Wende vom 6. zum 5. Jahrhundert v. Chr. die Bedrohung, die von den Griechen auf Caere wie auf Karthago ausging, eher stärker als schwächer geworden war. Beide fürchteten die unversöhnliche Feindschaft der Griechen auf Sizilien, und außerdem mußten die Etrusker in der Campania von Cumae und dessen latinischen Verbündeten schwere Schläge hinnehmen. Das waren Niederlagen, die Caere stärker gespürt haben muß als jede andere etruskische Stadt, und zwar als Folge seiner geographischen Lage im südlichsten Zipfel von Etruria wie auch seiner Stellung als Seemacht, die es dieser Lage zu verdanken hatte. Das Fortbestehen des Bündnisses zwischen Caere und Karthago war demnach eine dringende Notwendigkeit.
Die Goldbleche mit den Inschriften kamen im sakralen Bezirk von Pyrgi zum Vorschein, und zwar in einem rechteckigen Gebäude, das zu einer

späteren Zeit, als verschiedene Bauten in diesem Bereich abgerissen wurden, zur Aufbewahrung von Wertgegenständen errichtet worden war.[35] Das Heiligtum selbst dürfte schon damals eine lange Geschichte hinter sich gehabt haben, denn der griechische Name Pyrgoi mit der Bedeutung ›Turm‹ scheint auf die mykenische Periode zurückzugehen.[36]
Im Laufe der Zeit hatte sich dieses Heiligtum zu der offenbar bedeutendsten sakralen Einrichtung im ganzen nichtgriechischen Italien entwikkelt – zu einem Kultzentrum, wie es in keinem von all diesen Territorien vorher je zu sehen war. Zu dem sakralen Bezirk in der Mitte des Gesamtkomplexes gehörten ein Altar und ein Brunnen, in dem man die Knochen eines Ochsen, eines Dachses, eines Ferkels und eines Hahns gefunden hat.

Es gibt Inschriften in griechischer Sprache über das Heiligtum von Pyrgi, nach denen es einer Gottheit mit Namen Leukothea oder Eileithyia geweiht gewesen sein soll. Die erstere war eine Meeresgottheit, die zweite eine Göttin des Gebärens, die schon lange vor dem 1. Jahrtausend v. Chr. verehrt worden ist. Wir wissen jedoch, daß der etruskische Name der an diesem Heiligtum verehrten Gottheit Uni (Hera, Iuno, Astarte) war, denn dieser Göttin hatte Thefarie Velianas das Heiligtum geweiht. Die Griechen haben Eileithyia oft mit Hera identifiziert und verwendeten sogar diesen Beinamen als Ehrentitel der Hera. In Pyrgi kam überdies eine Bronzetafel zum Vorschein, die sich auf den Kult der Uni bezieht und womöglich aus früherer Zeit stammt; schließlich hat man hier auch noch Votivinschriften auf Tontafeln gefunden, deren Texte sich ebenfalls mit der Verehrung dieser Göttin befassen.[37]

Beiderseits des zentral gelegenen geweihten Bezirks befinden sich die Reste von zwei parallel zueinander errichteten Tempeln, deren Fronten dem Meer zugewandt waren. Einer von ihnen, der ›Tempel B‹, ist um 500 v. Chr. gebaut worden. Der zweite, der ›Tempel A‹, stammt, wie man heute annimmt, aus der Zeit um 460–450 v. Chr. Das ältere der beiden Gebäude enthält einen einzigen geweihten Raum *(cella)* mit einer Säulenhalle davor, eine Anordnung, die einige Archäologen als rein griechisch und andere als einen Kompromiß zwischen griechischen und etruskischen Traditionen ansehen. Der Tempel aus späterer Zeit zeigt die typisch etruskische Aufteilung in drei Innenräume und einen Portikus an der Stirnseite, der von den verlängerten Seitenwänden umschlossen wird. Bruchstücke eines Hochreliefs vom vorderen Giebel zeigen den Kampf von Giganten. Das ist die älteste in Etruria entdeckte Plastik dieser Art, und sie erinnert stilistisch an den Fries des Zeustempels in Olympia, der 456 v. Chr. geweiht worden ist.

Man hat den Versuch unternommen, die beiden Tempel in Pyrgi mit gleichzeitigen politischen Entwicklungen in Caere in Verbindung zu bringen. Das wäre im Falle des älteren der beiden Heiligtümer, des ›Tempels B‹, leichter, wenn wir wüßten, daß er das Gebäude war, das Thefarie Velianas nach den Inschriften auf den Goldblechen gestiftet hat. Sollte dies tatsächlich der Fall sein, dann wäre das Heiligtum ein Monument zur feierlichen Bestätigung des Bündnisses zwischen Caere und Karthago. Einige Gelehrte, die diese Auffassung vertreten, glauben in der Konstruktion des Gebäudes sogar punische Einflüsse zu erkennen.

Der erst in späterer Zeit errichtete ›Tempel A‹ in Pyrgi ist jedoch von seinem Stil her rein griechisch. Man hat dort außerdem eine sehr große Zahl griechischer Votivgaben gefunden. Dazu gehören nicht weniger als 1500 Lampen vom griechischen Festland und den ostgriechischen Städten. Das ist ein ausreichender Beweis dafür, daß es in Pyrgi eine größere griechische Siedlung oder Handelsniederlassung gegeben hat, in der Kaufleute und Handwerker, vielleicht auch Kriegsgefangene oder Freunde der in dieser Gegend ansässigen etruskischen Adelsfamilien lebten. Aus diesem Grund hat man angenommen, die Regierung habe zu dieser Zeit eine vollständige außenpolitische Kehrtwendung vollzogen, sich prohellenisch orientiert und damit gegen die antihellenische, prokarthagische Politik von Thefarie Velianas gewandt. Diese Möglichkeit besteht durchaus, denn 480 v. Chr. hatten die Griechen (aus Syrakus) einer starken karthagischen Armee bei Himera (Imera) in Nordsizilien eine vernichtende Niederlage beigebracht. Die Folge war, daß der Einfluß Karthagos im mittleren Mittelmeerraum erheblich geschwächt wurde, und es ist sehr wahrscheinlich, daß der in späterer Zeit gebaute Tempel in Pyrgi ein Ausdruck des Bestrebens von Caere ist, sich durch eine griechenfreundliche Geste dieser neuen Lage anzupassen.

Es könnte sogar sein, daß es um diese Zeit zu einer offenen Konfrontation zwischen Caere und seinem bisherigen Verbündeten Karthago gekommen ist – und zwar am Atlantischen Ozean. Durch die Gründung einer Niederlassung in Gades (Cadiz) war es Karthago gelungen, einen beherrschenden Einfluß in Tartessus zu gewinnen. Das war ein bedeutender Erzhafen an der Mündung des Guadalquivir jenseits der Säulen des Herakles (der Straße von Gibraltar).[38] Diese Expansionsbestrebungen der Karthager führten zu einem direkten Konflikt mit den Griechen. Aber auch einige etruskische Städte hatten ein Interesse an diesem Teil der atlantischen Küste, denn sie trieben Handel mit Spanien, und dieser Handel muß vor allem in den Händen der bedeutendsten etruskischen Seemacht, Caere, gelegen haben. Es ist deshalb interessant, von dem Historiker Diodoros Siculus, der im 1. Jahrhundert v. Chr. gelebt hat, seine Informationen jedoch dem dreihundert Jahre älteren Timaios verdankt, zu erfahren, daß ›Etrusker‹, die auch hier mit den Caeretanern gleichzusetzen sind, auf einer Insel im Atlantischen Ozean eine Kolonie gründen wollten, aber von Karthago daran gehindert wurden. Diese Insel könnte Madeira gewesen sein.[39] Mit einem solchen Vorstoß in den fernen Westen hätte Caere das Monopol der Karthager als Lieferanten für das Zinn aus Gallien, Spanien und Cornwall brechen können. Das wäre nur möglich gewesen, wenn Caere die entsprechenden Seewege beherrscht hätte, denn die phokische Kolonie in Massalia, die zwar ihr Handelspartner war, hinderte sie daran, den Landweg durch das südliche Gallien zu den dahinterliegenden Zinngruben zu benutzen. Der Zeitpunkt des Konflikts zwischen Caere und Karthago um die Vorherrschaft an der atlantischen Küste ist ungewiß, aber wir dürfen annehmen, daß es um 460–450 v. Chr. dazu gekommen ist – allerdings unter der Voraussetzung, daß der jüngere der beiden Tempel in Pyrgi ein Beweis für die vermehrten Spannungen zwischen den beiden Mächten ist.

Beziehungen zum Süden

Caere hat seine Verbindungen zur Außenwelt nicht nur auf dem Seewege aufgenommen und gepflegt; wie nicht anders zu erwarten, hatte die Stadt auch Beziehungen zu anderen etruskischen Stadtstaaten, mit denen sie durch Verkehrswege über Land verbunden war. So führte die Via Cassia zum Beispiel nach Clusium, mit dem Caere Handelsbeziehungen unterhielt und dessen Kunst es beeinflußt hat. Schöne Bronzearbeiten, die man in Perusia ausgegraben hat, scheinen ebenfalls aus Caere zu stammen; und der dort gepflegte Stil hat sogar in dem Gebiet nördlich der Apenninen, im etruskisierten Bononia (Felsina), ein Echo gefunden.[40]

Die Beziehungen von Caere zu seinem nächsten Nachbarn im Norden, Tarquinii, waren auch weiter gespannt. Wir können das einer tarquinischen Inschrift entnehmen, in der von Feindseligkeiten die Rede ist. Auch mit seinem südlichen Nachbarn Veii hatte Caere Probleme. Obwohl Veii aller Wahrscheinlichkeit nach von Caere (vielleicht aber auch von Tarquinii) gegründet worden war, lag es in zu großer Nähe und war für Caere ein zu starker Konkurrent, als daß sich wirklich harmonische Beziehungen hätten entwickeln können. Es ist eine historische Tatsache, daß hier Spannungen bestanden. Die Folge war, daß sich Caere in die Arme des anderen Nachbarn von Veii warf, der jenseits des Tiber gelegenen Stadt Rom, mit der die Caeretaner über viele Jahre eine außerordentlich enge Freundschaft verband.[41] In Rom entdeckte Gräber aus der Zeit um 600 v. Chr. oder etwas später (Sant' Omobono) lassen in der Tat gewisse Einflüsse aus Caere erkennen. Die Beziehungen zwischen Caere und Rom wurden zu einem ganz wesentlichen Teil durch die Häfen und die Flotte von Caere bestimmt, denn die Römer selbst verfügten zu jener Zeit noch nicht über solche Einrichtungen. Die erste in Ostia angelegte römische Siedlung hatte die Salzpfannen schützen sollen, nicht aber einen Hafen. So benutzte Rom zur Zeit der etruskischen Monarchie und in den Anfängen der Republik die Häfen und Schiffe von Caere für den eigenen Überseehandel. Wenn Strabo erklärt, die Caeretaner seien »die einzigen Etrusker, die keine Seeräuber waren«, dann will er nicht nur zum Ausdruck bringen, daß sie ihre auswärtigen Beziehungen und den Handel hervorragend organisiert hatten, sondern zollt damit vor allem ihrer Politik gegenüber Rom die gebührende Anerkennung.

Entgegen der Ansicht mancher Historiker stammte die etruskische Königsfamilie in Rom, die Tarquinier, wahrscheinlich nicht aus Caere, aber die Beziehungen dieser Dynastie zu Caere waren so eng, daß Tarquinius Superbus und zwei seiner Söhne sich dorthin flüchteten, als sie in den letzten Jahren des 6. Jahrhunderts v. Chr. aus Rom vertrieben wurden.[42] Darüber hinaus wird berichtet, daß die Römer kurz vor der Vertreibung der Königsfamilie eine Abordnung zum Delphischen Orakel geschickt hätten. Dabei muß Caere eine Vermittlerrolle übernommen haben, denn, wie bereits erwähnt, war es die einzige nichtgriechische Stadt auf der italienischen Halbinsel, die ein eigenes Schatzhaus in Delphi besaß. Anfang des folgenden Jahrhunderts lieferte Caere Terrakottaskulpturen für römische Tempel. Griechische Keramiken aus der gleichen Periode, die man in Rom ausgegraben hat, stammen wahrscheinlich ebenfalls aus den Werkstätten dieser Stadt. Es stimmt zwar, daß in Vergils *Aeneis* der König von Caere, Mezentius, als brutaler Schurke und als Erzfeind des Aeneas dargestellt ist; andererseits aber legt Vergil besonderen Wert auf die Feststellung, daß die Bewohner von Caere diesen König schließlich abgesetzt und vertrieben haben, womit der Dichter zum Ausdruck bringen will, daß der Stadtstaat Caere mit Aeneas und mit Rom befreundet war.[43]

Da Caere den Römern seine Häfen und Schiffe zur Verfügung stellte, blieb es lange Zeit der wichtigste Partner von Rom – und erwartete natürlich auch gewisse Gegenleistungen. Das war vor allen Dingen der freie Zugang in das jenseits von Rom gelegene Latium. Dieses Verlangen wurde erfüllt, und Cato der Ältere berichtet im 2. Jahrhundert v. Chr., daß der oben erwähnte Mezentius den Latinern Tributzahlungen in

Form von Wein auferlegte.[44] Cato wie auch Vergil wollen mit ihren Berichten über diesen König zeigen, daß die Etrusker Latium beherrschten. Dies entsprach offenbar auch den Tatsachen. Jedenfalls steht mit Sicherheit fest – und das bildet den Hintergrund solcher Erzählungen –, daß Caere über lange Zeit hinaus Teile des latinischen Territoriums mit Zustimmung und Unterstützung Roms stark beeinflußt hat.

Das deutlichste Zeichen für die Vorherrschaft Caeres in Latium ist die auffallende Ähnlichkeit zwischen dem Schmuck und den Buccherokeramiken in den Gräbern von Caere aus seiner Blütezeit im 7. Jahrhundert v. Chr. und Gegenständen aus der gleichen Zeit, die in Gräbern bei Praeneste (Palestrina) in Latium gefunden worden sind. Diese Funde lassen sich tatsächlich nicht voneinander unterscheiden. Das mag zwar zum Teil auch damit zu erklären sein, daß beide Städte den gleichen Einflüssen ausgesetzt waren, die in beiden Fällen von Pithecusae und Cumae in der griechischen Campania ausgingen (wo viele dieser Luxusgüter für den Export nach Etruria und Latium hergestellt wurden). Aber die Ähnlichkeiten sind zu auffallend, als daß diese Erklärung allein genügen könnte. Caere und die caeretanischen Einwanderer in Praeneste müssen hier eine wesentliche Vermittlerrolle gespielt haben. Das Wort ›Vetusia‹ (die Deklinationsform eines männlichen oder weiblichen Vornamens) auf einem Silberbecher aus dem 7. Jahrhundert v. Chr., den man im Bernardini-Grab in Praeneste gefunden hat, ist vielleicht der Name eines jener Caeretaner gewesen. Ob diese Einflüsse so weit gingen, daß sie einer politischen Vorherrschaft gleichkamen, ist ungewiß; immerhin dürften sie stark genug gewesen sein, um das politische Geschehen entscheidend mitzubestimmen. Rom ist jedenfalls den Caeretanern bei ihrem Bemühen, ihren Einfluß auf diese Weise geltend zu machen, außerordentlich nützlich gewesen, denn es lag unmittelbar an der bequemsten nach Praeneste führenden Durchgangsstraße,[45] und Praeneste wiederum lag in der Nähe der später nach Osten und Süden führenden Via Latina.

Caere scheint auch noch einen anderen Verkehrsweg in die westlichen und südlichen Gebiete von Latium geöffnet zu haben. Zwischen Rom und der Küste sind bei neueren Ausgrabungen in der Nähe von Politorium (Castel di Decima) Beweise dafür gefunden worden, daß Caeres Einfluß sich auch auf dieses Gebiet erstreckte. Zu den Fundstücken gehören Broschen aus Gold und Bernstein, wie man sie auch in Caere selbst ausgegraben hat.[46] Politorium war praktisch eine selbständige etruskische Stadt und vielleicht politisch unabhängig von Caere. Was mag der Grund dafür sein, daß es um 630–620 v. Chr. – wahrscheinlich von den Römern – zerstört worden ist? Es gab in Latium noch einige andere rein etruskische Ortschaften, in denen der Einfluß von Caere deutlich spürbar war. Zu ihnen gehörte eine im Dreieck angelegte Gruppe von Dörfern, nämlich Velitrae (Veletri) an der späteren Via Appia, Satricum (Borgo Montello) weiter südlich auf der anderen Seite des gleichen Verkehrsweges und schließlich das weiter westlich gelegene Ardea. Bei Velitrae entdeckte Friese, die Paare bewaffneter Reiter und ein Gastmahl darstellen, sind Kopien von Reliefs in Caere,[47] und Gorgonenhäupter aus Terrakotta in Satricum gleichen ebenfalls in der Form entsprechenden Skulpturen aus Caere. An einer Stelle in Satricum, an der sich einst ein bedeutendes Heiligtum befand, kamen Buccherobecher ans Licht – Weihgaben eines gewissen Laris Velchainas, dessen Name sich auf einer Inschrift in einer Grabkammer in Caere wiederfindet. Man hat sogar mit einiger Berechtigung die These vertreten, das Heiligtum in Satricum sei eine Art Nebenstelle des Caeretaner Heiligtums in Pyrgi gewesen.[48]

Ein Heiligtum von ähnlicher Bedeutung, zu dem die Menschen aus vielen Ortschaften in dieser Region gepilgert sind, war das Fosso di Pratica in der Nähe eines kleinen Hafens, der zu Ardea gehörte. Den Archäologen ist hier übrigens eine topographische Besonderheit aufgefallen. Es gibt nämlich hinsichtlich der Lage Ardeas zu Fosso di Pratica überraschend viele Parallelen mit der Lage von Caere zu Pyrgi.[49] Dazu kommt, daß Ardea und Caere sehr enge Beziehungen zueinander unterhielten. Livius behauptet sogar, Ardea sei mit König Mezentius von Caere verbündet beziehungsweise ihm tributpflichtig gewesen.[50] Ardea war die Hauptstadt der Rutuler (Daunier), deren Führer in der *Aeneis* den etruskischen Namen Tyrrhenus trägt. Daunier sind es offensichtlich auch gewesen, die, wie bereits erwähnt, gemeinsam mit einem etruskischen Heer in den Jahren 525–524 v. Chr. in die Campania einfielen. Das etruskische Kontingent scheint aus Spina und Clusium im Norden gekommen zu sein, während sich die Caeretaner bei diesem Unternehmen möglicherweise durch ihre ardeatischen Verbündeten vertreten ließen. Caere hatte nämlich aufgrund seiner geographischen Lage und guten Verkehrsverbindungen enge Beziehungen zur etruskischen Campania. Ausgrabungen zeigen, daß es große Mengen von Buccherokeramiken nach Capua und in andere Städte dieser Region exportiert hat. Als Seemacht konnte es das auf dem Schiffswege tun, aber seine Beziehungen zu so vielen latinischen Städten zeigen, daß Caere im Lauf der Zeit auch von den wichtigsten Landverbindungen Gebrauch machte.[51] Doch die Interessen Caeres in der Campania müssen durch das griechische Cumae unter Aristodemos, der das etruskische Expeditionsheer in den Jahren 525–524 v. Chr. besiegte, ernsthaft bedroht gewesen sein. Schwer erschüttert wurde die Machtstellung Caeres außerdem durch die kriegerischen Unternehmungen der sizilianischen Stadt Syrakus, besonders durch jenes eine Unternehmen von 453 v. Chr., bei dem die Syrakusaner unter Einsatz von 60 Kriegsschiffen nicht nur Elba und Korsika überfielen, sondern auch viele Häfen auf dem Festland plünderten.

Während dieser Jahre orientierte sich die Außenpolitik Caeres in noch stärkerem Maße an der Freundschaft mit Rom. Dies erklärt auch das Verhalten der Caeretaner in jenem Krieg, den die Römer Ende des 4. Jahrhunderts v. Chr. gegen ihre und Caeres gemeinsame etruskische Nachbarstadt Veii führten und bei dem es für beide Seiten ums Überleben ging. Caere nämlich kam in diesem Krieg seinen eigenen Landsleuten in Veii nicht zu Hilfe, und das hat wesentlich dazu beigetragen, daß Veii besiegt wurde und nun nicht mehr zu den mächtigsten Stadtstaaten in diesem Gebiet gerechnet werden konnte.[52] Die Caeretaner hatten geglaubt (später stellte sich heraus, daß dies eine Täuschung gewesen war), daß ihnen die Freundschaft mit Rom mehr von Nutzen sein werde als die mit ihren etruskischen Nachbarn, und deshalb verfolgte die Stadt auch weiterhin ihre römerfreundliche Politik. Als der römische Feldherr Camillus zur Feier des Sieges über Veii dem Heiligtum des Apollon in Delphi eine goldene Schale stiftete, hat Caere, das dort bekanntlich ein Schatzhaus besaß, die Vermittlerrolle für Rom in Delphi übernommen. Und als um 387 v. Chr. die Gallier unter ihrem König Brennus von Norden her die Stadt Rom angriffen und vorübergehend besetzten, leistete Caere den Römern abermals aktive und wertvolle Hilfe. Es nahm nicht nur die geweihten Gegenstände aus den römischen Heiligtümern in Verwahrung, sondern übte auf Brennus militärischen Druck aus, um ihn zur Räumung Roms zu veranlassen, eine Initiative, die vielleicht entscheidend zu seinem Abzug beigetragen hat. Caere war auch weiterhin bereit, Rom zu unterstützen, denn die Griechen bedrohten mit ihren Raubzügen den zu Caere gehörenden Küstenstreifen, und die Caeretaner hofften, daß Rom ihnen ihre Bündnistreue vergelten werde.

Die Römer belohnten diese freundschaftliche Haltung der Caeretaner damit, daß sie der Stadt besondere Vorrechte gewährten. Beide stellten sogar zweimal ein gemeinsames Expeditionskorps aus Siedlern zusammen, das zur Gründung neuer Kolonien ausgesandt wurde, und zwar einmal eines in den Jahren 378–377 v. Chr. nach Sardinien und ein zweites 357–354 v. Chr. nach Korsika. Die historischen Quellen sprechen zwar nur von römischen Siedlern; doch war Caere mit Sicherheit an diesen Unternehmungen beteiligt, und es stellte auch die nötigen Schiffe zur Verfügung.[53] Caere reagierte hiermit auch auf die fortgesetz-

ten Übergriffe von seiten der Syrakusaner, die 384 v. Chr. das Territorium von Caere mit starken Kräften angegriffen und in Pyrgi eine große Menge Gold geraubt hatten.
Doch schließlich kamen den Caeretanern Bedenken im Hinblick auf ihre Freundschaft mit Rom, das nach der Annexion von Veii im südlichen Etruria allzu mächtig geworden war. Diese Entwicklung beunruhigte die Caeretaner so sehr, daß sie schließlich ihre freundschaftliche Haltung gegenüber Rom um 353 v. Chr. aufgaben und sich mit Tarquinii vereinigten, um sich der für sie demütigenden Abhängigkeit von den Römern zu entziehen. Es gelang den Römern jedoch sehr bald, diese Revolte niederzuschlagen, und sie schlossen großmütig einen hundertjährigen Frieden oder Waffenstillstand mit Caere. Römische Adelige haben im 4. Jahrhundert v. Chr. immer noch ihre Söhne in diese bedeutende Stadt mit ihrer kosmopolitischen Atmosphäre geschickt, wo sie die etruskische Sprache und Literatur studierten und vielleicht auch das Griechische erlernten.[54] In Caere wurden damals große Mengen von Keramiken mit roten Figuren hergestellt, aber die Geschichte der Stadt als unabhängige politische Macht war ein für allemal zu Ende.

10. Vulci

Reichtum und Kunst

Im Süden von Tarquinii lag Caere; sein nördlicher Nachbar hingegen war Vulci. Die Höhe, auf der man die Stadt erbaut hatte, ist zwar heute zum erstenmal seit der Antike von kultiviertem Land umgeben, erhebt sich aber über einer eigenartig verlassenen, öden Landschaft, die uns in keiner Weise mehr daran erinnert, welch bedeutendes Zentrum sich hier einst befunden hat. Abgesehen von den Aufzeichnungen in den Katalogen der Geographen gibt es in den Werken griechischer oder römischer Schriftsteller nicht einen einzigen Bericht über die alte Stadt und ihre Geschichte. Dies steht im scharfen Gegensatz zu den überaus reichen Funden an Schmuck, Metallarbeiten, Keramiken und anderen Gegenständen aus der Antike, die seit den 20er Jahren des vorigen Jahrhunderts auf den Gräberfeldern von Vulci entdeckt worden sind. Der Anstoß zur Ausgrabung dieser Stadt ging von Napoleons Bruder Lucien Bonaparte, Fürst von Canino aus, der, nachdem durch Zufall auf seinem Besitz beim Pflügen eines Ackers einige dieser Gegenstände ans Licht gekommen waren, Tausende von Artefakten ausgraben ließ (seine Frau übrigens erschien auf den Festen der britischen Gesandtschaft mit etruskischen Juwelen behängt).[1] Im Jahre 1842 wurde sogar von einigen behauptet, an dieser Stelle seien reichere Funde gemacht worden als in Pompeii und Herculaneum.

In alter Zeit war Vulci offenbar einer der ersten Orte gewesen, an denen die Urbanisation einsetzte, die Verbindung mit griechischen Märkten und Kolonien aufgenommen wurde und sich als Folge dieser Entwicklung sehr rasch Wohlstand ausbreitete. Die Stadt hat zwar nicht so bald eine führende Rolle gespielt wie Tarquinii und Caere, sich aber doch in ganz ähnlicher Weise und zu einem durchaus ebenbürtigen Gemeinwesen entwickelt. Als Caere begann, Tarquinii von Süden her den Rang abzulaufen, machte sich Vulci bereit, von Norden her das gleiche zu tun.

Den Anstoß zu dieser Entwicklung gab auch hier wiederum die Ausbeutung der Erzvorkommen in der unmittelbaren Nachbarschaft, aber die Gruben lagen nicht im Tolfagebirge, sondern in der weiter nördlich gelegenen Catena Metallifera. Diese erzreiche Gebirgskette erstreckt sich bis fast an den Unterlauf des Flusses Fiora, an dem die Stadt lag,[2] und die Bewohner von Vulci konnten die Erze im gesamten Flußtal ausbeuten. Außerdem gab es reiche Metallvorkommen am Berg Amiata in unmittelbarer Nähe des Oberlaufs der Fiora, und diese Erze wurden allem Anschein nach ebenfalls von Vulci abgebaut – solange bis Clusium schließlich die meisten dieser Gruben in Besitz nahm. Wie in den anderen Fällen auch, wurden angesichts dieser reichen Metallvorkommen die griechischen Händler und Siedler aus der Campania hierhergelockt, was den Bewohnern dieser Gegend wiederum die beste Gelegenheit gab, ihren Wohlstand noch zu vermehren. Das alles veranlaßte die Dörfer auf dem Plateau schließlich, sich gegen Ende des 8. Jahrhunderts v. Chr. zusammenzuschließen. Zu jener Zeit hatte die Kultivierung dieses Gebiets schon gewisse Fortschritte gemacht; nun aber ging es plötzlich mit Riesenschritten weiter voran.

Die Entwicklungsgeschichte von Vulci läßt sich aus den relativ unbedeutenden Funden, die im ehemaligen Stadtgebiet gemacht worden sind, kaum rekonstruieren; dagegen haben uns die Reste ungewöhnlich großer Gräberfelder im weiten Umkreis erstaunlich viel zu sagen. Schon 1856 hatte man mehr als 15000 Gräber geöffnet, und das war nur der Anfang. Die Beziehungen der Schöpfer dieser großen Grabmonumente der Frühzeit zu den griechischen (euboiischen) Märkten von Cumae und Pithecusae sind deutlich erkennbar. In Vulci gefundene Vasen im ›geometrischen‹ Stil aus dem letzten Viertel des 8. Jahrhunderts v. Chr.

liefern die Bestätigung für den Aufenthalt griechischer Kaufleute oder Töpfer in dieser Stadt, denn die Gefäße sind von örtlichen Handwerkern ihren Modellen nachgearbeitet worden.[3] Überdies kamen im sogenannten Polledrara-Grab (um 600 v. Chr.) wie auch in anderen Gräbern sehr schöne Goldarbeiten zum Vorschein, die in den campanischen Zentren (wenn nicht in Vulci selbst) hergestellt sein könnten.[4] Zu ihnen gehören ein fein granuliertes Halsband und mit eingeritzten Mustern bedeckte Straußeneier in Fassungen aus Gold und Elfenbein, die griechische und orientalisierende Motive zeigen. Auch Diademe in verschiedenster Ausführung sind Modellen aus dem Nahen Osten nachgebildet. Besonders groß ist der Variationsreichtum bei den Ohrringen. Hierbei gibt es ein Paar in der Form durchbrochen ziselierter, runder Scheiben (ursprünglich besaßen sie in der Mitte eine Einlage, die jedoch leider verlorengegangen ist). Solche Ohrringe waren damals in Syrien Mode, und vielleicht sind sie oder ihre Modelle über den euboiischen Handelsposten von Al Mina nach Vulci gelangt. Eine bei Vulci ausgegrabene Bronzebüste stellt eine Frau dar, die einen gehörnten Vogel trägt.[5] Ihre Frisur hat starke Ähnlichkeit mit den Haartrachten, wie wir sie von einer Reihe syrischer Elfenbeinskulpturen her kennen, erinnert aber auch an gewisse griechische Plastiken. Man denkt dabei in erster Linie an die berühmte Bildhauerschule, die einst auf der zwischen Syrien und Griechenland liegenden Insel Rhodos bestand. Einige Gelehrte nehmen sogar an, die besagte Bronzebüste sei ein Original und direkt aus Rhodos importiert worden; mit größerer Wahrscheinlichkeit jedoch handelt es sich um eine in Vulci hergestellte Kopie.[6] Man hat vermutet, die Statuette stelle die ägyptische Göttin Isis dar; nach ihr ist auch das Grab, in dem sie zum Vorschein kam, benannt worden. Im gleichen Grab befand sich auch ein Skarabäus des ägyptischen Pharao Psammetichos (Psamtik) I. (um 663–610 v. Chr.). Aus dem übrigen Inhalt der Grabkammer hat man allerdings geschlossen, daß dieser Gegenstand und daher auch das Grab selbst erst aus den ersten Jahren des folgenden Jahrhunderts stammen.
Die Gräberfelder von Vulci besitzen ihren eigenen, sehr charakteristischen Typus von Kammergräbern mit nach oben hin offengelassener Vorkammer.[7] Heute gibt es hier nur noch drei mit Erdhügeln bedeckte Gräber, aber eines von ihnen ist das größte seiner Art in ganz Etruria. Es stammt aus der Zeit um 560–550 v. Chr. und trägt den nicht so ganz einleuchtenden Namen Cuccumella, ›kleine Kaffeekanne‹. Der sich über der Umfassungsmauer auftürmende riesige Erdhügel bedeckt eine kreisförmige Fläche von 65 Metern im Durchmesser.[8] Im Inneren des Monuments befand sich zuunterst ein labyrinthisches Gewirr von Gängen. Ursprünglich krönten das Grabmal zwei zehn oder zwölf Meter hohe

Türme – der eine von zylindrischer, der andere von konischer Form; beide waren aus Steinblöcken erbaut worden, die man ohne Verwendung von Mörtel zusammengefügt hatte.[9] Dieses gewaltige Bauwerk konnte nur das Grabmal eines der mächtigen Herrscher von Vulci sein, wenn es nicht als Heiligtum und Denkmal zu Ehren eines der legendären Heroen aus Vulci errichtet worden war, auf die wir später noch zurückkommen. Auf jeden Fall ist es Ausdruck der Macht und Größe von Vulci in seiner Blütezeit.

Um diese Zeit gehörte die Stadt offensichtlich zu den wohlhabendsten in ganz Etruria. Korinthische Vasen wurden in großer Zahl importiert, und die Bewohner von Vulci gingen sehr bald daran, solche Keramiken nachzuarbeiten. Dabei entstand hier die erste bedeutende Schule des sogenannten ›etruskisch-korinthischen‹ Stils der polychrom bemalten Vasen. Diese Gefäße waren für den Export von Öl bestimmt; aber auch Wein wurde von Vulci in Tonkrügen eigener Herstellung nach Frankreich und in andere Länder verkauft.[10] Auf den ersten Blick hat man den Eindruck, hier sei ein neues Wirtschaftssystem entstanden, gründete doch Vulci seine Wirtschaft augenscheinlich nicht wie die anderen Städte im südlichen Etruria ausschließlich auf den Metallhandel. Zwar hatte Vulci seine Urbanisierung und seinen Wohlstand ebenfalls in erster Linie dem Handel mit Erzen zu verdanken, aber es entwickelte obendrein einen bedeutenden Exporthandel mit landwirtschaftlichen Erzeugnissen.

Wie wir es bereits von anderen Städten her kennen, folgten auch in Vulci auf die korinthischen Vasen Keramiken aus Ionia oder im ionischen Stil. Als griechische Handwerker in der zweiten Hälfte des 6. Jahrhunderts v. Chr. vor den Persern flohen, die ihre ionische Heimat bedrohten, und nach Etruria kamen, errichteten einige von ihnen Keramikwerkstätten in Vulci. Zahlreiche Funde lassen erkennen, daß es hier tatsächlich eine bedeutende Werkstatt gegeben haben muß, in der prächtige Vasen mit schwarzen Figuren hergestellt wurden, die man fälschlich als ›pontische‹ Keramiken bezeichnete.[11] Zu Beginn dieser Periode finden wir eine ganze Anzahl von Vasen, die unverkennbar aus der Hand ein und desselben Künstlers stammen. Es handelt sich um den sogenannten ›Maler des Paris‹ (um 550–540 v. Chr.). Zwar erkennt man bei ihm auch noch den Einfluß anderer Stilrichtungen, doch entwickelt er bei seinen Darstellungen mythologischer Szenen eine ganz persönliche Handschrift – dazu gehört beispielsweise, daß er die weiße Farbe bevorzugt. Den Namen des Künstlers kennen wir nicht, und ebensowenig wissen wir, ob er Grieche oder Etrusker gewesen ist. Seine Nachfolger lassen sich indessen mehr oder weniger leicht als etruskische Vertreter dieses

neuen, ›pontischen‹ Stils mit seiner ausgesprochen vitalen Malweise einstufen.[12]
Entsprechend der in ganz Etruria fortschreitenden Entwicklung, in deren Verlauf gegen Ende des 6. Jahrhunderts v. Chr. die ionischen Einflüsse allmählich von den attischen (athenischen) verdrängt wurden, veränderten die ›pontischen‹ Maler zusehends Formen, Stil und Motive der Vasen. Denn um diese Zeit gelangten große Mengen attischer Keramiken mit schwarzen Figuren nach Vulci. An keinem anderen Ort in Etruria kamen Keramiken dieser Art in solcher Anzahl zum Vorschein wie hier. Innerhalb von etwas mehr als hundert Jahren haben die Ausgräber buchstäblich Tausende von Tongefäßen – beziehungsweise deren Fragmente – zutage gefördert. Nicht weniger als 40 Prozent aller attischen Tongefäße mit schwarzen Figuren, die man in Etruria entdeckt hat, stammen aus Vulci. Im 5. Jahrhundert v. Chr., als sie an sämtlichen anderen Orten bereits von den Vasen im rotfigurigen Stil verdrängt wurden, stieg ihr Anteil hier, in Vulci, sogar auf 50 Prozent. In keiner anderen etruskischen Stadt, ja nicht einmal in Griechenland, finden wir an irgendeiner Stelle eine solche Fülle griechischer Keramiken, die uns das genaue Studium der griechischen Töpferkunst ermöglichen. Zwar fanden die Künstler in Vulci ebensowenig Gefallen an dem vollendeten, reifen athenischen Klassizismus wie die Künstler in den Werkstätten anderer etruskischer Orte, aber sie imitierten bereitwillig die schwarzfigurigen wie die rotfigurigen Keramiken, gingen dabei allerdings bisweilen mit der Ikonographie der griechischen Mythen recht großzügig um.
Vulci war eines der bedeutendsten Kunstzentren in Etruria. Nicht nur, daß seine Bewohner riesige Mengen von Keramiken importierten – sie stellten sie auch selbst her. Bemerkenswert ist außerdem die Tatsache, daß die Künstler in Vulci sogar damit begonnen haben, Plastiken aus Stein zu meißeln. Aus Mangel an geeignetem Material sind solche Kunstwerke im übrigen Etruria kaum hergestellt worden. Man hat zwar auch in Vetulonia vereinzelt Steinskulpturen gefunden, doch das eigentliche Zentrum der Steinbildhauerei war Vulci.[13] Die Bildhauer verwendeten das hier gebrochene vulkanische Gestein, den stumpfgrauen oder grau-rosa *nenfro*. Bei der Herstellung von Skulpturen für die Eingänge der Grabkammern oder Mausoleen folgten sie ihren Kollegen aus Vetulonia und ließen sich von der griechischen Schule der Bildhauerei anregen. Diese Schule hatte ihre Methoden um die Mitte des 7. Jahrhunderts v. Chr. auf der Insel Rhodos, auf Kreta und auf der Peloponnes entwickelt. Die Bildhauer dort hatten sich zunächst von syrischen Vorbildern inspirieren lassen, brachten es aber dann zu ganz eigenständigen Leistungen. Auch in Vulci entstand ein vollkommen eigener Stil.

So zeigt die Statue eines Kentauren aus dem 6. Jahrhundert v. Chr. eine bemerkenswerte Naivität, Kraft und Vitalität. Die aus der Zeit um 550–530 v. Chr. stammende Plastik eines Mannes, der auf einem Seepferd reitet, ist ein weiteres sehr lebendiges Beispiel für diese künstlerischen Bemühungen, und man spürt deutlich den Einfluß ionischer Vorbilder. Der gleichen Zeit gehören gewisse weibliche Statuetten an, deren Schöpfer sehr stark von den Griechen in Süditalien beeinflußt waren. Charakteristisch für die in Vulci entstandenen Arbeiten aus dem späten 6. Jahrhundert v. Chr. sind die stilisierten Löwen, die hier etwa 20 bis 35 Jahre später geschaffen wurden als ähnliche Skulpturen in Tarquinii. Bei einem aus *nenfro* hergestellten Löwen, der in Vulci ausgegraben wurde, hat sich der Künstler einer eigenartigen Technik bedient; der Körper des Tieres wie seine Mähne sind mehr gezeichnet als modelliert, das gleiche gilt übrigens auch für die Muskeln.
Die bedeutendsten künstlerischen Leistungen hat Vulci jedoch auf dem Gebiet der Bronzeverarbeitung vollbracht. Ob die im Grab der Isis gefundene Statue aus der Zeit um 600 v. Chr. in Vulci gegossen wurde, wissen wir nicht, aber nach 540 v. Chr. war die Stadt der Mittelpunkt einer blühenden Bronzeindustrie und ebenso wie auf dem Gebiet der Steinskulpturen führend in ganz Etruria.[14] Die hier hergestellten Bronzen wurden gegossen und sehen daher ganz anders aus als die gehämmerten Bronzearbeiten aus Caere. Wir finden unter ihnen eine Vielzahl sehr schöner Stücke, die als Votivgaben gedacht waren; ebenso zahlreich sind aber auch Hausgeräte und Kultgegenstände wie Dreifüße, Weihrauchbecken, Kerzenleuchter, Amphoren mit figürlichen Henkeln oder Griffen und tanzende Mänaden.
Griechische, insbesondere ionische Einflüsse sind bei diesen Metallarbeiten keineswegs die Ausnahme; qualitativ jedoch stehen solche Artefakte ihren griechischen Vorbildern in keiner Weise nach. Wenn die Griechen sich besonders lobend über etruskische Bronzearbeiten geäußert haben, dann handelte es sich dabei in erster Linie um solche aus Vulci. Auf der Akropolis in Athen hat man das Bruchstück eines Dreifußes aus Bronze gefunden, der wahrscheinlich in Vulci hergestellt worden ist.[15] Und doch ist Athen nur einer der zahlreichen Orte, die solche Bronzearbeiten eingeführt haben. Bronzen aus Vulci findet man nicht nur in anderen Teilen von Etruria, sondern beispielsweise auch auf Korsika, in Latium, in Rom, in Süditalien[16] und sogar in Norditalien, wo Vulci an der Kultivierung der Poebene beteiligt gewesen ist; in besonders großer Zahl kamen sie in Spina zum Vorschein.[17]
Bronzen aus Vulci oder dort hergestellte Kopien, die sich von den Originalen nicht unterscheiden lassen, sind sogar an der nordafrikani-

schen Küste bei Karthago ausgegraben worden. Das legt die Vermutung nahe, daß sich Vulci im 6. Jahrhundert v. Chr. irgendwie an den Handelsbeziehungen zwischen Caere und Karthago beteiligt hat. Als Konkurrent der phokischen Griechen hat Vulci diese Geschäfte wahrscheinlich zumindest teilweise über die karthagischen Siedlungen auf Sardinien abgewickelt; dafür sprechen auch verschiedene Gegenstände sardischer Herkunft, die erst vor kurzem in einigen Gräbern bei Vulci entdeckt wurden. Bronzearbeiten der in Vulci hergestellten Art sind sogar bis nach Mitteleuropa gelangt.[18]

Zwar lassen sich die in ausländischen Werkstätten angefertigten Kopien nicht immer von den in Vulci selbst hergestellten Originalen unterscheiden, doch eines steht fest: Die Produktivität seiner Bronzewerkstätten muß gewaltig gewesen sein. Es ist bekannt, daß es in unmittelbarer Nähe von Vulci reiche Kupfervorkommen gab; dennoch müssen wir uns fragen, ob sie für den immensen Bedarf der so leistungsfähigen Werkstätten tatsächlich ausgereicht haben. Sollte das nicht der Fall gewesen sein, dann muß Vulci einen Teil seines Kupferbedarfs aus Importen gedeckt haben. Dies wäre auch möglich gewesen, verfügten die Einwohner Vulcis doch über zahlreiche andere Produkte, die sie gegen das benötigte Metall hätten eintauschen können. Sie exportierten beispielsweise, wie bereits erwähnt, Wein nach Sizilien und Südfrankreich, und die Stadt hatte diesem Handel einen großen Teil ihres Wohlstands zu verdanken.[19] Das werden wir noch besser verstehen, wenn wir uns einen kurzen Überblick über das Gebiet verschaffen, das zu Vulci gehörte, sowie über seine Häfen.

Vulcis Territorium und seine Häfen

Die beiden für Vulci bedeutsamsten Gegenden in seinem Hinterland waren die Flußtäler der Fiora (bei den Römern Armentae oder Arnine) und der Albegna (Albinia).[20] Beide Flüsse besaßen ein weites Einzugsgebiet, das im 7. Jahrhundert v. Chr. bereits intensiv kultiviert war. Das Fioratal, in dem auch Vulci selbst gelegen war, hatte allerdings noch größere Bedeutung als das der Albegna. Hier wurden reiche Funde gemacht, und die ältesten davon reichen bis in das frühe 1. Jahrtausend v. Chr. zurück. Das Landschaftsbild wurde von Höhenzügen vulkanischen Ursprungs geprägt. Durch diese gebirgige Landschaft hatten sich im Laufe der Zeit die Fiora wie deren Nebenflüsse ihren Weg gebahnt und dabei tiefe Täler und zerrissene Schluchten hinterlassen. Eine der bedeutendsten Siedlungen in dieser Region war Poggio Buco. Man hat

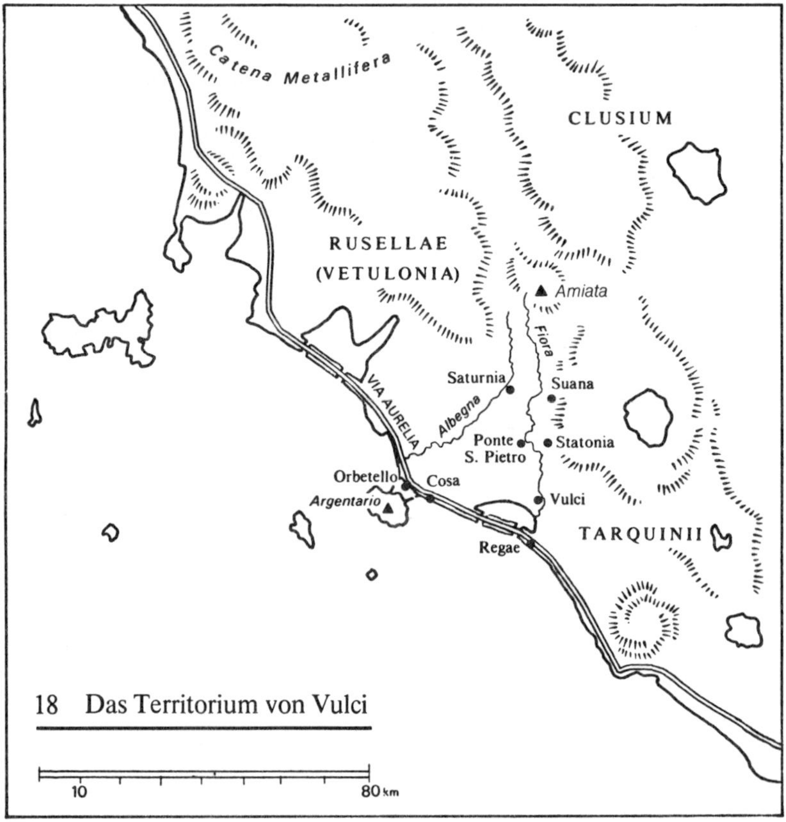

18 Das Territorium von Vulci

hier Bleikugeln gefunden, die als Geschosse für Schleudern verwendet worden waren; sie stammen allerdings aus relativ später Zeit. Die Kugeln tragen die etruskische Inschrift ›Statnes‹, und das ist der Name einer Ortschaft, die später bei den Römern Statonia hieß. Die Höhe, auf der dieser Ort lag, beherrschte eine strategisch wichtige, über die Fiora führende Furt an einer Straße, die von der Küste ins Landesinnere führte, und außerdem überblickte man von hier die Stelle, an der zwei kleinere Nebenflüsse in die Fiora mündeten. Die drei Wasserläufe schützten den Ort nach Westen, Osten und Norden. An der Südseite stand die Akropolis, die durch einen künstlich angelegten Graben und Wall von der übrigen Siedlung getrennt war. Man nimmt an, daß es sich hierbei um die älteste Befestigungsanlage in Etruria handelt.
Statonia erlebte seine Blütezeit im 7. Jahrhundert und in der ersten Hälfte des 6. Jahrhunderts v. Chr. Mit dem 21 Kilometer von hier

entfernt gelegenen Vulci war es durch eine am Fluß entlangführende Straße verbunden. Statonia ermöglichte es den Bewohnern Vulcis, dieses Gebiet zu erschließen und es politisch wie kulturell in ihren Einflußbereich zu bringen. Vor allem aber befand sich hier ein Zwischenlager für die im Amiata geschürften Erze, die für die wirtschaftliche Entwicklung von Vulci eine so große Bedeutung hatten.[21] Der Ort ist jedoch im Verlauf des 6. Jahrhunderts v. Chr. allmählich verlassen worden. Aus irgendwelchen Gründen hielt es Vulci nicht mehr für notwendig oder wünschenswert, Statonia besetzt zu halten. Vielleicht konnte man es nicht mehr verteidigen, oder Vulci hatte den größten Teil der Erzgruben am Amiata an Clusium verloren.
Von Vulci aus stromaufwärts lag Suana (das etruskische Sveama [?] – sein heutiger Name ist Sovana) auf einem vulkanischen Felsen unmittelbar am Flußufer zwischen den Mündungen zweier Nebenflüsse. Die alte Siedlung Suana ist bis heute nicht gefunden worden; ihre Existenz wird jedoch durch viele Gräber aus dem 7. und 6. Jahrhundert v. Chr. bewiesen,[22] die Gegenstände aus Vulci bargen. Offensichtlich gehörte also auch dieser Ort zu den Außenposten von Vulci. Die hier gefundenen Gegenstände gleichen den im benachbarten Statonia ausgegrabenen, und genauso wie Statonia ist auch Suana später verlassen worden. Doch bevor das geschah, hatte Vulci seinen Einfluß dort schon verloren, denn ein Wandgemälde im François-Grab von Vulci zeigt den Kampf zwischen Kriegern aus Vulci und Suana.
Man hat heute zwei aus Suana hinausführende Straßen festgestellt. Eine von ihnen verbindet den Ort mit dem etwas weiter im Westen gelegenen Saturnia, das bei den Etruskern Urina und bei den Römern Aurinia hieß.[23] Von hier aus überblickt man das fruchtbare Tal der Albegna, durch dessen oberen Teil die zweite, nach Norden führende Versorgungsstraße von Vulci verlief, die die Stadt mit Clusium und dessen Hinterland verband. Saturnia lag auf einer Kuppe aus porösem Gestein (Travertin) am Zusammenfluß der Albegna mit einem Nebenfluß und im Zentrum eines komplexen Netzes von Verkehrswegen. Es gibt zwar keinen konkreten Nachweis dafür, daß diese Ortschaft zu Vulci gehört hat, aber sowohl die geographische Lage als auch die bisherigen archäologischen Forschungsergebnisse legen eine solche Vermutung ziemlich nahe. Anfang des 5. Jahrhunderts v. Chr. ist der Ort jedoch ebenso wie andere von Vulci abhängige Siedlungen für längere Zeit verlassen worden, und das ist vielleicht auch hier im Gefolge von Grenzberichtigungen geschehen.
Wir müssen annehmen, daß der Stadtstaat Vulci eine eigene Flotte besessen hat, denn sein umfangreicher Überseehandel ließ sich kaum auf

Schiffen bewerkstelligen, die anderen Mächten gehörten. Im Gegenteil – Vulci war möglicherweise sogar eine so bedeutende Seemacht, daß es seine Schiffe auch anderen etruskischen Stadtstaaten, wie etwa Clusium, zur Verfügung stellen konnte. Zu etruskischer Zeit hat es zudem in der Küstenebene bei Vulci wahrscheinlich noch ausgedehnte Pinienwälder gegeben, in denen das für den Schiffsbau benötigte Holz geschlagen wurde. Die zu Vulci gehörende Küste war länger und stärker gegliedert als die seiner Nachbarn im Süden. Sie erstreckte sich von einem Punkt jenseits der Albegnamündung bis zur Fioramündung, und durch diesen Küstenstreifen verlief auch die spätere römische Via Aurelia, die die etrurischen Küstenstädte miteinander verband.

Ebenso wie Tarquinii und Caere lag Vulci selbst ein Stück weit von der Küste entfernt an einem gut geschützten Platz und brauchte einen oder mehrere Häfen für seine Schiffe. 36 Kilometer westlich der Stadt befand sich das Vorgebirge Argentarius, der heutige Argentario.[24] Nach den für diese Küste typischen, durch Erosion bedingten Verschiebungen der Wasserlinie ist der Argentario jetzt auf beiden Seiten durch Sanddünen mit dem Festland verbunden. Diese aus Sand und Schlick bestehenden Dünen sind im Lauf der Jahrhunderte durch die Brandung angespült worden und umrahmen eine Lagune. Auf einer dritten, vom Festland ausgehenden Düne liegt die Stadt Orbetello.[25] Die westliche der beiden Landengen hatte sich zu antiker Zeit noch kaum entwickelt, und die Lagune war auf dieser Seite gegen das Tyrrhenische Meer offen.[26] Auch auf der gegenüberliegenden Seite befand sich eine Öffnung, denn durch die östliche Landenge führten zwei Kanäle.

In alter Zeit verfügte Orbetello daher über einen hervorragenden Hafen, der aus einer allseits geschützten Meereslagune bestand, die aber nach zwei Seiten Durchfahrten ins offene Meer zuließ. Es überrascht deshalb nicht, daß es hier schon im 8. Jahrhundert v. Chr. eine etruskische Siedlung gab, die auch in der Folgezeit ununterbrochen bewohnt gewesen ist. Bisher hat man noch keine Spuren der alten Küstenstadt entdeckt, aber ein etruskischer Friedhof in der Nähe von Orbetello beweist das Vorhandensein und den Reichtum der antiken Hafenstadt.

Zu etruskischer Zeit trug der Ort wahrscheinlich den Namen Cusa.[27] Bei den Römern hieß das etwa 7 Kilometer südöstlich davon gelegene heutige Ansedonia Cosa oder Cosae. Man hat angenommen, daß auch dies eine etruskische Hafenstadt gewesen sei, aber Ausgrabungen haben eindeutig das Gegenteil bewiesen. Ansedonia ist vielmehr erst im 3. Jahrhundert v. Chr. als römische Kolonie gegründet worden, und auch die von hier in die innere Lagune führenden Kanäle sind nicht von den Etruskern, sondern von den Römern angelegt worden, obwohl einer der Kanäle als ›etruskischer Einschnitt‹ (Tagliata Etrusca) bezeichnet wird.[28] Der etruskische Hafen von Argentario war nicht Cosa, sondern Orbetello.

Eine in Orbetello gefundene Sphinx aus vulkanischem Gestein zeigt, daß die Stadt unter dem Einfluß von Vulci gestanden hat,[29] und ein Blick auf die Karte bestätigt, daß die Hafenstadt auf dem Territorium von Vulci lag.[30] Die von den Etruskern angelegten Häfen müssen wir, wenn wir sie näher betrachten, in zwei Kategorien einteilen. Es gab Häfen, die in unmittelbarer Nähe der Städte lagen, zu denen sie gehörten. Dies ist zum Beispiel bei Piraius und Athen der Fall oder bei Kenchreai Lechaion und Korinth. Auf Etruria bezogen, lassen sich hiermit solche Häfen vergleichen wie Graviscae und Pyrgi für Tarquinii und Caere. Es gab aber auch noch eine andere Kategorie von Häfen auf den Territorien der etruskischen Stadtstaaten – Häfen nämlich, die zu weit von den Städten selbst entfernt lagen, als daß man sie im gleichen Sinne als Häfen dieser Städte hätte bezeichnen können. Um hier abermals ein Beispiel aus dem griechischen Raum zu geben: Solche Häfen waren Thorikos für Athen und Krommyon für Korinth. Dem entspräche auf etruskischer Seite das Verhältnis von Dikaiarchia (Puteoli) und Palaiopolis (Neapolis, Neapel) zu Cumae. Ganz ähnlich muß es sich auch im Falle von Orbetello und Vulci verhalten haben. Es war jedoch von vornherein anzunehmen, daß Vulci außerdem noch einen eigenen Hafen ganz in der Nähe besaß, vergleichbar mit Caeres Hafen Pyrgi. Die geeignetste Stelle für einen Hafen von Vulci lag nicht weit von der Mündung der Fiora, knappe zehn Kilometer von der Stadt entfernt, wo sich der Fluß, wie alte Karten zeigen, in eine Meereslagune ergoß. Ein antiker Reiseführer, das *Itinerarium Maritimum*, spricht sogar ausdrücklich von einem Hafen an dieser Flußmündung. Außerdem liegen die bedeutendsten Begräbnisstätten von Vulci am Unterlauf der Fiora, und schon seit dem 2. Jahrtausend v. Chr. führte hier eine Straße den Fluß entlang. Es überrascht daher nicht, daß etwa 5 Kilometer südlich der Fioramündung die Hafenstadt Regae gelegen hat. Ihr Ursprung ist legendär, und der Name leitet sich von dem griechischen Wort für ›Felsspalte‹ ab. Zu römischer Zeit hieß der Ort Regisvilla, und heute führt er den Namen Le Murelle.[31] Hier in Regae befand sich also der Haupthafen von Vulci, der noch darauf wartet, ausgegraben zu werden. Später haben die Römer ein kleines Stück landeinwärts an ihrer Küstenstraße, der Via Aurelia, das Forum Aurelii errichtet.[32]

Die Heroen von Vulci

Eine klare Vorstellung von den Beziehungen, die die Einwohner Vulcis zu anderen Mächten innerhalb und außerhalb von Etruria unterhielten, gewinnen wir, wenn wir die bemerkenswerten Wandgemälde in dem nahegelegenen und nach seinem Entdecker so benannten François-Grab betrachten. Die Grabkammer ist hoch über den Ufern der Fiora aus dem Felsen gehauen, und man gelangt durch eine dreißig Meter breite Schlucht dorthin, die in die Tiefe des Berges führt. Die Gemälde befinden sich heute im Torloniamuseum (Villa Albani) in Rom.[33] Der Besitzer des Grabes, ein gewisser Vel Satie, der in einem dunkelblauen, mit tanzenden Kriegern bestickten Prachtgewand dargestellt ist, hat sie einst in Auftrag gegeben. Begleitet von einem mißgebildeten Zwerg, Arnza, der einen Vogel freiläßt, um aus seinem Flug zu weissagen, wie dies bei den Etruskern üblich war,[34] scheint Vel Satie hier in der Robe eines hohen Beamten oder Priesters aufzutreten, der auf diese Weise feststellen will, ob die Vorzeichen für ein bestimmtes Unternehmen günstig sind.

Die übrigen Wandmalereien in der Grabkammer stellen einen Zyklus dar, in dem die Triumphe der Krieger aus Vulci über die Soldaten anderer etruskischer oder etruskisierter Staaten gefeiert werden. Die Gemälde sind die wichtigsten Dokumente, aus denen sich die Haltung der Etrusker gegenüber ihrer eigenen historischen oder legendären Vergangenheit ablesen läßt. Zweifellos hat es damals noch eine ganze Reihe anderer Gemälde mit ähnlicher Thematik gegeben, und Livius dürfte viele Anregungen zu seiner *Historia* aus solchen Vorlagen geschöpft haben. Leider sind sie jedoch allesamt nicht mehr erhalten – mit einer Ausnahme: jener des François-Grabes. Ihrem Stil wie ihrer Maltechnik nach lassen sich die Gemälde im François-Grab auf die Zeit von Ende des 4. bis Mitte des 3. Jahrhunderts v. Chr. datieren, das heißt, sie sind älter als die historischen Schriften der Römer und entspringen unmittelbar der etruskischen Überlieferung. Doch sind die Szenen, die sie zeigen, geschichtlich oder legendär? Sie sind mit so großer Sorgfalt gemalt und gehen so sehr ins Detail, daß man den Eindruck gewinnt, hier sei versucht worden, historische Ereignisse darzustellen, wenn auch mit gewissen mythologischen Elementen verwoben.

Durch Inschriften auf den Gemälden selbst wird ersichtlich, um welche Szenen es sich im einzelnen handelt: Larth Ulthese tötete den Laris Papathnas Velznach. Rasce tötet Pesna Arcmsnas Sveamach. Avle Vipinas tötet Venthi Cau(les)? . . . Plsachs (?). Marce Camitlnas tötet Cneve Tarchunies Rumach. Macstrna befreit Caile Vipinas aus der Gefangenschaft. Von den zwei jeweils genannten Personen ist die erste immer ein Krieger aus Vulci. Das Wort ›Laris‹ oder ›Larth‹ bedeutet anscheinend Krieger oder Held, könnte aber auch ein offizieller Titel sein. Ulthese ist möglicherweise der Name für lateinisch sprechende Völker und wurde später in ›Volteius‹ umgewandelt. Der Mann, den Ulthese tötet, heißt Papathnas (lateinisch Fabatius?) und wird als ›Velznach‹ bezeichnet. Damit könnte gemeint sein, daß er aus der etruskischen Stadt Volsinii stammt. Rasce, lateinisch vielleicht Ruscius, tötet einen Mann namens Arcmsnas, was dem etruskischen Namen Arcumenna (Arcumnius) entspricht. Der Titel des Mannes, ›Sveamach‹, läßt vermuten, daß sein Heimatort Suana war. Dieser Ort stand jetzt offenbar nicht mehr unter der Botmäßigkeit von Vulci, sondern war mit Vulci oder doch zumindest mit diesem Einwohner Vulcis verfeindet. Die beiden Männer mit Namen Vipinas (hier besteht eine Verwandtschaft mit dem lateinischen Namen Vibius) sind besser unter ihren römischen Namen Aulus und Caelius (oder Caeles) Vibenna (oder Vivenna) bekannt. ›Macstrna‹, der von Caile Vipinas befreit wird, trägt einen Namen, der mit dem bekannteren Namen Mastarna verwandt ist. Name und Herkunftsort des Opfers von Avle Vipinas sind ungewiß, aber die letzten Buchstaben könnten auf Salpinium oder Salpenum hindeuten. Das war eine etruskische Stadt, deren geographische Lage wir nicht kennen, die jedoch von Livius erwähnt wird; von ihm erfahren wir, sie sei im 4. Jahrhundert v. Chr. mit Volsinii verbündet gewesen.

Was die Szene mit Macstrna von allen übrigen Bildern dieses Zyklus unterscheidet, ist die Tatsache, daß hier ein Krieger aus Vulci ausnahmsweise einen anderen Mann befreit, anstatt ihn zu töten – eine Darstellung, die sonst in der gesamten etruskischen Kunst keine Parallele hat.[34] Offensichtlich befreit Macstrna einen Landsmann, der vom Feind gefangengenommen worden ist. Die auf den anderen Gemälden dargestellten Personen könnten ebenfalls Gefangene sein, die einen Ausbruchsversuch unternehmen. Dazu würde auch der Eindruck passen, den man jeweils von den Opfern in diesem Zyklus hat: Sie sehen so aus, als seien sie plötzlich überfallen worden, während sie schliefen. Eines der Opfer, nämlich Venthi, trägt allerdings eine Art Uniform, nämlich eine Rüstung, sowie ein rotes Gewand. Vielleicht war er der Posten, der die Gefangenen bewachen sollte. Auf einem anderen Bild, das Marce Camitlnas und Cneve Tarchunies Rumach zeigt, springt ein nackter, bärtiger Krieger seinen Gegner an und packt ihn bei den Haaren. Auch hierbei dürfte es sich um eine Episode im Rahmen des gleichen Geschehens handeln.

Cneve Tarchunies Rumach ist aller Wahrscheinlichkeit nach identisch

mit ›Cnaeus Tarquinius aus Rom‹, aber wer war dieser von einem Mann aus Vulci getötete Tarquinius? Im 6. Jahrhundert v. Chr. hat es in Rom nur zwei tarquinische Könige gegeben, nämlich einmal Lucius Tarquinius Priscus, der vor seiner Flucht oder Auswanderung aus Tarquinii den Namen Lucumo geführt hatte, und zweitens seinen Sohn oder Enkel Lucius Tarquinius Superbus, nach dessen Vertreibung gegen Ende des Jahrhunderts Rom zur Republik wurde. War das Opfer des Camitlnas einer dieser beiden Männer? Die Tatsache, daß beide Könige nach der historischen Überlieferung Lucius hießen, während der Mann, der auf dem Gemälde im François-Grab dargestellt ist, den Namen Cneve (Gnaeus) trägt, muß nicht das Gegenteil beweisen, denn der Name ›Lucius‹ könnte falsch sein; vielleicht hat man ihn irrtümlich von dem etruskischen Namen oder Titel Lucumo abgeleitet. Diese Möglichkeit bewog einige moderne Wissenschaftler zu der Annahme, Cneve Tarchunies Rumach sei Tarquinius Priscus. Nach römischer Überlieferung wurde Tarquinius Priscus allerdings von den Söhnen seines Vorgängers Ancus Marcius und nicht von dem hier dargestellten Marce Camitlnas ermordet. Aber auch das ist kein ganz überzeugendes Argument gegen diese Identifizierung, denn die etruskische und die römische Überlieferung sind häufig voneinander abgewichen, besonders wenn die Etrusker behaupteten, einer der Ihren habe einen Römer besiegt.
Doch auch wenn man alle diese Argumente berücksichtigt, läßt sich immer noch nicht eindeutig beweisen, daß Cneve und Tarquinius Priscus ein und dieselbe Person sind. Cneve könnte vielmehr ein dritter Tarquinier auf dem römischen Thron gewesen sein, von dem wir nichts wissen. In diesem Zusammenhang wäre auf die abweichende Überlieferung hinzuweisen, nach der Superbus der Enkel und nicht der Sohn des Priscus war – das heißt mit anderen Worten: Cneve könnte hiernach der Sohn des Priscus und der Vater des Superbus sein.[35] Abgesehen davon hat es auch zahlreiche andere Tarquinier gegeben, die keine Könige waren. Wie auch immer – jedenfalls ist es nach dem bisherigen Stand unserer Erkenntnisse leider nicht möglich zu sagen, wer Cneve Tarchunies Rumach gewesen ist. Sicher ist nur, daß er Tarquinier und Römer war.
Die bloße Tatsache, daß er ein Römer gewesen ist, zeigt, welch große Bedeutung der im François-Grab festgehaltenen Überlieferung zukommt. Ihr zufolge ist also ein römischer Fürst, Anführer oder Krieger dieses Namens irgendwann – vermutlich im 6. Jahrhundert v. Chr., als die Tarquinier in Rom eine bedeutende politische Rolle spielten – von einem Gegner aus Vulci getötet worden. Mit anderen Worten: Vulci beziehungsweise Bürger dieser Stadt haben sich um diese Zeit in römi-

sche Angelegenheiten eingemischt oder sich sogar im Kriegszustand mit Rom befunden.

Auch andere Persönlichkeiten, die auf den Inschriften im François-Grab genannt werden, bestätigen diese Auffassung. Es sind Caile Vipinas (Caelius Vibenna oder Vivenna) und Macstrna (Mastarna). Später hat der römische Kaiser Claudius (41–54 n. Chr.) ausführlich zu dieser Frage Stellung genommen. Er selbst hat sogar ein umfangreiches Werk über die etruskische Geschichte verfaßt, das, wenn es erhalten geblieben wäre, unser Wissen wesentlich bereichert hätte.[36] Auch in seinen Reden wie in seinen übrigen Schriften kam er, wenn es der Zusammenhang erlaubte, häufig auf dieses Thema zu sprechen – so beispielsweise anläßlich einer Rede vor dem römischen Senat, in der er für eine liberalere Haltung in der Frage der Zulassung von Ausländern zum Senat plädierte. Hier erzählt Claudius zunächst die bekannte Geschichte von Tarquinius Priscus, dem Sohn des Demaratus, der von Tarquinii nach Rom gekommen war. Dann fährt er fort:

> Zwischen ihm und seinem Sohn oder Enkel – hier gehen die Meinungen der Fachleute auseinander – wurde Servius Tullius eingefügt, der, wenn wir unseren Historikern folgen, der Sohn des Gefangenen Ocresia war; folgen wir hingegen den Etruskern, so war er ein ehemaliger treuer Gefährte des Caelius Vivenna, dessen Schicksal er geteilt hat. Nach vielen Wechselfällen in seinem Leben und nachdem er mit den Überresten der Armee des Caelius des Landes verwiesen worden war und Etruria verlassen hatte, besetzte Servius Tullius den nach seinem Führer so benannten Caelischen Hügel. Er änderte seinen Namen (sein etruskischer Name war Mastarna gewesen) und hieß von nun an so wie ich ihn genannt habe (Servius Tullius). Dann übernahm er zum großen Nutzen für den Staat die Königswürde.[37]

Claudius behauptet also, daß Servius Tullius – nach der Überlieferung der vorletzte König von Rom – ursprünglich den etruskischen Namen Mastarna geführt habe, und das war auch der Name (Macstrna) des Kriegers, der auf dem Gemälde im François-Grab Caile Vipinas (Caelius oder Caeles Vibenna oder Vivenna) aus der Gefangenschaft befreit. Die Herkunft des Tullius, der zwischen den beiden klassischen Tarquiniern regiert haben soll, ist auch schon in der Antike dunkel gewesen, und die zahlreichen Legenden, die sich um ihn ranken, sind 500 Jahre später je nach den Erfordernissen der römischen Politik in dieser oder jener Richtung gefärbt worden.[38]

Servius Tullius ist eine historische Persönlichkeit.[39] In Rom herrschte allgemein die Auffassung, daß er latinischer Herkunft gewesen sei und die Reihe der etruskischen Könige unterbrochen habe. Was jedoch über ihn berichtet wird, deutet zum Teil auch auf seine etruskische Herkunft hin. Zwar heißt es unter anderem von ihm, er sei der Sohn eines Sklaven gewesen; sein Name Servius sei angeblich von dem lateinischen Wort *servus* (Sklave) abgeleitet. Aber das ist offenbar ein Irrtum, denn ›Servius‹ und ›Tullius‹ sind mit großer Wahrscheinlichkeit latinisierte etruskische Namen.[40] Zweitens gibt es einen Bericht, nach dem sein Vater ein Gott gewesen sei. Bei Livius finden wir den Satz: »Er hatte keinen Vater.« Und Dionysios von Halikarnassos stellt hier eine Beziehung zu etruskischen Weissagungen her.[41] Vor der Zeit, in der sich die von Claudius vertretene Auffassung durchsetzte, löste die Vorstellung, daß Servius Tullius ein dritter etruskischer König gewesen sein könnte, bei vielen Römern Unbehagen aus, denn in bestimmten Kreisen galt er als römischer Nationalheld. Historisch betrachtet spricht indessen kaum etwas gegen die Annahme, er sei ein Etrusker gewesen; vielmehr zeugen die Maßnahmen, die er in seiner Regierungszeit getroffen haben soll, von der Kontinuität der Entwicklungstendenzen, die für das Zeitalter der Etruskanisierung – beginnend mit der Herrschaft von Tarquinius Priscus – typisch waren.

Wir können den Bericht des Claudius, wonach Servius Tullius ein Etrusker war, der ursprünglich den etruskischen Namen Mastarna trug und aus Vulci stammte, nicht von der Hand weisen. Schließlich hatte der Kaiser nicht nur eine Frau etruskischer Herkunft geheiratet, sondern er war zu seiner Zeit auch die anerkannte Autorität auf dem Gebiet der etruskischen Geschichte. Im übrigen stammen in Rom gefundene Keramiken aus Vulci aus der Zeit, in der Servius Tullius regiert haben soll. Jener Mastarna, von dem Claudius spricht, genoß darüber hinaus ein so hohes Ansehen, daß man ihn ohne weiteres mit dem aus Vulci stammenden Macstrna identifizieren kann, der auf dem Wandgemälde im François-Grab dargestellt ist.[42]

Was nun die Beziehungen von Vulci zu Rom betrifft, so gibt es dazu noch ein weiteres interessantes Detail. Claudius erwähnt das wechselvolle Schicksal des Mastarna *(varia fortuna)*, der aus Etruria oder einer etrurischen Stadt (mit den Überlebenden der Armee des Caeles Vibenna) vertrieben wurde, um sich dann auf dem Caelischen Hügel in Rom niederzulassen. Diese Information ist wahrscheinlich falsch, denn sie stützt sich auf die angenommene etymologische Verwandtschaft mit dem Namen Caelius (Caile), und diese Verwandtschaft besteht nicht.[43] Das bedeutet aber noch keineswegs, daß Einwohner Vulcis nicht nach Rom gekommen wären, denn nach einer anderen und von diesem Bericht unabhängigen Überlieferung, von der Verrius Flaccus spricht (ein Altertumsforscher aus der Zeit des Augustus, der über die Geschich-

te der Etrusker gut informiert war), ist ein gewisser »Max . . .« – der Rest des Wortes fehlt, wahrscheinlich ist es aber eine Abwandlung des Namens Mastarna – gemeinsam mit den ›Brüdern Vibenna aus Vulci‹ nach Rom gekommen.[44] Wenn also der caelische Bezug auch auf einem Irrtum beruht, so gibt es doch davon unabhängige Hinweise darauf, daß sich in Rom etruskische Siedler niedergelassen haben, was zum Beispiel aus dem Straßennamen Vicus Tuscus deutlich hervorgeht. Jene antiken Schriftsteller, die behaupten, Mastarna und die Brüder Vibenna hätten die Etrusker nach Rom gebracht, vertreten somit eine Theorie, gegen die grundsätzlich nichts einzuwenden ist.
Auf einer schwarzen Buccherovase aus der Mitte des 6. Jahrhunderts v. Chr. finden wir außerdem eine Votivinschrift mit dem Namen des Aulus Vibenna in der etruskischen Schreibweise Avile Vipiiennas. Die Vase war zwar als Votivgabe für ein Heiligtum in Veii bestimmt, ist aber höchstwahrscheinlich in Vulci hergestellt worden.[45] Der in der Weihinschrift genannte Vipiiennas könnte durchaus mit dem von den römischen Schriftstellern erwähnten Vibenna identisch sein. Als das Fundament des Kapitolinischen Tempels in Rom gelegt wurde, soll dort angeblich der vollkommen intakte Kopf eines gewissen Olus zum Vorschein gekommen sein, und diese Szene findet man auch auf etruskischen Gemmen abgebildet. Der nordafrikanische Schriftsteller Arnobius behauptet nun, Olus (Aulus) sei aus Vulci gekommen, aus seiner Stadt verbannt und von einem Sklaven ermordet worden.[46] Aller Wahrscheinlichkeit nach ist dieser Olus mit Aulus Vibenna identisch. Um ihn und seinen Bruder Caelius rankten sich sehr bald zahlreiche Legenden. So entstanden zum Beispiel in einigen etruskischen Städten künstlerische Darstellungen der Brüder Vibenna, die den berühmten Wahrsager Cacus in einem heiligen Hain überfallen.[47] Der Name Aulus Vibenna erscheint außerdem in der Schreibweise Avles V(i)pinas auf einem etruskischen Becher mit roten Figuren aus der Zeit um 450 v. Chr. Offenbar wollte der Töpfer den Eindruck erwecken, der von ihm geschaffene Becher sei das Eigentum dieses Nationalhelden gewesen.
Der Verfasser der *Chronographia Urbis Romae* aus dem 4. Jahrhundert n. Chr., der sich augenscheinlich auf ältere Quellen stützt, behauptet sogar, Olus (Aulus Vibenna) sei ein ›König‹ von Rom gewesen.[48] Auch diese Möglichkeit läßt sich natürlich nicht ganz ausschließen, denn man weiß, daß die klassische Liste mit den sieben Königen nicht als vollständig und unantastbar angesehen werden muß. Wenn ein Vibenna wirklich die römische Königswürde innegehabt hat, dann könnte das während der Wirren gewesen sein, die Ende des 6. Jahrhunderts v. Chr. auf die Vertreibung der Tarquinier folgten, als Lars Porsenna aus Clusium

(und vielleicht auch andere) zeitweilig die politische Macht in der Stadt in Händen hatte. Wenn wir jedoch wie Claudius annehmen, Mastarna sei mit Servius Tullius identisch, dessen Herrschaft nach der Überlieferung ja in eine frühere Zeit fällt (578–535 v. Chr.), dann müßte ein Vibenna als König von Rom kurz vor oder nach Servius Tullius (Mastarna) regiert haben, also noch lange vor der Abschaffung der Monarchie in Rom. Aber vielleicht beruht der Bericht der *Chronographia* in diesem Punkt auf einem Irrtum, und es hat niemals einen Vibenna auf dem römischen Königsthron gegeben.

Was uns jedoch an diesen Berichten wertvoll erscheint, ist die Schilderung der Umstände, unter denen die Etrusker ihre Macht ausweiteten, und der damit im Zusammenhang stehenden Wanderbewegungen innerhalb der Bevölkerung. In Rom scheint eine Gruppe führender Männer, die aus Vulci (oder einer anderen Stadt) vertrieben worden waren, irgendeine Art von Unternehmen auf eigene Faust begonnen zu haben – sei es in friedlicher oder, was wahrscheinlicher ist, in räuberischer Absicht. Für jene Zeit ist es manchmal nicht ganz leicht, zwischen staatlichen und privaten Vorhaben dieser Art zu unterscheiden. Ein Teil der Männer, die diese Abenteurer nach Rom mitbrachten, hat sich dort niedergelassen und die Vielfalt der in dieser Stadt bereits ansässigen ethnischen Gruppierungen weiter bereichert. Angesichts dieses besonderen Einflusses, den Vulci auf Rom ausgeübt hat, überrascht es nicht, daß sich Plinius der Ältere seinen Vorläufern aus früherer Zeit anschließt und die Bewohner Vulcis als Etrusker schlechthin, ja sogar als Etrusker *par excellence* ansieht.[49]

Zu den Wandgemälden im François-Grab gehört aber auch noch eine zweite Serie. Sie basiert auf dem mythologischen Zyklus des Troianischen Krieges und zeigt die Opferung troianischer Gefangener durch Achilles. Dieses Motiv erfreute sich bei den etruskischen Künstlern besonderer Beliebtheit; wahrscheinlich ließen sie sich dabei von einer wesentlich älteren Vorlage anregen.[50] Hinter diesen Darstellungen steht der Gedanke, daß der Verstorbene, zu dessen Ehren die Gemälde angefertigt wurden, mit jenen berühmten Opfern aus der Troia-Sage verglichen wird, die ebenso sterblich waren wie er. Daß jedoch gerade dieses Thema im François-Grab behandelt und den siegreichen Zweikämpfern aus Vulci gegenübergestellt wurde, kann nicht allein damit erklärt werden; die Künstler müssen zu diesen Themen vielmehr eine persönliche Beziehung gehabt und beabsichtigt haben, sie irgendwie miteinander zu verbinden.[51]

Was das Eigentümliche dieser Beziehung ausmacht, ist die Tatsache, daß die etruskischen Künstler, ja die Etrusker insgesamt, ganz besondere

Sympathien für die Sache der Troianer hatten. Deshalb sind die beiden Szenengruppen der Grabkammer in Vulci einander gegenübergestellt worden. Die Troianer waren von ihren Gegnern besiegt worden, während die Krieger aus Vulci im dramatischen Gegensatz dazu selbst die Sieger waren. Damit konnten sich die Krieger aus Vulci nicht nur als die geistigen Erben der Troianer, sondern auch als ihre Rächer sehen.[52]
Ihre Sympathie galt vor allem dem legendären troianischen Helden Aeneas. Nach der von Vergil begründeten Überlieferung war Aeneas der Vater der römischen Nation, aber die Etrusker hatten ihn schon lange vor den Römern verehrt. Wie wir aus vielen künstlerischen Darstellungen sehen können, stand sein Kult schon im 6. Jahrhundert v. Chr. in Etruria in hohen Ehren. Wir wissen nicht, wann dieser Kult eingeführt worden ist. Offensichtlich steigerte sich das Interesse dafür um das Jahr 525 v. Chr., aber die Etrusker haben Aeneas unter Umständen schon viel früher, vielleicht sogar schon sehr viel früher, verehrt.[53] Es sind die Griechen gewesen, die diese Sage nach Etruria gebracht haben,[54] wie sie auch die Legende von den Irrfahrten jenes anderen Abenteurers, seines Feindes Odysseus, verbreiteten, den sein Schicksal nach Westen verschlagen hatte. Außerdem faszinierte die Etrusker die, wie sich später herausgestellt hat, falsche Überlieferung, daß sie selbst aus Kleinasien stammten, und hier bot sich Aeneas aus Troia als Bindeglied an. Der legendäre Aeneas besaß zwei hervorstechende Eigenschaften, nämlich Tapferkeit in jeder Lebenslage und vorbildliches Pflichtbewußtsein. Diese Eigenschaften bewies er in seinem Verhalten gegenüber den Göttern und seiner eigenen Familie. Man behauptete sogar, er und seine Familie seien etruskischen Ursprungs gewesen, und seine Geschichte wird umrankt von Mythen, denen zufolge er nach seiner Ankunft in Italien mit den Etruskern Tyrrhenus und Tarchon ein Bündnis schloß oder die Schwester des Tarchon zur Frau nahm.[55]
Der Kult des Aeneas hat in Vulci eine große Bedeutung gehabt. Von siebzehn in Etruria ausgegrabenen Vasen, auf denen Szenen aus diesem Mythos dargestellt sind, kamen nicht weniger als zehn allein in Vulci zum Vorschein. Auch Veii war ein bedeutendes Zentrum der Aeneasverehrung, aber die dort gefundenen Statuetten, die alle den Helden zeigen, wie er seinen Vater Anchises aus den Trümmern von Troia trägt, stammen nach jüngsten Erkenntnissen aus einer sehr viel späteren Zeit als die ältesten Darstellungen in Vulci.[56] In Vulci hatte der Aeneaskult seinen Ausgang genommen, und wahrscheinlich ist die Legende auch von hier direkt oder über Veii nach Rom gekommen, denn zwischen beiden Städten bestanden enge Beziehungen. Bei den Römern hat dieser Kult sofort großen Anklang gefunden, zumal er auch nach außen hin ihr

Prestige beträchtlich erhöhte. Vergil, der selbst etruskische Vorfahren hatte und mit der etruskischen Überlieferung vertraut war, muß sich der Tatsache bewußt gewesen sein, daß die Römer Aeneaskult und Aeneaslegende von den Etruskern übernommen hatten; er nahm jedoch der Sache jeden peinlichen Beigeschmack, der darin hätte liegen können, daß sein Held ein Fremder und sogar ein Feind war, indem er die Etrusker in der *Aeneis* zu Verbündeten des Aeneas, ja sogar zu dessen Vasallen machte. In seiner Geschichte übernehmen sie eine nützliche Aufgabe, denn sie verstärken die winzige Streitmacht des Aeneas, mit der er sich seiner zahlreichen Feinde erwehren mußte.[57]

Beziehungen zum Süden

Die große Bedeutung Roms für die politische Führung in Vulci lag nicht nur darin, daß diese Stadt ein wichtiger Partner für sie war und Vulci sich durch alte Mythen mit Rom verbunden fühlte, sondern es gab dafür auch Gründe, die in den geographischen Gegebenheiten zu suchen sind. Rom lag nämlich am Ausgangspunkt des allerwichtigsten nach Süden führenden Verkehrsweges. Die Ergebnisse der archäologischen Forschung beweisen, daß die Bewohner Vulcis nicht nur enge Beziehungen zu Rom unterhielten, sondern daß ihnen auch bei der Ausweitung des etruskischen Einflusses in die Campania die Rolle der Wegbereiter und Pioniere zukam.[58]

Vor allem beteiligten sie sich an der Etruskisierung von Capua, dem Zentrum der etruskischen Macht in dieser Region. Die Landverbindung dorthin führte über Rom und dann entlang der späteren Via Latina und in den Flußtälern weiter nach Süden.[59] Vermutlich haben die Etrusker für solche Unternehmungen von Zeit zu Zeit auch den Seeweg benutzt. Das meint offenbar auch Vergil, wenn er schreibt, der Führer der etruskischen Flotte, die Aeneas unterstützte, Massicus, habe Männer aus Cosa befehligt.[60] Cosa, das der Dichter für eine etruskische Gründung hält, lag nämlich auf dem Territorium von Vulci, und Massicus ist auch der Name eines Berges unweit der nordcampanischen Küste in der Nähe von Capua. So wird die Existenz einer Seeverbindung zwischen Vulci und der Campania auch durch die Legende bestätigt.

Es gibt jedoch außerdem noch andere Hinweise darauf, daß Vulci auf campanischem Gebiet tätig gewesen ist. Der Name der Stadt Urina in der Campania, den wir auf Münzinschriften finden, ist allem Anschein nach etymologisch verwandt mit dem der Stadt Aurinia (Saturnia) in Etruria, die auf dem Gebiet von Vulci lag.[61] Urina war in der nördlichen

Campania gelegen; manches spricht jedoch dafür, daß Vulci auch an der Etruskisierung des campanischen Südens beteiligt war. In der Nähe von Salerno ausgegrabene etruskische Fundstücke stammen nämlich zum Teil aus Vulci.[62] Interessant ist auch, daß die 56 Kilometer weiter östlich gelegene moderne Stadt Buccino bei den Römern Volcei oder Vulcei hieß, denn dieser Name ist ebenfalls etruskisch und legt den Schluß nahe, daß der Ort von der etruskischen Stadt Vulci oder einigen ihrer Bürger gegründet worden ist.[63] In der Campania gegen Ende des 3. Jahrhunderts v. Chr. geprägte Münzen mit der Inschrift ›Velecha‹ könnten von dieser Stadt herausgegeben worden sein.[64]

Es läßt sich heute nicht mehr feststellen, ob die Bewohner Vulcis die Ausweitung ihres Einflusses in die Campania mit friedlichen oder kriegerischen Mitteln vorantrieben. Die Regierung des Stadtstaats könnte die Entwicklung mit militärischen Unternehmungen oder Raubzügen eingeleitet haben. Denkbar wäre, daß hierbei die ersten Schritte durch Abenteurer erfolgten – Leute, wie es beispielsweise Mastarna und die Brüder Vibenna in Rom waren. Man könnte sich aber auch vorstellen, daß Händler die eigentlichen Wegbereiter waren. Denn ursprünglich scheinen die Beziehungen zu den Griechen in der Campania recht freundlich gewesen zu sein, auch wenn sie für die Etrusker Konkurrenten waren. Schließlich hatten die Griechen ihre Niederlassungen auf Pithecusae und in Cumae ja in erster Linie gegründet, um mit Etruria Handel zu treiben. Aber als Ende des 6. Jahrhunderts v. Chr. zwischen Etruria auf der einen und Cumae und Syrakus auf der anderen Seite die offene Feindschaft ausbrach, nahmen diese Städte auch gegenüber den etruskischen Gemeinwesen in der Campania eine feindliche Haltung ein, zum Beispiel während des etruskischen ›langen Marsches‹ 525–524 v. Chr. Doch diese Konflikte erwiesen sich sehr bald als gegenstandslos, denn noch vor Ende des folgenden Jahrhunderts wurden Etrusker und Griechen gleichermaßen von dem italischen Volk der Samniten verdrängt, das wesentlich am Entstehen einer neuen campanischen Nation beteiligt war.

Die Verdrängung der Etrusker aus der Campania muß für Vulci ein schwerer Schlag gewesen sein. Seine Auswirkungen waren jedoch nicht so gravierend, wie man denken könnte, denn nun entwickelten die Händler aus Vulci neue Beziehungen zu den Griechen im Norden. Besonders intensiv gestaltete sich dieser Handel auf dem Markt in Spina an der Pomündung, wo Etrusker und Griechen nebeneinander lebten und gemeinsam ihren Geschäften nachgingen. Einige der besten in Spina gefundenen Bronzearbeiten und Schmuckgegenstände stammen aus Vulci oder sind nach dort entwickelten Methoden hergestellt.[65] Auf

der anderen Seite könnten viele griechische Keramiken mit roten Figuren, die auch jetzt noch nach Vulci kamen, aus Spina stammen, und dies gilt für den ganzen Zeitraum bis mindestens 450 v. Chr. Darüber hinaus sind die Händler aus Vulci auch im Inneren von Norditalien tätig gewesen. Um dorthin zu gelangen, benutzten sie die über Clusium nach Bononia (Felsina, Bologna) führende Straße, die zunächst den Arno und dann die Apenninen überquerte.[66] Diese Vorgänge lassen sich jedoch nicht mehr im einzelnen rekonstruieren.
Über die spätere Geschichte von Vulci besitzen wir nur sehr spärliche Informationen. Ebenso wie andere etruskische Städte kam es Veii im Krieg gegen die Römer nicht zu Hilfe, sondern ließ es zu, daß Veii um 396 v. Chr. zerstört wurde. Wie wir jedoch aus den Gemälden im François-Grab entnehmen können, hat man gegen Ende des 4. Jahrhunderts v. Chr. oder sogar noch später die glorreiche Vergangenheit der Stadt in hohen Ehren gehalten. Aber 281 v. Chr. führte ein römischer Feldherr Krieg gegen Volsinii und Vulci, besiegte beide Städte und feierte einen Triumph.[67] Rom annektierte einen Teil des Territoriums von Vulci, um in Cosa eine neue römische Militärkolonie zu gründen. Doch um diese Zeit hatte Vulci seine politische Macht und Bedeutung schon gänzlich verloren.

11. Vetulonia

Reichtum und Kunst

Die Geschichte aller etruskischen Staaten liegt mehr oder weniger im Dunkeln, aber von keinem dieser Stadtstaaten wissen wir weniger als von Vetulonia. Doch die Stadt hatte zu ihrer Zeit eine große Bedeutung, denn sie lag in unmittelbarer Nähe der ungewöhnlich ergiebigen Erzgruben des Massetano (Massa Marittima).[1] Die Ausbeutung dieser Gruben hat augenscheinlich schon im 8. Jahrhundert v. Chr. begonnen, d. h. zu der Zeit, als die Griechen ihre Handelsniederlassungen in Cumae und auf Pithecusae gründeten in der Absicht, die dort geschmolzenen Metalle zu exportieren.
Als Folge dieser Entwicklung kamen die beiden Dörfer, die sich später zur Stadt Vetulonia zusammenschlossen, schon vor der Städtegründung zu beachtlichem Wohlstand. So findet man hier beispielsweise die für die ganze Gegend typischen Grabanlagen des ›unterbrochenen Kreises‹

bereits in den letzten Jahrzehnten des 8. Jahrhunderts v. Chr. Grabanlagen dieses Typs hatten die Gestalt in den Felsen gehauener zylindrischer Gruben (manchmal waren es auch Gräben), die jeweils innerhalb eines aus Steinen gebildeten Ringes lagen, wobei die einzelnen Steine jeweils im Abstand von etwa einem Meter aufgestellt waren.[2] Der Inhalt der Gräber stammt zum Teil noch aus der Zeit vor der Städtegründung, reicht aber bis in die Blütezeit städtischer etruskischer Kultur hinein. Im folgenden Jahrhundert wurden die Grabanlagen des ›unterbrochenen Kreises‹ von denen des ›Kreises aus weißen Steinen‹ abgelöst; neu war an diesem Typus vor allem, daß die Kreise nun geschlossen angelegt wurden. Sie bestehen aus unbehauenen Steinblöcken, die jeweils einen Ring mit einem Durchmesser von etwa 15 bis 30 Metern bilden. Innerhalb eines jeden dieser Ringe befanden sich ein oder mehrere Gräben, die oft mit Steinplatten ausgelegt waren. Dort, wo die Grabanlage aus zwei Gräben bestand, diente einer der beiden zur Bestattung, der andere hingegen zur Aufnahme der Grabbeigaben.

Zwar ging die kreisförmige Grabanlage in beiden Formen auf eine ältere Kultur in dieser Gegend zurück, aber am Inhalt der Gräber läßt sich die Entwicklung erkennen, die inzwischen eingetreten war: Die Grabbeigaben beweisen uns nämlich, daß die hier Bestatteten bereits zu Wohlstand gekommen waren. Diesen verdankten sie allem voran den Einfuhren aus der griechischen Campania und anderen Gegenden, und der höhere Lebensstandard wiederum führte im Lauf der Zeit zum Zusammenschluß der benachbarten Dörfer zu einem einzigen Gemeinwesen. Der ›Kreis der Kessel‹ (Circolo dei Lebeti) aus dem frühen 7. Jahrhundert v. Chr. beispielsweise enthielt große Bronzekessel einer Art, wie man sie häufig nicht nur im Nahen Osten, sondern auch auf Pithecusae und in Cumae gefunden hat, wo sie nachgearbeitet wurden. Besonders eindrucksvoll sind die Bronzegegenstände – darunter eine getriebene, versilberte Aschenurne – und die Buccherokeramiken aus dem Grab des Führers *(Tomba del Duce)*. Hier sind im ganzen fünfmal – jeweils in gewissen zeitlichen Abständen – Grabbeigaben niedergelegt worden. Die Aschenurne könnte aus Caere stammen. Obwohl die Gräber bei Vetulonia insgesamt sehr reich ausgestattet sind, erreichen sie dennoch bei weitem nicht die Pracht der Grabanlagen von Caere oder anderen Städten im Süden.

Um 700 v. Chr. hat man in Vetulonia damit begonnen, die Grabkammern mit großen Erdhügeln zu bedecken, eine Methode, die direkt oder indirekt aus Kleinasien übernommen worden ist und, wie wir gesehen haben, besonders in Caere üblich war, wenn auch die ältesten Gräber dieser Art in Vetulonia aus einer noch früheren Zeit stammen könnten.

Die größten dieser Erdhügel sind fast 17 Meter hoch und haben einen Durchmesser von etwa 80 Metern, so zum Beispiel die *Tomba della Pietrera*, ›Steinhaufen‹, aus der Zeit um 650–625 v. Chr. In ihr befanden sich zwei übereinanderliegende Grabkammern. Als schon bald nach ihrer Fertigstellung die Decke der unteren Grabkammer einstürzte, wurde sie durch eine ›falsche Kuppel‹ ersetzt. Die nach östlichem Vorbild durchgeführten Steinarbeiten in der Tomba della Pietrera zeigen bereits beachtliches handwerkliches Können. Die Kuppel mußte jedoch durch eine in der Mitte der Grabkammer stehende Säule gestützt werden. Die gleiche Konstruktion sehen wir an einem Grab, das an seiner Fundstelle abgebrochen und im Garten des archäologischen Museums in Florenz wieder aufgebaut worden ist.[3]

Unter den in Vetulonia entdeckten Grabbeigaben befinden sich einige sehr interessante und speziell für diese Region typische Gegenstände. So hat man in der Tomba della Pietrera die ersten großen etruskischen Steinplastiken gefunden, die aus einer früheren Zeit stammen als die in Vulci entdeckten und nicht viel jünger sind als die ersten griechischen, die ihrerseits nordsyrischen Originalen nachgearbeitet sind. Bei den in Vetulonia gefundenen Statuen handelt es sich sowohl um männliche als auch um weibliche Figuren. Am Gewand und an der Frisur einer weiblichen Büste, die besser erhalten ist als die übrigen, lassen sich starke nahöstliche Einflüsse feststellen, besonders solche aus Zypern.[4] Daraus müssen wir jedoch nicht unbedingt schließen, daß eine direkte Verbindung zu Zypern und anderen Ländern im östlichen Mittelmeerraum bestanden hat, denn diese Einflüsse können sehr wohl auf dem üblichen Wege über die griechische Campania nach Etruria gekommen sein.[5] Besonders auffallend an den in Vetulonia entdeckten Gegenständen aus der Frühzeit sind die Bronzearbeiten, deren große Zahl uns nicht überraschen darf, wenn wir bedenken, daß es in unmittelbarer Nähe so reiche Kupfervorkommen gab. Zunächst hat sich ein dekorativer Stil entwickelt, bei dem die menschlichen Glieder so gebogen sind, als seien sie aus einem weichen, leicht zu formenden Metall hergestellt.[6] Auch einige sehr schöne Tierplastiken kamen zum Vorschein. Darunter befinden sich beispielsweise Löwenköpfe, mit denen die Beschläge für Pferdegeschirre verziert waren (um 700 v. Chr.), und das wiederum zeigt, daß die damalige Oberschicht über Pferde verfügte, die beim Transport des Kupfers verwendet wurden. Pferdegebisse aus Bronze sind mit kleinen menschlichen Figuren geschmückt, und die Ständer von Dreifüßen zeigen Pferde und Reiter.

Im direkten Zusammenhang mit den Bronzen stehen auch die zahlreichen Goldarbeiten – bezog doch Vetulonia sein Gold im Tausch gegen das in unmittelbarer Umgebung gewonnene Kupfer. Zum kleineren Teil stammte das Gold wohl aus dem karthagischen Tharros auf Sardinien,[7] den größten Teil jedoch bezog man mit Sicherheit aus der griechischen Campania. Gelegentlich wurde das Gold in der Form prächtiger Schmuckstücke importiert, aber mit größter Wahrscheinlichkeit sind die campanischen Modelle auch in Vetulonia nachgearbeitet worden. Die Goldarbeiten aus Vetulonia sind die frühesten in Etruria überhaupt hergestellten Schmuckstücke von wirklichem Wert, und die ältesten von ihnen stammen aus den ersten Jahren des 7. Jahrhunderts. Eine der beliebtesten Techniken war das schon erwähnte Granulieren, wobei winzige Goldkügelchen auf einer Metalloberfläche befestigt wurden. Andere Beispiele dieser Kunstform hat man auch in einigen weiter südlich gelegenen etrurischen Städten gefunden, aber in Vetulonia und Nordetruria bediente man sich einer ganz besonderen Methode. Während man im Süden einen plastischen, dreidimensionalen Stil bevorzugte, den ›Stil der scharfen Konturen‹, stellte man im Norden lineare, geometrische Muster her und bediente sich dabei einer ganz speziellen Art des Granulierens *(pulviscolo)*. Dabei waren die Goldkügelchen so klein, daß das Ganze aussah wie eine solide Masse von Goldstaub. Die Oberfläche wirkte stumpf im Gegensatz zur glänzenden, glatten Oberfläche des Metalls, auf dem die Granulation angebracht war. Die im Norden angewandte Technik ist weder die Vorläuferin noch eine Weiterentwicklung der Goldarbeiten im Süden, sondern etwas vollkommen Eigenständiges.[8] Das Zentrum dieser Schule scheint Vetulonia gewesen zu sein, wo der gesamte Goldschmuck vielleicht von einer einzigen Werkstatt hergestellt wurde. Hierfür sprechen auch gewisse Armbänder aus dünnen Goldblechstreifen, die von geflochtenem Golddraht zusammengehalten werden, wie man sie in mehreren vetulonischen Gräbern gefunden hat.[9]

Die beiden Dörfer, aus denen Vetulonia hervorging, scheinen ihren endgültigen Zusammenschluß kurz vor 600 v. Chr. erst vorgenommen zu haben, nachdem der kulturelle und wirtschaftliche Aufschwung bereits begonnen hatte. Den Gipfel seiner politischen Macht erreichte Vetulonia dann im folgenden Jahrhundert, gegen dessen Ende eine Gefährdung von außen dadurch angezeigt wird, daß die Vetulonier eine Stadtmauer aus großen sechsflächigen Steinen errichteten, die auf einer Strecke von etwa drei Kilometern den Ort umschloß. Innerhalb dieser Mauer ist heute kaum noch etwas von den alten Wohnstätten zu finden; man hat aber noch eine gewundene, etwa drei Meter breite Durchgangsstraße und Reste von zwei winkeligen Seitengassen festgestellt, die im spitzen Winkel von der Hauptstraße abzweigen. Sogar die Überreste

einiger quadratisch gebauter Häuser kamen ans Licht, darunter auch Reste von einstöckigen Wohnhäusern, in denen die Angehörigen der ärmeren Schichten lebten.[10]
Im allgemeinen hat man jedoch den Eindruck, daß der Wohlstand des Stadtstaats Vetulonia in den ersten Jahren nach seiner Gründung rapide zugenommen hat. Der Machtanspruch der Stadt wird durch einen Grabstein aus der Zeit um die Wende vom 7. zum 6. Jahrhundert v. Chr. am Grab der Krieger illustriert. Auf diesem Stein sehen wir das Relief des Avle Feluske. Errichtet wurde das Denkmal offenbar von seinem Waffengefährten Hirumina aus Perusia.[11] Avle Feluske trägt einen mit einem Kamm versehenen Helm und schreitet mit einem Rundschild und drohend geschwungener Streitaxt, dem Symbol politischer und religiöser Macht in der Ägäis seit dem 2. Jahrtausend vor unserer Zeitrechnung, würdig einher.

Das Territorium und die Häfen

Ebenso wie andere etruskische Stadtstaaten beherrschte auch Vetulonia ein ausgedehntes Hinterland. Die Grenzen der einzelnen etruskischen Staaten lassen sich heute nicht mehr genau feststellen, und es kann gefährlich sein, wenn man von der kulturellen Zugehörigkeit bestimmter Gräberfunde auf politische Grenzen schließen will. Dennoch haben wir uns selbst bisweilen dieser Methode bedient – allerdings mit der gebotenen Vorsicht –, da sich kaum eine andere Möglichkeit anbietet.
Im Südosten reichte das Gebiet von Vetulonia zeitweilig bis in die Nähe der damals noch schiffbaren Albegna.[12] Aber die oberhalb dieses Flußlaufs gelegenen Siedlungen stellen für uns ein delikates Problem dar. Das am Oberlauf der Albegna gelegene Saturnia sieht aus, als habe es zu Vulci gehört; das zwischen Vulci und Saturnia gelegene Marsiliana (das im Mittelalter Castrum Marsiliani hieß) dagegen ist ein weitaus schwierigerer Fall.[13] Zwar ist die am Zusammenfluß der Albegna und der Elsa angelegte Wohnsiedlung bis heute noch nicht näher erforscht, doch sagen immerhin die Gräberfelder einiges über die politische Zugehörigkeit des Ortes aus. Man hätte erwarten können, daß ein Ort in dieser geographischen Lage ebenso wie Saturnia zu Vulci gehörte, besonders da Marsiliana über reiche Kupfervorkommen am Amiata verfügte und Vulci eine Zeitlang einen Teil dieser Gruben ausgebeutet hat. Es gibt indessen recht eindeutige Beweise dafür, daß Marsiliana mit Vetulonia verbunden war, denn hier finden wir die gleichen kreisförmigen Grabanlagen wie dort, und unsere Vermutung wird obendrein noch durch die in

den Gräbern gefundenen Bronzen gestützt.[14] Zu Vetulonia hatte Marsiliana außerdem bei weitem bessere Beziehungen als zu Vulci. Aus alledem ergibt sich, daß es zumindest während seiner Blütezeit unter der Vorherrschaft von Vetulonia gestanden haben dürfte.[15] Der Inhalt der Grabkammern läßt vermuten, daß der Ort in der Zeit zwischen Ende des 8. Jahrhunderts und etwa 600 v. Chr. oder noch etwas länger erstaunlich wohlhabend gewesen sein muß. Doch als die Stadt den Gipfel ihrer Entwicklung erreicht hatte, ist sie ganz plötzlich von ihren Bewohnern verlassen worden und hörte auf zu bestehen. Das geschah wahrscheinlich zu jener Zeit, als auch der Niedergang von Vetulonia einsetzte, das, wie wir später sehen werden, sehr bald den gleichen Weg ging.
Östlich von Marsiliana, im Tal der Albegna und an der hier entlangführenden Straße, lag ein etruskischer Gebirgsort an jener Stelle, die heute den Namen Ghiaccio Forte trägt. Der Ort nahm eine Fläche von ungefähr 34000 m² ein und erlebte im zweiten Viertel des 6. Jahrhunderts v. Chr. seine Blüte.[16] Das hatte er zum Teil einem damals sehr bedeuten-

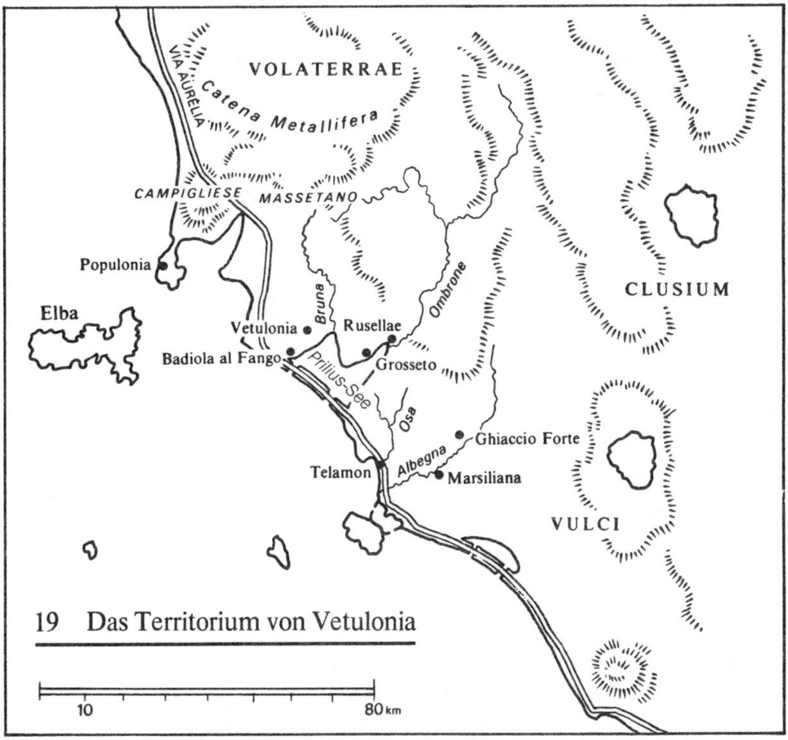

19 Das Territorium von Vetulonia

den Heilkult zu verdanken. Doch um das Jahr 550 v. Chr. löste sich die Siedlung ebenso wie kurz zuvor Marsiliana plötzlich auf. Auch ihr Ende könnte ein Nagel im Sarg von Vetulonia gewesen sein. Nur das Heiligtum von Ghiaccio Forte hat den Untergang dieses Ortes überlebt.

Kaum weniger bedeutend als die Albegna war der nördlich von ihr verlaufende Ombrone (sein lateinischer Name lautete Umbro). Er ist der zweitlängste Fluß in der Toskana und floß in der Antike durch ein sehr fruchtbares Tal, bevor die Flußufer versumpften und damit als Ackerland unbrauchbar wurden. Der Ombrone war ebenso wie die Albegna auf einer weiten Strecke schiffbar.[17] Das ermöglichte den Vetuloniern wichtige Kontakte mit ihrer Nachbarstadt im Nordosten, Clusium (Chiusi), und zwar durch das Tal eines Nebenflusses (der Orcia) sowie über die Straßen neben dem Flußlauf und darüber hinaus. Auf diesen Wegen sind zahlreiche Objekte aus Vetulonia nach Clusium gekommen. Ferner nahm Vetulonia auch Beziehungen zu den Siedlungen im Tibertal auf.[18] Das wird durch den Grabstein des Avle Feluske in Vetulonia bestätigt, der offenbar von einem Mann aus Perusia (Perugia) errichtet worden ist. Perusia war eine Gründung des Stadtstaates Clusium und stand unter dessen Botmäßigkeit. Darf nun die Darstellung auf dem Relief so verstanden werden, daß Vetulonia und Perusia (Clusium) miteinander verbündet waren? Oder bedeutet sie nur, daß sich zwei Abenteurer aus diesen beiden etruskischen Städten zu einem gemeinsamen und sicherlich gewalttätigen Unternehmen zusammengefunden hatten? Letzteres ist wahrscheinlicher. Auf jeden Fall zeigt sich auch an diesem Beispiel sehr deutlich, daß es keine gemeinsam handelnde etruskische Liga gegeben hat.

Die Beziehungen zur Region am Oberlauf des Ombrone wie auch zu Clusium eröffneten den Vetuloniern kommerzielle Möglichkeiten im Gebiet jenseits des Arno und sogar nördlich der Apenninen – Möglichkeiten, die sie schon lange vor dem Zusammenschluß ihrer Dörfer zu einer Stadt genutzt hatten. Vetulonia lieferte Filigranschmuck nach Bononia (Felsina, Bologna) und bezog seinerseits von dort Bronzekübel *(situlae)*. Auch Bernstein von der Ostseeküste kam über die Apenninen nach Vetulonia, und ein dort auf einer Bronzeurne herausgearbeiteter stilisierter Vogel erinnert an Vorbilder aus Mitteleuropa.[19] Umgekehrt sind Gegenstände aus Vetulonia an vielen, oft weit auseinandergelegenen Plätzen in Mittel- und Nordeuropa von der Ostsee bis zur Donau und sogar in Südostfrankreich gefunden worden.[20]

All diese Beziehungen, bei deren Anknüpfung der Ombrone und die anderen Flüsse seines Einzugsgebiets als Verkehrswege eine so wichtige Rolle gespielt haben, veranlassen uns zu der Frage, wie es an der

Mündung dieser Flüsse ausgesehen hat – läßt doch die reiche Ausstattung der Gräber in Vetulonia erkennen, daß die Stadt nicht nur über gute Verbindungen zu Lande verfügte, sondern darüber hinaus einen lebhaften Seehandel betrieb. Als Vetulonia im 3. Jahrhundert v. Chr. die ersten Münzen ausgab, zeigten sie nautische Symbole (Anker und Delphine), und ein Monument aus der Regierungszeit des Kaisers Claudius (41–54 n. Chr.) in Caere stellt unter anderem eine Frauengestalt als Vetulonia dar, die ein Steuerrad auf der Schulter trägt.[21] Wenngleich dieses Beweisstück aus einer Zeit stammt, in der die Blütezeit von Vetulonia bereits Jahrhunderte zurücklag, so mag ihm doch eine gewisse Bedeutung zukommen – insofern nämlich, als es die Erinnerung an jene viel frühere Epoche bewahrt hat, denn an dieser Küste blühte der Überseehandel schon in den ersten Jahrhunderten des ersten Jahrtausends v. Chr.

Ebenfalls schon sehr weit reichen die Beziehungen der Vetulonier zu Sardinien zurück. Sie werden durch die Grabkammern mit den falschen Kuppeln belegt, die um 800 v. Chr. zunächst im benachbarten Populonia auftauchten und wenig später auch in Vetulonia gebaut wurden. Schiffsmodelle aus Bronze, die in Sardinien hergestellt oder nach sardischen Modellen kopiert worden sind, hat man in nicht weniger als drei vetulonischen Gräbern aus dem 7. Jahrhundert v. Chr. zusammen mit einer ganzen ›Arche Noah‹ gefunden, die Tierplastiken enthielt.[22] Andererseits haben Ausgrabungen in sardischen Häfen wie Tharros viele etruskische Gegenstände zutage gefördert, so daß sogar Strabo die Bewohner der Insel als Tyrrhener bezeichnen konnte.[23] Hinzu kommt, daß – wie bereits erwähnt – ein Gemeinwesen auf Sardinien, nämlich das der Aesaronenser, offenbar einen etruskischen Namen trug. Nichts berechtigt uns übrigens zu der Annahme, der Seehandel mit Sardinien habe sich nur auf sardischen Schiffen abgewickelt; mit Sicherheit sind auch Schiffe aus Vetulonia daran beteiligt gewesen. Schließlich verfügte die Stadt in den nahegelegenen Bergen über das notwendige Bauholz, und die Rinde der dort wachsenden Korkeichen diente außerdem zum Verschließen der in den Grabkammern aufgestellten Bronzegefäße.

Wenn Vetulonia über Schiffe verfügte, dann hatte es auch in der Nähe gelegene Häfen wie andere etruskische Städte, die selbst nur wenige Kilometer landeinwärts lagen. Aber die Lokalisierung der vetulonischen Häfen ist keine einfache Aufgabe, denn das Mündungsgebiet des Ombrone hat sich ebenso wie der ganze Küstenbereich durch das Absinken des Meeresspiegels im Laufe der Jahrhunderte völlig verändert.[24] Wenn wir davon ausgehen, daß Vetulonia einen Hafen besaß, dann dürfte zwischen ihm und der Stadt selbst nur ein loses Abhängigkeitsverhältnis bestanden haben – etwa so wie beispielsweise zwischen Orbetello und Vulci. Es gab hier keine unmittelbar benachbarte und vom Stadtstaat Vetulonia beherrschte Hafenstadt wie Regae bei Vulci (oder Graviscae und Pyrgi bei Tarquinii und Caere). Dafür war die Ombronemündung wiederum zu weit von Vetulonia entfernt, nämlich immerhin 21 Kilometer.

Wir besitzen jedoch recht überzeugende Hinweise darauf, daß es ganz in der Nähe von Vetulonia wenigstens einen Hafen gegeben hat, wenn man auch bei seiner Lokalisierung die starken Verschiebungen der Küstenlinie in Betracht ziehen muß. Westlich der Bruna befindet sich die Anhöhe, auf der Vetulonia lag. Wenden wir uns dagegen nach Osten, so muß man heutzutage von Grosseto aus erst acht Kilometer Tiefland durchqueren, bis wir den Ombrone erreichen. In antiker Zeit jedoch, als der Meeresspiegel noch wesentlich höher lag, war dieses Tiefland eine große Lagune mit dem Namen Lacus Prilius. In diese Lagune mündeten sowohl die Bruna als auch der Ombrone. Vielleicht waren beide Flüsse auch durch Kanäle mit der Lagune verbunden. Der Lacus Prilius selbst hatte mehrere Zugänge zum offenen Meer, und diese waren offensichtlich noch durch einen Kanal erweitert worden. Reste von Gebäuden, die im Altertum am Ufer dieser Lagune standen, haben sich bis zum heutigen Tage erhalten. Sie stammen aus dem 3. und 2. Jahrhundert v. Chr. und beweisen, daß der Lacus Prilius damals noch vorhanden war. 52 v. Chr. erwähnt Cicero eine Insel in der Mitte der Lagune.[25] Sogar noch Karten aus der Renaissance und aus späterer Zeit zeigen die Lagune und ihre Ausflüsse ins Meer, obwohl sie damals wie andere etruskische Meereslagunen schon fast völlig verlandet war und einen ungesunden Malariasumpf bildete. Am Beispiel einer ganz ähnlichen Lagune, nämlich der vor Orbetello gelegenen, konnten wir bereits sehen, wie der See im Laufe der Zeit durch angeschwemmte Sandbänke vom offenen Meer abgeschnitten wurde. Beim Lacus Prilius hat das Schwemmland die Lagune schließlich vollkommen verschwinden lassen und mit ihr die Häfen. So blieb ein hafenloser Küstenstreifen zurück, angesichts dessen wir heute kaum begreifen können, daß die Etrusker eine seefahrende Nation gewesen sind. Mit ihrem erstaunlich großen Wissen auf dem Gebiet der Be- und Entwässerung haben die Etrusker die Gefahr der Verlandung sicherlich erkannt und womöglich auch Methoden erdacht, ihr zu begegnen. Heute können wir natürlich leicht sagen, weder sie noch die Römer hätten genug getan, um mit dem Problem fertigzuwerden. Immerhin hat der Lacus Prilius das etruskische Zeitalter überdauert, und hier lagen auch die Häfen von Vetulonia.

Wenigstens einer dieser Häfen läßt sich noch identifizieren. Er lag bei

Badiola al Fango, heute auf halbem Wege zwischen der Stadt und dem Meer an einer Stelle, wo die von Vetulonia heranführende Straße in eine zweite, von Osten nach Westen führende, mündet.[26] Mehrere kleine Ortschaften an den Ufern der verlandeten Lagune lassen schon an ihren Namen erkennen, daß sie früher einmal unmittelbar an der Küste lagen. Sie heißen Casa Galera (Bootshaus), Porto a Colle (Hafen am Hügel), Porto alle Cavalle (Pferdehafen) und Piscara a Mare (Fischerei am Meer). Es ist ziemlich wahrscheinlich, daß auch Vetulonia über eine ganze Reihe benachbarter Hafenanlagen am Lacus Prilius verfügte. Von hier liefen die Handelsschiffe der Stadt nach Sardinien, Korsika und sogar noch weiter entfernt gelegenen Bestimmungsorten aus. Abgesehen davon unterhielten die Vetulonier auch enge Handelsbeziehungen auf dem See- oder Landweg zu Tarquinii, Caere und Vulci. Vetulonia exportierte seine hochwertigen Schmuckwaren wie auch andere Erzeugnisse, trat aber stärker noch als Importeur in Erscheinung, wobei es von seinen Handelspartnern auch kulturell beeinflußt wurde.
Was nun die Kontakte mit dem Gebiet jenseits des Tiber betrifft, so behauptet der lateinische Dichter Silius Italicus, die Römer hätten ihre Staatsinsignien von Vetulonia entlehnt.[27] Diese Behauptung überrascht uns zunächst noch mehr als die von Strabo, der gesagt hat, die Embleme seien von Tarquinii übernommen worden. Aber Vetulonia hat mit Sicherheit Beziehungen zu Latium unterhalten, wie dies durch Ausgrabungen in jüngster Zeit bei Politorium südlich von Rom bestätigt wurde. Eigenartigerweise scheint Politorium sogar engere Beziehungen zu Vetulonia unterhalten zu haben als zu den Städten im südlichen Etruria; wahrscheinlich weil es in Vetulonia reichere Metallvorkommen gab. Auffallend stark sind die Ähnlichkeiten zwischen den in Vetulonia und den in der latinischen Stadt Praeneste (Palestrina) ausgegrabenen Objekten. Diese Ähnlichkeiten lassen sich zum Teil sicherlich auch damit begründen, daß beide Städte aus den gleichen fremden Quellen geschöpft haben. Bei den in Praeneste gefundenen Vasengriffen allerdings ist es ziemlich wahrscheinlich, daß sie aus Vetulonia stammen, denn dort hat man ebenfalls Vasengriffe ausgegraben, die genauso aussehen.[28]

Populonia und Elba

Vierzig Kilometer nordwestlich von Vetulonia an der Küste lagen die beiden Dörfer, die sich zur Stadt Populonia (der etruskische Name des Ortes war Pupluna oder Fufluna) zusammenschlossen. Ihren Wohlstand hatten sie den reichen Erzvorkommen in den Bergen des nahen Campigliese und auf der Insel Elba zu verdanken, die dieser Küste vorgelagert war und sich zu Schiff leicht erreichen ließ.[29] Populonia lag auf einem unzugänglichen Vorgebirge, das zu jener Zeit noch praktisch eine Insel war. Von hier aus überblickte man einen gegen die Westwinde nicht sehr gut geschützten Hafen an einer weiten Bucht. Wie die klassischen Schriftsteller berichten, war Populonia die einzige an der Küste gelegene etruskische Stadt, die den Rang eines Stadtstaats für sich in Anspruch nehmen konnte.[30]

Hinter dem Hafen befinden sich ausgedehnte Gräberfelder, die zunächst an genau der gleichen Stelle angelegt worden waren wie die Friedhöfe der vorangegangenen Epochen, sich aber dann nach allen Richtungen hin weiter ausbreiteten. Sehr früh, nämlich bereits gegen 800 v. Chr., scheint man in Populonia die Kammergräber mit den falschen Kuppeln von Sardinien übernommen zu haben, die wir nur wenig später in ganz Etruria antreffen werden. Es folgten zwei größere Typen von Kammergräbern, die mit Erdhügeln bedeckt waren. Beim ersten Typus befand sich eine Sockelplatte unmittelbar unter dem Erdhügel; beim zweiten finden wir Reihen von Kalksteinplatten, die ebenso wie in den Gräbern von Vetulonia um die Peripherie des Grabes aufgeschichtet sind, aber keine Sockelplatte. Gräber der ersten Kategorie bei San Cerbone lassen sich auf die Mitte des 7. Jahrhunderts v. Chr. datieren. Das Grab der Streitwagen *(Tomba dei Carri)* enthielt die Reste von zwei zweirädrigen Wagen, die mit Bronzeblech beschlagen und mit Bernstein verziert waren. Die Treibarbeiten darauf zeigen Jagdszenen. Das Grab der Totenbahren *(Tomba dei Letti Funebri)* enthält die Reste von sechs steinernen Liegen. Im Grab der Fächer *(Tomba dei Flabelli)* hat man vier Fächer, vier Bronzehelme, Goldarbeiten und Keramiken entdeckt. Das Grab mit dem Goldschmuck *(Tomba delle Oreficeri)*, das seinen Namen dem dort gefundenen reichen Goldschmuck verdankt, zeigt noch die ›falsche Kuppel‹ und stammt aus der Zeit unmittelbar vor 600 v. Chr.

Die Dörfer, aus denen Populonia hervorging, waren bereits zu sehr früher Zeit an einen mit dem Hafen verbundenen Markt angeschlossen, aber der Wohlstand entwickelte sich erst, nachdem sich die griechischen Märkte und Kolonien in Süditalien für den Ort zu interessieren begannen. Dieses Interesse galt dem Erzreichtum von Populonia, der schon um 750 v. Chr. ausgebeutet worden sein muß, denn so alt sind die Reste der dort entdeckten Schmelzöfen. Im Austausch gegen diese Metalle lieferten die Händler griechische und nahöstliche Waren der Art, wie sie auch in den Gräbern bei Populonia zum Vorschein kamen. Keine andere Stadt im nördlichen Etruria hat so viele griechische Artefakte importiert wie Populonia.[31] So sind auch wahrscheinlich die mit zwei Griffen

versehenen Becher phönikischen Stils über Pithecusae und Cumae nach Populonia gekommen, und auf dem gleichen Wege haben die Populonier den Gott Sethos kennengelernt, der im phönikischen Sidon verehrt wurde und den sie dann als Sethlans[32] in die Hierarchie ihrer eigenen Götterwelt aufnahmen (er entsprach dem griechischen Hephaistos und dem römischen Vulcanus). Möglicherweise ist dieser Kult auch direkt aus Phönikien nach Populonia gekommen. Das gleiche gilt für die Verehrung des Gottes Fufluns, dem Populonia seinen Namen verdankt. ›Fufluns‹ dürfte seinerseits vom Namen der phönikischen Stadt Byblos abgeleitet sein. Abgesehen von diesen Einflüssen aus dem phönikischen Raum spielten natürlich auch hier wiederum die Anregungen aus Griechenland die Hauptrolle. Schließlich waren die Griechen die wichtigsten Handelspartner von Populonia, und zwar zunächst die Korinther, später dann vor allem die Ionier.[33]
Gegen Ende des 7. Jahrhunderts v. Chr., als sich die Handelsbeziehungen zu den Griechen und zum Nahen Osten immer mehr ausweiteten, schlossen sich die beiden Dörfer und das *emporion* von Populonia zu einem Gemeinwesen zusammen, und es folgte eine Periode des stetig wachsenden Wohlstands. Eine ähnliche Entwicklung vollzog sich in Vetulonia, aber Populonia wurde im Gegensatz zu dieser Stadt nicht sofort zu einem unabhängigen Stadtstaat. Dazu kam es vielmehr erst wesentlich später. Der Kommentator Vergils im 4. Jahrhundert n. Chr., Servius, zitiert einen Bericht, in dem es heißt, Populonia sei erst entstanden, »nachdem sich die zwölf Völker in Etruria konstituiert hatten«.[34] Servius glaubt diese Entstehung in die Jahre nach der Zerstörung Veiis durch Rom (396 v. Chr.) datieren zu können, da Populonia wahrscheinlich dessen Platz unter den (nicht ganz unumstrittenen) zwölf eingenommen hat.[35] Die Behauptung, Populonia sei erst zu dieser Zeit gegründet worden, wird allerdings durch die Ergebnisse der archäologischen Forschung widerlegt. Sie ist jedoch richtig, wenn damit gesagt werden soll, daß die Stadt später als die anderen etruskischen Zentren ihre Selbständigkeit als Staat gewonnen hat.
Vor jener Zeit muß Populonia unter der Botmäßigkeit einer anderen etruskischen Stadt gestanden haben; es bereitet uns aber gewisse Schwierigkeiten festzustellen, welche Stadt das gewesen ist. Servius behauptet, Populonia sei »eine Kolonie seines nördlichen etruskischen Nachbarn Volaterrae« gewesen. Er erwähnt aber auch eine andere Überlieferung, nach der Populonia zunächst von Korsika abhängig gewesen sei, weil korsische Siedler es gegründet hätten, und in diesem Fall müßte Volaterrae die Vorherrschaft erst einige Zeit später übernommen haben. Das ist jedoch unwahrscheinlich. Zu einem so frühen

Zeitpunkt dürften nämlich noch gar keine Beziehungen zu Korsika bestanden haben; diese sind vielmehr erst für das 5. Jahrhundert v. Chr. nachzuweisen, als es in Alalia auf Korsika eine etruskische Werkstatt gab.[36]
Nicht weniger rätselhaft ist die Behauptung des Servius, Populonia sei eine Kolonie seines nördlichen Nachbarn Volaterrae gewesen. Zwar läßt sich nachweisen, daß es zu den an der Küstenstraße gelegenen Orten Kontakte gegeben hat,[37] aber bis nach Volaterrae selbst waren es immerhin etwa 60 Kilometer. Daß Populonia eine Kolonie von Volaterrae gewesen sei, muß aber auch noch aus einem anderen Grund bezweifelt werden. Die Gräber an beiden Orten sind nämlich vollkommen verschieden ausgestattet, und die Grabbeigaben in Populonia übertreffen an Mannigfaltigkeit, Reichtum und Qualität diejenigen von Volaterrae bei weitem. Wenn man das bedenkt, dann kann man sich nicht vorstellen, daß Servius mit seiner Behauptung recht hat, Volaterrae sei mächtiger gewesen als Populonia und habe die Initiative zur Gründung dieses Ortes ergriffen.[38] Servius, der die Zusammenhänge nicht genau kannte, dürfte zu seiner Auffassung aufgrund der Tatsache gekommen sein, daß einst eine kleine Gruppe von Bürgern aus Volaterrae nach Populonia übergesiedelt ist; dies muß sich jedoch nicht unbedingt zur Zeit der Gründung von Populonia ereignet haben. Es wäre denkbar, daß diese Emigranten durch die Erzvorkommen bei Populonia zur Übersiedlung veranlaßt worden sind.
Dennoch kann Populonia zur Zeit seiner ersten Blüte im 7. und 6. Jahrhundert v. Chr. nicht ganz unabhängig gewesen sein. Die Periode, in der sich hier ein autonomes *emporion* oder ein Handelsposten befand, war vorüber. Was Servius auch sagen mag, wir halten es für viel wahrscheinlicher, daß Populonia von Vetulonia und nicht von Volaterrae abhängig war.[39] Erstens ist Vetulonia nur 40 Kilometer von Populonia entfernt, und zwischen beiden Orten liegt nur eine weite Bucht. Zweitens besteht eine große Ähnlichkeit zwischen den an beiden Orten gefundenen Objekten aus der Frühzeit. Dazu gehören Urnen, Waffen und Kessel, die offensichtlich aus Vetulonia nach Populonia gekommen sind.[40] Beide Orte unterhielten zudem Handelsbeziehungen zu den gleichen Städten, zum Beispiel zu Bononia (Bologna) und zu Politorium (Castel di Decima) in Latium. Das heißt aber noch nicht, daß Populonias Hafenanlagen ausschließlich Vetulonia zur Verfügung gestanden hätten – so etwa wie die Häfen am Lacus Prilius; denn obwohl Vetulonia nicht so weit entfernt war wie Volaterrae, war die Entfernung doch zu groß, als daß sich eine so enge Beziehung hätte entwickeln können. Der Hafen von Populonia lag jedoch aller Wahrscheinlichkeit nach auf dem Territorium

von Vetulonia, und sein Status ließ sich wohl mit dem von Orbetello vergleichen, das als Hafenstadt auf dem Territorium von Vulci lag.
Angesichts der großen wirtschaftlichen Bedeutung von Populonia wäre es möglich, daß es die erste etruskische Stadt gewesen ist, die eigene Münzen herausgegeben hat. Es war in den etruskischen Städten schon seit längerer Zeit üblich gewesen, Bronzebarren nach ihrem Gewicht in ähnlicher Weise wie Münzen als Zahlungsmittel zu verwenden. Da dies eine durchaus befriedigende Methode war, hat man durch die Jahrhunderte daran festgehalten, viel länger als etwa in den meisten griechischen Städten. In Süditalien (und auch in Cumae) konnte sich diese Zahlungsmethode allerdings ebensolange halten. Die ersten Münzen dürften in Etruria nicht vor dem 5. Jahrhundert v. Chr. geprägt worden sein, und auch dabei hat es sich zunächst aller Wahrscheinlichkeit nach um von Privatleuten herausgegebene Geldstücke gehandelt, die das Prägezeichen ihres jeweiligen Herstellers trugen.[41] Im Laufe der Zeit haben dann Vetulonia und Volaterrae mit der Ausgabe von Münzen begonnen. Aber die sicherlich mit Recht Populonia zugeschriebenen Münzen sind sehr viel älter, und eine Hafenstadt war wohl auch der am ehesten für eine solche Neuerung in Frage kommende Ort.
Zu diesen Prägungen gehören noch sehr primitive Silbermünzen, die unter anderem einen Löwen (manchmal mit einem Schlangenschweif), einen Eber und die Vorderansicht eines Gorgonenhauptes zeigen. Letzteres scheint das Wahrzeichen von Populonia gewesen zu sein, beziehungsweise das Wappen des Mannes, der die Münzen prägte.[42] Es gibt auch Goldmünzen mit einem Löwenkopf, deren Herkunft aus Populonia sich jedoch nicht mit der gleichen Sicherheit nachweisen läßt.[43] Ebenso umstritten ist, aus welcher Zeit diese Münzen stammen. Die Datierungen schwanken zwischen dem Ende des 6. und dem Anfang des 3. Jahrhunderts v. Chr.; die meisten Fachleute geben dem 5. Jahrhundert den Vorzug. Erst zu einer späteren Zeit trugen die Münzen den Namen der Stadt Populonia, wie dies auch in anderen etruskischen Städten üblich war. Das Silber, aus dem die Münzen geprägt wurden, kam höchstwahrscheinlich aus der unmittelbaren Nachbarschaft der Stadt.[44] Dagegen dürften bei der Festlegung der Münzwerte die euboiischen oder andere Kolonien auf Sizilien als Vorbild gedient haben, insbesondere Rhegium an der Straße von Messina.[45] Man hat überdies den Versuch unternommen, die Münzen nach ihren stilistischen Merkmalen mit den in diesen griechischen Kolonien geprägten zu vergleichen. Manches scheint allerdings auch für eine Verbindung mit Phokaia und einigen seiner Kolonien im Osten zu sprechen.[46] Was nun das Gold betrifft, das bei der Herstellung der zweiten Münzserie verwendet wurde, so ist es wahrscheinlich

aus der griechischen Campania oder dem karthagischen Sardinien eingeführt worden.

Der Umstand, daß sich Populonia augenscheinlich zu Beginn des 4. Jahrhunderts v. Chr. zu einem Stadtstaat entwickelt hat, zeigt uns, daß es ihm in den vorangegangenen Jahren gelungen war, nicht von der Wirtschaftsrezession in Mitleidenschaft gezogen zu werden, unter der damals das ganze übrige, schon im Niedergang befindliche Etruria zu leiden hatte. Populonia führte immer noch athenische Keramiken ein und kopierte sie – eine Handelsware, die zu dieser späten Zeit in den anderen etrurischen Küstenstädten völlig unbekannt war. Deutliche Spuren zeigen uns außerdem, daß die Bewohner von Populonia schon lange zuvor damit begonnen hatten, das im Campigliese gefundene Eisenerz zu bearbeiten, und daß sie für diesen sehr lukrativen Erwerbszweig das Monopol besaßen. Viele ältere Gräber in Populonia sind im Lauf der Zeit mit den Schlacken der Schmelzöfen bedeckt worden. Jedoch wurden auch noch in relativ später Zeit neue Friedhöfe angelegt, die beweisen, daß der Lebensstandard in der Stadt nach wie vor auf einem sehr hohen Niveau lag.

Populonia hatte seinen Wohlstand zum großen Teil den Beziehungen zur benachbarten Insel Elba zu verdanken. Schon zu der Zeit, als es in Etruria noch keine Städte gab, befand sich auf der Insel – genau wie in Populonia – ein Hafen, der mit einem Markt verbunden war. Auch später, zu etruskischer Zeit, hat man auf Elba, das damals vermutlich Vetalu oder Eitale hieß (abgeleitet vom griechischen Namen der Insel Aithalia),[47] weiterhin Erze geschürft und die Metalle exportiert, und zwar offensichtlich unter der Vorherrschaft von Vetulonia, das zu dieser Zeit auch Populonia beherrschte.

Zunächst war es das auf Elba gewonnene Kupfer gewesen, das die Bewohner von Populonia und die fremden Händler interessierte. Doch gab es auf der Insel – besonders auf deren Ostseite – auch reiche Eisenerzlager, die von den zahlreichen etruskischen Siedlungen im Tagebau ausgebeutet wurden (man begnügte sich damit, lediglich einen kurzen Stollen in den Berg hineinzutreiben). Auf diesen Erzreichtum hatte es auch eine syrakusanische Streitmacht abgesehen, die in den Jahren 454–453 v. Chr. Elba überfiel.[48] Kurz darauf waren auch die meisten Holzvorräte auf der Insel erschöpft, und die für den Schmelzvorgang so dringend benötigte Holzkohle konnte von den Inselbewohnern nicht mehr hergestellt werden. So übernahm nun Populonia das Schmelzen des Eisens. Nur einige wenige Schmelzöfen auf der Insel blieben auch weiterhin in Betrieb. Im Laufe der Zeit wurde die etruskische Vorherrschaft hier ebenso wie anderswo von der römischen abgelöst. Dennoch sind die Bewohner von Elba bis ins 3. Jahrhundert v. Chr. sehr aktiv und wirtschaftlich erfolgreich gewesen.[49]

Rusellae

Im 6. Jahrhundert v. Chr. ist Vetulonia, das über gute Häfen an der Meereslagune verfügte und die Vorherrschaft über Populonia und Elba ausübte, augenscheinlich immer noch auf der Höhe seiner wirtschaftlichen und politischen Macht gewesen. Doch noch vor Ende des Jahrhunderts hörte das Leben in dieser Stadt für mehr als zweihundert Jahre ganz plötzlich und nahezu vollständig auf. Daß weniger bedeutende Städte in Etruria um die gleiche Zeit von einem ähnlichen Schicksal ereilt wurden, hat man damit zu begründen versucht, daß sie von anderen etruskischen Mächten angegriffen worden seien. Das könnte auch auf Vetulonia zutreffen, denn in bedrohlicher Nähe dieser Stadt war ein im Lauf der Zeit immer mächtiger werdender Nachbar entstanden – vielleicht sogar ein von Vetulonia selbst gegründetes Gemeinwesen. Das war Rusellae (der Name ist etruskisch; heute heißt der Ort Roselle). Es lag nur 14 Kilometer von Vetulonia entfernt auf der anderen Seite der großen Meereslagune, des Lacus Prilius. Rusellae beherrschte das fruchtbare Tal des Ombrone, und zwar von jener Stelle aus, wo der Fluß in die Lagune mündete. Die Dörfer auf dem Plateau von Rusellae schlossen sich im 7. Jahrhundert v. Chr. zur Stadt zusammen.[50] Schon vor 600 v. Chr. besaß die neue Stadt – oder zumindest ein Teil des Stadtgebiets – eine Mauer mit einem Steinfundament, deren oberer Teil aus ungebrannten Ziegeln erbaut war. Es handelt sich um eine der ältesten Stadtbefestigungen in Etruria überhaupt, älter sogar offensichtlich als die Befestigungsanlagen der Rivalin von Rusellae, Vetulonia. Später hat man die alte Mauer abgetragen und dafür eine neue, diesmal aus Stein, errichtet. An einigen Stellen war sie etwa sieben Meter hoch und fast drei Meter dick. George Dennis, der diese Gegend im 19. Jahrhundert bereist hat, spricht von den »gewaltigen Ausmaßen und der rohen Gestaltlosigkeit« des imposanten Mauerwerks, das anderen etruskischen Städten zum Vorbild diente und später immer wieder instandgesetzt und verstärkt worden ist.

Die von der Mauer umschlossene Fläche besaß einen Durchmesser von etwa drei Kilometern; sie ist jedoch niemals vollständig bebaut worden. Die Situation an diesem Ort ist für den Forscher ganz anders als bei den meisten etruskischen Siedlungen, denn hier bei Rusellae hat man die dazugehörigen Gräberfelder noch nicht gefunden. Die Reste des Wohngebiets innerhalb der Stadtmauern sind jedoch soweit ausgegraben, daß sie uns ein einzigartiges und zum Teil recht genaues Bild davon vermitteln, wie eine solche Stadt ausgesehen hat. Bis 550 v. Chr. bestanden die Häuser aus rohen, ungebrannten Ziegeln; von diesem Zeitpunkt an erst benutzte man gebrannte Ziegel als Baumaterial. Noch später baute man die Häuser auf Steinfundamenten; einzelne Gebäude wurden sogar ausschließlich aus Steinen errichtet.[51] Bei den Ausgrabungen ließen sich sowohl Privathäuser als auch öffentliche Gebäude feststellen. Die öffentlichen Gebäude – ihre jeweilige Bestimmung ist nicht immer ganz geklärt – lagen alle nebeneinander, und zwar in einer genau durch die Mitte der Stadt führenden Senke, die das Stadtgebiet in zwei Regionen aufteilte. Beiderseits der Senke, auf etwas höherem Niveau, befanden sich die einzelnen Wohnviertel. Unter den Privathäusern gibt es einige, die sehr klein sind; sie besaßen nur eine einzige Etage mit zwei Räumen. Hier bekommen wir einen guten Einblick in das Leben der weniger wohlhabenden Mitglieder eines etruskischen Gemeinwesens.

Wie schon gesagt, lag Rusellae am Ufer des Lacus Prilius gegenüber von Vetulonia und war mit dieser Stadt durch eine am Seeufer entlangführende Straße verbunden. Die Bewohner der beiden auf Anhöhen einander gegenübergelegenen Städte konnten den jeweils anderen Ort jenseits der Meereslagune deutlich erkennen, und ebenso wie für Veii und Rom bestand auch für sie als Folge der nahen Nachbarschaft die ständige Gefahr einer Konfrontation. Selbst wenn Rusellae eine Gründung von Vetulonia gewesen sein sollte, versteht man, weshalb die Rusellaner es für notwendig hielten, sich mit einer so gewaltigen Befestigungsanlage vor ihrem Nachbarn zu schützen. An den ausgegrabenen Gebäuden aus dem 4. und 5. Jahrhundert v. Chr. erkennt man deutlich, daß Rusellae die mächtigere der beiden rivalisierenden Städte gewesen ist und überlebt hat, während Vetulonia spätestens im 3. Jahrhundert v. Chr. aufhörte zu bestehen (1979 hat man noch ein Gebäude aus dieser Zeit entdeckt).

Daß Vetulonia von seinen Bewohnern verlassen wurde, weil seine Häfen oder die Lagune verlandeten, klingt nicht sehr überzeugend, denn Rusellae am gegenüberliegenden Ufer hat weiterbestanden, und es läßt sich sogar beweisen, daß der See zu römischer Zeit noch existiert hat. Trotz abweichender Auffassungen dürfen wir daher annehmen, daß Vetulonia in der Zeit von 550 bis 500 v. Chr. im Kampf gegen Rusellae unterlag und zum Teil zerstört wurde. Zumindest jedoch verlor die Stadt damals jede politische Bedeutung.[52] Vielleicht hatte Vetulonia die Vorherrschaft über Marsiliana und Ghiaccio Forte schon früher an Rusellae abtreten müssen. Aber noch entscheidender ist der wahrscheinliche

Verlust der Erzgruben im Campigliese und auf Elba gewesen – und vermutlich auch der Verlust von Populonia um die gleiche Zeit oder wenig später. Vielleicht hatte Rusellae schon zu früherer Zeit Zugang zu den sehr reichen Erzvorkommen des Massetano gehabt. Gewiß ist jedenfalls, daß es nach der Ausschaltung seines Rivalen Vetulonia dieses Gebiet uneingeschränkt beherrscht hat. In Rusellae fanden die Ausgräber noch Vorräte an Rohzinn; das Erz konnte hier seinerzeit mit der Holzkohle geschmolzen werden, die sich ihrerseits in den Wäldern am Ombronebecken gewinnen ließ. Hier schlugen die Bewohner von Rusellae auch das Bauholz für ihre Schiffe (205 v. Chr. und sicher auch schon früher). Daß die Stadt selbständig Handel getrieben hat, beweisen archäologische Funde, aus denen wir erkennen, daß sie Beziehungen zu Karthago unterhielt, wobei die Handelsschiffe vielleicht in sardischen Häfen zwischengelandet sind. Ebenso wie Vetulonia besaß Rusellae einen eigenen Hafen oder Häfen am Lacus Prilius, vielleicht in Terme di Roselle oder ganz in der Nähe. Einer dieser Häfen könnte Thezi oder Thezle geheißen haben.[53] Dort sind wahrscheinlich auch die Silbermünzen geprägt worden, auf denen diese Namen erscheinen.[54] Sie gehören zweifellos zu den ältesten in Etruria geprägten Münzen und stammen vermutlich aus dem 5. Jahrhundert v. Chr. Damit gehören sie zur gleichen Kategorie wie die anderen, bereits erwähnten Münzen, die Populonia zugeschrieben werden. Populonia war eine Hafenstadt und somit ein Ort, an dem man mit der Einführung solcher Neuerungen rechnen kann. Auch die Münzen mit der Inschrift Thezi-Thezle sind augenscheinlich in einem Hafen geprägt worden, denn einige von ihnen zeigen ein Seeungeheuer. Andere Prägungen mit den gleichen Inschriften haben ähnliche Formen wie griechische Münzen aus Süditalien und Sizilien, und die Münzwerte entsprachen wahrscheinlich den in Rhegium an der Straße von Messina gültigen[55] – ähnlich wie wir dies ja auch im Falle der populonischen Münzen vermuten. Der Ort, an dem die Münzen mit der Inschrift Thezi-Thezle herausgegeben wurden, läßt sich zwar nicht mehr identifizieren, aber man darf wohl davon ausgehen, daß es sich dabei um ein Gemeinwesen gehandelt hat, das an dieser Küste lag. Einige Forscher haben auch Vulci als Prägungsstätte der Münzen vermutet; da jedoch das Silber selbst höchstwahrscheinlich aus dem Massetano stammt, liegt es näher, anzunehmen, der Ausgabeort sei einer der Häfen von Rusellae gewesen, denn diese Stadt verfügte damals über die dortigen Silberminen.[56]

An der Albegna, der mutmaßlichen Grenze zum Territorium von Vulci, scheint Rusellae eine weitere Hafenstadt als Außenposten gegründet zu haben. Das war Telamon, das heutige Talamone.[57] Die antike Stadt lag auf einer steilen Anhöhe südlich des heutigen Talamone und beherrschte eine Bucht, an deren gegenüberliegender Seite der Fluß Osa mündete. Die Bucht war als Hafen gut geeignet und ist in alten Zeiten, als die Küste noch viel tiefere Einschnitte hatte und parallel zu der von Norden nach Süden führenden späteren Römerstraße, der Via Aurelia, verlief, auch als solcher benutzt worden. Die Gründungslegenden von Telamon gehen auf den Argonauten des gleichen Namens zurück und zeigen, daß die Bewohner dieses Ortes stolz auf ihre historische Vergangenheit waren. Diese läßt sich allerdings durch archäologische Funde aus der Frühzeit nicht bestätigen. Gegen Ende des 6. und Anfang des 5. Jahrhunderts v. Chr. hat Telamon dagegen offensichtlich eine Blütezeit erlebt, aus der eindrucksvolle architektonische Keramiken erhalten geblieben sind. Telamon war nicht im gleichen Sinne der Hafen von Rusellae wie Graviscae und Pyrgi die Häfen von Tarquinii und Caere waren, denn dafür lag es zu weit von der Stadt entfernt. Es war vielmehr ein zugleich als Außenposten und Markt dienender Hafen unter der Vorherrschaft von Rusellae.[58] Die Beziehungen zwischen den beiden Orten entsprachen in etwa denjenigen zwischen Orbetello und Vulci oder zwischen Populonia und Vetulonia. Dank solcher Außenposten wie Telamon spielte Rusellae auch weiterhin eine wichtige Rolle als Bindeglied zwischen Nord- und Südetruria und zwischen dem Landesinneren und der Küste. Vieles spricht dafür, daß es hier auch eine blühende Landwirtschaft gegeben hat.[59] In den ersten Jahren des Aufstiegs von Rom haben die Bürger von Rusellae eine sehr selbstbewußte Haltung eingenommen und sich auch durch die Niederlage von Veii nicht beeindrucken lassen. Anders als ihre Nachbarn waren sie nicht bereit, sich Rom auf friedliche Weise zu unterwerfen; vielmehr führte Rusellae einen lange andauernden Krieg gegen die Römer, der wahrscheinlich um 302 v. Chr. begonnen hat. Erst im Jahre 294 v. Chr. gelang es einem römischen Konsul, nachdem er das Territorium von Rusellae verwüstet hatte, die Stadt nach einer Belagerung einzunehmen. Livius zufolge war Rusellae nach Veii die erste größere etruskische Stadt, die von den Römern erobert werden konnte.[60] Heute hat das in der Nähe gelegene Grosseto das Erbe des antiken Rusellae angetreten.

12. Volaterrae

Reichtum und Kunst

Vetulonias Nachbarstaat im Norden war Volaterrae. Aus stolzer Höhe überblickte es die in das Tyrrhenische Meer fließende Cecina und das Tal der Era, eines Nebenflusses des Arno. Gebrauchsgegenstände im Stil der ersten Jahrhunderte nach 1000 v. Chr. sind in Volaterrae noch lange Zeit danach hergestellt worden,[1] und auch die Vereinigung der auf den Höhen gelegenen Dörfer hat erst verhältnismäßig spät, nämlich gegen Ende des 6. Jahrhunderts v. Chr. stattgefunden. Die ersten aus Stein errichteten Gebäude im Wohnbezirk der Stadt stammen aus jener Zeit,[2] ebenso der älteste Teil einer massiven, ohne Mörtel aufgeführten Stadtmauer. Diese Mauer ist später erweitert worden und bildete dann einen mehr als 7,2 Kilometer langen Ring. Damit war das Stadtgebiet von Volaterrae eines der größten in ganz Etruria (doppelt so groß wie das moderne Volterra); doch auch hier hatte man, wie in so vielen anderen Städten, darauf verzichtet, das Stadtgebiet vollständig zu bebauen.
Da wir unser Wissen über die etruskischen Städte (mit Ausnahme von Rusellae) fast ausschließlich den Gräberfunden verdanken, bedeutet es für die Forschung einen großen Verlust, daß ein Teil der Gräber aus der Frühzeit von Volaterrae von einem gewaltigen Erdrutsch bei Le Balze am nordwestlichen Ausläufer des Plateaus verschüttet worden ist.[3] Aber 1831 hat George Dennis dort noch die Reste von zwei Hügelgräbern mit ›falschen Kuppeln‹ gesehen, die in etwa den Gräbern im weiter südlich gelegenen Vetulonia glichen. Von einigen Grabstätten aus der Zeit zwischen dem 7. und 5. Jahrhundert v. Chr. sind noch Reste gefunden worden. Sie zeigen, daß Volaterrae vor dem Zusammenschluß der Dörfer zur Stadt ein nicht unbedeutendes Produktionszentrum gewesen ist, vor allem für die Herstellung kleiner Bronzen.
Zu den Funden aus späterer Zeit gehört der Grabstein des Kriegers Avle Tite, der an den des Avle Feluske in Vetulonia erinnert, aber ein Flachrelief zeigt und oben abgerundet ist. Der Krieger trägt eine kunstvolle Haartracht im nahöstlichen Stil und dazu einen langen Speer sowie einen Bogen, der aber auch als Kurzschwert interpretiert werden könnte. Das Relief von Avle Feluske in Vetulonia läßt sich auf die Zeit um die Wende vom 7. zum 6. Jahrhundert v. Chr. datieren, aber die weiter im Norden gelegene Stadt Volaterrae ist zu dieser Zeit wahrscheinlich kulturell noch im Rückstand gewesen, und Avle Tite dürfte nicht vor 500 v. Chr. gestorben sein. Damals stellten die Bildhauer in Volaterrae

(ebenso wie in Vetulonia und Vulci) freistehende Steinplastiken her. Hierfür mag uns ein männlicher Kopf als Beispiel dienen, der griechische Einflüsse – möglicherweise aus Massalia – zeigt, wenngleich wir auch Anklänge an die typisch etruskische Bronzetechnik finden.[4] Der Kopf ist aus Marmor, aber das stellt eine Ausnahme dar. Bis zum 4. Jahrhundert v. Chr. sind die Steinplastiken in Volaterrae nämlich im allgemeinen aus vulkanischem Gestein hergestellt worden. Das war auch das Material für die frühesten einer bedeutenden Serie von Aschenurnen, einer Besonderheit von Volaterrae. Im dortigen Museum werden heute nicht weniger als sechshundert solcher Urnen gezeigt. Sie nahmen die Asche der Verstorbenen auf, denn hier im nördlichen Teil des Landes war die Feuerbestattung üblich. Die Sarkophage sind mit lebendigen Reliefs geschmückt, und auf den Deckeln befinden sich liegende Figuren.[5] Reliefs wie auch Figuren waren ursprünglich farbig bemalt und zum Teil vergoldet.
Doch diese Monumente stammen aus einer relativ späten Zeit. Die ersten sind um 400 v. Chr. entstanden, aber die überwiegende Mehrzahl von ihnen läßt sich auf die hellenistische Periode datieren, in der Volaterrae den Gipfel seines Wohlstandes erreichte[6] und die Bildhauer anfingen, den hier vorkommenden Alabaster, eine Gipsart, zu verarbeiten. Die Reliefs stellen meist Episoden aus der griechischen Mythologie dar, sie zeigen aber oft eine typisch etruskische Auffassung. Einige Mythen und Figuren sind sogar rein etruskisch und lassen sich in einzelnen Fällen nicht mehr interpretieren. Das gilt beispielsweise für eine Szene, in der ein Wolf von gewaltigem Ausmaß, aber mit einer Kette gefesselt, im Beisein von Dämonen und menschlichen Gestalten aus einem Brunnen kommt. Im letzten Viertel des 4. Jahrhunderts v. Chr. wurden in Volaterrae massenweise Keramiken mit roten Figuren hergestellt, und zwar in einer Art, wie sie speziell für diese Stadt charakteristisch ist.[7]
So wie Avle Tite einer der wenigen führenden Bürger von Volaterrae gewesen ist, die uns namentlich bekannt sind, gilt der Clan der Ceicna (Caecina) als die mächtigste Familie in der Stadt, und dies blieb sie über einen langen Zeitraum hinweg. Der Familienclan verfügte über einen beachtlichen Grundbesitz, zu dem auch Tongruben, Brennöfen und Salzpfannen gehörten. Man hat in Volaterrae vier Gräber entdeckt, in denen die Inschriften ihren Namen zeigen. In einer dieser Grabkammern befanden sich nicht weniger als vierzig Aschenurnen.[8] Der Clan der Caecina hat auch dem hier vorbeiziehenden Fluß, der heutigen Cecina, seinen Namen gegeben – oder hat sich nach ihm so genannt. Eine im Flußtal entlangführende Straße verband Volaterrae mit der 32 Kilo-

meter von hier entfernten Küste. Wahrscheinlich haben die Bewohner von Volaterrae schon zu recht früher Zeit damit begonnen, die Erzvorkommen an den Hängen beiderseits des Flußtals auszubeuten, denn die Stadt war sehr wohlhabend und bekannt für ihre leistungsfähigen Bronzewerkstätten. An beiden Flußufern sind etruskische Begräbnisstätten gefunden worden, und zwar im Süden bei Casale Marittimo, wo man ein sehr geräumiges Kammergrab mit falscher Kuppel entdeckt hat, und bei Montescudaio, wo eine recht ungewöhnliche Aschenurne ausgegraben wurde, die aus der Zeit um die Wende vom 7. zum 6. Jahrhundert v. Chr. stammt und auf deren Deckel eine Gruppe von Figuren dargestellt ist, die an einem Gastmahl teilnehmen.[9] Eine zweite Straße führte von Volaterrae aus bei Saline (das nach den Salzpfannen so benannt worden ist) über die Cecina und dann nach Süden zum erzreichen Massetano. Bei der Ausbeutung dieser Gruben mußten sich die Bürger von Volaterrae höchstwahrscheinlich mit den Vetuloniern arrangieren.

Die Häfen

Die Beschäftigung mit dem Fluß Cecina führt uns bald zu der Frage, ob Volaterrae über eigene Häfen verfügt hat. Die Stadt war viel weiter von der Küste entfernt als die anderen etruskischen Stadtstaaten, über die wir bisher gesprochen haben, und allein schon aus diesem Grunde besaß sie keinen in unmittelbarer Nähe gelegenen Hafen. Dennoch dürfte eine so bedeutende Stadt wie Volaterrae nicht ohne Häfen ausgekommen sein – Häfen, die ähnlich wie Orbetello und Telamon im Gebiet von Vulci und Rusellae in loser Verbindung zu Volaterrae standen. 205 v. Chr. hat Volaterrae der römischen Flotte Takelage für ihre Schiffe sowie auch Getreide geliefert, und das zeigt an, daß die Stadt etwas mit der Seefahrt zu tun hatte. Das läßt sich auch daraus ersehen, daß auf den Reliefs vieler bei Volaterrae gefundener Urnen Szenen aus der Sage von Odysseus (dem etruskischen Uturze und dem römischen Ulysses) und den Sirenen dargestellt sind.

Fünf Kilometer nördlich der Cecinamündung besaßen die Römer später einen Hafen namens Vada Volaterrana (die ›Untiefen [die Furt] von Volaterrae‹ in der Nähe des heutigen Vada). Das war auch eine Station an der von Norden nach Süden führenden Via Aurelia. Rutilius Namatianus bezeichnet den Ort im 5. Jahrhundert n. Chr. als Hafen, der ebenso wie heute durch eine gefährliche Fahrrinne zu erreichen sei.[10] Erst kürzlich hat man bei Vada die Reste eines alten etruskischen Hafens entdeckt, und es könnte sein, daß die Cecina in der Antike noch näher bei

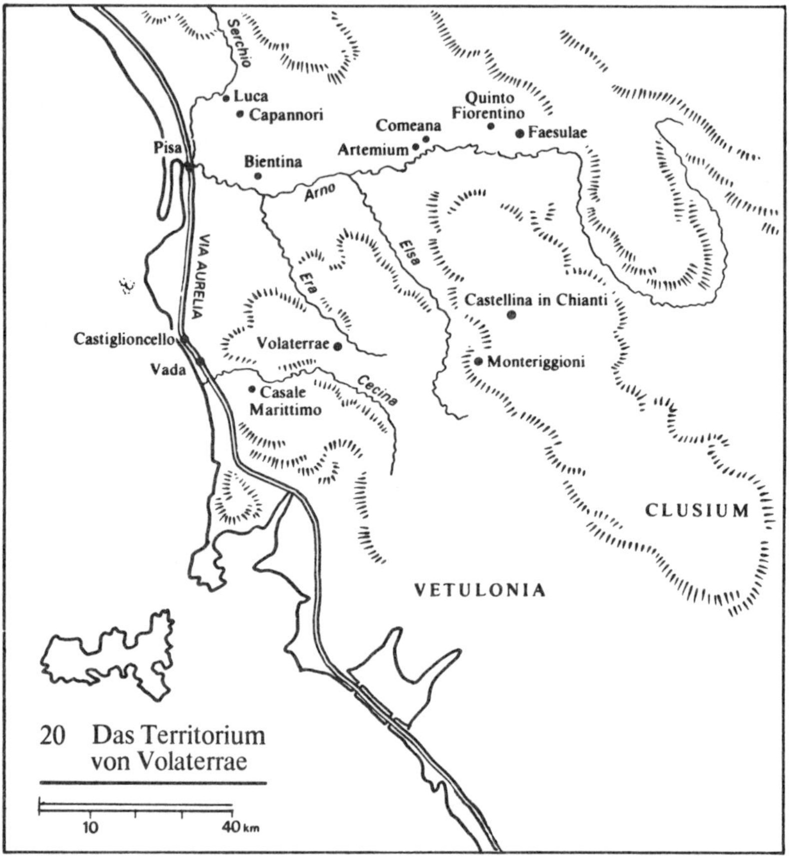

20 Das Territorium von Volaterrae

Vada ins Meer mündete als heute, denn die Gestalt der Küste hat sich seit jener Zeit wesentlich verändert. Möglicherweise verfügte Volaterrae auch etwas weiter nördlich an der Mündung der Fine über einen Hafen, denn dort konnten unmittelbar vor der Küste einige Gegenstände geborgen werden, die aus etruskischer Zeit stammen. Weitere Möglichkeiten bestehen bei Castiglioncello, das eine kleine etruskische Hafenstadt gewesen zu sein scheint, oder im Süden an der heutigen Cecinamündung (Marina di Cecina).[11]

Es wäre also falsch, von vornherein anzunehmen, daß Volaterrae keinen Zugang zum Meer gehabt hätte. Wir müssen vielmehr bedenken, daß dieser Stadtstaat eine Beziehung zu allen anderen an der Küste gelegenen Handelsposten und Märkten jenseits des Arno unterhielt, die bis weit nach Norden eingerichtet worden waren. Zu ihnen gehörte von

Anfang an wahrscheinlich auch Pisae, ein etruskischer oder etruskanisierter Hafen an der Arnomündung, wo sich der Fluß im Altertum mit dem Serchio vereinigte. Damals reichte eine Meereslagune bis nach Pisae hinauf, das damit über einen hervorragenden Hafen verfügte. Auch nördlich von Pisae hat man entlang der Küste an verschiedenen Stellen etruskische Gegenstände gefunden, und zwar bei Viareggio (Campo Casali, das heute eine kleine Insel ist) vor einer Siedlung im Vorgebirge der erzhaltigen Apuanischen Alpen sowie bei Luni (Luna). Der einzige Stadtstaat in Etruria, der seiner geographischen Lage wegen die Gründung solcher Außenposten hätte anregen können, war Volaterrae. Diese Stadt hat daher augenscheinlich einen größeren Teil der Küste in Nordwestitalien beherrscht oder doch wesentlich an der Besiedlung mitgewirkt. Es läßt sich aber heute nicht mehr feststellen, ob die einzelnen an der Küste gelegenen Außenposten noch lange Zeit eine, wenn auch lockere, Verbindung zu Volaterrae aufrechterhielten, ob sie Beziehungen zu anderen etruskischen Stadtstaaten aufnahmen, oder ob sie später gar autonom wurden.

Das Binnenland im Norden

Volaterrae hatte natürlich auch ein lebhaftes Interesse daran, seinen Einfluß weiter nach Osten in das Innere der italienischen Halbinsel auszudehnen. Dabei kam dem Arno entscheidende Bedeutung zu. Es läßt sich zwar nicht beweisen, daß sich der etruskische Einfluß vom Mündungsgebiet des Arno aus flußaufwärts in östlicher Richtung ausgebreitet hat, aber der Fluß muß im Rahmen dieses Vorgangs eine wesentliche Rolle gespielt haben. Wahrscheinlich sind die hiermit verbundenen Möglichkeiten in erster Linie von den Bewohnern der Stadt Volaterrae genutzt worden.

Die Erforschung und Kultivierung des Arnobeckens stellte eine schwierige Aufgabe dar, denn an beiden Flußufern war das Gelände versumpft und besonders nach dem Hochwasser im Frühjahr fast undurchdringlich. Der Karthager Hannibal hat bei seinem Einfall nach Italien im 3. Jahrhundert v. Chr. vier Tage gebraucht, um diese Sümpfe mit seinem Heer zu überwinden.[12] Nach einer florentinischen Legende benötigte man die Hilfe des Herakles für die Trockenlegung des versumpften Arnobeckens, aber auch die Etrusker hatten auf diesem Gebiet reiche Erfahrungen und konnten den Fluß rascher überschreiten als Hannibal. Da sie das Gelände und die klimatischen Verhältnisse genau kannten, taten sie es jeweils in der dafür günstigsten Jahreszeit. Volaterrae, das als Ausgangspunkt für solche Unternehmungen am besten geeignet war, verfügte über ein sehr großes eigenes Territorium, das eine größere Fläche umfaßte als die Territorien der anderen Küstenstaaten. Hier ließen sich die Basen einrichten, von denen aus die wirtschaftliche und politische Expansion weiter vorangetrieben werden konnte als bisher, und durch dieses Gebiet drangen Pioniere aus Volaterrae auf breiter Front den Arno entlang ins Landesinnere vor. Dabei benutzten sie in erster Linie die Verkehrswege an den südlichen Nebenflüssen des Arno. Der am nächsten gelegene Fluß war die Era. Volaterrae beherrschte ihren Oberlauf, und die ältesten Gräberfelder der Stadt entdeckte man zwischen Volaterrae und diesem Flußlauf. Etruskische Objekte, die im Tal der Era gefunden wurden, zeigen uns den Weg, auf dem die Bewohner von Volaterrae nach Norden vorgedrungen sind. Dieser Weg führte sie über den Arno, an dessen gegenüberliegendem Ufer sie die Siedlung Bientina gründeten. Der Ort war schon während der Steinzeit bewohnt gewesen und lag an einem See neben einem nördlichen Nebenfluß des Arno (der See und der Nebenfluß sind heute ausgetrocknet). An der gleichen Stelle wurde auch Eisen aus Elba gefunden, das über Volaterrae hierhergelangt sein muß.[13] Begibt man sich von Bientina aus weiter nach Norden, so erreicht man nach 16 Kilometern Capannori, wo man etruskischen Schmuck aus den Jahren 475–450 v. Chr. ausgegraben hat.[14] Capannori, das im 5. Jahrhundert v. Chr. abwechselnd von den Etruskern und den Ligurern im Nordwesten beherrscht wurde, liegt am Serchio und ganz in der Nähe von Lucca (Luca). Der Serchio entspringt in den Apenninen und mündete in der Antike bei Pisae in den Arno. Für die Etrusker, insbesondere die Volaterraner, war die im Flußtal des Serchio verlaufende Straße ein wichtiger Verkehrsweg.[15] Die einzige etruskische Inschrift, die man bisher so weit nördlich, nämlich in Piedmont (Nordwestitalien), gefunden hat, befindet sich auf einem Grabmonument aus Kalkstein. Diese Steintafel ist ebenso wie die Grabsteine in Volaterrae oben abgerundet.[16] Vielleicht genügt ein einziger Fund dieser Art noch nicht, um das Vordringen von Einwohnern aus Volaterrae in eine so weit entfernt liegende Gegend zu beweisen, doch zweifellos stammt ein großer Teil der im Norden gefundenen etruskischen Artefakte aus dieser Stadt, besonders die aus den bei Volaterrae vorkommenden Metallen hergestellten Gegenstände.[17]

Wenn wir uns das Gebiet genauer ansehen, dann stellen wir fest, daß der nächste Nebenfluß des Arno östlich der Era die Elsa ist. Ganz in der Nähe ihrer Quellen unweit des heutigen Siena lag Monteriggioni. In den dort entdeckten Gräbern hat man Urnen gefunden, die sich von den in Volaterrae ausgegrabenen kaum unterscheiden lassen; die Grabkammern hingegen gleichen denen in Clusium. Ein ähnliches Bild ergibt sich in der Region von Castellina in Chianti ostwärts des Flusses, wo ein Bronzerelief zum Vorschein kam, auf dem eine Szene von bemerkenswerter Lebendigkeit dargestellt ist.[18] Der Umstand, daß man hier und auch weiter nördlich den Einfluß von Volaterrae und Clusium feststellen kann, zeigt, daß die beiden Städte entweder miteinander konkurriert oder zusammengearbeitet haben. Einige Forscher glauben, es sei keineswegs bewiesen, daß Volaterrae schon zu so früher Zeit das Tal der Elsa unter seine Botmäßigkeit gebracht hat.[19] In jedem Falle dürfen wir jedoch davon ausgehen, daß Volaterrae hier zumindest früher die Kontrolle ausübte als Clusium,[20] obwohl es denkbar ist, daß einzelne Gebietsteile ein paarmal den Besitzer gewechselt haben. Für ein weiteres Vordringen über die Elsa hinaus nach Norden bestand kaum eine Möglichkeit, denn hier lagen große Seen und ausgedehnte Sumpfgebiete.[21]

Etwas weiter im Osten am anderen Flußufer des Arno, an einer Stelle in der Nähe der heutigen Stadt Florenz, wurden erst in jüngster Zeit die Reste größerer etruskischer Siedlungen entdeckt. Die Ausgrabungen in dieser Gegend haben reiche etruskische Funde zutage gefördert.[22]

Die wichtigste Stadt in diesem Gebiet scheint Artimino gewesen zu sein (ihr lateinischer Name lautete vermutlich Artemium). Sie lag am Zusammenfluß des Arno mit seinem nördlichen Nebenfluß, dem Ombrone Pistoiese.[23] Strategisch gesehen hatte Artemium große Bedeutung, denn es beherrschte praktisch das gesamte Flußtal und damit den Zugang zu weiten Gebieten im Norden. Unweit der Stadt befand sich außerdem eine über den Arno führende Furt. Die Siedlung selbst lag auf einer leicht zu verteidigenden Anhöhe, wo bei Ausgrabungen unter anderem griechische Keramiken im schwarzfigurigen Stil sowie schwarze etruskische Buccherokeramiken aus der Zeit vom 7. bis zum 5. Jahrhundert v. Chr. zum Vorschein kamen. Bei Comeana, unmittelbar unterhalb von Artemium, wurde ein auffallend prächtiges Grab mit einer großen falschen Kuppel entdeckt, das unter einem Erdhügel lag. Es läßt sich auf die Zeit um die Wende vom 7. zum 6. Jahrhundert v. Chr. datieren. Artemium scheint für die etruskischen Pioniere und Händler, die es sich zur Aufgabe gemacht hatten, den Norden zu erschließen, eine sehr wichtige Zwischenstation gewesen zu sein, und aus den dort gemachten Funden läßt sich der Schluß ziehen, daß der Ort seine Gründung wie auch seine weitere Entwicklung letztlich den Impulsen Volaterraes verdankte.[24] Nach einer kürzlich vorgenommenen textkritischen Untersuchung eines Abschnitts in den Briefen Ciceros hat Artemium zu seiner Zeit noch existiert.[25]

Dies war aber nicht das einzige blühende etruskische Gemeinwesen in dieser Region jenseits des Arno; etwas weiter im Osten am Flüßchen Zambra, am Stadtrand des heutigen Florenz, hat man in Quinto Fiorentino große, aus Kalksteinblöcken errichtete etruskische Rundgräber aus dem 7. und 6. Jahrhundert v. Chr. entdeckt.[26] Das fast unversehrt gebliebene, reich ausgestattete Grab von La Montagnola enthielt zahlreiche importierte Gegenstände, unter anderem auch Gefäße, die aus ägyptischen Straußeneiern gefertigt worden waren. Der in das Grab führende Gang wird von zwei Kammern flankiert und von einem mächtigen falschen Gewölbe überdacht. Die Hauptkammer, auf die der Gang zuführt, hat eine falsche Kuppel, die – wie auch sonst üblich – durch eine Säule in der Mitte gestützt wird. Diese tragende Säule ist in dem noch größeren und nicht weit davon entfernt aufgefundenen Grab von La Mula nicht mehr vorhanden (wir dürfen aber davon ausgehen, daß der Bau ursprünglich von einer solchen Säule gestützt wurde). Dieses Grab ist sechs Meter hoch und hat einen Durchmesser von neun Metern. Leider ist es im Lauf der Zeit verfallen. In der gleichen Gegend gibt es noch die Reste eines dritten Grabes, das offenbar einem Fürsten als letzte Ruhestätte diente.

Die Grabstätten in Quinto Fiorentino gleichen denen auf dem Gebiet von Volaterrae so sehr, daß wir annehmen müssen, die etruskische Siedlung, zu der sie gehörten, sei kulturell und vielleicht auch politisch von Volaterrae abhängig gewesen.[27] Die Größe und Pracht der Gräber läßt auf eine bedeutende Ortschaft schließen. Diese lag wahrscheinlich auf einer Anhöhe oberhalb des Friedhofs, dem Poggio del Giro. Heute ist der Hügel zum Teil durch einen Steinbruch zerstört, und es gibt hier nur noch die Reste einer antiken Mauer aus einer nicht mehr feststellbaren Periode. Aber die Lage des Ortes bot die denkbar günstigsten Voraussetzungen für den Verteidigungsfall, was bei seiner Auswahl eine entscheidende Rolle gespielt haben muß.[28] Man hat angenommen, daß Poggio del Giro und Artemium ihren Wohlstand entweder der Landwirtschaft oder den Raubzügen ihrer Bewohner verdankten. Zweifellos dürfte hier beides zutreffen, aber nur sehr erfolgreiche Raubzüge – oder Handelsunternehmungen – könnten die reiche Ausstattung der Gräber erklären.

Etwas weiter ostwärts lag die Siedlung Faesulae, das etruskische Visul und heutige Fiesole, am nördlichen Stadtrand von Florenz auf einer Anhöhe. Faesulae wurde zum Mittelpunkt eines reichen landwirtschaftlichen Gebiets, das sich dem weiten Bogen des mittleren Arno folgend nach Südosten gegen das Gebiet von Clusium erstreckte, zu dem Volaterrae so enge Beziehungen unterhielt. Vor allem aber lag Faesulae an einer wichtigen Straße, die vom Arno nach Norden über einen Hauptpaß der Apenninen führte. Faesulae wurde schließlich zur rein etruskischen Stadt, allerdings erst im 6. oder 5. Jahrhundert v. Chr.,[29] als sich hier das Zentrum einer bedeutenden steinverarbeitenden Industrie entwickelte. Die Initiative dazu ging von Volaterrae aus, mit dem Faesulae durch eine direkte Straße verbunden war. Die Grabsteine in Faesulae glichen zum Teil denen in Volaterrae,[30] obwohl auch geringere Einflüsse aus Clusium und dem von Clusium abhängigen Volsinii erkennbar sind. Ein zum Gedenken an Larth Ninie (um 520–510 v. Chr.) errichteter Grabstein erinnert uns an das Monument für Avle Tite in Volaterrae.[31] Allmählich wurde Faesulae zum Mittelpunkt des etruskischen und aus Volaterrae kommenden Einflusses im Gebiet des heutigen Florenz und übernahm damit die Rolle von Artemium und Poggio del Giro.

Nachdem Volaterrae seinen Einflußbereich bis nach Faesulae ausgedehnt hatte, wurde dieser Ort zum Ausgangspunkt für ein weiteres Vordringen nach Norden über eine Straße, die in das intensiv kultivierte Mugellotal führte, wo es bei Poggio di Colla eine etruskische Siedlung gab.[32] Zu den in diesem Gebiet gemachten Funden gehören Objekte aus dem späten 7. Jahrhundert v. Chr. und Grabsteine der in Faesulae üblichen Art.[33] Der Einfluß von Volaterrae ging aber noch viel weiter bis in die Poebene, bei deren Erschließung die Pioniere und Händler aus dieser Stadt eine führende Rolle spielten. Die Sockel der in Marzabotto und Bononia (Felsina, Bologna) gefundenen Statuen gleichen den Sockeln von Plastiken, wie man sie aus Volaterrae kennt. Die hufeisenförmigen Grabsteine aus der Zeit um 510 v. Chr. in Bononia sehen nicht nur genauso aus wie diejenigen in Faesulae,[34] sondern einige von ihnen tragen sogar den Namen der Familie Caecina, die zu der führenden Schicht in Volaterrae gehörte.[35] Vom Beginn des 4. Jahrhunderts v. Chr. an gelangten auch qualitativ sehr hochwertige Keramiken aus Volaterrae nach Norden, und zwar zu einer Zeit, als der Wohlstand in dieser Stadt seinen Gipfel erreicht hatte. Doch die Geschichte von Volaterrae ist auch für diese relativ späte Periode noch ein Buch mit sieben Siegeln. Wir wissen nur, daß es wie andere etruskische Städte von den Römern besiegt wurde und seine Unabhängigkeit verlor. 298 v. Chr. rühmte sich ein römischer Konsul des Sieges über die Streitkräfte von Volaterrae.[36]

13. Clusium

Reichtum und Kunst

Etwa hundert Kilometer landeinwärts im Südosten von Volaterrae lag Clusium auf einer Anhöhe oberhalb des heute ausgetrockneten Flußlaufs der Chiana (Clanis), eines Nebenflusses des Tiber. Die ursprünglich hier gelegenen Dörfer waren von den Camertes Umbri bewohnt gewesen, und diese gehörten zu den indoeuropäisch sprechenden Umbrern, deren Territorium in alter Zeit erst jenseits des Tiber begann. Um 700 v. Chr. schlossen sich die Dörfer zu einer Stadt zusammen, die, obwohl sie von Angehörigen zweier Völker bewohnt wurde, zu diesem Zeitpunkt bereits etruskanisiert worden sein könnte.
Einige Überreste der alten steinernen Stadtmauern von Clusium kamen bei Ausgrabungsarbeiten zum Vorschein. Das von den Mauern umgrenzte Stadtgebiet war mit seinen 260 000 Quadratmetern verhältnismäßig klein. Das gilt als Beweis dafür, daß die Bewohner von Clusium den Boden innerhalb der Stadtmauern nicht landwirtschaftlich genutzt haben, wie dies in vielen anderen etruskischen Städten üblich war. Von der eigentlichen Stadt ist, wie in den meisten Fällen, kaum etwas übriggeblieben, aber auf den Friedhöfen hat man beachtliche Funde gemacht. Aus ihnen geht hervor, daß Clusium im 7. Jahrhundert v. Chr. die bedeutendste Stadt in Nordostetruria war und daß der Wohlstand seiner Bürger ständig zunahm.
Eine im Pania-Grab entdeckte Elfenbeindose aus dem späten 7. Jahrhundert v. Chr. ist aus dem hohlen Teil eines Elefantenstoßzahns geschnitzt und stammt aus dem Nahen Osten. Auch die darauf eingeritzten Muster lassen sehr starke nahöstliche Einflüsse erkennen,[1] wenngleich es in so weit von der Küste entfernten Gegenden immer eine gewisse Zeit gedauert haben muß, bis solche Einflüsse wirksam wurden. Eindeutig in nahöstliche Richtung weisen auch Haartracht und Kleidung von Figuren auf einer (leider verlorengegangenen) silbernen Henkelvase aus dem Gebiet von Clusium. Die Vase war mit den Namen ihres Besitzers Plikasna gezeichnet. Der ›orientalisierende‹ Stil, der über die griechischen Märkte und Kolonien in Süditalien auch in den Norden des Landes kam, ist den Etruskern hier vielleicht sogar durch diese Vase nähergebracht worden.[2] Doch die darauf angebrachten Reliefs vermitteln uns ein sehr komplexes kulturelles Bild, denn sie zeigen Krieger mit korinthischen Waffen und Rüstungen.[3] Die Deutung wird noch schwieriger, weil die Vase in ihrer Form an die Kübel *(situlae)* erinnert, die wir in den

etruskischen Siedlungen jenseits der Apenninen antreffen. Wir wissen nicht, wo die Plikasna-Vase hergestellt worden ist. Einige Forscher glauben, sie stamme aus Caere, andere nehmen an, sie sei aus Phönikien importiert worden. Doch da sie die Form der in Norditalien hergestellten *situlae* hat, könnte sie auch in Clusium entstanden sein, wo sie ausgegraben wurde.

Das größte Gräberfeld bei Clusium nordöstlich des Wohngebiets ist seit der Zeit vor der Städtegründung ununterbrochen als Begräbnisstätte benutzt worden. Dies läßt bereits darauf schließen, daß man hier, in diesem relativ isoliert gelegenen Gebiet, die Toten nicht wie in anderen etruskischen Städten erdbestattet hat. Ebenso wie die Nachbarstadt im Norden, Volaterrae, blieb Clusium jahrhundertelang bei der Feuerbestattung.[4] Die Aschenurne und die Grabbeigaben wurden hier in einem großen, unglasierten Gefäß aus Terrakotta (die Form stammte noch aus der Zeit vor der Urbanisierung) untergebracht. Die Besonderheit an diesen Gefäßen waren die Deckel in Gestalt menschlicher Köpfe.[5] Primitive Vorläufer dieser Urnen aus der Zeit vor und nach 700 v. Chr. gibt es aus den verschiedensten Dörfern und Städten des mittleren (und gelegentlich auch des südlichen) Etruria, und wir finden sie auch in dem ganzen von Clusium beherrschten Gebiet. Aber später wurden solche Gefäße nur noch in Clusium und dessen unmittelbarer Umgebung verwendet. Nachdem zu Anfang Gesichtsmasken aus Bronze und dann aus Terrakotta als Deckel für die Urnen üblich gewesen waren, benutzte man vom zweiten Viertel des 7. Jahrhunderts v. Chr. an Tongefäße, deren Deckel die Form menschlicher Köpfe hatten. Diese Porträts wurden sehr bald verfeinert, und die Zahl solcher Gefäße nahm nach 600 v. Chr. stark zu. Bisweilen stellte man die Urnen auf Thronsessel mit hohen Rückenlehnen aus Bronze oder Terrakotta (wobei die aus Ton gebrannten Sessel Nachahmungen der bronzenen waren), und die Sessel wiederum standen in den Grabkammern an Tischen. Die Wiederherstellung der menschlichen Erscheinungsform sollte die Unverletzbarkeit der physischen Integrität anzeigen, die durch den Verbrennungsvorgang zerstört worden war. Doch obwohl auf diese Weise das Fortleben nach dem Tode symbolisiert werden sollte – und die Urnenporträts haben im Lauf der Zeit eine geradezu unheimliche Ausdruckskraft angenommen –, geben diese Köpfe die Gesichtszüge der Verstorbenen nur recht grob wieder. Die niedrigen Stirnen, die zusammengekniffenen Augen und Münder und die maskenartigen Gesichter wiederholen sich stereotyp und können daher nicht als echte Porträts angesehen werden.[6] Auf manchen Gefäßen sind wie zum Gebet gefaltete Hände dargestellt – ein Motiv, das uns an entsprechende Kunstwerke aus Nordsyrien und

Kleinasien erinnert. Von Anfang an ist das Grundmuster dieser Tongefäße auf mannigfache Weise variiert worden. So haben die Deckel manchmal nicht die Form eines menschlichen Kopfes, sondern tragen eine ganz durchmodellierte weibliche Figur in einem netzartigen Gewand. Bei dieser Variante sind dann weiter unten noch meist kleinere Figuren oder Köpfe von Greifen abgebildet, wie man sie an den Bronzekesseln aus dem Nahen Osten findet, die überall in der griechischen Campania verwendet wurden.

In Clusium haben sich auch noch zwei andere Schulen der Bildhauerkunst entwickelt. Eine davon betätigte sich auf dem Gebiet der Bronzeskulptur (das von ihr benötigte Kupfer wurde wahrscheinlich am Berg Amiata geschürft). Die Werkstätten haben ihre Arbeit zwischen 580 und 560 v. Chr. aufgenommen und erzeugten nicht nur schöne Kerzenhalter und Kessel, sondern schufen über einen Zeitraum von fast 200 Jahren hinweg eine fortlaufende Reihe von Plastiken und vollbrachten damit eine Leistung, mit der Clusium unter allen etruskischen Städten einzig dasteht. Auch hier zeigt sich wiederum deutlich der Einfluß einzelner griechischer Stilperioden, der in Clusium jedoch immer etwas später wirksam wurde, weil es einer gewissen Zeit bedurfte, bis die neuen Ideen in einen so abgelegenen Ort vordrangen.[7]

Die zweite Bildhauerschule in Clusium stellte Steinplastiken her. Die Anregung zur Verwendung von Stein als Material für Skulpturen kam wahrscheinlich zu Beginn des 6. Jahrhunderts v. Chr. aus Vetulonia nach Clusium.[8] Eine frühe weibliche Büste ist die bizarre Version von Syrien beeinflußter griechischer Vorbilder, und eine Sphinx aus der Zeit um 550–520 v. Chr. scheint assyrischen Originalen nachempfunden zu sein. Eine Aschenurne aus Clusium in der Form eines auf einem Sessel sitzenden bärtigen Mannes stammt ebenso wie die Urnen, deren Deckel wie menschliche Köpfe geformt waren, aus einer etwa zehn bis dreißig Jahre späteren Zeit. Die Art, wie die beiden Hände der Figur auf ihren Knien ruhen – die eine ist geöffnet, die andere zur Faust geballt – entspricht einer im Osten häufig vorkommenden Darstellungsweise.

Die Künstler in Clusium haben für die Gräber der dortigen Nekropolen einen ganz neuen Typus von Skulpturen in der Form steinerner Reliefs geschaffen. Sie befinden sich auf den runden und später rechteckigen Sockeln der sphärischen oder zwiebelförmigen Gedenksteine *(cippi)*.[9] Hier werden die verschiedensten Szenen aus dem Leben der Verstorbenen und den Feierlichkeiten anläßlich ihrer Beisetzung dargestellt, so beispielsweise Gastmähler, Tänze oder im Rahmen der Totenfeiern abgehaltene Spiele – all dies auch, um zu zeigen, welche Freuden den Menschen im Jenseits erwarten. Stilistisch verbinden die Darstellungen eine gewisse archaische Steifheit mit einer lebendigen, bewegten Komposition. Die Plastiken bestehen aus weichem Kalkstein *(pietra fetida)*. Die ältesten stammen aus den letzten Jahren des 6. Jahrhunderts v. Chr.; hierbei machen sich zunächst ionische und dann archaisch-athenische Einflüsse geltend.[10] Wie so oft, sind sie dem etruskischen Geschmack und den Absichten des Künstlers oder seiner Auftraggeber angepaßt.

In Clusium hat sich auch eine ganz eigene Schule für die Buccherokeramiken entwickelt. In Südetruria wurden diese schwarzglänzenden Tongefäße vor allem in Caere hergestellt. Im Norden haben sich zunächst mehrere Ortschaften mit diesem Handwerk beschäftigt, aber später lag die Produktion hauptsächlich in den Händen von Töpfern aus Clusium.[11] Ihre Erzeugnisse sahen ganz anders aus als die in Caere hergestellten Keramiken. Letztere nämlich waren dünnwandig und leicht, die aus Clusium hingegen dickwandig und schwer. Außerdem waren sie mit reliefartigen Mustern versehen, die mit einem zylindrischen Negativ in ein um das Gefäß verlaufendes Band eingedrückt wurden. Bei der Herstellung der Urnen, deren Deckel menschliche Köpfe darstellten, hat man die Buccherotechnik nicht verwendet, denn in größerem Umfang scheint sich diese Methode erst in der zweiten Hälfte des 6. Jahrhunderts v. Chr. durchgesetzt zu haben. Die Gefäße waren zu porös, um Flüssigkeiten aufzunehmen, und dienten deshalb wahrscheinlich nur als Grabbeigaben oder Zierat.[12]

Lars Porsenna, der im 6. Jahrhundert v. Chr. König von Clusium war, galt als der mächtigste Etrusker aller Zeiten. Die ungewöhnliche Bedeutung dieses Mannes kommt in den Berichten über die Großartigkeit seines außerhalb der Stadt gelegenen imposanten Mausoleums zum Ausdruck. Der römische Altertumsforscher aus dem 1. Jahrhundert v. Chr., Varro, hat uns eine Beschreibung dieses Monuments hinterlassen. Danach war es ein aus Stein errichtetes quadratisches Bauwerk mit einer Seitenlänge von hundert Metern. Es stand auf einem siebzehn Meter hohen Sockel, der ein ganzes Labyrinth von Kammern enthielt. Auf diesem Sockel erhoben sich, wie Varro berichtet, fünf Pyramiden, und zwar jeweils eine an den Ecken und die fünfte in der Mitte. Jede der Pyramiden war an ihrer Basis 25 Meter breit und 50 Meter hoch. Auf ihren Spitzen ruhte eine Bronzescheibe, die ihrerseits wiederum die Basis einer konischen Kuppel bildete, an der mit Ketten befestigte Glocken hingen. Rings um die Kuppel gruppierten sich fünf weitere Pyramiden, die wieder von einer Plattform bedeckt waren, auf der sich abermals vier Pyramiden befanden.[13]

Plinius der Ältere, der diesen Abschnitt aus dem Bericht Varros zitiert, lehnt ihn als zu phantastisch ab, besonders die dem Bauwerk zugeschriebenen ungewöhnlichen Ausmaße. Aber auch auf dem Cuccumella-Mausoleum in Vulci hat es konische und rechteckige Türme gegeben, und andere pyramidale oder konische Elemente oder Obelisken finden wir an Gräbern in der Gegend von Faesulae und außerhalb von Rom.[14] Glocken hatten eine kultische Bedeutung,[15] und es gibt Münzen, auf denen zwei Glocken abgebildet sind, die vom Kapitell einer Säule in Rom herabhängen.[16] Doch alle diese Beispiele sind wesentlich jüngeren Datums und stammen aus einer Zeit, in der Porsenna schon lange tot war. Man hat daher angenommen, daß der Bericht von Varro in Wirklichkeit nicht eine Beschreibung des Grabmals von Lars Porsenna aus dem 6. Jahrhundert v. Chr., sondern die übertriebene Schilderung eines Bauwerks aus dem 4. Jahrhundert v. Chr. oder einer noch späteren Zeit gewesen sei.[17]

Der Bericht ist aber insofern zutreffend, als er dokumentiert, daß Lars Porsenna in einem prächtigen Mausoleum beigesetzt worden war. Die Macht und der Reichtum Clusiums und seiner führenden Männer werden im übrigen dadurch bezeugt, daß etwa fünf Kilometer außerhalb der Stadtmauern bis heute eine ungewöhnlich große und prächtige Grabanlage erhalten geblieben ist. Das ist der Poggio Gaiella, ein in eine Totenstadt verwandelter mächtiger Hügel. Das Monument hat einen Durchmesser von hundert Metern und ist damit fünfmal so groß wie das größte andere Grab, das wir kennen. Der Hügel enthält wie das von Varro beschriebene Labyrinth nicht weniger als vierzig unterirdische Grabkammern auf drei Ebenen, die durch ein verwirrendes System dunkler, gewundener Gänge verbunden sind. In dem komplexen Inneren hat man reiche Grabbeigaben gefunden.[18] Dies ist also offenbar das Grab einer bedeutenden führenden Persönlichkeit aus Clusium. Der Poggio Gaiella kann jedoch kaum der Anlaß für die Berichte über das Mausoleum des Lars Porsenna gewesen sein, denn er entspricht trotz des darin entdeckten Labyrinths zu wenig den Details dieser Beschreibungen. Aber die Grabanlage bestärkt uns in der Überzeugung, daß zu Ehren Porsennas irgendwo in der Nähe der Stadt ein sehr prächtiges Mausoleum errichtet worden sein muß, das bis heute noch unentdeckt blieb. Einige Forscher vermuten sogar, es läge unter der heutigen Kathedrale von Chiusi. Wie die meisten Orte im Norden von Etruria ist auch diese Stadt seit der Antike ununterbrochen bewohnt gewesen, und das ist einer der Gründe, weshalb wir nur so selten auf die Reste antiker Städte stoßen.

Schon zu Lebzeiten des Porsenna gegen Ende des 6. Jahrhunderts v. Chr. hatte es in Clusium einige Kammergräber mit bemalten Innenwänden gegeben; allerdings ist dieser Zeitpunkt für den beschriebenen Typus von Grabmonumenten doch etwas früh.[19] Denn die beachtlichsten, aus dem gewachsenen Fels gehauenen Kammergräber in Clusium sind erst nach 500 v. Chr. entstanden. Das Grab des Affen (um 480–470 v. Chr.) gleicht dem Grab der Streitwagen in Tarquinii, nur daß hier die Decke aus immer schmaler werdenden, sich in jeweils drei Stufen nach oben verjüngenden bemalten Flächen besteht. Im übrigen ist dies das älteste Beispiel für eine solche Anlage. Auf den Gemälden sind die nach der Tradition zu Ehren des Verstorbenen abgehaltenen Spiele dargestellt, deren Verlauf eine Frau in etruskischer Kleidung sitzend beobachtet. Neben dem Eingang zu einer der Grabkammern sehen wir das Bild eines an einen Baum gefesselten Affen. Das kreuzförmige Grab des Hügels (um 460 v. Chr.), in dem verschiedene Maler die zu den Beisetzungsfeierlichkeiten abgehaltenen Spiele und ein Gastmahl mit Tänzern und Musikanten abgebildet haben, besitzt eine Decke, die an ein steiles, von einem Firstbalken gehaltenes Dach erinnert.

Die Entwicklung des Binnenlandes von Etruria

Clusium verfügte über Erzgruben am Berg Cetona und übernahm im Lauf der Zeit die meisten Erzlager am Berg Amiata von Vulci. Im Cetonagebirge entspringen die beiden Flüsse Paglia und Orcia, und ähnlich günstige Verkehrsverbindungen bestanden zwischen Clusium und dem Amiata. Bei Ausgrabungen an den Hängen dieses Berges stieß man auf Skulpturen von Frauenköpfen, die einst von den Bildhauern der Stadt geschaffen worden waren. Aber Clusium ist nicht nur durch die Verarbeitung von Metallen, sondern auch durch die Landwirtschaft zu Wohlstand gekommen. In vielen anderen etruskischen Städten, besonders in Vulci und Tarquinii, war die Entwicklung bekanntlich ganz ähnlich verlaufen. Aber nach allem, was wir wissen, hat hier die Metallindustrie den Anstoß zur Urbanisierung gegeben und den Wohlstand hervorgebracht, während die Landwirtschaft erst in zweiter Linie dazu beigetragen hat. In Clusium ist es offenbar umgekehrt gewesen. Es gibt eine ganze Reihe von Zeugnissen aus der Antike, die von der ungewöhnlichen Fruchtbarkeit des Chianatals sprechen, und man hat hier hochwertiges Getreide gezüchtet und angebaut.[20] Um das Hochwasser des Flusses zu regulieren, mußte ein komplexes Entwässerungssystem geschaffen werden, was den Etruskern in Clusium sehr gut gelungen ist. Ein wohldurchdachtes System von Gräben, Tunneln und Aquädukten zeigt, wie erfolgreich sie dabei gewesen sind. An den Ufern des

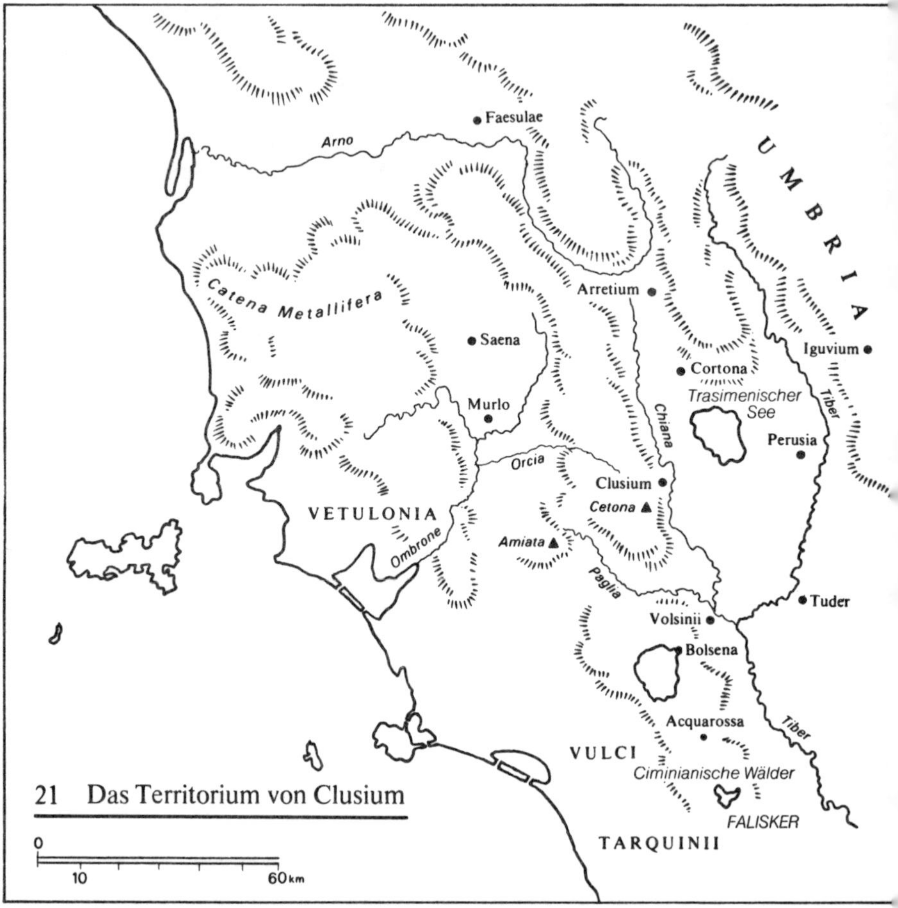

21 Das Territorium von Clusium

etwas weiter im Nordosten gelegenen Trasimenischen Sees gab es darüber hinaus für die Versorgung der Bewohner Fische, Wassergeflügel und Schilf, außerdem gute Viehweiden und bequeme Wasserwege. Diese günstigen natürlichen Gegebenheiten erklären auch, warum es im Gebiet von Clusium so viele bäuerliche Siedlungen gab.

Mehr als jedes andere etruskische Gemeinwesen hat Clusium auf seinem Gebiet blühende Siedlungen gegründet, die es später aus eigener Kraft zu Wohlstand und Unabhängigkeit gebracht haben. Einer der bedeutendsten Orte dieser Art war das 48 Kilometer entfernte Arretium (Arezzo). Es lag auf einem Plateau, das auf der einen Seite den nördlichen Ausläufer des Chianatals beherrschte, während auf der anderen Seite der Bogen, den der obere Arno beschreibt, hier seinen südlichsten

Punkt erreichte.[21] Diese Niederungen waren die besten Weidegründe und das fruchtbarste Ackerland in ganz Italien, und Arretium konnte die Gunst seiner Lage hervorragend ausnutzen. Aber die Bewohner der Stadt mußten hart arbeiten, um wirklich in den Genuß all dieser Vorteile zu kommen, denn die Wasserscheide zwischen der Chiana und dem Arno war so niedrig, daß das Wasser beider Flüsse sich bei Hochwasser vereinigte und daher durch ein komplexes Entwässerungssystem abgeleitet werden mußte. Im Gegensatz zu vielen anderen etruskischen Städten lag Arretium nicht auf einer steilen, uneinnehmbaren Höhe, sondern breitete sich auf der Kuppe eines sanften Hügels aus. Strabo berichtet, es sei die am tiefsten im Binnenland Etrurias gelegene Stadt gewesen.[22]

Die Dörfer hier haben sich offensichtlich im 6. Jahrhundert v. Chr. vereinigt. An der gleichen Stelle, an der heute Arezzo liegt, stand damals eine Akropolis. Sie wurde auf Anregung von Clusium errichtet,[23] und so ist es keineswegs erstaunlich, daß eine ganze Reihe von Artefakten aus Clusium an der im Tal der Chiana entlangführenden Straße zwischen den beiden Orten zum Vorschein kam. Arretium ist mit hoher Wahrscheinlichkeit bis zu den Jahren um 500 v. Chr., als Clusium seine politische Macht verlor, von dieser Stadt abhängig gewesen.

Offenbar haben sich die Arretiner unmittelbar nach der Urbanisierung oder sogar schon früher auf die Herstellung von Gegenständen aus Bronze spezialisiert.[24] Dieses Handwerk blühte auf, weil Arretium ebenso wie Clusium einträgliche Handelsbeziehungen zu den Galliern in Norditalien aufnahm, denen es große Mengen von Waffen lieferte,[25] und zwar in der Hoffnung, damit einer militärischen Bedrohung durch diese Stämme vorzubeugen. In Arretium wurden hervorragende Kleinplastiken aus Bronze hergestellt, aber das bekannteste Stück ist eine größere Plastik, die sogenannte Chimäre, die ein verwundetes zweiköpfiges Ungeheuer darstellt. Dieses Meisterwerk ist wahrscheinlich kurz vor oder nach 400 v. Chr. entstanden.[26] Ebenfalls um diese Zeit, nämlich in den ersten Jahren des 4. Jahrhunderts, wurde auch ein Tempel errichtet, dessen Terrakottaplastiken Schlachtenszenen im spätionischen Stil darstellen.[27] Etwas später umgab man die Stadt mit festen Mauern, von denen inzwischen einige Teilstücke wieder freigelegt werden konnten. Dieses Festungswerk bestand, wie damals allgemein üblich, aus ungebrannten Ziegeln.

Lateinische Inschriften in Tarquinii, die sogenannten *elogia Tarquiniensia*, besagen, daß sich ein Tarquinier namens Aulus Spurinna an der Niederwerfung eines Sklavenaufstandes in Arretium beteiligt habe, vielleicht gegen Mitte des 4. Jahrhunderts v. Chr. – ein Vorfall, der einiges über die Beziehungen zwischen den etruskischen Städten aussagt.[28] Livius berichtet, 302 v. Chr. habe ein römischer Feldherr eingegriffen, um die Vertreibung der reichen, mächtigen und ursprünglich fürstlichen Familie der Cilnii zu verhindern, von der der spätere Ratgeber des Augustus, Maecenas, abzustammen behauptete.[29] Offenbar hatte es die politische Führung in Arretium häufig mit sozialen Unruhen zu tun. Deshalb hat sie sich, ohne auf irgendwelche panetruskischen Ideen Rücksicht zu nehmen, bereitwillig an Rom gewandt und das Schicksal der Stadt friedlich in die Hände der Römer gelegt, die ihre Vorherrschaft im 3. Jahrhundert v. Chr. durch einen Vertrag oder einen Waffenstillstand für alle Zeit gesichert haben. Zu römischer Zeit wurde Arretium als Massenproduzent der sogenannten arretinischen roten Keramiken, die oft mit schönen Flachreliefs verziert waren, zur bekanntesten etruskischen Stadt.

Zwischen Clusium und Arretium lag Cortona (das etruskische Curtun) auf einem Hügel, der die Ebene zwischen der Chiana und dem Trasimenischen See beherrscht. Von hier aus hat man eine selbst für toskanische Verhältnisse ungewöhnlich schöne Aussicht.[29] Über Cortona gibt es eine große Zahl von Gründungsmythen; sie stammen jedoch allesamt aus einer späten Zeit und beruhen letztlich auf falschen etymologischen Analogien.[30] Für die Geschichte des Ortes sind sie nur insofern von Belang, als sie zeigen, daß sich die Bewohner kurz vor und nach der Machtübernahme durch die Römer für bedeutend genug hielten, um zu behaupten, sie seien göttlichen Ursprungs. Wenn George Dennis schreibt, »noch vor den Tagen des Hektor und des Achilles, ja noch vor der Gründung Troias hat Cortona schon bestanden«, dann spricht er nicht von historischen Tatsachen, sondern bezieht sich auf diese Legenden.

Die ersten Zeugnisse Cortonas, die bereits die künftige Größe dieser Stadt erahnen lassen, stammen aus dem 7. Jahrhundert v. Chr.; zu jener Zeit nämlich entstanden die monumentalen Hügelgräber, die hier als *meloni* bezeichnet werden. Ohne Zweifel geht die Errichtung dieser Grabmäler auf die Bewohner jener Dörfer zurück, die damals bereits auf dem Hügel von Cortona lagen[31] und aus denen später, im 5. Jahrhundert v. Chr., die Stadt hervorgehen sollte.[32] Dieser Zusammenschluß muß auf Veranlassung von Clusium erfolgt sein (das auch für die gleiche Entwicklung in Arretium verantwortlich war), und an der mächtigen, mehr als drei Kilometer langen Mauer, welche die neue Stadt umschloß, erkennen wir, daß Clusium diesen Ort zu einer militärischen Bastion ausbauen wollte.

Der Haupterwerbszweig der Bewohner von Cortona war ebenso wie in

Arretium die Verarbeitung von Bronze. Eine heute im örtlichen Museum gezeigte Lampe aus der Mitte oder dem Ende des 5. Jahrhunderts v. Chr. gehört zu den dekorativsten und phantasiereichst gestalteten etruskischen Kunstwerken.[33] Den Bewohnern von Cortona stand ebenso wie ihren Nachbarn in Arretium und Clusium ein fruchtbarer Ackerboden zur Verfügung, den sie intensiv bewirtschafteten. Außerdem lag Cortona im Mittelpunkt eines verzweigten Straßennetzes an einer strategisch beherrschenden Stelle. Zwei dieser Straßen führten zu dem in der Nähe vorüberfließenden Tiber, eine weitere verlief entlang eines Nebenflusses des Tiber in Richtung Osten beziehungsweise Nordosten, und eine vierte führte am Ufer des Trasimenischen Sees entlang in Richtung Südosten.

Diese letzte Straße führte nach Perusia, das sich im Vergleich zu anderen etruskischen Orten erst verhältnismäßig spät zur Stadt entwickelt hat. Perusia lag sehr günstig in der Nähe der fruchtbaren Niederung am Oberlauf des Tiber, der in der Antike über weite Strecken schiffbar war.[34] In alter Zeit waren die Hänge der Anhöhen zwischen dem Tiber und dem Trasimenischen See stark besiedelt; dort lagen zahlreiche Dörfer, die alle ihre eigenen Begräbnisstätten hatten. Wahrscheinlich war dieses Gebiet ebenso wie die Gegend um Clusium vor der Inbesitznahme durch die Etrusker von Umbrern bewohnt gewesen. Plinius der Ältere berichtet, die etruskischen Eroberer hätten ihnen dreihundert Städte fortgenommen.[35]Im Verlauf dieser langen, im einzelnen schwer durchschaubaren Auseinandersetzungen ist es jedoch zu einer weitgehenden Integration der verschiedenen Stämme gekommen.[36] Kulturell hat Perusia die ganzen umliegenden Gebiete stark beeinflußt; so sind zahlreiche Elemente der etruskischen Kultur von hier aus über den Tiber nach Umbria gelangt – im 4. Jahrhundert v. Chr. beispielsweise das etruskische Alphabet. Dabei hat die umbrische Stadt Tuder (Todi) eine wichtige Vermittlerrolle gespielt, denn von hier aus haben sich die etruskischen kulturellen Einflüsse nach allen Seiten ausgebreitet.[37]

Ebenso wie im Falle Cortonas vermitteln die anspruchsvollen Gründungslegenden Perusias kein zutreffendes Bild vom Ursprung der Stadt (die ja zudem eine verhältnismäßig junge Gründung war); sie lassen vielmehr erkennen, daß Perusia zu der Zeit, als diese Legenden in Umlauf kamen, größere Bedeutung erlangt haben muß. Die Gründungslegenden sprechen vor allem davon, welche Rolle Perusia zu mythischer Zeit angeblich bei der Erschließung des Nordens gespielt hat. Mit solchen Erfindungen verfolgte man offenbar die Absicht, die authentischen Leistungen von Clusium auf diesem Gebiet in den Schatten zu stellen, denn zu der Zeit, als diese Legenden entstanden, hatte sich

Perusia gerade von der Vorherrschaft Clusiums freigemacht. Perusia selbst wird wahrscheinlich zum erstenmal auf dem Grabstein des Avle Feluske in Vetulonia gegen Ende des 7. oder Anfang des 6. Jahrhunderts v. Chr. erwähnt. Es ist anzunehmen, daß dieser Grabstein von dem aus Perusia stammenden Waffengefährten des Avle Feluske, Hirumina, errichtet wurde. Das bedeutet nicht unbedingt, daß Perusia zu jener Zeit schon ein unabhängiger Stadtstaat gewesen ist, doch hundert Jahre später war es auf jeden Fall selbständig, obwohl man den Einfluß von Clusium auch zu dieser Zeit noch an zahlreichen dort hergestellten Kunstwerken feststellen kann, die in Perusia zum Vorschein kamen.[38] Dazu gehört unter anderem ein Sarkophag aus der Zeit um 475–450 v. Chr. (der *Sarcofago dello Sperandio*), auf dem ein Gastmahl und die Heimkehr einer Abteilung Soldaten abgebildet sind. In Perusia wurde ebenso wie in den Nachbarstädten Bronze verarbeitet, und auch hier stellt man bei den eleganten Kleinplastiken den ionischen Einfluß fest. Etwa von der Mitte des 5. Jahrhunderts v. Chr. an werden diese Statuetten in ihren Proportionen drastisch verändert und übertrieben in die Länge gezogen – eine Stilform, durch die sich eine ganze Reihe moderner Künstler (allem voran Giacometti) hat anregen lassen.

Nachdem sich Perusia von der Vorherrschaft Clusiums befreit hatte, wurde es nach 400 v. Chr. zum mächtigsten etruskischen Stadtstaat im oberen Tibertal. Das drückt sich noch heute in dem aus Stein errichteten Mauerwerk und den imposanten Stadttoren von Perusia aus, die allerdings in der Folgezeit weiter ausgebaut und verstärkt worden sind.[39] Um die Jahrhundertwende geriet Perusia ebenso wie seine Nachbarn durch Verträge oder Waffenstillstandsabkommen unter römische Vorherrschaft, aber seine Bürger bauten auch weiterhin großartige Mausoleen für ihre Toten.[40]

Nach intensiven Forschungsarbeiten in neuerer Zeit läßt sich Volsinii mit Sicherheit in Orvieto südwestlich von Perusia lokalisieren.[41] Der heutige Name der Stadt ist eine Abwandlung des lateinischen *Urbs Vetus* (alte Stadt). Ihr etruskischer Name, den wir auf Münzen und anderen Inschriften finden, hat wahrscheinlich Velsu oder Velzna gelautet. Volsinii lag auf einem für uneinnehmbar gehaltenen vulkanischen Plateau über steilen Klippen und beherrschte den Zusammenfluß der Chiana und der Paglia, eines zweiten Nebenflusses des Tiber. Durch das Chianatal führte eine Straße nach Clusium, und wir dürfen annehmen, daß Volsinii eine Gründung dieser Stadt gewesen ist. Hier wurden die gleichen schweren Buccherokeramiken hergestellt wie in Clusium selbst, und an beiden Orten verwendete man auch die gleiche charakteristische Version des etruskischen Alphabets. Den Zusammenschluß der

Dörfer zur Stadt Volsinii hat Clusium gegen Ende des 7. oder Anfang des 6. Jahrhunderts v. Chr. herbeigeführt. Wenn gegen Ende des 6. Jahrhunderts v. Chr. Lars Porsenna, Clusiums bedeutender Herrscher, auch als König von Volsinii tituliert wird,[42] dann besagt dies nichts anderes, als daß der König von Clusium zugleich die Herrschaft in dem von dieser Stadt abhängigen Volsinii innegehabt hat.

Schon zu Zeiten Porsennas erfreuten sich die Bewohner von Volsinii eines beachtlichen Wohlstandes. Am Fuß der Anhöhe, auf der die Stadt lag, zeigt ein Netz von Bewässerungskanälen, daß hier ein intensiver Ackerbau getrieben wurde. Die Vorherrschaft in Volsinii verschaffte Clusium außerdem den Zugang zum fruchtbaren Tal des schiffbaren Tiber. Das Interesse der Bürger von Clusium an Volsinii hatte aber auch noch einen anderen und ganz speziellen Grund. In unmittelbarer Nachbarschaft befand sich nämlich das bedeutendste etruskische Heiligtum, der Tempel der Voltumna (Fanum Voltumnae). Wir kennen seine Lage heute nicht mehr genau, aber diesem Heiligtum hatte Volsinii seine besondere religiöse Bedeutung zu verdanken. Wie die Ausgrabungen der Archäologen zeigen, gab es in der Stadt eine ungewöhnliche Vielzahl von Tempeln; Volsinii dürfte somit eine ähnliche Bedeutung als Wallfahrtsort besessen haben wie Delphi in Griechenland. Hinzu kam, daß Volsinii als sehr altes Kulturzentrum galt,[43] und Clusium, unter dessen Botmäßigkeit es stand, hat sich diesen Umstand natürlich zunutze gemacht.

Wenn wir heute nach Volsinii kommen, dann interessieren uns vor allem die rings um die Basis des Plateaus angelegten Friedhöfe. Die rechtwinklig aus vulkanischem Gestein erbauten Gräber auf dem Friedhof von Crocifisso del Tufo aus der Zeit um 500 v. Chr. sind so angeordnet, daß sie den Grundriß einer Stadt in verkleinerter Form nachbilden. Sie liegen jeweils mit ihrer Stirnseite an langen Straßen, die sich im rechten Winkel kreuzen. Die meisten Gräber bestehen aus einer kleinen Vorhalle und einer Grabkammer, in der zwei Sessel aufgestellt waren. Die Ausmaße der Räumlichkeiten halten sich meist in bescheidenem Rahmen, und das zeigt, daß die Bewohner der Stadt nicht so reich gewesen sind wie die anderer etruskischer Stadtstaaten. Aus den Namen der Toten, die wir auf den Inschriften in den Gräbern finden, ersehen wir nicht nur, daß insgesamt neunzig Familien in der Zeit von 550–500 v. Chr. ihre Angehörigen hier beigesetzt haben,[44] sondern auch, daß zur Einwohnerschaft der Stadt sehr viele Italiker und Griechen gehörten. Das ist der Beweis für den kosmopolitischen Charakter dieses Gemeinwesens.

In Volsinii trafen aber nicht nur die verschiedensten Einflüsse von außen zusammen, sondern die Stadt hatte ihrerseits wiederum starke Ausstrahlungskraft auf andere Städte innerhalb und außerhalb von Etruria – so beispielsweise auf die Ortschaften im Raum nördlich der Apenninen, wo man zahlreiche Zeugnisse der Kultur Volsiniis gefunden hat.[45] Auch im Süden machte sich dieser Einfluß bemerkbar, denn die Händler aus Volsinii sind auf dem Landwege bis in die Campania vorgedrungen. Gewisse Eigenheiten der etruskischen Sprache, wie man sie nur in Capua und Volsinii antrifft, weisen eindeutig auf Beziehungen beider Städte zueinander hin.[46] Außerdem findet man in der Campania Münzen mit der Aufprägung ›Velzu‹, was sehr stark an die Inschrift ›Velsu‹ erinnert, die auf allen volsinischen Münzen erscheint.[47] Man darf annehmen, daß die bislang noch nicht identifizierte campanische Stadt, in der diese Münzen herausgegeben wurden, ebenfalls den Namen Volsinii trug und daß sie von Siedlern oder Händlern aus dem etrurischen Volsinii bewohnt wurde. Vielleicht ist sie sogar von Auswanderern oder Abenteurern aus dem alten Volsinii gegründet worden.

Nachdem Clusium um 500 v. Chr. seine politische Machtstellung verloren hatte, wurde Volsinii zu einem unabhängigen Stadtstaat. Aus dieser Zeit, genauer gesagt aus der zweiten Hälfte des 5. Jahrhunderts v. Chr., stammen auch die architektonischen Keramiken an einem der Haupttempel dieser Stadt. Sie zeigen griechische Einflüsse, lassen aber auch die typisch etruskischen Ausdrucksformen erkennen. Keramiken dieser Art wurden praktisch bis ins 3. Jahrhundert v. Chr. hergestellt, also bis zu dem Zeitpunkt, da die Römer der Unabhängigkeit des Stadtstaates ein Ende setzten. Der Untergang Volsiniis vollzog sich allerdings etappenweise: Zunächst verloren die Volsinier ihren natürlichen strategischen Schutz, die als undurchdringlich geltenden Ciminianischen Wälder im Süden, als es einem römischen Konsul 310 v. Chr. gelang, sie mit seinen Truppen zu durchschreiten. Sehr bald feierten auch andere römische Konsuln Triumphe über Volsinii (294 und 281 v. Chr.). Schließlich intervenierten die Römer 265 v. Chr., um eine unbedeutende Rebellion niederzuschlagen, und stellten sich hinter die herrschende Klasse, deren Mitglieder jetzt als römische Marionetten die Herrschaft übernahmen.[48] Doch im Gefolge der Revolte überzeugten sich die Römer davon, daß die Stadt künftig keinen besonderen Wert mehr für sie hatte, und ordneten ihre Räumung an.

Im Rahmen dieser rücksichtslos durchgeführten Aktion siedelten die Römer die ganze Bevölkerung nach Volsinii Novi, dem heutigen Bolsena an den fruchtbaren Ufern des gleichnamigen Sees um. Doch auch dieser Ort hatte bereits eine lange, ereignisreiche Geschichte hinter sich und war schon in der Epoche vor der Urbanisierung ein bedeutendes Zentrum gewesen. Die ältesten etruskischen Gräber hier stammen aus dem 7. Jahrhundert v. Chr. Die Stadt selbst war nach dem bekannten Muster aus dem Zusammenschluß mehrerer Dörfer hervorgegangen. Unmittelbar nach ihrer Gründung wurde sie mit einer starken Mauer umgeben, die im Laufe der Zeit zu einem mächtigen Bollwerk ausgebaut wurde, das terrassenförmig auf fünf verschiedenen Ebenen verlief. Das etruskische Bolsena stand zweifellos zunächst unter der Botmäßigkeit von Clusium, geriet aber, nachdem sich Volsinii seinerseits dem Machtbereich dieser Stadt entzogen hatte, unter Volsiniis Vorherrschaft.

Andere größere Siedlungen lagen südöstlich des Bolsenasees, und zwar in einer Region, die im 7. Jahrhundert v. Chr. von den Etruskern intensiv entwickelt worden ist. Auch diese Orte sind möglicherweise Außenposten von Clusium gewesen. In diesem Fall müßte das Territorium von Clusium allerdings bedeutend größer gewesen sein als bisher angenommen.[49] Einer dieser Orte hieß Acquarossa. Er lag auf einem Plateau aus vulkanischem Gestein, das nach allen Seiten steil abfiel und ebenso wie Bolsena schon vor der Urbanisierung besiedelt war. Auch dieser Ort hat gegen Ende des 7. Jahrhunderts v. Chr. einen rapiden Aufschwung genommen. Der Stadtplan aus jener Zeit läßt sich fast vollständig rekonstruieren. Man hat hier eine große Zahl hochwertiger architektonischer Keramiken ausgegraben, die um 550 v. Chr. entstanden sind, also noch lange bevor ähnliche Kunstwerke in den anderen etruskischen Städten geschaffen wurden.[50]

Diese Tonplastiken haben offensichtlich nicht zu einem Heiligtum gehört, wie man zunächst glaubte, sondern zu einem Wohngebäude. Es war dies übrigens nicht das einzige Privathaus, das man hier entdeckt hat, aber das bei weitem luxuriöseste. Die freigelegten Fundamente dieser Häuser sind tief in den Felsen gehauen, die Gebäude selbst hingegen hatten aus Holz oder einer mit Schilf und Lehm ausgefüllten Pfahlkonstruktionen bestanden.[51] Das Innere der Häuser war meist aufgeteilt in einen Vorraum und drei parallel zueinander liegende Zimmer. Diese Gliederung entsprach damit genau derjenigen von etruskischen Tempeln und Mausoleen in anderen Städten. Acquarossa ist um 500 v. Chr. plötzlich zerstört worden – möglicherweise von Clusium, das hiermit seine Macht beweisen wollte.

Im Westen erstreckte sich das Territorium von Clusium bis zum Ombrone und darüber hinaus. Einer der am weitesten abgelegenen Außenposten schien Murlo (Poggio Civitate) gewesen zu sein. Der Ort, dessen antiken Namen wir nicht kennen, lag unmittelbar am jenseitigen Flußufer auf einem bewaldeten Höhenzug zwischen zwei Nebenflüssen des Ombrone südlich von Saena (Siena). Dieser Höhenzug ist seinerseits ein östlicher Ausläufer der Catena Metallifera, wo auch die Bewohner von Murlo[52] nach Erzen schürften. Kulturell läßt die Stadt Beziehungen zu den verschiedensten Regionen von Etruria erkennen, die stärksten aber (und dies bezeugt eine ganze Reihe von Artefakten, insbesondere die Keramiken) weisen nach Clusium, das mit Murlo durch eine am Ombrone entlangführende Straße verbunden war und hier wahrscheinlich auch die Vorherrschaft ausgeübt hat.[53]

Die interessanteste Entdeckung in Murlo ist ein monumentales Bauwerk aus Stein. Genauso wie im Falle des oben erwähnten Gebäudes in Acquarossa haben es die Forscher zunächst für ein Heiligtum oder einen Sakralbau gehalten. Es scheint aber doch ein Wohngebäude gewesen zu sein, vielleicht die offizielle Residenz des höchsten Regierungsbeamten, etwa eines Gouverneurs aus Clusium.[54] Kurz nach seiner Errichtung um 650 v. Chr. fiel der Palast einer Brandkatastrophe zum Opfer und wurde um 575 v. Chr. erneut aufgebaut. In seiner jetzigen Gestalt bestand der Bau aus vier Flügeln, die einen von Kolonnaden gesäumten Innenhof umschlossen. Allein dieses Atrium bedeckte eine Fläche von 30,5 mal 24,4 Metern. An der Westseite befand sich ein kleiner rechteckiger Raum, der kultischen Zwecken gedient haben könnte.[55] Die ganze Anlage darf als Vorläufer des römischen Forums angesehen werden. Ihr verdanken wir wesentliche Erkenntnisse über die Architektur und das städtische Leben im antiken Etruria.

Außerdem hat man in Murlo eine sehr interessante Gruppe von Terrakottastatuen gefunden, die aus der Zeit der Wiedererrichtung des Palastes stammen und im Scheitelpunkt sowie an den Außenseiten *(acroteria)* seines Giebels angebracht waren. Insgesamt wurden bis zum heutigen Tage dreizehn dieser fast lebensgroßen männlichen und weiblichen Figuren ausgegraben, die in sitzender Pose modelliert sind und auffallend breitrandige Hüte tragen.[56] Die Skulpturen weisen eine ganze Reihe stilistischer Besonderheiten auf. Sie erinnern zwar in mancher Hinsicht an die Stilepoche vor der Urbanisierung, zeigen aber andererseits vor allem die für Clusium typischen Merkmale. Ihre Gesichter gleichen nämlich den Metallmasken, wie sie an den in Clusium hergestellten Krügen befestigt waren. Die Gewänder wiederum entsprechen denen der Figuren auf anderen Gefäßen aus derselben Stadt. Schließlich zeigen die breitrandigen Hüte, daß Murlo Beziehungen zu Norditalien unterhalten hat, und zwar mit Sicherheit über Clusium.[57]

Bei den Ausgrabungen in Murlo sind auch Friese (Wandverkleidungen) zum Vorschein gekommen, die etwa auf die gleiche Zeit datiert werden können. Das ist für diese Art architektonischer Dekorationen ungewöhnlich früh. Auf den Reliefs ist der örtliche Führer oder Häuptling sitzend dargestellt; er hält ein gebogenes Horn (den römischen *lituus*) in der Hand, das Symbol seiner religiösen Autorität. Ein Sklave trägt sein Schwert und seine Lanze. Die Gemahlin des Häuptlings sitzt hinter ihrem Gatten auf einem prächtigen Thronsessel, und neben ihr steht eine Dienerin mit einem Fächer und einem Eimer.[58] Ein anderes Relief, auf dem ein Festgelage dargestellt ist, vereinigt griechische und etruskische Stilelemente.[59] Auf einem dritten schließlich erblicken wir die älteste bekannte szenische Darstellung eines Wagenrennens. Das erinnert uns an den Bericht des Livius über die ersten, von dem etruskischen König Tarquinius Priscus in Rom ausgerichteten Spiele, für die man die Pferde zum größten Teil aus Etruria beschafft hatte.[60] Das Motiv auf diesem dritten Relief, bei dem sowohl die Wagenlenker wie die Reiter spitze Hüte tragen, könnte nach Vorbildern aus dem nördlichen Italien geschaffen worden sein.[61]

Um 530 v. Chr. ist das etruskische Murlo ganz plötzlich verlassen worden und hörte damit auf zu existieren. Nur wenig später ereignete sich das gleiche auch mit Acquarossa auf der gegenüberliegenden Seite des Gebiets von Clusium. Möglicherweise läßt sich das Schicksal beider Orte auf die gleiche Ursache zurückführen: Das immer mächtiger werdende Clusium hat diese Städte zerstört und ihre Bewohner vielleicht sogar gezwungen, nach Clusium überzusiedeln.[62]

Wenn wir uns vor Augen führen, wie Clusium die Entwicklung im Binnenland von Etruria während des 6. Jahrhunderts v. Chr. vorangetrieben hat, dann ergibt sich ein seltsam widersprüchliches Bild; auf der einen Seite werden weit auseinanderliegende Siedlungen wie Murlo und Acquarossa zerstört, und auf der anderen Seite macht die Entwicklung neuer Städte entlang der Ostgrenze des Gebiets von Clusium gewaltige Fortschritte, so im Fall von Volsinii, Perusia, Cortona und Arretium.

Vorstöße nach Norden und Süden

Die drei nördlichsten Gründungen, Perusia, Cortona und Arretium, haben bei den beachtlichen Pionierleistungen Clusiums, in deren Rahmen es die Grenzen von Etruria überschritt und weit über Apenninen und Arno hinaus vorstieß, eine wichtige Rolle gespielt. Vor allem Perusia dürfte daran entscheidenden Anteil gehabt haben. Die Perusianer behaupteten sogar, ihr Gründer sei der Bruder oder Vater jener legendären Persönlichkeit gewesen, auf die auch die Gründung von Bononia und Mantua zurückgehen soll.[63] Es ist keineswegs ausgeschlossen, daß die Perusianer an den nach Norden führenden Unternehmungen selbst beteiligt waren; daß ihre Rolle jedoch so bedeutend gewesen sei, wie es aus derartigen Legenden hervorgeht, haben sie erst später behauptet, als Macht und Wohlstand in ihrer Stadt den Gipfel erreicht hatten und Clusium an Bedeutung verlor. In Wirklichkeit hatte Clusium die Initiative ergriffen, denn damals waren die Perusianer noch nicht stark genug, um sich allein auf ein solches Unternehmen einzulassen. Der etruskische Name von Bononia, Felsina, ist von dem der Familie Felsnal in Clusium abgeleitet. Zu Anfang des 6. Jahrhunderts v. Chr. hat Clusium bei der Erschließung des Nordens die Führung übernommen, die zuvor in den Händen von Volaterrae gelegen hatte – wenngleich Volaterrae in diesem Raum auch weiterhin aktiv geblieben ist. Im Rahmen dieser expansionistischen Entwicklung nahm Clusium norditalische Elemente in seiner Kunst auf; andererseits waren es aber auch die Bürger von Clusium, die das Gebiet nördlich der Apenninen am stärksten etruskisch beeinflußt haben.[64] Die ältesten etruskischen Inschriften in Norditalien stammen aus der Zeit um 530 v. Chr., und sie zeigen das in Clusium gebräuchliche Alphabet. Anfang des folgenden Jahrhunderts breiteten sich diese Einflüsse bis nach Venetia im Nordosten aus, und die clusinische Schreibweise wurde zum Vorbild der venetischen, illyrischen und raetischen Schrift sowie der germanischen und skandinavischen Runen.[65]

Bei ihren Vorstößen nach Norden folgten die Clusiner meist der über Arretium führenden Straße und überschritten bei Faesulae den Arno, wo die Grabsteine, die bisher denen in Volaterrae geglichen hatten, nunmehr die in Clusium üblichen dekorativen Elemente übernahmen.[66] Auch die Beziehungen zwischen Marzabotto und Clusium lassen sich um diese Zeit deutlicher erkennen, denn hier wurden jetzt unter anderem Porträtköpfe geschaffen, wie sie für Clusium typisch waren.[67] Aus Clusium kamen offenbar auch die Kaufleute, die den Handel mit anderen etruskischen Städten nördlich des Arno vermittelten;[68] ihre hauptsächlichen Exportgüter waren Wein und landwirtschaftliche Erzeugnisse.[69]

Aber wie in den meisten Fällen wissen wir nicht, ob diese Handelsunternehmungen von militärischen Operationen begleitet wurden und ob die Initiative für die Expansionspolitik von Lars Porsenna oder einem anderen Herrscher im Stadtstaat Clusium ausgegangen war, oder ob es sich hier lediglich um einzelne Abenteurer gehandelt hat – Abenteurer von der Art, wie sie etwa aus verschiedenen etruskischen Städten nach Rom gekommen waren, also beispielsweise wie Tarquinius Priscus aus Tarquinii und die Brüder Vibenna und Mastarna aus Vulci.

An den Vorstößen der Etrusker nach Süden in die Campania war Clusium ebenfalls maßgeblich beteiligt; so hat es unter anderem auch an der Gründung von Capua teilgenommen.[70] Damit gewinnt Clusium eine einzigartige historische Bedeutung, denn sein Einfluß machte sich im Norden wie im Süden gleichermaßen stark bemerkbar. Auch im Süden wurde Clusium von einer unter seiner Botmäßigkeit stehenden Stadt unterstützt. Diesmal war es nicht Perusia, sondern das weiter südlich gelegene Volsinii. Wenn Cato der Ältere davon spricht, daß Capua um 500 v. Chr. ›gegründet‹ worden sei,[71] dann meint er damit höchstwahrscheinlich jene Neugründung, an der Clusium und Volsinii beteiligt waren.

Der Weg, den die Clusiner nahmen, wenn sie in den Süden zogen, läßt sich noch heute rekonstruieren: Zunächst folgten sie dem Tal des Tiber und dann den Flußtälern des Sacco (Trerus) und des Liri (Liris). Die Route, die sie nahmen, entsprach ungefähr dem Verlauf der späteren Via Latina. Hier haben sie auch zwei campanischen Flüssen ihre Namen gegeben: dem Clanis (so hieß früher der Liri) und dem Clanius, Clanis oder Glanis (dem heutigen Regi-Lagni-Kanal).[72] Ganz offensichtlich sind diese beiden Flüsse nach jenem anderen Clanis (der Chiana) benannt worden, an dem Clusium lag. Es gilt außerdem als sehr wahrscheinlich, daß sich die Clusiner in den Jahren 525–24 v. Chr. ihren Landsleuten aus Spina und anderen etruskischen Städten auf dem ›langen Marsch‹ in die Campania gegen das griechische Cumae angeschlossen haben, denn es wird berichtet, zu den Verbündeten ›der Etrusker‹ bei diesem Unternehmen hätten auch Umbrer gehört, und Clusium beherrschte zu jener Zeit die Camertes Umbri, die vor den Etruskern diese Gegend bevölkert hatten. Wir dürfen sogar annehmen, daß Lars Porsenna an der Expedition teilgenommen hat.

Vergil macht uns in seiner *Aeneis* die überraschende Mitteilung, daß ein König von Clusium namens Osinius ein seefahrender Verbündeter des Aeneas gewesen sei. Des weiteren behauptet er, daß Clusium sich an einem gegen die Campania gerichteten Unternehmen beteiligt habe; einer der etruskischen Flottenbefehlshaber, die mit Clusium verbündet waren, sei ein Mann namens Massicus gewesen.[73] Den gleichen Namen trägt bezeichnenderweise auch ein Berg im Nordwesten von Capua. Vergil fügt in seinem Bericht übrigens hinzu, die tausend von Massicus befehligten Soldaten seien aus »den Mauern von Clusium und der Stadt Cosae« gekommen. Daß der Dichter Clusium mit dem weit entfernten, an der Küste gelegenen Cosae in Verbindung bringt, ist eigenartig. Die römische Kolonie Cosae (Cosa) existierte nämlich zu etruskischer Zeit noch nicht; es gab jedoch einen etruskischen Hafen in der Nähe von Orbetello, dessen Name wahrscheinlich Cusa gelautet hat und den Vergil offenbar meint. Doch die wiederholte Behauptung, das tief im

Landesinneren gelegene Clusium habe über einen Flottenverband verfügt, hat viele Historiker überrascht. Die Annahme, Vergil habe hier ein anderes, unbekanntes Clusium gemeint, das an der Küste lag, ist abwegig, denn keine andere Quelle erwähnt die Existenz eines solchen Ortes.[74] Es bleibt also nur die Möglichkeit, daß die Stadt Clusium, von der bei Vergil die Rede ist, tatsächlich mit dem im etrurischen Binnenland gelegenen Clusium identisch war.
Wenn Clusium wirklich seine Soldaten mit einer Flotte in die Campania geschickt hat, dann kann das nur in Zusammenarbeit mit einem an der Küste gelegenen etruskischen Stadtstaat geschehen sein. Cusa (Orbetello), das Vergil in diesem Zusammenhang nennt, lag auf dem Territorium von Vulci, und auf den ersten Blick erscheint es unwahrscheinlich, daß Vulci mit Clusium verbündet gewesen sein sollte, denn beide Städte waren erbitterte Rivalen bei der Ausbeutung der Erze am Berg Amiata. Andererseits müssen wir nicht unbedingt annehmen, daß diese Gegnerschaft die ganze Zeit bestanden hat. Es gab sogar eine Straßenverbindung zwischen beiden Orten, und Vulci hat seine Erzeugnisse gelegentlich nach Clusium exportiert und die Bildhauer dort künstlerisch beeinflußt. Ebenso wäre es denkbar, daß Vulci den Bürgern von Clusium bei besonderen Gelegenheiten Schiffsraum zur Verfügung gestellt hat. Natürlich besteht auch die Möglichkeit, daß Vergil das Unternehmen der Clusiner zur See bloß erfunden hat, und zwar ohne dabei auf die geographischen Gegebenheiten Rücksicht zu nehmen. Mit dieser Erfindung könnte der Dichter bezweckt haben, Clusium dafür zu ehren, daß es zum Rom der frühen republikanischen Zeit freundschaftliche Beziehungen unterhielt, und in diesem Licht wäre dann auch das Bündnis mit Aeneas, dem legendären Stammvater Roms zu sehen.[75]

Clusium und Rom

Doch bevor sich diese freundschaftlichen Beziehungen entwickeln konnten, herrschte im 6. Jahrhundert v. Chr. der angriffslustige König Lars Porsenna in Clusium. Allein schon die Geschichten, die sich um sein Grabmal ranken, zeigen, daß der erstaunliche Aufstieg von Clusium gegen Ende jenes Jahrhunderts unauflöslich mit dem Wirken dieses Mannes verbunden war. Wir wissen nicht einmal mit Sicherheit, wie er wirklich geheißen hat, denn die Worte ›Lars‹ und ›Porsenna‹ könnten auch Amtsbezeichnungen oder Ruhmestitel sein und seinen hohen Rang anzeigen.[76] Doch wie immer sein ursprünglicher Name auch gelautet haben mag – er hat in Italien eine Machtstellung eingenommen wie kein

Etrusker vor ihm. Macaulay schreibt in seinem Buch *Lays of Ancient Rome*, unter ihm »wehte das Banner des stolzen Clusium höher als alle anderen«.[77]

Lars Porsenna ist nicht nur als König von Clusium und Volsinii, sondern auch als König von Etruria bezeichnet worden,[78] aber das ist ungenau und irreführend. Er hat auch nicht alle Stadtstaaten in Etruria beherrscht, denn hier gab es keine alle diese Gemeinwesen umfassende politische Föderation, und auch Lars Porsenna hat eine solche Einrichtung niemals geschaffen. Der Ort jedoch, an dem die Vertreter aller dieser Staaten zu den alljährlich stattfindenden großen religiösen Zeremonien zusammentrafen, war, wie wir schon erwähnten, das Heiligtum der Voltumna in der Nähe von Volsinii, und Volsinii lag höchstwahrscheinlich auf dem Territorium von Clusium. So ist die Vorstellung keineswegs abwegig, daß Lars Porsenna, der König von Clusium, bei einer oder mehreren Gelegenheiten zum Vorsitzenden dieser Versammlung gewählt wurde.

Wir haben oben von der Möglichkeit gesprochen, daß Lars Porsenna bei den Vorstößen Clusiums nach Norden über die Apenninen und nach Süden in die Campania eine führende Rolle gespielt hat. Zwar müssen wir einen Teil der darüber vorliegenden Berichte ins Reich der Legende verweisen, aber eines zumindest läßt sich kaum bezweifeln: Lars Porsenna ist auf dem Weg in die Campania nach Rom gekommen. Nachdem der Etrusker Tarquinius Superbus gegen Ende des 6. Jahrhunderts v. Chr. von den Römern vertrieben worden und die Republik an die Stelle der Monarchie getreten war, soll Lars Porsenna den Versuch unternommen haben, den gestürzten Monarchen, der bei ihm Zuflucht gesucht hatte, wieder einzusetzen. Nun hat Porsenna zwar einen Angriff gegen Rom geführt, aber sein Versuch ist nach der römischen Überlieferung fehlgeschlagen, weil Horatius Cocles den Pons Sublicius, eine Brücke über den Tiber, heldenhaft verteidigte – ein Ereignis, das im spannendsten Kapitel der *Lays of Ancient Rome* von Macaulay ausführlich geschildert wird. Wenn wir jedoch diese Darstellung streng historisch betrachten, dann stellen wir fest, daß sie zwei ganz wesentliche Punkte außer acht läßt: Wie der Historiker Tacitus wußte, gab es nämlich erstens noch eine ganz andere, der offiziellen widersprechende Überlieferung, nach der Porsenna nicht geschlagen und zum Rückzug gezwungen wurde, sondern Rom erobert und eine Zeitlang besetzt gehalten hat.

Plinius der Ältere fügt hinzu, Porsenna habe mit den Römern einen Vertrag geschlossen, und Dionysios von Halikarnassos behauptet sogar, der Senat habe ihm die Insignien der Königswürde angeboten.[79] Diese für die Römer so wenig schmeichelhafte Version sollten wir als die zutreffende übernehmen, denn der erste Bericht sieht zu sehr nach einem Versuch patriotischer Römer aus, eine Niederlage Roms im Kampf gegen die Etrusker zu vertuschen.[80] Wie bereits gesagt, gibt es auch noch einen zweiten Einwand gegen die offizielle römische Legende: Es erscheint mehr als zweifelhaft, daß Lars Porsenna überhaupt zugunsten des Tarquinius Superbus interveniert hat.[81] Wäre dies nämlich seine Absicht gewesen, dann muß man sich fragen, warum er nicht Tarquinius wieder als König von Rom eingesetzt hat, nachdem es ihm gelungen war, die Stadt einzunehmen.[82] Ferner gibt es einen Bericht, in dem es heißt, die vertriebenen Tarquinier hätten (nachdem sie zunächst nach Caere geflohen waren) bei Aristodemos in der griechischen Kolonie Cumae Zuflucht gesucht und gefunden – Cumae aber war mit den Etruskern und mit Lars Porsenna verfeindet. Wahrscheinlich hat Porsenna die Vertreibung der tarquinischen Dynastie in Rom lediglich zum Anlaß genommen, um seinen eigenen Vorteil zu suchen. Es ist sogar möglich, daß er und nicht die republikanischen Revolutionäre in Rom die Tarquinier gestürzt hat, und in diesem Fall könnten die ersten ›republikanischen‹ Konsuln von ihm beauftragte Männer oder seine Präfekten gewesen sein.[83]

Zweifellos hat Porsenna selbst die Macht in Rom übernommen. Im übrigen erfahren wir trotz aller Bemühungen chauvinistischer römischer Geschichtsschreiber, dieses Zwischenspiel in Vergessenheit geraten zu lassen, von Plutarch, daß zum Andenken an Porsennas Herrschaft in der Nähe des Senatsgebäudes eine Statue errichtet worden sei.[84] Eines jedenfalls wird aus alledem klar: Hier hat es sich um einen grundsätzlich anderen Vorgang gehandelt als beim Auftreten des Tarquinius Priscus aus Tarquinii oder des Mastarna und der Brüder Vibenna aus Vulci in Rom. Diese Leute nämlich waren als Abenteurer auf eigene Faust nach Rom gekommen, ohne irgendwelche Rückendeckung von seiten der etruskischen Stadtstaaten, aus denen sie stammten. Lars Porsenna hingegen handelte als König von Clusium, dessen erheblich erweitertem Territorium er Rom für eine gewisse Zeit hinzugefügt hat – und vielleicht hat diese Periode sogar recht lange gedauert, denn es gibt ausführliche Berichte darüber, wie es zu einer endgültigen Aussöhnung zwischen Porsenna und den Römern gekommen sei. Schließlich hat Porsenna die Stadt Rom sogar als Basis benutzt, um seine Macht weit nach Latium hinein auszudehnen, bis Aristodemos offenbar von Cumae aus den erfolgreichen Versuch unternahm, die latinische Stadt Aricia gegen ihn zu verteidigen (um 506–504 v. Chr.).[85]

Damit begann der Niedergang von Clusium. Die Oberschicht verlor die Vorherrschaft in den von ihren Vorfahren gegründeten Städten Volsinii, Arretium, Perusia und Cortona, die sich allesamt von Clusium lösten und zu unabhängigen Stadtstaaten entwickelten. Clusium blieb aber auch danach noch eine Macht, mit der man rechnen mußte. Von größter Bedeutung waren auch weiterhin seine Beziehungen zu Rom, das an dem nach Süden führenden Handelsweg eine so beherrschende Position einnahm.

Trotz der von Porsenna gegen Rom gerichteten Unternehmungen – oder gerade deswegen – wurden diese Beziehungen mit besonderer Sorgfalt gepflegt und sogar noch weiter ausgebaut.

Als Rom im 5. Jahrhundert v. Chr. von einer Hungersnot bedroht war und Weizen von »den Etruskern« kaufen mußte, kamen diese Lieferungen sicherlich zum größten Teil aus Clusium, denn Clusium besaß eine blühende Landwirtschaft und konnte das Getreide auf dem Wasserweg den Tiber abwärts heranbringen. Ende des Jahrhunderts schließlich, als Rom gegen seinen etruskischen Nachbarn Veii einen Krieg ums Überleben führte, stand Clusium an der Spitze der etruskischen Städte, die ihren Landsleuten in Veii jede Unterstützung verweigerten und damit die schrittweise Unterwerfung Etrurias durch die Römer einleiteten, die jetzt folgte.[86]

Die engen Beziehungen zwischen Clusium und Rom blieben auch in der Folgezeit bestehen. Livius erzählt eine Anekdote von dem clusinischen Adeligen Arruns, der den senonischen Galliern um 400 v. Chr. Wein lieferte.[87] Damals waren die Gallier in Norditalien eingefallen. Hier gerieten sie sehr bald unter den starken Einfluß der Etrusker, der zum großen Teil von Clusium ausging, das gute Beziehungen zum Norden unterhielt. Wenn der Bericht des Livius über die Transaktionen des Arruns stellenweise auch legendäre Züge trägt, so müssen wir ihn angesichts dieser Gegebenheiten doch im großen und ganzen für zutreffend halten. Im Anschluß an die erwähnte Episode berichtet der Historiker, daß die Gallier nach immer größeren Mengen von landwirtschaftlichen Erzeugnissen und besonders Wein verlangt hätten. Schließlich sei in ihnen sogar der Wunsch erwacht, selbst in die Gegend von Clusium überzusiedeln, die alle diese guten Dinge in so reichlichem Maße hervorbrachte. Da habe Arruns, obwohl er mit dem Herrscher in Clusium nicht sonderlich gut auskam, das Kunststück fertiggebracht, eine vertraglich festgelegte Garantie zu erreichen, die es gallischen Einwanderern möglich machte, sich auf dem Territorium der Stadt niederzulassen. Damit schuf er die Voraussetzungen für einen innenpolitischen Konflikt, der im weiteren Verlauf sogar zu einer Intervention von außen führen sollte.[88] Denn, so heißt es im Bericht von Livius weiter, es kam sehr bald zu Streitigkeiten zwischen den Bürgern von

Clusium und ihren gallischen Gästen, und Clusium geriet in große Gefahr. Nun habe sich – so jedenfalls lautet die Überlieferung – die politische Führung in Clusium in ihrer Bedrängnis an die Römer gewandt und Hilfe von ihnen erbeten. Die Römer ihrerseits schickten daraufhin ›Vermittler‹ aus dem Clan der Fabier – der außerdem auch in Clusium beheimatet war.[89] Einer dieser Fabier, dem seine Vermittlerrolle nicht genügte, forderte einen gallischen Häuptling zum Zweikampf heraus und tötete ihn, worauf sich die Gallier gegen Rom wandten, das römische Heer an der Allia schlugen und die Stadt Rom 390 oder 387 v. Chr. brandschatzten. Man hat behauptet, das Hilfeersuchen Clusiums an Rom sei eine romantische Erfindung der Römer zur ›Erklärung‹ des Galliereinfalls[90] – und in der Tat klingen Teile dieser Geschichte legendenhaft. Aber im großen und ganzen könnte der Bericht zutreffen, denn Clusium und Rom waren befreundet und trotz der geographischen Entfernung durch gute Verkehrswege zu Wasser und zu Lande miteinander verbunden. Dazu kommt die Tatsache, daß Clusium ebenso wie Veii in einer kritischen Lage von den anderen etruskischen Gemeinwesen im Stich gelassen wurde, und so ist es nur allzu verständlich, daß sich die dortige Führung anderswo nach Hilfe umgesehen hat. Die Clusiner hatten Glück, daß die Gallier sich im entscheidenden Moment nicht gegen sie, sondern gegen Rom wandten – ja es wäre nicht einmal auszuschließen, daß die Regierung in Clusium die Gallier sogar dazu ermutigt hat.

In Clusium kam der nun folgende Niedergang des westlichen Etruria kaum zur Auswirkung – das Leben in der Stadt blühte weiter. Bedrohlich wurde die Lage nur, als die Römer 310 v. Chr. durch die Ciminianischen Wälder auf volsinisches Territorium vorstießen, und 295 v. Chr. kam es dann tatsächlich zu einem Zusammenstoß zwischen Rom und Clusium. Als Clusium im weiteren Verlauf dieses Jahrhunderts schließlich mehr und mehr in den Bannkreis des römischen Einflusses geriet, ging dies im großen und ganzen doch ziemlich friedlich vor sich. Während der Frühphase der nun beginnenden romano-etruskischen Periode scheint ein weites Gebiet um Clusium im Besitz von nur etwa zwanzig Familien gewesen zu sein; man darf mit einiger Sicherheit annehmen, daß die herrschende Klasse in Rom nach bewährter Methode freundschaftliche Beziehungen zu diesen Familien unterhalten und sie damit an sich gebunden hat.

14. Veii

Reichtum und Kunst

Im 6. Jahrhundert v. Chr., als Clusium zum mächtigsten Stadtstaat im Nordosten von Etruria aufgestiegen war, übernahm Veii, das allerdings ein viel kleineres Territorium beherrschte, die gleiche Rolle im Südosten. Die auf der Anhöhe von Veii gelegenen Dörfer hatten sich bereits in der Zeit zwischen 750 und 700 v. Chr. zu einer Stadt zusammengeschlossen. Diese Entwicklung stand im Zusammenhang mit den weitreichenden Folgen, die die Einrichtung der griechischen (euboiischen) Handelsniederlassungen auf Pithecusae und in Cumae mit sich brachte. Es gibt sogar Beweise für Kontakte Veiis zu Euboia lange vor dieser Zeit, nämlich um 800 v. Chr., und erst jüngst gemachte Ausgrabungen förderten in Veii griechische Vasen aus der Zeit um 750 v. Chr. zutage, die auf Beziehungen zu Pithecusae fast unmittelbar nach seiner Gründung schließen lassen. Wie wir gesehen haben, interessierten sich die Griechen für den Erwerb von Metallen, womit Veii ihnen allerdings kaum dienen konnte. Aber die griechischen Händler und Kolonisten in Süditalien betrachteten Veii wegen seiner geographischen Lage im äußersten Südosten von Etruria als geeigneten Vermittler für die Aufnahme von Handelsbeziehungen zu den anderen etruskischen Städten, in deren Besitz die Erzgruben waren.

Veii hat griechische Waren zunächst nur in bescheidenem Umfang eingeführt; recht anspruchslos lebten auch die Bewohner der Stadt selbst in der ersten Zeit nach deren Gründung. Schon von Anfang an jedoch hatte Veii eine beträchtliche Einwohnerzahl, so daß mehrere Gräberfelder zur Bestattung der Toten dienen mußten. Einige der Begräbnisstätten waren neu angelegt, andere stammten noch aus der Zeit vor der Urbanisierung, und man kann die zeitliche Reihenfolge der Bestattungen von den Höhen bis an den Fuß der Hügel verfolgen, an deren Hängen die Gräber liegen.[1]

Die Gräber aus der Frühzeit der Stadt Veii haben eine für diesen Ort charakteristische Form. Sie bestehen aus einem grabenartigen Raum, zu dem man durch einen Gang mit einer Treppe gelangt, in dessen Wänden Nischen eingelassen sind. Zwei Gräber sind mit großem Aufwand künstlerisch ausgestaltet. Das *Grab der Enten* (*Tomba delle Anatre* aus dem 7. Jahrhundert v. Chr.) enthält die älteste ausgemalte Grabkammer, die man bis heute in Etruria entdeckt hat. Sie ist nach einem Fries an den Rückwänden benannt, auf dem fünf Enten dargestellt sind. An den Innenwänden der Grabkammer befinden sich zwei gemalte Bänder. Die Farben, oben rot und unten gelb, sind direkt auf den Felsen aufgetragen und haben ihre genaue Entsprechung in der Bemalung der Decke. Auch das aus der Frühzeit stammende und nach seinem Entdekker so benannte *Campana-Grab* scheint gegen Ende des 7. Jahrhunderts v. Chr. angelegt worden zu sein. Es enthält zwei Kammern, die man durch einen langen, von zwei Nebenräumen flankierten Gang erreicht. Eine der beiden Kammern, in der ein Mann und eine Frau beigesetzt waren, weist ein gegabeltes Dach auf. Die Wandgemälde erinnern eher an östliche als an griechische Vorbilder und bestehen aus einer Serie geschlossener Kompositionen neben der Tür. Die Bilder sind in Bändern angeordnet und zeigen von oben nach unten ein aus Lotosblüten bestehendes Muster, Reiter, denen Menschen zu Fuß und Tiere folgen, sowie einen Fries, auf dem reale und Phantasie-Tiere abgebildet sind. Die Reiter könnten Männer sein, die zur Jagd aufbrechen. Das wäre ein neues Thema in der etruskischen Kunst.[3]

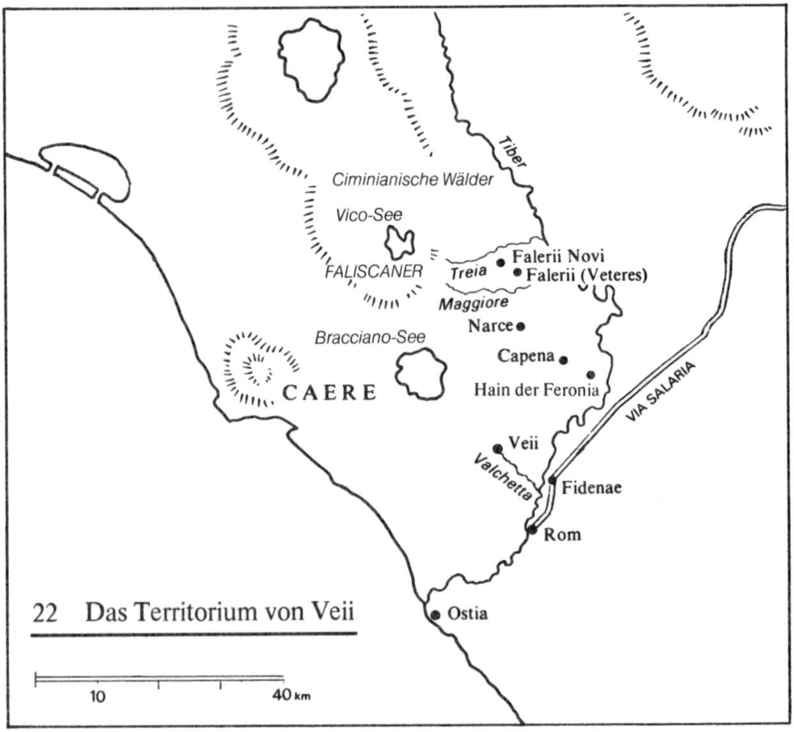

22 Das Territorium von Veii

Offenbar hat es in Veii nur sehr wenige Gräber dieser Art gegeben. Wenn die Römer davon sprechen, daß Veii schon sehr früh eine bedeutende politische Macht gewesen sei, dann haben sie das im 5. und 4. Jahrhundert v. Chr. erfunden, um zu zeigen, daß ihr großer Rivale zu jener Zeit auch schon früher ein mächtiger und ernstzunehmender Gegner gewesen sei. In Wirklichkeit begann Veii erst nach 600 v. Chr., also wesentlich später als seine Nachbarn an der Küste, aufzublühen.[4] Aber dann entwickelte es sich in der Tat zu einem bedeutenden Stadtstaat, dem mächtigsten in Etruria, dem im ganzen nichtgriechischen Italien nur noch Rom überlegen war. Wenn bestimmte antike Schriftsteller behaupten, Veii habe 100000 Einwohner gehabt, dann ist das wahrscheinlich eine Übertreibung; Dionysios von Halikarnassos meinte jedoch, Veii brauche einen Vergleich mit Athen nicht zu scheuen.[5]
Bei den Ausgrabungen ließen sich noch die nach griechischem Vorbild im rechten Winkel angelegten Hauptverkehrsstraßen, aber auch enge, winkelige Gassen erkennen. Hier lebten die ärmeren Schichten der Bevölkerung. Ihre Behausungen waren verschieden groß und hatten aus Holz und ungebrannten Lehmziegeln bestanden; das Fundament selbst war aus Stein. Die Akropolis (Piazza d'Armi) lag nicht auf der höchsten Erhebung des Plateaus, sondern an dessen Südrand oberhalb einer Schlucht. Auf der anderen Seite war sie durch einen künstlich vertieften Graben vom Wohnbezirk der Stadt getrennt. Auf der Piazza d'Armi finden wir auch die Reste von einem der fünf Tempel, die man bisher in Veii entdeckt hat. Er ist der älteste Kultbau der Stadt und stammt aus der Mitte des 6. Jahrhunderts v. Chr. Damit ist es auch der älteste Tempel in ganz Etruria, von dem noch Teile erhalten sind, und wir haben hier die einmalige Gelegenheit, die Tempelarchitektur der Etrusker in ihrer allerfrühesten Form kennenzulernen.[6] Das Heiligtum selbst war ein schlichtes, rechtwinkeliges, aus Holz errichtetes Gebäude ohne Vorhalle und Sockel mit einem einfachen Fries und einer Verkleidung (Stirnziegel), die die Dachpfannen am unteren Rand des Daches verdeckte. Diese Konstruktion gehört zu den ältesten ihrer Art. Im geweihten Bezirk von Portonaccio außerhalb der Stadt hat man einen größeren Tempel ausgegraben. Er stammt aus der Zeit um 520–500 v. Chr. und war der Menrva (Athene, Minerva) geweiht. In den dreifach gegliederten Innenraum gelangte man durch eine Vorhalle. Sie war an den Seiten durch die vorgezogenen Wände des Hauptgebäudes geschützt, und das entsprach einem Plan, den der römische Architekt Vitruvius als für etruskische Tempel charakteristisch bezeichnet.
Überlebensgroße Terrakottastatuen standen auf dem massiven Firstbaum des Heiligtums von Portonaccio, der das ganze Dach überspannte.

Ein großer Teil der künstlerisch wertvollen und von großem handwerklichen Geschick zeugenden Figuren ist erhalten geblieben. Das bekannteste dieser Bildwerke stellt Apulu (Apollo) dar, der sich mit Herkle (Herakles, Herkules) um eine erlegte Hirschkuh streitet. Daneben kamen sehr lebendige Porträtplastiken, darstellend den Gott Turms (Hermes, Mercurius), zum Vorschein sowie die Figur einer Göttin, die ein Kind auf dem Arm hält. Den Künstlern ist es gelungen, die Schwierigkeiten bei der Herstellung großer Plastiken aus gebranntem Ton hervorragend zu meistern. Die Arbeiten lassen sich in ihrer Qualität ohne weiteres mit den in Caere gefundenen vergleichen, zeigen aber einen völlig eigenen, nur für Veii typischen Stil. Hier wird der griechische Einfluß während des Übergangs vom ionischen zum attischen Stil erkennbar, aber wie es bei den Etruskern auf dem Höhepunkt ihrer künstlerischen Entwicklung allgemein der Fall war, haben sich die Bildhauer von den Griechen nur anregen lassen, um in ihren Werken ganz neue und der griechischen Kunst fremde Gedanken zum Ausdruck zu bringen. Apollo ist im Augenblick höchster Erregung festgehalten, kurz bevor er sich auf seinen Gegner stürzt. Man hat den Eindruck, er könne seine Vitalität kaum zügeln.[7] Die dramatische Gestik und die fast schon ans Brutale grenzende Kraft sind rein etruskisch; die Wildheit, die in seiner Haltung zum Ausdruck kommt, entspricht der persönlichen Auffassung des Künstlers – eine Wildheit, die im krassen Gegensatz zu dem sorgfältig ausgearbeiteten Gewand steht, das ihm über die Schultern hängt und der Plastik damit einen bizarren, ja fast möchte man sagen perversen Akzent verleiht.
Veii war damals das künstlerische Zentrum des südlichen Etruria. Die Kunst dieser Stadt genoß ein so hohes Ansehen, daß sogar der Name eines der Bildhauer überliefert worden ist – ein äußerst seltener Fall. Er hieß Vulca,[8] und seine Arbeiten waren weit über die Grenzen von Veii hinaus sehr gefragt – besonders in Rom, wo er möglicherweise sogar eine Werkstatt gehabt hat. Man ist versucht, die hervorragenden Plastiken aus dem Heiligtum in Veii als seine Schöpfungen anzusehen – vielleicht aber auch als Arbeiten seiner Schule, denn nach der literarischen Überlieferung hat er kurz vor der Entstehungszeit dieser Skulpturen gelebt.[9] Andere Fachleute nehmen jedoch an, daß eine Reihe von Friesen, die nach ihrem Stil zehn bis zwanzig Jahre älter sein müßten, von seiner Hand oder aus seiner Werkstatt stammen.[10]

Ackerbau und Salz

Anders als die meisten etruskischen Städte verdankte Veii seine Urbanisierung und seinen Aufstieg nicht der Gewinnung oder dem Export von Metallen, sondern anderen Produktionszweigen. Nur für Clusium und – allerdings mit Einschränkung – auch für Vulci traf dies ebenfalls zu. Außer wenig ergiebigen Eisenerzlagern an den Hängen des unteren Tibertals gab es in der Nähe von Veii keine Metallvorkommen, und deshalb vollzog sich die Entwicklung hier zunächst recht langsam. Aber dann blühte die Stadt ebenso wie Clusium auf und wurde schließlich sehr reich.

Diesen Wohlstand hatte Veii in erster Linie dem Ackerbau zu verdanken. Die von Natur aus gegebenen Möglichkeiten wurden durch ein hervorragendes Bewässerungssystem ausgebaut und intensiv genutzt, und auf diesem Gebiet sind die Etrusker die Lehrmeister von Rom gewesen. In Veii wurde das Wasser in Zisternen gespeichert, zu denen durch den Fels gebrochene Leitungen führten. Auf der Piazza d'Armi ist ein elliptischer, mit vulkanischen Steinblöcken eingefaßter Teich fast unversehrt erhalten geblieben. Das gleiche gilt für den beachtlichen Ponte Sodo, einen Tunnel, durch den das Wasser des Tibernebenflusses Fosso Valchetta (Cremera) geleitet wurde.[11] Der zum Teil von der Natur geschaffene, aber von Menschenhand erweiterte Ponte Sodo war etwa siebzig Meter lang und leitete das Wasser durch einen Felsvorsprung in die Flüsse, von denen die Stadt umgeben war. Dadurch kam es zunächst häufig zu Überschwemmungen.

Veii baute sein Bewässerungssystem in einem weiten Umkreis außerhalb der Stadt aus. Ein ganzes Netz von unterirdischen, in den Fels gehauenen Kanälen – manche bis zu drei Kilometer lang – durchzog diesen tiefgelegenen Landstrich, der zum Teil versumpft, zum Teil durch Erosion stark in Mitleidenschaft gezogen war. Die Kanäle folgten den Flußtälern; in Abständen von jeweils etwa dreißig Metern waren vertikale Schächte angelegt, durch die der angeschwemmte Schlamm herausgeholt werden konnte, um den ungehinderten Abfluß des Wassers zu gewährleisten. Diese von den städtischen Behörden gewiß sorgfältig geplante Anlage hat mit Sicherheit schon im 5. Jahrhundert v. Chr. bestanden;[12] wir dürfen aber annehmen, daß sie in Wahrheit noch viel älter war und wesentlich zum Aufblühen der Wirtschaft in Veii beigetragen hat.

Im Hinterland von Veii gab es zwar keine Satellitenstädte wie bei anderen etruskischen Stadtstaaten, dafür aber eine Vielzahl von Farmen und Bauernhöfen. Das zu Veii gehörige Territorium reichte im Nordwesten bis zum Bracciano-See, im Norden bis zu den Grenzen von Falerii und Capena und im Osten bis an den Tiber. Damit verfügten die Bewohner Veiis an der Ostgrenze ihres Gebietes über eine sehr gute Wasserstraße, zumal die Valchetta (Cremera), jener Nebenfluß des Tiber, an dem die Stadt lag, damals noch schiffbar war und nicht so verschlammt wie heute.

Wie es damals an der Tibermündung ausgesehen hat, weiß man nicht. Veii lag zwar nur 23 Kilometer von der Küste des Tyrrhenischen Meeres entfernt, aber der Küstenstreifen, über den es nördlich der Tibermündung verfügte, war höchstens acht Kilometer lang, und an diesem schmalen Abschnitt fand sich nichts, was auf die Existenz eines Hafens hätte hinweisen können. Vielleicht hat es einen solchen Hafen gegeben, der heute unter dem im Lauf der Jahrhunderte angeschwemmten Schlick versunken ist. Aber selbst dann kann es sich nur um einen sehr behelfsmäßigen und den Stürmen ausgesetzten kleinen Ankerplatz gehandelt haben. Wahrscheinlicher ist es, daß Veii niemals einen Hafen besessen hat.[13] Trotz der geringen Entfernung zur Küste sind die Bewohner Veiis im Gegensatz zu ihren Nachbarn keine Seefahrer gewesen.

Trotzdem war der von Veii beherrschte Küstenabschnitt eine der beiden Quellen seines späteren Reichtums. Denn an der Tibermündung ließ sich Salz gewinnen, und zwar in so riesigen Mengen wie nirgendwo sonst an der etrurischen Küste.[14] Salz war geradezu Symbol des Übergangs von der nomadisierenden Lebensweise zur Seßhaftigkeit und zum Ackerbau. Als Konservierungsmittel hatte es eine große wirtschaftliche (und politische) Bedeutung, was nicht nur in unzähligen antiken Sprichwörtern, sondern auch in einer ganzen Reihe von rituellen Handlungen seinen Ausdruck fand.[15] Der Bedeutung dieses Minerals waren sich auch die Karthager durchaus bewußt, und zahlreiche karthagische Märkte und Siedlungen in Nordafrika, Sardinien und Spanien lagen in der Nähe natürlicher Salzpfannen. Ebenso stark war die Nachfrage nach Salz in allen etruskischen Städten, und die meisten konnten es sich hier verschaffen. Gleiches galt auch für die griechischen Handelsniederlassungen auf Pithecusae und in Cumae. Wie Dionysios von Halikarnassos bestätigt, war es Veii, das die lebenswichtigen Salzpfannen an der Tibermündung beherrschte.[16]

Seine Einwohner hatten ihren Wohlstand daher nicht wie ihr Nachbar Caere und andere etruskische Städte den Erzen, sondern dem Ackerbau und der Salzgewinnung zu verdanken. Sie konnten diese Erzeugnisse auf Flußbooten über Rom tiberaufwärts verfrachten, wenn ihre Beziehungen zu den Römern das erlaubten, was zunächst meist der Fall war (eine der wichtigsten Verkehrsstraßen, die von Rom in das Innere des

Landes führten, trug den Namen Via Salaria oder Salzstraße). Zu den Salzpfannen konnte man aber nicht nur auf dem Wasserweg, sondern auch auf ihrer eigenen, Rom umgehenden Straße, dem Fosso La Galeria, gelangen. Sie war Teil eines dichten Straßennetzes, denn die Bewohner von Veii waren Meister im Straßenbau und haben diese Fertigkeit ebenso wie ihre Kenntnisse im Bau von Bewässerungsanlagen an die Römer weitergegeben. Veii besaß nicht weniger als sieben Stadttore, und von hier aus führten Straßen, auf denen sogar schwere Wagen verkehren konnten, in sämtliche Himmelsrichtungen.

Die Falisker

Veii unterhielt rege kommerzielle und wahrscheinlich auch politische Beziehungen zu dem in seinem Hinterland gelegenen faliskischen Gebiet, das sich bis zum Bracciano-See und Vicosee sowie den Ciminianischen Wäldern nach Osten und bis zu einer Tiberschleife nach Westen ausdehnte. Die Städte, Marktflecken und Dörfer der Falisker lagen auf Tafelbergen aus vulkanischem Gestein, die hoch von den Tälern der Nebenflüsse des Tiber aufragten.
Die Falisker hatten sich zwar am rechten, etruskischen Flußufer angesiedelt, ihre Ortschaften waren aber nur zum Teil etruskisiert. Die Bevölkerung selbst scheint nicht mit den Etruskern verwandt gewesen zu sein, ja nicht einmal etruskische Einsprengsel besessen zu haben. Ihre Sprache war nicht das Etruskische[17], sondern das mit dem Lateinischen verwandte indoeuropäische Faliskische, das sich dem Lateinischen im Lauf der Zeit soweit angeglichen hatte, daß man es als einen Dialekt dieser Sprache bezeichnen könnte. Wie jüngste Forschungen immer deutlicher erkennen lassen, haben die Falisker im 8. und 7. Jahrhundert v. Chr. schon eine reiche eigenständige Kultur besessen. Diese Kultur war zwar recht komplex und ihr Erscheinungsbild von Ort zu Ort mitunter sehr verschieden, doch insgesamt läßt sie sich einwandfrei auf voretruskische Ursprünge zurückführen.[18]
Sehr bald nach 700 v. Chr. – wenn nicht schon früher – wurde die faliskische Kultur sehr stark von den Etruskern beeinflußt, zu denen enge Beziehungen bestanden, die sich im 6. und 5. Jahrhundert v. Chr. noch weiter intensivierten. Wie Livius und Plinius der Ältere berichten, hielten sich die Falisker für Etrusker und wurden auch von anderen dafür gehalten.[19] Politisch fühlten sie sich mit Etruria verbunden, nahmen aber auch schon sehr früh Beziehungen zu den griechischen Handelsniederlassungen und Kolonien in der Campania auf, die einen so wesentlichen

Beitrag zur kulturellen Entwicklung in der etruskischen Frühzeit geleistet hatten.[20]
Die Geschichte der Falisker gleicht daher in mancher Beziehung derjenigen des etwa 50 Kilometer weiter südlich gelegenen Rom und nimmt sie vorweg. Auch dort sprach die Bevölkerung eine indoeuropäische Sprache und war starken kulturellen Einflüssen von seiten der Etrusker ausgesetzt, wobei die Impulse hierzu teilweise von der griechischen Campania ausgingen. Bekanntlich wurde Rom vom Ende des 7. Jahrhunderts v. Chr. an sogar für längere Zeit von etruskischen Königen regiert; ob das gleiche auch für das faliskische Gebiet zutrifft, wissen wir leider nicht. Es steht nicht einmal fest, ob sich die Bevölkerung dort jemals zu einer politischen Einheit zusammengeschlossen hat; denkbar wäre aber ein solcher Zusammenschluß immerhin für die Zeit der wirtschaftlichen und kulturellen Hochblüte dieses Volkes.
Mit Sicherheit hingegen wissen wir, daß die faliskische Oberschicht oft mit den Etruskern zusammengearbeitet hat. Zeitweilig – so scheint es – konnte man die Falisker fast als zu Veii gehörig betrachten, wenn sie vielleicht auch formal autonom geblieben sind. Im 6. Jahrhundert unterhielten sie enge Beziehungen zu Rom und haben die künstlerische Entwicklung dort ebenso beeinflußt wie Veii. Doch später stellten sie sich gegen Rom auf die Seite von Veii, weil Rom die für sie so wichtigen Handelsstraßen am Tiber bedrohte. Diese Entscheidung kostete sie schließlich ihre Unabhängigkeit, denn im Unterschied zu den etruskischen Stadtstaaten unterstützten sie Veii in seinem Kampf gegen Rom aktiv, ein Umstand, den auch Vergil erwähnt, der sie als Verbündete des etruskischen Feindes der Römer, Mezentius, bezeichnet.[21]
Im Zentrum des faliskischen Gebiets lag ihre bedeutendste Stadt, Falerii, von den Römern später als Falerii Veteres (altes Falerii) bezeichnet, das heutige Civita Castellana. Wie so viele Städte im benachbarten Etruria lag auch dieser Ort auf einem gut zu verteidigenden Plateau, das von tiefen Schluchten umgeben ist, durch die zwei Nebenflüsse des Tiber, die Treia und der Maggiore, fließen. Auf dem Höhepunkt seiner Entwicklung war Falerii eine ebenso bedeutende Stadt wie die rein etruskischen Stadtstaaten oder sogar Rom.
Falerii konnte auf eine reiche religiöse Tradition zurückblicken. Man findet hier innerhalb und außerhalb der Stadtmauern die Reste einer Anzahl von Tempeln, die vielfältige griechische Einflüsse erkennen lassen.[22] Nach einer Gründungslegende ist die Stadt sogar griechischen Ursprungs.[23] Wie so oft, war das nur eine Erfindung, mit der das ehrwürdige Alter und die Unabhängigkeit von Falerii dokumentiert werden sollten. In einer anderen, glaubwürdigeren Gründungslegende

werden die engen Beziehungen zu den Veientinern hervorgehoben. Der Kommentator Vergils, Servius, der auch berichtet, der Gründer von Falerii, Halaesus, sei ein Vorfahre der Könige von Veii gewesen, bestätigt das.[24]

Nachdem die Falisker Veii in seinem tödlichen Kampf gegen Rom unterstützt hatten, besetzten die Römer einige ihrer Außenposten; Falerii selbst jedoch hielt sich ein ganzes Jahr (394 v. Chr.) gegen eine römische Belagerungsarmee, und das Leben in der Stadt ging nach Beendigung der Kämpfe weiter wie zuvor. Das beweisen viele zu dieser Zeit entstandene Vasen mit roten Figuren und architektonische Keramiken. Auch die feindliche Haltung gegenüber Rom wurde nicht aufgegeben, und Falerii unterstützte 358 v. Chr. Tarquinii in seinem ersten Krieg gegen die Römer. Rom besiegte beide Gegner und zwang sie, Verträge oder Waffenstillstandsabkommen zu unterzeichnen, die ihre politische Unterwerfung besiegelten. Zweimal versuchte Falerii sich gegen die Römer zu erheben und wurde 241 v. Chr. zerstört. Die überlebenden Einwohner ließen sich in Falerii Nova (Santa Maria di Falleri) nieder, das ihnen von den Römern zugewiesen wurde, weil es in einer Ebene lag und im Fall eines Aufstandes gegen die Römer nicht verteidigt werden konnte.

Sechzehn Kilometer südlich von Falerii lag im Tal der Treia, die etwas weiter flußabwärts in eine breite Schlucht mündete, Narce (das heutige Calcata), eine ältere faliskische Siedlung.[25]

Erst in jüngster Zeit stellte sich heraus, daß Narce viel älter war als ursprünglich angenommen, denn es ist schon um die Mitte des 2. Jahrtausends v. Chr. bewohnt gewesen. Im 7. Jahrhundert v. Chr. hat Narce mit Bernstein eingelegte Goldbroschen importiert, die Fundstücken aus Caere, Marsiliana und Politorium gleichen. Ebenfalls zu dieser Zeit hat die Stadt eine Serie von Bronzevasen eingeführt, die offenbar alle aus derselben Caeretaner Werkstatt stammen. So entsteht der Eindruck, die etruskische Stadt, zu der Narce die engsten Beziehungen unterhielt, sei Caere gewesen, zumal Caere nicht sehr weit von der Grenze des faliskischen Gebiets entfernt war. Tatsächlich jedoch standen auch für Narce die Beziehungen zu Veii an erster Stelle. Zu den in Narce gemachten Funden gehören Vasen mit Darstellungen eines jugendlichen Gottes zwischen zwei Pferden.[26] Dieses Motiv des Rossebändigers finden wir in Griechenland schon vor der Zeit der Urbanisierung, desgleichen an der italienischen Adriaküste. Von hier aus sind auch bestimmte Einflüsse aus dem Balkan nach Narce und in andere faliskische Städte gekommen. Doch die große Bedeutung der Ausgrabungen in Narce liegt darin,

daß sie unsere Erkenntnisse vor allem über das Leben der breiteren Schichten der damaligen Bevölkerung sehr erweitert haben.
Auf einem steilen Berg unweit von Narce und mit Blick auf eine nicht sonderlich große Talsenke liegt der Ort Capena. Die Gräberfelder dort lassen sich auf das 8. Jahrhundert v. Chr. datieren, aber erst in den Jahren vor 500 v. Chr. gewann Capena wesentlich an Bedeutung, weil in seiner unmittelbaren Nachbarschaft das Heiligtum der italischen Göttin Feronia lag, deren Name etruskisch sein könnte, von deren Bedeutung und Wesen wir aber kaum etwas wissen. Dieses kürzlich entdeckte Heiligtum am Berg Soratte (dem antiken Soracte) neben dem Tiber lag an einer Straßenkreuzung so günstig zwischen den Territorien östlich und westlich des Flusses, daß es von Pilgern aus fast allen Gegenden Altitaliens besucht wurde.
Einer seltsamen Gründungslegende zufolge, die Servius nach Cato dem Älteren zitiert, bestanden zwischen Capena und Veii engste Blutbande.[27] Denn wie die Legende zu berichten weiß, soll ein König aus Veii namens Propertius wegen der allzu starken Zunahme der Bevölkerung seiner Stadt beschlossen haben, alle jungen Männer, die in einem bestimmten Jahr geboren waren, auswandern und in Capena eine neue Siedlung gründen zu lassen. Dieser Vorgang war bekannt unter der Bezeichnung ›heilige Frühlingszeremonie‹. Beispiele dafür sind aus den verschiedensten Gegenden überliefert, am häufigsten aber griff man bei den italischen Bergstämmen zu dieser Maßnahme. Wenn sich die Bevölkerung so stark vermehrte, daß der Boden sie nicht mehr ernähren konnte, dann gründete eine ganze Generation eine neue Kolonie und stellte sich unter den Schutz der Gottheit Mamers (des etruskischen Maris und des römischen Mars), des italischen Gottes des Ackerbaus und des Krieges.[28]
Man hat den Wahrheitsgehalt des Berichts von Cato bezweifelt, weil Propertius erstens kein etruskischer, sondern ein umbrischer Name war und man zweitens aus der in Capena gesprochenen Sprache und den dort gemachten Funden entnehmen kann, daß der Ort engere Beziehungen zu Falerii als zu Veii unterhalten hat.[29] Zum ersten Punkt ist zu sagen, daß der Name des Königs von Veii falsch zitiert sein könnte, es ist aber auch möglich, daß Capena zwar tatsächlich von Veii gegründet wurde, daß sich dann aber dort eine in erster Linie faliskische Kultur entwickelt hat.[30] Für einen solchen Wandel ließen sich viele griechische Parallelen finden,[31] und Populonia ist vielleicht eine etruskische Parallele. Wahrscheinlich liegt bei Capena der Fall ganz ähnlich, und der Ort war tatsächlich eine Gründung Veiis. Auf Inschriften, die in Capena gefunden wurden, hat man etruskische Namen festgestellt, und Livius, der

über die Zustände gegen Ende des 5. Jahrhunderts v. Chr. berichtet, hält Capena für ein Mitglied der Etruskischen Liga.[32] Wie Cato offensichtlich wußte, unterhielt Capena die engsten Beziehungen zu Veii; beide Städte lagen nur 16 Kilometer auseinander und waren durch eine Straße miteinander verbunden. Die Stadt hat sich ebenso wie Falerii gegen Rom auf die Seite von Veii gestellt, wurde aber ein Jahr nach der Niederlage der Veientiner von den Römern unterworfen.

Veii und Rom

Aufgrund seiner geographischen Lage hatte Veii nicht nur enge Beziehungen zur faliskischen Region, sondern auch zu dem auf der anderen Seite des Tiber gelegenen Latium. Die Stadt besaß sogar einen Außenposten auf latinischem Boden am linken Tiberufer, nur acht Kilometer nördlich von Rom. Das war Fidenae (Castel Giubileo). Es lag auf einer Anhöhe und beherrschte eine Tiberfurt genau gegenüber der Stelle, wo die Valchetta (Cremera) in den Tiber mündete. So konnte Fidenae den Verkehr auf dem Tiber überwachen und war überdies für Veii eine Zwischenstation auf dem Weg in den Süden. Dieser Weg führte auch über Praeneste (Palestrina), wo auf einer Inschrift im Bernardini-Grab der Name der fürstlichen Familie aus Veii, Vetusia, zu lesen ist. Etwas südlich von Praeneste an der späteren Via Appia lag das antike Alba Longa, eine Stadt, die ebenfalls in eigenartiger Weise mit Veii verbunden war. Das Fragment einer Handschrift von Naevius, dem römischen Dichter aus dem 3. Jahrhundert v. Chr., erzählt, wie ein König von Veii mit Namen Viba oder Vibe den König Amulius von Alba Longa besuchte. Wir wissen nicht, wann diese Zusammenkunft stattgefunden haben könnte, aber allein schon die Mitteilung selbst ist ein Hinweis darauf, daß Veii auf dem Gipfel seiner politischen Macht vermutlich mit einer Reihe von latinischen Städten diplomatische und Handelsbeziehungen unterhalten hat.

Folgte man der Via Appia noch ein weiteres Stück, dann stieß man auf Velitrae (Velletri), dessen Tempel mit Friesen aus gebranntem Ton geschmückt waren und die gleichen ornamentalen Stirnziegel besaßen wie die Tempel in Veii. Ohne Zweifel stammen die in Velitrae gefundenen Plastiken oder ihre Negativformen aus Werkstätten in Veii.[33] Der Landweg durch Latium mag den Bewohnern Veiis auch bei ihren Kontakten mit der Campania von großem Nutzen gewesen sein. Ebenso könnte Veii als südlichster Stadtstaat Etrurias im Rahmen der Handelsbeziehungen zwischen Etruria und Sizilien eine führende Rolle gespielt

haben, denn die auf der Insel in großer Zahl zum Vorschein gekommenen Gefäße aus dem 7. Jahrhundert v. Chr. stammen höchstwahrscheinlich aus Veii.
Zur Zeit der etruskischen Könige in Rom waren die Beziehungen Veiis zu dieser Stadt, mit der es durch eine alte Straße verbunden war,[34] im allgemeinen recht gut, und das lag auch durchaus im Interesse beider Parteien. Es wird berichtet, daß Rom in seiner Frühzeit eine seiner religiösen Einrichtungen, nämlich den Orden der Salier, dem die Priester des Mars angehörten, vom veientinischen König Morrius oder Mamurius Veturius (dessen Name mit dem obengenannten Vetusia verwandt ist) übernommen habe. Darüber hinaus ist Veii für die Römer der Königszeit das bedeutendste kulturelle Vorbild gewesen, obwohl sie von Königen aus Tarquinii regiert wurden und auch Beziehungen zu Vulci und Clusium unterhielten. Man hat in Rom nicht nur Buccherokeramiken und Metallarbeiten aus der Zeit nach 625 v. Chr. gefunden, sondern auch Friese aus Terrakotta, die hundert Jahre später entstanden sind und deren genaue Gegenstücke in Veii zum Vorschein kamen. Die Römer haben außerdem den bedeutenden Bildhauer Vulca aus Veii beauftragt, für den großen Tempel, den ihre etruskischen Monarchen der Götterdreiheit Iuppiter, Iuno und Minerva errichten ließen, eine Iuppiterstatue herzustellen.[35]
Doch bald nach dem Sturz der etruskischen Monarchie in Rom zeigten sich sehr deutlich die mit den Beziehungen zu Veii verbundenen Gefahren. Der wahre Verlauf der Ereignisse wird durch viele tendenziöse römische Legenden verschleiert, die eigentlichen Hintergründe jedoch sind klar zu erkennen. Die Entfernung zwischen Rom und Veii betrug nur knappe zwanzig Kilometer, und angesichts dieser nahen Nachbarschaft war ein Zusammenstoß auf die Dauer unvermeidlich. Der Tiber war ebenso der Fluß Veiis wie Roms, und die Bewohner Veiis behaupteten sogar, er habe seinen Namen einem ihrer Könige zu verdanken.[36] Der Fluß hatte auch noch einen zweiten unverkennbar etruskischen Namen, Velturna oder Volturnus, wie ein Fluß in der Campania. Im ganzen Tibertal und auch im Süden waren Rom und Veii Konkurrenten auf den gleichen Märkten. Schließlich bedrohten die Römer ständig die Salzpfannen an der Tibermündung, und als sie im 7. Jahrhundert v. Chr. in Ostia eine Kolonie gründeten und eine Brücke über den Fluß bauten, taten sie das vermutlich in der Absicht, Veii die Salzpfannen streitig zu machen.[37] Um die gleiche Zeit besetzten die Römer wenigstens einen Teil des Hügels Ianiculum auf dem veientinischen Tiberufer und befestigten ihn. Aber trotzdem fühlten sich die Römer noch nicht sicher, denn an sämtlichen anderen Stellen reichte das von Veii beherrschte Gebiet bis

an das gegenüberliegende Flußufer heran, von wo aus die Bewohner Veiis die Stadt Rom überblicken konnten.[38] Noch bedenklicher war jedoch die Tatsache, daß Veii sein Gebiet bis nach Fidenae ausdehnte – für die Römer eine unerträgliche Herausforderung, denn dieser Ort, der den Tiber und seinen Nebenfluß, die Valchetta (Cremera), beherrschte, lag schon auf der römischen Seite des Flusses.
Die nahe Nachbarschaft, der Konkurrenzkampf zwischen beiden Städten und die daraus resultierende Eifersucht mußten schließlich zum Kriege führen. Schon aus dem 7. Jahrhundert v. Chr. wird von gelegentlichen Zusammenstößen berichtet. Den ersten dieser Berichte sollten wir jedoch nicht als historisch zuverlässig ansehen, denn solche Ereignisse sind oft von späteren römischen Historikern erfunden worden, um so den Eindruck zu erwecken, Veii sei bereits seit jeher ein erbitterter und gefährlicher Gegner Roms gewesen. Die Beziehungen zwischen beiden Städten haben sich in Wirklichkeit erst kurz vor 500 v. Chr., zur Zeit des Sturzes der römischen Monarchie, entscheidend verschlechtert. Nach einem weiteren Bericht hat Lars Porsenna zur Zeit seiner Diktatur in Rom Veii einen zusätzlichen Außenposten zur Verfügung gestellt, und zwar am rechten Flußufer, direkt an der Tibermündung.[39] Das läßt sich zwar nicht mit Sicherheit nachweisen, doch haben sich bald darauf, in den 80er Jahren des 5. Jahrhunderts v. Chr., erhebliche Spannungen zwischen beiden Städten entwickelt. Zu dieser Zeit wurde die Regierung der jungen römischen Republik vom Clan der Fabier beherrscht. Er verfügte über besonders gute Beziehungen zu Etruria, und vermutlich besaß er auch Ländereien in dem Gebiet zwischen Rom und Veii.[40] Roms Regierung vertraute ihm daher die Verteidigung der Grenze zum Territorium von Veii an, eine Aufgabe, die die halbfeudale Privatarmee des Clans übernahm. Solche Armeen gab es zu jener Zeit auch in Etruria oder in Griechenland.
Wie nicht anders zu erwarten, wurde Fidenae zum Zankapfel zwischen beiden Städten und hat vielleicht mehr als einmal den Besitzer gewechselt. Um 477–475 v. Chr., als das damalige Oberhaupt der Fabier nach einer Serie von Viehdiebstählen dem dafür verantwortlichen gegnerischen Außenposten direkt gegenüber ein Grenzfort errichten ließ, scheint Fidenae noch zu Veii gehört zu haben. In dem folgenden Gefecht an der Cremera errang es einen beachtlichen Sieg, bei dem fast das gesamte fabianische Heer vernichtet und das römische Fort, ein Blockhaus, zerstört wurde. Jetzt befand sich das ganze rechte Tiberufer fest in der Hand von Veii, und es konnte den Hügel Ianiculum wieder in Besitz nehmen.
474 v. Chr. wurde die Lage für die Römer günstiger, denn die etruski-

schen Stadtstaaten hatten mit der Niederlage ihrer führenden Seemacht Caere und ihrer karthagischen Verbündeten gegen Hieron I. von Syrakus vor Cumae eine schwere Schlappe hinnehmen müssen. Die Bewohner Veiis hielten es deshalb für angezeigt, mit den Römern einen Waffenstillstandsvertrag zu schließen, in dessen Rahmen sie sich auch zu Getreidelieferungen und Tributzahlungen verpflichteten. In der zweiten Jahrhunderthälfte veränderte sich das Gleichgewicht der Kräfte noch mehr zugunsten von Rom. 442 v. Chr. verstärkten die Römer ihre Stellungen am Tiber und bereiteten sich anschließend auf die endgültige militärische Entscheidung vor. Dazu sahen sie sich gedrängt, weil sie unter Hungersnöten und Seuchen litten und unbedingt mehr Land brauchten.

Wie angesichts der unerträglichen Herausforderung, die Fidenae darstellte, gar nicht anders zu erwarten, gingen die Römer um 437 v. Chr. zum Angriff über, und König Tolumnius von Veii fiel im Zweikampf mit einem römischen Feldherrn.[41] 435, vielleicht aber auch erst 425 v. Chr. besetzten die Römer Fidenae. Mit ihren Appellen an die schwache und in erster Linie mit religiösen Fragen beschäftigte etruskische ›Liga‹ gelang es Veii, einzelne Städte wie Tarquinii zu bewegen, ihm ein paar Freiwillige zu Hilfe zu schicken; im übrigen blieben die Hilfeersuchen jedoch unbeachtet.

Die etruskischen Städte sollen ihre Weigerung, Veii zu unterstützen, damit begründet haben, daß ihnen die dort herrschende Regierungsform zuwider sei. Die Stadt hatte nämlich die zwanzig Jahre nach dem Tode des Tolumnius abgeschaffte Monarchie im Gegensatz zu der in den meisten anderen etruskischen Städten geübten Praxis wieder eingeführt. Angeblich hatte sich der neue König von Veii bei den jährlichen Zusammenkünften der Liga arrogant und herausfordernd verhalten.[42] Außerdem behaupteten die anderen Stadtstaaten, sie könnten Veii nicht zu Hilfe kommen, weil sie selbst im Norden von den Galliern bedroht würden. Aber in Wirklichkeit waren sie froh, einen Handelskonkurrenten loszuwerden, auch wenn es sich dabei um eine etruskische Stadt handelte.

Nachdem die Bewohner Veiis die Vergeblichkeit ihrer Bemühungen um Hilfe eingesehen hatten, gingen sie daran, die Befestigungsanlagen ihrer Stadt zu verstärken. Wo immer sich die Möglichkeit bot, wurden die Klippen, auf denen Veii stand, abgeschlagen und noch steiler gemacht; wo die Verhältnisse dies nicht zuließen, legte man an der Peripherie der Stadt einen Erdwall mit einer Brustwehr aus Steinen an. Die Römer behielten jedoch die Initiative in der Hand und schlossen Veii im letzten Jahrzehnt des 5. Jahrhunderts v. Chr. mit einer Belagerungsarmee ein.

An den Kämpfen waren so starke Truppenkontingente beteiligt, wie man sie hier bislang noch nie ins Feld gestellt hatte. Vielleicht hat die Belagerung nicht ganze zehn Jahre gedauert, wie einige Historiker behaupten, die hier offenbar eine Parallele zur Dauer des Troianischen Krieges herstellen wollten, doch dürfte sich der Krieg mindestens sechs bis sieben Jahre hingezogen haben. Am Schluß gelang es dem römischen Feldherrn Camillus, der – wenn auch von mancherlei Legenden umwoben – die erste historische Gestalt in der römischen Republik gewesen ist,[43] auf der Nordseite Veiis den einzigen Geländestreifen zu besetzen, von dem aus die Stadt auf ebenem Boden zugänglich war. Dann soll eine Abteilung römischer Soldaten durch einen der berühmten unterirdischen Entwässerungskanäle in die Stadt eingedrungen sein und sie erobert haben. Dieser Bericht ist vielfach bezweifelt worden, könnte aber dennoch den Tatsachen entsprechen.

Später hat man geglaubt, die Römer hätten die eroberte Stadt zerstört und die überlebenden Einwohner vertrieben. Aber auch mit dieser Behauptung wollte man nur die Demütigung des einst so stolzen Veii noch deutlicher zum Ausdruck bringen. Ausgrabungen haben gezeigt, daß diese Überlieferung nicht zutrifft, denn einige Gebäude sind stehengeblieben und weiter bewohnt worden. Die Eroberer haben in Veii aber doch schwere Zerstörungen angerichtet. Vor allem sorgten die Römer dafür, daß die Existenz von Veii als eines unabhängigen Stadtstaates beendet wurde, und übernahmen sogar dessen Schutzgöttin Uni unter dem neuen Namen Iuno Regina. Die totale Vernichtung einer unabhängigen benachbarten Macht war ein historischer Wendepunkt, der dunkle Schatten vorauswarf. Vielleicht erlebten die Etrusker derartiges auch nicht zum erstenmal – hatten sie doch selbst bereits blühende Gemeinwesen vernichtet, die von ihnen oder ihren Nachbarn abhängig waren. Denken wir nur daran, daß es allem Anschein nach der etruskische Stadtstaat Vetulonia gewesen ist, der die Nachbarstadt Rusellae dem Erdboden gleichgemacht hat. Aber bisher war noch keine Stadt in Etruria von einer fremden Macht zerstört worden, und das war Rom, nachdem es seine etruskischen Monarchen vertrieben hatte.

Mit der Zerstörung von Veii ging die etruskische Vorherrschaft in Mittelitalien zu Ende. Die erste Folge war die Annexion des ganzen Gebiets von Veii durch die Römer, deren Besitzungen damit erheblich größer wurden als die aller anderen Staaten in Latium. Nun beherrschte Rom das ganze Tibertal und die Salzpfannen an der Flußmündung. Sehr bald mußten die anderen etruskischen Stadtstaaten erkennen, wie kurzsichtig ihre Politik gewesen war, als sie Veii ihre Hilfe versagten. Im Laufe der nächsten rund hundert Jahre sah sich jeder einzelne von ihnen gezwungen, mit Rom einen Vertrag oder einen ›Waffenstillstand‹ zu schließen. Das waren Vereinbarungen, mit denen sie praktisch zu Vasallen der Römer wurden.

23 Die Welt der Etrusker

15. Zusammenfassung

Das etruskische Stammland

Nun sollte es möglich sein, alles, was wir über die Etrusker wissen, zusammenzufassen und einen allgemeinen Überblick über ihre Geschichte zu geben. Als wichtigste Periode innerhalb der langen Zeiträume, die sie umfaßt, sind zweifellos jene wenigen Jahrzehnte im 8. Jahrhundert v. Chr. anzusehen, in denen Etruria die entscheidendste und umwälzendste Phase seiner Entwicklung erlebte. Zu dieser Zeit haben sich die jeweils auf Anhöhen liegenden Gruppen von Dörfern zu größeren Gemeinwesen zusammengeschlossen, aus denen sich dann sehr rasch die etruskischen Städte und Stadtstaaten herausbildeten. Dieser Prozeß der Urbanisierung läßt sich ungefähr zur gleichen Zeit auch in den wichtigsten Siedlungsgebieten Griechenlands und in Rom feststellen. Dort hat es dafür die verschiedensten Anlässe gegeben; Etruria jedoch verdankt diese Entwicklung vor allem *einem* Umstand: Wie wir gesehen haben, hatten die wichtigsten Urbanisierungszentren Zugang zu reichen Erzvorkommen, besonders zu Kupfer und Eisen. In vielen anderen Ländern herrschte eine rege Nachfrage nach diesen Metallen, die nur befriedigt werden konnte, wenn komplexere Gemeinwesen, als es die kleinen etruskischen Dörfer waren, die Förderung und Weiterverarbeitung dieser Bodenschätze in die Hand nahmen und zentral steuerten.

Wie die Etrusker die Ausbeutung der Erzvorkommen im einzelnen organisiert haben, wissen wir nicht. Die Ausgrabungen der Archäologen vermitteln uns bis heute noch kein vollständiges Bild. Einigkeit besteht nur darüber, daß die enormen Erzvorkommen einerseits und der immense Bedarf des Auslandes an Metallen andererseits die beiden entscheidenden Faktoren waren, die das Entstehen einer so blühenden und hochkultivierten Gesellschaft wie der etruskischen überhaupt erst ermöglicht haben.

Die Fremden, die sich für die etruskischen Metalle interessierten, hatten dafür zweifellos auch entsprechende Gegenleistungen zu bieten. So sind Kunst und Handwerk in Etruria insbesondere aus zwei Richtungen beeinflußt worden: einmal aus dem Nahen Osten, und zwar hauptsächlich von Phönikien und Syrien, aber auch von Zypern, Babylonien, Assyrien und Kleinasien. Der andere große Kulturraum, von dem aus so mächtige Einflüsse und Impulse auf Etruria wirkten, war Griechenland. Der nahöstliche Einfluß kam in erster Linie aus Phönikien, dessen

Bewohner ihrerseits die verschiedensten künstlerischen und kulturellen Anregungen von ihren Nachbarn übernommen und verarbeitet haben. Das bedeutendste Seefahrervolk in dieser Region waren in der zweiten Hälfte des 2. Jahrtausends v. Chr. die Mykener gewesen, die von ihrer Heimat auf dem griechischen Festland aus schließlich sogar bis in den westlichen Mittelmeerraum vorstießen. Nach dem Untergang der mykenischen Kultur um 1250–1200 v. Chr. übernahmen phönikische Seefahrer und Händler aus Sidon und Tyros ihre Rolle. Um 800 v. Chr. gründete Tyros seine berühmte Kolonie Karthago in Nordafrika, die sehr bald zur unabhängigen politischen Macht wurde. Die Phöniker und dann die Karthager errichteten Handelsniederlassungen und Außenposten an den Küsten Frankreichs und Spaniens sowie auf den Inseln Sardinien und Sizilien.
Diese Händler im Westen und Osten sind es in erster Linie gewesen, die sich für die etruskischen Metalle interessierten. Das ist auch der Grund, weshalb auf etrurischem Boden so riesige Mengen von Gegenständen zum Vorschein kamen, die den im Herkunftsland dieser Kaufleute hergestellten oft frappierend ähnlich sind. In manchen Fällen hat man die Originale nach Etruria eingeführt, gelegentlich handelte es sich um Importe aus griechischen Handelszentren im westlichen Mittelmeerraum, wo solche Gegenstände nachgearbeitet wurden; zum Teil hat man solche Artefakte aber auch in Etruria selbst nach ausländischen Originalen kopiert.
Die Erzeugnisse und Handelswaren aus Phönikien sind zum Teil direkt von dorther oder von den phönikischen Niederlassungen im Westen nach Etruria gelangt, weit häufiger jedoch führte ihr Weg zunächst über griechische Zwischenhändler. Diese griechischen Kaufleute tauchten erstmals im 8. Jahrhundert v. Chr. in der Campania auf. Ihren ersten Außenposten richteten sie auf der Insel Pithecusae (Ischia) vor dem Nordteil der Bucht von Neapel ein, und kurz darauf schon ließen sie sich dann auch an der gegenüberliegenden Festlandküste in Cumae nieder. Die Mykener hatten bereits Jahrhunderte vor dieser Zeit auf Pithecusae (und einer benachbarten Insel) Handelsposten eingerichtet, und auch die Phöniker haben möglicherweise schon lange vor dem Eintreffen der ersten griechischen Kaufleute hier Handelsniederlassungen unterhalten – doch den Griechen erst gelang es, Pithecusae und Cumae im 8. Jahrhundert v. Chr. zu bedeutenden Handelsplätzen zu machen. Sie waren aus ihrer fernen Heimat hierhergekommen, um sich möglichst in der Nähe der Ursprungsgebiete der etruskischen Metalle niederzulassen. Auf Pithecusae entdeckte Eisenklumpen stammen, wie eine einwandfreie metallurgische Analyse beweist, vom etruskischen Elba. Auch

zahlreiche andere auf Pithecusae und in Cumae entdeckte Artefakte entsprechen solchen, die auf etrurischem Boden zum Vorschein kamen.
Eine sehr große Zahl der auf Pithecusae und in Cumae ausgegrabenen Gegenstände weist auf Beziehungen zu Phönikien oder anderen Ländern im Nahen Osten hin. Wir wissen nicht, wie diese Objekte in die Handelsniederlassungen auf campanischem Boden gelangt sind. Die Griechen, die ihre Händler im 8. Jahrhundert v. Chr. dorthin schickten, stammten, wie ihre Keramiken zeigen, zum größten Teil aus zwei Städten auf der griechischen Insel Euboia, nämlich aus Chalkis und Eretria. Diese beiden Hafenstädte haben in der griechischen Frühzeit bei der Ausweitung der griechischen Handelsbeziehungen und des griechischen Einflusses bis in den westlichen Mittelmeerraum die führende Rolle gespielt. Daß jedoch im Zuge dieser Unternehmungen so viele Gegenstände aus dem Nahen Osten dorthin kamen, lag daran, daß die Griechen als Konkurrenten der Phöniker auch im östlichen Mittelmeerraum sehr aktiv waren, besonders in Al Mina an der Mündung des Orontes. Von dort brachten sie viele Handelsgüter aus dem Nahen Osten zu ihren euboiischen Landsleuten nach Pithecusae und Cumae – Waren, die dann von hier wiederum als Tauschobjekte im Metallhandel nach Etruria gelangten.
An den Funden auf etrurischen Gräberfeldern sehen wir deutlich, für was sich die zu Wohlstand gekommenen Etrusker im Austausch gegen ihr Kupfer und Eisen vor allem interessierten: Das war das Gold, das ihrem verwöhnten Geschmack entsprach und das es im eigenen Land nicht gab. Deshalb versorgten die Euboier sie über Pithecusae und Cumae mit dem nahöstlichen Gold aus Al Mina. Wenn dieses Gold aus dem Nahen Osten in rohen Barren in den campanischen Handelsniederlassungen eintraf, wurde es meist gleich an Ort und Stelle weiterverarbeitet. Schon bei Strabo ist von den Goldschmieden auf Pithecusae die Rede, und die dort und in Cumae ausgegrabenen Schmuckgegenstände aus Gold zeigen deutlich, daß diese bisher als typisch etruskisch angesehenen Arbeiten in Wirklichkeit in der Campania für die Ausfuhr nach Etruria entworfen und hergestellt worden sind. Die Etrusker haben Cumae nicht nur das Alphabet, sondern auch eine Reihe ihrer Götternamen zu verdanken; die Anregung zum Anbau von Wein und Oliven ging vermutlich ebenfalls von dort aus.
Die Euboier, die nach Italien kamen, begnügten sich sehr bald nicht mehr mit kleinen Handelsniederlassungen, sondern gründeten regelrechte Kolonien, und zwar in Cumae selbst wie an anderen strategisch beherrschenden Punkten an der Straße von Messana (Messina). Später wurden

die euboiischen Händler und Kolonisten von anderen Griechen verdrängt, besonders von den Korinthern, die sich ebenfalls für die etruskischen Metalle interessierten und direkt oder über ihre Kolonien einen starken Einfluß auf die etruskische Kultur ausgeübt haben. Das zeigt sich besonders an den um diese Zeit entstandenen etruskischen Keramiken im orientalisierenden Stil. In der Folgezeit setzte sich der Einfluß der überaus aktiven Ionier durch, vor allem der Seefahrer aus Phokaia und dessen westlichen Kolonien wie Massalia (Marseille, um 600 v. Chr.) und – wenig später – Alalia (Aleria an der Ostküste von Korsika, um 560 v. Chr.). Vielleicht hatten die Etrusker ihrerseits eine eigene Handelsniederlassung auf der ägäischen Insel Lemnos, bis Athen die Insel um 500 v. Chr. in Besitz nahm. Um diese Zeit verdrängte der attische Kunststil in Griechenland den ionischen, und dieser Wandel machte sich auch in Etruria bemerkbar. Aber die künstlerische wie auch die wirtschaftliche Leistungsfähigkeit der Etrusker ließ sehr bald nach, und ungeachtet der zahlreichen Einflüsse, die dank der Warenimporte aus Athen nach Etruria eindrangen, konnten sich die etruskischen Künstler mit dem reifen attischen Klassizismus und Humanismus nicht recht befreunden. Die archaische und stark stilisierte Kunst der Korinther und Ionier indessen hatte die Etrusker ungleich stärker beeinflußt, denn sie entsprach mehr dem etruskischen Lebensgefühl.
Wie schon gesagt, wäre es falsch, das Griechische in der etruskischen Kunst überzubewerten; was das Problem allerdings zusätzlich kompliziert, ist die nahöstliche Komponente. Einflüsse dieser Art sind, wie wir sahen, auf zweierlei Wegen nach Etruria gelangt: erstens durch Vermittlung der Griechen, als ihre eigene Kunst stark ›orientalisch‹ beeinflußt war, und zweitens in gewissem Maß auch durch direkte Kontakte mit den Phönikern oder ihren Handelsniederlassungen und Kolonien. Wie sich die über diese beiden Kanäle nach Etruria gelangten Einflüsse und Anregungen auch verteilt haben mögen – die Etrusker haben etwas ganz Eigenes daraus gemacht, und zwar zum Teil weil ihnen das nahöstliche Element verwandt erschien, zum Teil weil sie diese Elemente bloß benutzten, um ihr eigenes Temperament und Lebensgefühl zum Ausdruck zu bringen. So entstanden die oft ungeschliffen wirkenden, ausdrucksstarken, bisweilen heiteren, manchmal aber auch unheimlichen und fast grausigen, in jedem Fall aber ungriechischen und unklassischen etruskischen Kunstwerke.
Auch in der Architektur, vor allem beim Bau ihrer Tempel und Grabmäler, gingen die Etrusker entschieden eigene Wege, fernab von allen griechischen Vorbildern oder Einflüssen. Sie waren ein anerkannt begabtes Volk, besonders auf den Gebieten der Medizin und Musik. Die

Verschiedenheit von allem Griechischen äußerte sich jedoch in ihrem ganzen Lebensstil. Das zeigte sich schon in ihrem Erscheinungsbild: Die Oberschicht trug eine andere Kleidung und eine andere Haartracht als die Griechen. Ihre Frauen genossen mehr Freiheiten als die griechischen, und auch das Gesellschaftsgefüge selbst folgte weder griechischen noch römischen Normen. Überhaupt zeichnet sich die etruskische Gesellschaftsordnung durch eine bemerkenswerte Stabilität aus. So ist beispielsweise die soziale Kluft zwischen der Aristokratie und den Leibeigenen niemals geschlossen worden. Das war andererseits wiederum einer der Hauptgründe dafür, weshalb die einzelnen etruskischen Stadtstaaten fast ständig unter inneren Spannungen litten und sich am Schluß gegenüber Rom nicht behaupten konnten.

Was die Etrusker jedoch am allermeisten von Griechen und Römern unterschied, das war die Eigenart ihrer Sprache, deren Struktur wesentlich von der aller indoeuropäischen Sprachen abwich. Griechen und Römer empfanden sie als zutiefst fremdartig, obwohl mehr als die Hälfte der Bevölkerung Altitaliens andere als indoeuropäische Sprachen benutzte, ja sie bereits benutzt hatte, lange bevor das Land von Indoeuropäern besiedelt wurde. Die etruskische Sprache hilft uns daher nicht bei der Beantwortung der alten Frage: »Woher sind die Etrusker gekommen?« Vielleicht ist es auch unzulässig, diese Frage überhaupt zu stellen. Die Antwort auf die gleiche Frage im Hinblick auf die Briten oder Amerikaner beispielsweise würde äußerst kompliziert ausfallen. Auch die antiken griechischen und römischen Schriftsteller haben zu diesem Thema nur wenig zu sagen gewußt. Herodot zitiert einen Bericht aus Lydia im westlichen Kleinasien, demzufolge die Etrusker angeblich von dort stammen sollen. Aber diese Vermutung stützt sich auf fiktive etymologische Analogien und muß daher zurückgewiesen werden. Die archäologische Forschung bestätigt zudem, daß es nur recht spärliche kulturelle Beziehungen zwischen Etruskern und Lydern gegeben hat. Die etruskische Kunst und der etruskische Lebensstil sind viel stärker durch phönikische und syrische Elemente geprägt als durch lydische oder andere aus dem Inneren Kleinasiens kommende Einflüsse. Wenn Dionysios von Halikarnassos daher im 1. Jahrhundert v. Chr. bestreitet, daß die Etrusker aus Lydia gekommen seien, und darauf hinweist, daß ihre Gesetze und ihre religiösen und politischen Einrichtungen sich grundsätzlich von den kleinasiatischen unterschieden hätten, dann trifft er damit genau den Kern der Sache.

Der Bericht des Herodot stellt uns zudem vor eine chronologische Schwierigkeit: Während die etruskische Zivilisation in der Form, in der wir ihr zuerst begegnen, im 8. Jahrhundert v. Chr. begonnen hat, verlegt er die Übersiedlung aus Lydia in eine 500 Jahre frühere Periode, nämlich in die Zeit unmittelbar nach dem Troianischen Krieg. Aber selbst wenn die zeitliche Abfolge zunächst als zutreffend angesehen werden könnte, dann ließe es sich kaum erklären, weshalb sich die Dörfer in Etruria erst soviel später zu Städten zusammengeschlossen haben und zu Wohlstand gekommen sind. Außerdem ist es nicht gelungen, für das Ende des 2. Jahrtausends v. Chr. in der Geschichte von Etruria irgendwelche entscheidenden Einschnitte zu erkennen, wie sie durch die Einwanderung einer großen Bevölkerungsgruppe hätten verursacht werden müssen. Das gleiche gilt für das 8. Jahrhundert v. Chr., besonders wenn wir bedenken, daß die organisatorische Aufgabe, eine so große Masse von Menschen umzusiedeln, zu so früher Zeit noch kaum hätte bewältigt werden können.

Wenn Dionysios daher zu dem Schluß kommt, die Etrusker seien gar nicht nach Italien eingewandert, sondern gehörten zur Urbevölkerung, dann dürfen wir dem insoweit zustimmen, als eine Masseneinwanderung höchst unwahrscheinlich ist (geschweige denn zwei derartige große Wanderbewegungen). Es muß jedoch im Verlauf der vielen Jahrhunderte, in denen es zu Bevölkerungsverschiebungen und Unruhen aller Art gekommen ist, zahllose Wanderbewegungen gegeben haben, und zwar nicht nur innerhalb von Etruria, sondern diese umherziehenden Gruppen müssen die Grenzen des etrurischen Gebiets auch in beiden Richtungen überschritten haben. Die sehr lückenhafte Überlieferung berichtet von solchen Wanderzügen aus den verschiedensten Epochen, an denen Händler, Flüchtlinge, Kolonisten, Künstler, Söldner, Fürsten, Adelige und Abenteurer beteiligt waren. Einige von ihnen waren Etrusker, die gegen ihre Landsleute in anderen etruskischen Siedlungen gekämpft haben, denn es bestanden entschiedene Gegensätze zwischen den Regierungen der zahlreichen selbständigen Stadtstaaten. Die in erster Linie religiöse ›Etruskische Liga‹ hat ebenso wie vergleichbare griechische Organisationen erst recht spät, nämlich im 5. oder gar erst im 4. Jahrhundert v. Chr., nennenswerte politische Aufgaben übernommen. Und auch dann ist es ihr nie gelungen, alle etruskischen Stadtstaaten zum gemeinsamen politischen oder militärischen Handeln zu bewegen. Auch früher, zur Blütezeit der etruskischen Stadtstaaten, hatte die ›Liga‹ keine Einigkeit bewirken können. Im Gegenteil, jeder Stadtstaat verfolgte seine eigenen außenpolitischen Ziele, ohne auf die Interessen seiner Nachbarn Rücksicht zu nehmen. Die einzelnen Staaten haben sogar Krieg gegeneinander geführt und ihre Bürger nicht daran gehindert, mit ihren Privatarmeen das gleiche zu tun. Das klassische Beispiel für diese Uneinigkeit war die unheilvolle Entscheidung der etruskischen Stadtstaaten, Veii im Kampf gegen Rom, bei dem es um das nackte Überleben ging, nicht zu Hilfe zu kommen – eine Entscheidung, die nicht nur den Untergang von Veii zur Folge hatte, sondern es Rom auch ermöglichte, in der Folgezeit alle anderen etruskischen Gemeinwesen nacheinander auszuschalten und zu vernichten.

Daß die etruskischen Städte während ihrer ganzen Geschichte zu keinem einzigen Zeitpunkt je politisch zusammengearbeitet haben, läßt sich zum Teil durch die geographischen Gegebenheiten in ihrem tektonisch so vielgestaltigen Stammland erklären, wo in den einzelnen Regionen ganz verschiedene Lebensgewohnheiten und kulturelle, künstlerische und religiöse Vorstellungen entstanden sind. So entwickelte jeder Stadtstaat seine unverwechselbare Eigenart, und deshalb sollten auch wir möglichst nicht von den ›Etruskern‹ im allgemeinen sprechen, sondern uns jeweils ganz konkret auf einen bestimmten Stadtstaat beziehen.

Das älteste etruskische Gemeinwesen, das sich zu einer Stadt zusammengeschlossen hat und durch den Handel mit den in der Nähe gefundenen und an Ort und Stelle verarbeiteten Metallen zu beachtlichem Wohlstand gekommen ist, war Tarquinii. Die Dörfer, die bereits vor der Städtegründung hier gelegen hatten, waren schon im 10. und 9. Jahrhundert v. Chr. recht wohlhabend, denn ihre Bewohner beuteten schon damals die reichen Erzvorkommen im Tolfagebirge aus. Im 8. Jahrhundert v. Chr. schlossen sie sich dann zur Stadt Tarquinii zusammen. Dieses Datum hat eine besondere Bedeutung, denn um die gleiche Zeit gründeten die Griechen auf Pithecusae und in Cumae ihre Handelsniederlassungen in der Absicht, die Handelsbeziehungen mit den Etruskern aufzunehmen und die von ihnen hergestellten Metallwaren zu kaufen. So stammen die ältesten der reich ausgestatteten Gräber in Tarquinii aus den ersten Jahren des 7. Jahrhunderts v. Chr. Es läßt sich allerdings deutlich erkennen, daß man hierbei an altüberlieferte Formen anknüpfte und daß so die Kontinuität der Entwicklung bewahrt wurde. Diese Gräber waren ebenso wie ähnliche Anlagen im Nahen Osten mit Erdhügeln bedeckt und wurden im Lauf der Zeit immer reicher und üppiger ausgestattet. Am interessantesten von allen sind jedoch die nach der Mitte des 6. Jahrhunderts v. Chr. entstandenen, mit Wandgemälden geschmückten Kammergräber. In Griechenland findet man nichts Vergleichbares. Doch lassen sich gerade anhand dieser Gemälde die jeweiligen Phasen im Ablauf der griechischen Stilentwicklung und ihrem Einfluß auf die etruskische Kunst erkennen, wenngleich die Darstellungen selbst nach Art und Auffassung unverkennbar etruskisch sind.

Im Laufe seiner Geschichte hat Tarquinii zwar einige der zunächst von ihm abhängigen Ortschaften verloren, beherrschte aber auch zu späterer

Zeit noch eine Vielzahl von Siedlungen und Städten in allen Teilen seines Territoriums. Dazu verfügte es über drei Häfen sowie eine Flotte, die den Grundstock für die etruskische Seemacht bildete. Um 600–580 v. Chr. oder sogar noch früher entstand in der tarquinischen Hafenstadt Graviscae eine Niederlassung griechischer Händler, die hier zunächst ein der Aphrodite (Turan, Venus) geweihtes Heiligtum errichteten. Etwa vierzig Jahre später bauten sie in der gleichen Stadt Tempel für die Göttinnen Hera, (Uni, Iuno) und Demeter (Ceres). Andere Ereignisse in der Geschichte von Tarquinii lassen sich aus Inschriften ersehen, die in den Grabkammern der Familie der Spurinna entdeckt worden sind. Nach dem Untergang Veiis (um 396 v. Chr.) war Tarquinii der mächtigste etruskische Gegner von Rom, das die Stadt jedoch noch vor Ende des 4. Jahrhunderts v. Chr. zu seinem Vasallen machte.
Tarquinii konnte seine Vormachtstellung nur knapp hundert Jahre behaupten. Dann mußte es sein Monopol bei der Ausbeutung der Erzvorkommen im Tolfagebirge, denen es den Aufstieg zur politischen Macht zu verdanken hatte, zum größten Teil an Caere (Cerveteri) abgeben, dessen Dörfer sich nur wenig später als die tarquinischen zur Stadt zusammengeschlossen hatten. Auch in Caere wurden ungewöhnlich reich ausgestattete Gräber aus dem 7. Jahrhundert v. Chr. entdeckt. Sie enthielten unter anderem viele Schmuckstücke, die entweder aus Pithecusae und Cumae importiert oder aus dem Gold hergestellt waren, das die Caeretaner auf diesen Märkten erworben hatten. Wahrscheinlich ist auch das etruskische Alphabet in Caere entstanden, und zwar nach dem Vorbild des griechischen, das die Caeretaner in Cumae kennengelernt hatten. Griechische Einwanderer und ihre etruskischen Schüler stellten hochwertige Keramiken her, und Caere wurde zum bedeutendsten Produktionszentrum für die typisch etruskischen schwarzen Buccherokeramiken in ihrer eleganten, dünnwandigen Form. Eine weitere beachtliche Leistung der Caeretaner waren ihre großen Hügelgräber, die mit bewundernswerter Sorgfalt architektonisch gestaltet waren und das Innere der Wohnhäuser imitierten. Im 6. Jahrhundert v. Chr. entstand hier auch unter ionischem Einfluß eine eigene Schule für keramische Skulpturen.
Als sich die Caeretaner entschlossen, Tarquinii die Erzgruben im Tolfagebirge streitig zu machen, haben sie allem Anschein nach auch einen Teil des tarquinischen Territoriums annektiert, darunter die sehr malerische hügelige Gegend, in der die Felsengräber lagen. Am folgenschwersten wirkte es sich jedoch aus, daß Caere nun auch der tarquinischen Vorherrschaft zur See ein Ende bereitete. Nachdem Caere seinerseits zur führenden etruskischen Seemacht geworden war, verbündete

sich die Stadt mit Karthago, um die phokischen Griechen und ihre Kolonisten in Massalia (Marseille) und Alalia (Aleria auf Korsika) in die Schranken zu weisen. Um 540–535 v. Chr. kam es zwischen beiden Mächten zur Seeschlacht von Alalia, in der die Phoker zwar einen Sieg errangen, aber doch so geschwächt wurden, daß sie sich nicht mehr viel länger auf Korsika behaupten konnten.

An dem von Caere beherrschten Küstenstreifen gab es viele gute Häfen. Einer davon, Punicum, trug diesen Namen, weil sich hier punische (karthagische) Händler niedergelassen hatten. In der Hafenstadt Pyrgi stieß man bei Ausgrabungen auf drei Goldbleche mit punischen und etruskischen Inschriften. Sie berichten von einer Weihgabe des Herrschers von Caere, Thefarie Velianas, für die karthagische (phönikische) Göttin Astarte (Hera, Uni, Iuno). Die Goldbleche kamen in einem offenbar dieser Göttin geweihten Bezirk zum Vorschein, und an dieser Stelle grub man auch die Überreste von zwei Tempeln aus der Zeit um 500 und um 460–450 v. Chr. aus.

Die Beziehungen zwischen Rom und Caere waren im allgemeinen freundschaftlich, und bei einem Galliereinfall kam Caere den bedrängten Römern sogar zu Hilfe. Doch um die Mitte des 4. Jahrhunderts v. Chr. trat ein entscheidender Wandel in dieser Politik ein, und die Gegensätze zwischen beiden Städten führten schließlich dazu, daß Caere unter die Botmäßigkeit der römischen Regierung geriet.

Als Caere von Süden her das Territorium Tarquiniis bedrohte und teilweise annektierte, tat Vulci von Norden her das gleiche. Das Gebiet in der Umgebung von Vulci war schon seit dem 2. Jahrtausend v. Chr. besiedelt gewesen, und Gräberfelder aus den ersten Jahren des 8. Jahrhunderts v. Chr. oder noch früherer Zeit lassen erkennen, daß es damals hier bereits blühende Dörfer gegeben hat. Diese Dörfer haben sich um 700 v. Chr. zu einer Stadt zusammengeschlossen, und zwar bezeichnenderweise kurz nachdem sie erstmals Beziehungen zu den griechischen Handelsplätzen auf Pithecusae und in Cumae geknüpft hatten. Eines der drei in der Umgebung von Vulci erhaltenen Hügelgräber, das Cuccumella-Grab aus der Zeit um 560–550 v. Chr., ist zugleich das größte seiner Art in ganz Etruria.

Die Stadt beherrschte das Tal der Fiora, auf der man zu Schiff die Erzgruben im Amiatagebirge erreichen konnte. Diesem Erz verdankten Vulcis Bewohner einen großen Teil ihres Wohlstandes, zu dem aber auch ein intensiver Ackerbau beigetragen hat. Das wirtschaftliche Aufblühen von Vulci zeigt sich vor allem darin, daß die Stadt über einen längeren Zeitraum hinweg griechische Vasen in großen Mengen importierte. Gegen Ende des 6. Jahrhunderts v. Chr. entwickelte sich hier außerdem eine beachtliche (die sogenannte ›pontische‹) Schule für die Herstellung von Keramiken. Sie stand unter der Leitung ionischer Griechen, die vor den Persern geflohen waren. Ebenfalls um diese Zeit bildeten sich in Vulci noch zwei andere bemerkenswerte Kunstrichtungen heraus, beide auf dem Gebiet der Skulptur: Das war zum einen die Herstellung von Steinplastiken aus dem hier vorkommenden sogenannten *nenfro*, zum anderen die Bronzekunst. Dabei ist zu erwähnen, daß Vulcis Bronzewerkstätten zweifellos die bedeutendsten in ganz Etruria gewesen sind.

Als die Bürger von Vulci im 7. Jahrhundert v. Chr. damit begannen, ihr Gebiet auszuweiten, nahmen sie die Flußtäler der Fiora und Albegna in Besitz und kultivierten sie. Einige der zunächst blühenden Ortschaften im Hinterland von Vulci sind nach relativ kurzer Zeit bereits wieder verlassen worden. An der stark gegliederten Küste seines Gebiets beherrschte Vulci offenbar den Handelsplatz Orbetello (dessen etruskischer Name wahrscheinlich Cusa gelautet hat). Hier befand sich ein sicherer Hafen, der jedoch zu weit von Vulci entfernt war, um als Hafen dieser Stadt gelten zu können – in dem Sinne etwa, wie Graviscae und Pyrgi als Häfen von Tarquinii und Caere zu gelten haben. Vielmehr befand sich der eigentliche Hafen von Vulci in Regae an der Mündung der Fiora, die auch an Vulci selbst vorüberfloß.

Vulcis glorreiche Vergangenheit und die einst gewiß sehr reiche, doch längst verlorene Überlieferung von den Taten seiner Helden werden beim Anblick der wundervollen Wandgemälde des François-Grabes wieder lebendig, die sich heute im Torlonia-Museum (Villa Albani) in Rom befinden. Diese Malereien, entstanden zwischen dem ausgehenden 4. Jahrhundert und der Mitte des 3. Jahrhunderts v. Chr., stellen Episoden aus den Kriegen dar, die Vulci gegen andere etruskische und etruskisierte Städte geführt hat. Sie sind zugleich der Beweis dafür, daß jede Vorstellung von einer in der Etruskischen Liga verwirklichten politischen Einheit falsch ist. Vulci ist außerdem wahrscheinlich das Zentrum des Aeneaskults gewesen, der später direkt oder auf Umwegen nach Rom gelangte.

Nordwestlich von Vulci lag Vetulonia, das durch die im nahegelegenen Massetano geschürften Erze reich geworden ist. Zwei am Anfang des 1. Jahrtausends v. Chr. entstandene große Dörfer haben sich hier noch vor 700 v. Chr. zu einer Stadt vereinigt. Wenig später, als die Importwaren von den griechischen Märkten in der Campania in das Land kamen, entwickelte Vetulonia die für diese Stadt charakteristischen kreisförmigen, innerhalb eines aus Steinen gebildeten Ringes angelegten Begräbnisstätten. Diese Form der Grabanlagen wurde sehr bald von den

Hügelgräbern abgelöst, bei denen die Grabkammern von sogenannten ›falschen Kuppeln‹ überwölbt wurden, wobei eine Säule in der Mitte die ganze Kuppelarchitektur stützte. Ebenso wie in Vulci schufen auch die Bildhauer in Vetulonia Skulpturen aus Stein. Aber die faszinierendsten Kunstwerke, die man hier entdeckte, waren die Goldschmiedearbeiten, die zum Teil aus Pithecusae und Cumae eingeführt, zum Teil aber auch in Vetulonia selbst hergestellt worden sein dürften. Bei dem von den Goldschmieden besonders gern angewandten Verfahren der Granulation ging man hier völlig eigene Wege und bediente sich einer ganz anderen Technik als die Handwerker in Caere und in den übrigen südetrurischen Städten.

Das von Vetulonia beherrschte Gebiet könnte sich bis nach Marsiliana erstreckt haben, wo man ähnliche kreisförmige Gräber gefunden hat, die mit den gleichen Grabbeigaben ausgestattet waren. Marsiliana erlebte vom Ende des 8. bis zu Beginn des 6. Jahrhunderts v. Chr. seine wirtschaftliche Blütezeit. Auch Ghiaccio Forte gewann nach 700 v. Chr. an Bedeutung, ist aber um 550 v. Chr. plötzlich wie vom Erdboden verschwunden. Vetulonia beherrschte jedoch nicht nur diese Städte im Binnenland, sondern war auch eine bedeutende Seemacht. Schon sehr früh nahm es Beziehungen zu Sardinien auf. An der Ombronemündung könnte es eine von Vetulonia beherrschte Handelsniederlassung gegeben haben, aber dieser Ort war zu weit von der Stadt entfernt, um als ihr Versorgungshafen angesehen zu werden. Einen solchen Hafen hat man sich viel eher am Priliussee vorzustellen, der unmittelbar unterhalb von Vetulonia lag. Heute ist dieser See verlandet; in der Antike jedoch war er eine ausgedehnte Lagune mit einer Verbindung zum offenen Meer.

Das nordwestlich von Vetulonia gelegene Populonia war die einzige größere Stadt in Etruria, die an der Küste gelegen war. Die beiden Dörfer, die sich ungefähr im 7. Jahrhundert v. Chr. zur Stadt zusammenschlossen, hatten schon lange Zeit vorher über einen Handelshafen *(emporion)* verfügt. Populonia verdankte seine Bedeutung und seinen Wohlstand den Erzvorkommen im benachbarten Campigliese und auf der Insel Elba. Schon vor 800 v. Chr. wurden hier, wahrscheinlich nach sardischem Vorbild, Kammergräber mit falschen Kuppeln angelegt. Um 650 v. Chr. entstanden die ersten mit Erdhügeln bedeckten Gräber. Obwohl diese Entwicklungen relativ früh begonnen haben, wurde Populonia erst viel später zu einem bedeutenden etruskischen Stadtstaat. Bis dahin wurde es von einer anderen größeren Stadt beherrscht, wahrscheinlich von Vetulonia.

Auch das gegenüber von Vetulonia am anderen Ufer des Priliussees gelegene Rusellae (Roselle) verfügte über einen oder mehrere Häfen am

Seeufer und hatte einen Zugang zum offenen Meer. Im 7. Jahrhundert v. Chr. wurden die hier gelegenen Dörfer miteinander vereinigt, und die daraus hervorgegangene Stadt erhielt schon kurz nach ihrer Gründung eine Umfassungsmauer – eine der ältesten bisher in Etruria entdeckten Befestigungsanlagen. Der in Rusellae ausgegrabene Wohnbezirk gibt uns mehr Einblicke in das Konzept, nach dem eine etruskische Stadt angelegt wurde, oder in die Architektur ihrer Häuser, als das, was an den meisten anderen Ausgrabungsorten zutage gefördert wurde. Die Stadt ist möglicherweise von Vetulonia gegründet worden, aber die allzu große Nähe Rusellaes zu Vetulonia dürfte von beiden Orten als äußerst unangenehm empfunden worden sein. Als Vetulonia um 550–500 v. Chr. allmählich an Bedeutung verlor, lag das wahrscheinlich daran, daß Rusellae die Führung übernommen hatte. Die Bewohner von Rusellae weiteten ihren Einflußbereich bis an die Grenzen des Gebietes von Vulci aus und beherrschten wahrscheinlich auch den Marktflecken Telamon (Talamone), der über einen sicheren Hafen verfügte.

Nordwestlich von Vetulonia und Rusellae lag Volaterrae (Volterra) auf einer Anhöhe über dem Flußtal der Cecina. Schon ziemlich früh dürften die Bewohner von Volaterrae mit dem Abbau der reichen Erzlager in diesem Tal begonnen haben. Durch die Folgen eines gewaltigen Erdrutsches ist die Erforschung der Frühgeschichte dieser Stadt zwar erheblich behindert, doch können wir sagen, daß der Zusammenschluß der hier gelegenen Dörfer zur Stadt wahrscheinlich erst kurz vor Beginn des 5. Jahrhunderts v. Chr. erfolgt ist. Anders als die Etrusker im Süden haben die Bewohner dieses nördlichen Gebiets ihre Toten noch lange Zeit feuerbestattet. Deshalb hat man in Volaterrae sehr viele Aschenurnen gefunden, auf deren Deckeln liegende Figuren dargestellt sind. Sie stammen aber zum größten Teil aus der Zeit nach dem 4. Jahrhundert v. Chr. und wurden schon sehr bald zumeist aus dem in dieser Gegend vorkommenden Alabaster hergestellt.

Volaterrae verfügte wahrscheinlich über einen Hafen an der Mündung der Cecina oder in deren unmittelbarer Nähe. Viel stärker als dies bei anderen etruskischen Städten der Fall war, richtete Volaterrae sein Interesse auf das Landesinnere, und sein Einflußgebiet umfaßte vor allem die Täler der Nebenflüsse des Arno. Einer dieser Flüsse war die Era, an der Volaterrae selbst lag. Östlich davon floß die Elsa bei Monteriggioni und Castellina in Chianti an zwei anderen etruskischen Siedlungen vorbei. Die dortigen Gräberfelder zeigen den Einfluß von Volaterrae und dessen großem Nachbarn im Osten, Clusium.

In der Zeit vor der Städtegründung gab es dort, wo später die Stadt Clusium entstand, sowie in der näheren Umgebung schon einige Dörfer und größere Orte mit einer nach Rasse und Sprache hauptsächlich umbrischen Bevölkerung. Doch um 700 v. Chr. zerstörten die jetzt meist etruskisch sprechenden clusinischen Siedlungen die anderen Ortschaften oder absorbierten sie und vereinigten sich schließlich zur Stadt. Anders als die meisten etruskischen Stadtstaaten hatte Clusium seinen Wohlstand in erster Linie dem Ackerbau in dem sehr fruchtbaren Tal der Clanis (Chiana) zu verdanken. Aber auch die Clusiner schürften das Erz am Berg Cetona und beteiligten sich im 6. Jahrhundert am Erzabbau im Amiatagebirge, wo bis dahin höchstwahrscheinlich Vulci das Monopol innehatte.

Ebenso wie die Einwohner von Volaterrae haben auch die Clusiner ihre Toten weiterhin feuerbestattet. Nach Beginn des 7. Jahrhunderts v. Chr. erzeugten sie eine für diese Stadt charakteristische Form von Aschenurnen aus gebranntem Ton, die sogenannten *canopi*, deren Deckel die Gestalt menschlicher Köpfe besaßen; nach 600 v. Chr. nahm die Produktion dieser Urnen sogar noch zu. Gegen Ende des folgenden Jahrhunderts entstanden an den Mausoleen eine Reihe von architektonischen Reliefs, die zunächst vom ionischen und dann vom attischen Stil beeinflußt waren, aber doch typisch etruskische Merkmale zeigten. In Clusium entwickelte sich auch eine eigene Schule für die Herstellung dickwandiger Buccherokeramiken (im Gegensatz zu den dünnwandigen, ›leichten‹ in Caere hergestellten Gefäßen).

Welche Macht und welcher Glanz von dieser Stadt im 6. Jahrhundert v. Chr. ausgegangen sein müssen, das zeigt aufs eindrucksvollste der Poggio Gaiello, ein Hügel, dessen Inneres ein riesiges labyrinthisches System unterirdischer Grabkammern enthält. Zudem gibt es unbestätigte Berichte über das gewaltige Mausoleum des Königs Lars Porsenna; einige Forscher vermuten sogar, daß die Reste dieses Denkmals genau an jener Stelle liegen, an der sich heute die Kathedrale von Chiusi erhebt.

Arretium (Arezzo), Cortona, Perusia (Perugia) und Volsinii (Orvieto) scheinen von Clusium gegründet worden zu sein, bevor sie sich im weiteren Verlauf ihrer Geschichte zu unabhängigen Stadtstaaten entwickelten. Arretium – im 6. Jahrhundert v. Chr. durch den Zusammenschluß einiger Dörfer entstanden – lag im fruchtbaren Tal der Chiana und blickte nach Norden. Cortona lag an einem wichtigen Verkehrsknotenpunkt unweit des Tiber. Perusia wiederum ist von den Etruskern bei ihrem Vorstoß auf umbrisches Gebiet in Besitz genommen worden. Ursprünglich war der Ort ebenso wie Clusium selbst von Umbrern bewohnt gewesen. Lars Porsenna wurde als ›König von Clusium und Volsinii‹ bezeichnet, woraus wir entnehmen können, daß auch Volsinii eine Gründung von Clusium war. Die Stadt hatte im 6. und

5. Jahrhundert v. Chr. den Gipfel ihrer Macht erreicht und genoß wegen der Nähe des Heiligtums der Voltumna ein besonderes Ansehen. Hier versammelten sich alljährlich die Vertreter der etruskischen Stadtstaaten, die der sogenannten ›Liga‹ angehörten. Auch Bolsena stand zunächst wahrscheinlich unter der Vorherrschaft von Clusium, bevor es unter die Botmäßigkeit Volsiniis geriet, als diese Stadt ihre Unabhängigkeit gewonnen hatte.

Das von Clusium beherrschte Gebiet dürfte sich bis nach Acquarossa und Murlo erstreckt haben. Hier hat man die Reste stattlicher Gebäude entdeckt, bei denen es sich offenbar um die ehemaligen Residenzen machtvoller Persönlichkeiten handelt. Doch beide Städte sind im dritten Viertel des 6. Jahrhunderts v. Chr. verwüstet worden. Das könnte im Zuge der imperialistischen Bestrebungen von Clusium geschehen sein, das damals unter seinem Herrscher Lars Porsenna eine beispiellose Eroberungspolitik betrieb und seinen Machtbereich im Norden wie im Süden gewaltig vergrößerte. Nach dem Tode Lars Porsennas wendete sich das Blatt, und in den folgenden Jahren zerfiel sein Reich in eine Reihe von selbständigen Stadtstaaten.

Im äußersten Südosten von Etruria lag Veii auf einem breiten, von zwei tiefen Schluchten durchzogenen Plateau, wo die ersten Siedlungen zu Beginn des 1. Jahrtausends v. Chr. entstanden waren. Ihre Vereinigung zur Stadt erfolgte in der zweiten Hälfte des 8. Jahrhunderts v. Chr. Beim Handel der Etrusker mit den neuen griechischen Märkten auf Pithecusae und in Cumae waren die Bürger Veiis wegen der günstigen geographischen Lage ihrer Stadt die geeigneten Vermittler. Zunächst jedoch müssen ihre äußeren Lebensbedingungen ziemlich hart und voller Mühsal gewesen sein, denn die bei den Ausgrabungen gewonnenen Erkenntnisse lassen den Schluß zu, daß ihre damaligen Behausungen recht armselig und dürftig ausgesehen haben. Allerdings machte man auch eine sensationelle Entdeckung: Man fand eine Grabkammer, die die ältesten bislang auf etrurischem Boden zum Vorschein gekommenen Wandgemälde enthielt, denn sie stammen aus den Jahren zwischen 700 und 650 v. Chr. Innerhalb der nächsten 200 Jahre jedoch nahm Veii einen ungeahnten Aufschwung: Es wurde nämlich zur mit Abstand größten etruskischen Stadt. Wie wir an den Terrakottaskulpturen der dortigen Tempel sehen können, hat sich die Kunst in Veii zu einem bemerkenswert hohen Niveau entwickelt.

Ebenso wie die Bürger von Clusium und Vulci verdankten die Einwohner Veiis ihren Reichtum zum großen Teil dem Ackerbau. Im Gegensatz zu den Bewohnern der beiden anderen Städte jedoch konnten sie ihre Einkünfte nicht durch den Metallhandel vermehren. Aber in Gestalt der

Salzpfannen an der Tibermündung besaßen sie eine einzigartige und sehr einträgliche Einnahmequelle. Wir wissen nicht, ob die Stadt über einen kleinen Hafen an der Küste verfügt hat. Aber abgesehen von der Salzgewinnung richteten sich die Interessen Veiis in erster Linie auf das Binnenland, und als Verkehrsweg benutzte man den Tiber, der zugleich die Grenze des Territoriums bildete. Im 7. und 6. Jahrhundert v. Chr. unterhielt Veii freundschaftliche Beziehungen zu dem am anderen Tiberufer gelegenen Rom, aber die Städte lagen so nah beieinander, daß sich eine Konfrontation auf die Dauer nicht vermeiden ließ. Nachdem es zu mehreren militärischen Zusammenstößen gekommen war, bei denen ihre etruskischen Landsleute sie fast alle im Stich ließen, wurden die Veientiner um 396 v. Chr. von den Römern besiegt und unterworfen.

Die expansionistischen Unternehmungen der Etrusker über die Grenzen ihres Landes hinaus

Der Ausgangspunkt für den etruskischen Vorstoß in die fruchtbare Campania war Capua, das etruskische Volturno und heutige Santa Maria di Capua Vetere. Die Stadt lag strategisch günstig an der Stelle, wo eine wichtige, von Norden nach Süden führende Straße den Fluß Volturnus überquerte. Ausgrabungen in den letzten Jahren haben bestätigt, daß sich der Ort spätestens seit 800 v. Chr. kontinuierlich weiterentwickelt hat. Zunächst lagen hier einige Dörfer, aber die Kontakte mit den in der Nähe gelegenen griechischen Märkten auf Pithecusae und in Cumae regten ihre Bewohner dazu an, sich um 700 v. Chr. oder kurz danach zusammenzuschließen. Um diese Zeit begann auch die Etruskisierung der neuen Stadt, die etwa hundert Jahre später abgeschlossen war. Capua erlangte sehr bald eine große wirtschaftliche und industrielle Bedeutung und wurde besonders für die dort hergestellten Bronzearbeiten bekannt.

Auch an der Bucht von Neapel gab es etruskische Siedlungen, und neuere Ausgrabungen haben südostwärts am Golf von Salernum (Salerno), besonders bei Fratte di Salerno und Picentia, größere Orte ans Licht gebracht. Nach Ende des 6. Jahrhunderts v. Chr. kam es zu schweren Auseinandersetzungen zwischen diesen etruskischen Gründungen, dem griechischen Cumae und der sizilianischen Stadt Syrakus, wobei die Etrusker mehr als einmal geschlagen wurden. Aber um 430 v. Chr. wurden nicht nur die etruskischen, sondern auch die griechischen Siedlungen in der Campania von italischen (samnitischen) Stämmen aus dem Bergland im Inneren der Halbinsel eingenommen und zerstört.

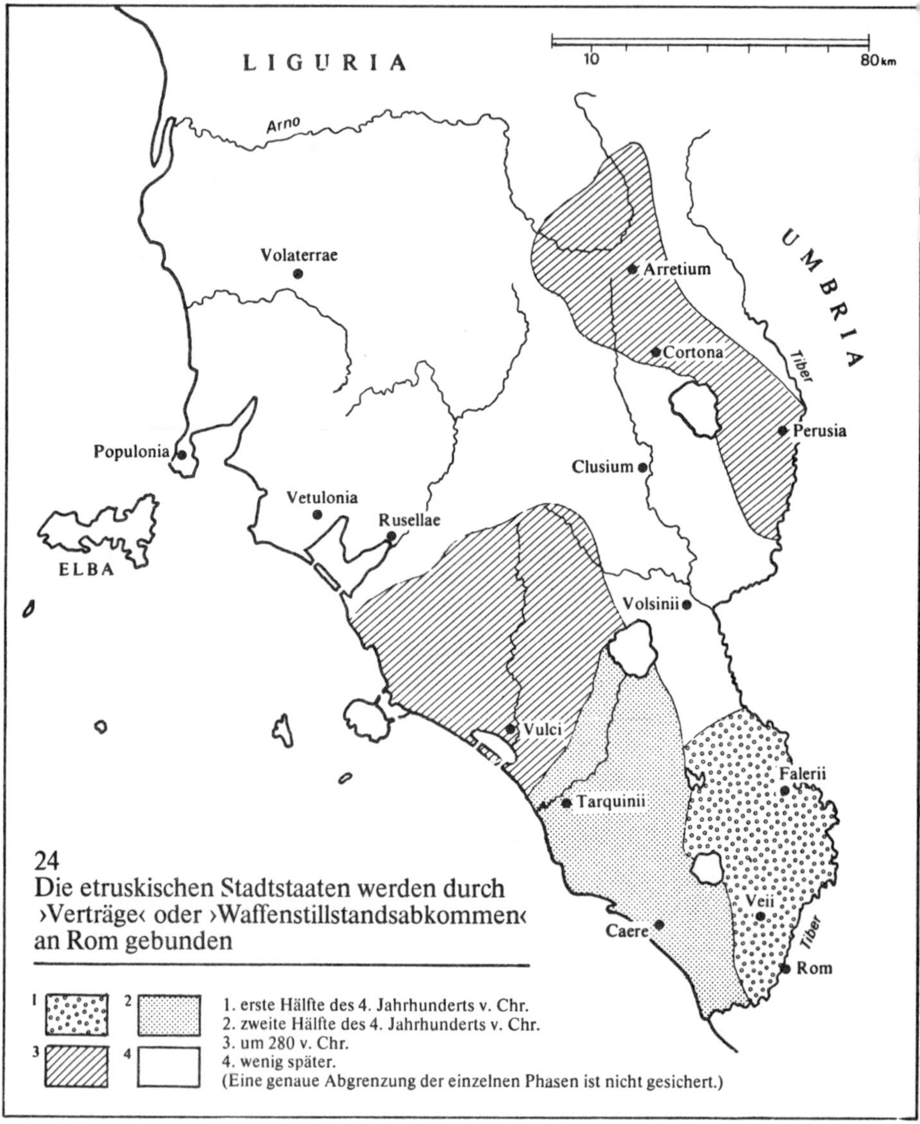

24
Die etruskischen Stadtstaaten werden durch ›Verträge‹ oder ›Waffenstillstandsabkommen‹ an Rom gebunden

1. erste Hälfte des 4. Jahrhunderts v. Chr.
2. zweite Hälfte des 4. Jahrhunderts v. Chr.
3. um 280 v. Chr.
4. wenig später.
(Eine genaue Abgrenzung der einzelnen Phasen ist nicht gesichert.)

In der etruskischen Campania verlief die Entwicklung praktisch ebenso wie in Etruria. Die Campania ist zwar von Einwanderern aus Etruria kolonisiert worden, doch war dies keineswegs ein von der Gesamtheit der Etrusker durchgeführtes Unternehmen, denn die ›Liga‹, die diese Gesamtheit nur nominell repräsentierte, wäre wohl kaum dafür in Frage gekommen. Ebenso wie sich die etruskischen Stadtstaaten in Etruria unabhängig voneinander entwickelt haben, so haben sie auch bei der Kolonisierung der Campania niemals zusammengearbeitet. Jeder Stadtstaat ging auch hier seine eigenen Wege, und oftmals waren es bloße Abenteurer, die als Pioniere die Initiative zu solchen Unternehmungen ergriffen.

Bei dem Vorstoß in die Campania hat Vulci zweifellos eine führende Rolle gespielt. Die Pioniere aus dieser Stadt führten ihre Expeditionen sowohl auf dem Land- wie auf dem Seewege durch. Artefakte aus Vulci oder ihre Imitationen finden sich schon in den Gräbern bei Capua aus der Zeit vor der Städtegründung, und eine Stadt östlich von Salernum, die bei den Römern Volcei hieß (das heutige Buccino), verdankte ihren Namen offensichtlich dem etruskischen Vulci. Es gibt auch gute Gründe für die Vermutung, daß die Gründung oder Neugründung von Capua als der wichtigsten etruskischen Stadt in diesem Gebiet von Vulci ausgegangen ist. Doch wenn das so war, dann können wir den etruskischen Namen auf capuanischen Inschriften entnehmen, daß sich auch Volsinii an diesem Unternehmen beteiligt hat – vielleicht weil die Stadt wegen des in ihrer unmittelbaren Nähe gelegenen Heiligtums der Voltumna ein besonderes Ansehen genoß. Da nun Volsinii von Clusium gegründet und zunächst auch von ihm abhängig war, könnten sich die Clusiner selbst ebenfalls an der Gründung von Capua beteiligt haben (die Capuaner haben dem hier vorbeifließenden Fluß den Namen des etrurischen Flusses Clanis gegeben, an dem Clusium lag). Dionysios von Halikarnassos scheint diese Vermutung zu bestätigen, denn er spricht davon, daß »Etrusker und Umbrer« 525–524 v. Chr. in die Campania eingedrungen seien. Zweifellos waren hiermit neben einer Reihe anderer auch Leute aus Clusium gemeint – waren sie es doch gewesen, die die Camertes Umbri in ihrem Gebiet abgelöst hatten und über sie herrschten. Dieser ›lange Marsch‹ könnte mit den Angriffskriegen des Lars Porsenna in Verbindung gebracht werden, der, wie wir wissen, gegen die Griechen in der Campania gekämpft hat.

Der Vorstoß in die Campania zwang die Etrusker dazu, in Latium Fuß zu fassen, das zwischen ihrem Gebiet und der Campania lag. In der alten latinischen Stadt Alba Longa stoßen wir auf etruskische Namen, und in zahlreichen anderen latinischen Siedlungen kamen Artefakte zum Vor-

schein, die den in Etruria gefundenen oft aufs Haar gleichen. Besonders auffällig ist das in Praeneste (Palestrina). Diese Stadt ist schon vor Beginn des 7. Jahrhunderts v. Chr. zu beachtlichem Wohlstand gekommen, und die Gräber aus dem folgenden Jahrhundert lassen sich von denen in Etruria nicht unterscheiden.
Unter den etruskischen Städten, die ständige Beziehungen zu Latium unterhielten, scheint Caere an erster Stelle gestanden zu haben. Man hat nicht nur in Praeneste viele Objekte gefunden, die den in Caere ausgegrabenen erstaunlich ähnlich sind, sondern das gleiche gilt auch für ein halbes Dutzend anderer latinischer Siedlungen, wo die Grabungsarbeiten zum Teil noch nicht abgeschlossen werden konnten. Die Legende, nach der der König von Caere, Mezentius, die Bewohner von Latium unterworfen und tributpflichtig gemacht haben soll, scheint ein Körnchen Wahrheit zu enthalten. Im 7. Jahrhundert v. Chr. hat sich die kulturelle und vielleicht auch die politische Einflußsphäre von Caere über weite Teile des latinischen Gebiets erstreckt. Gegen Ende des folgenden Jahrhunderts haben die Angriffsarmeen des Lars Porsenna von Clusium Latium überrannt, aber sein Sohn Arruns wurde bei Aricia von den Latinern und den mit ihnen verbündeten campanischen Griechen besiegt und getötet.
Die Brücke zwischen Etruria und Latium war Rom. Diese Stadt ist während eines kurzen Zeitraums im 7. Jahrhundert und fast während des ganzen 6. Jahrhunderts v. Chr. von Etruskern beherrscht worden und wurde im Zuge damit weitgehend etruskisiert. Tarquinius Priscus, der nach der Überlieferung von 616 bis 579 v. Chr. in Rom regierte, scheint aus Tarquinii gestammt zu haben, wohin sein Vater als politischer Flüchtling aus Korinth gekommen war. Priscus ging nach Rom und hat es offenbar als König eines selbständigen Staates und nicht eines Satelliten von Tarquinii beherrscht. Nach der Legende war sein Sohn oder Enkel Tarquinius Superbus der römische König, nach dessen Sturz um 507 v. Chr. in Rom die Republik ausgerufen wurde. Wir wissen nicht, ob es dort nur zwei Monarchen aus der Dynastie der Tarquinier gegeben hat; aber ein Wandgemälde im François-Grab in Vulci zeigt den Tod eines gewissen Cneve Tarchunies Rumach (Cnaeus Tarquinius Romanus), der von einem Krieger aus Vulci erschlagen wird. Cneve könnte ein dritter, bisher unbekannter römischer König aus dem Hause der Tarquinier gewesen sein, möglicherweise auch ein Mitglied dieser Dynastie, das den Thron jedoch niemals bestiegen hat.
Auf den gleichen Gemälden sehen wir drei weitere Helden aus Vulci: Caeles (Caelius) Vibenna, seinen Bruder Aulus Vibenna und Mastar-

na. Nach der Überlieferung der antiken Literatur sind sie alle drei aus Vulci emigriert und haben sich mit ihrer Gefolgschaft in Rom niedergelassen – und wenigstens einer von ihnen könnte eine Zeitlang dort geherrscht haben.

Nicht viel später hat es in Rom auch einen Herrscher aus Clusium gegeben. Aus der literarischen Überlieferung, die sich mit den Jahren nach dem Sturz des Tarquinius Superbus beschäftigt, geht hervor, daß die chauvinistischen römischen Darstellungen, nach denen der Angriff des Lars Porsenna vor den Toren Roms abgewiesen worden sei, nicht den Tatsachen entsprechen. Im Gegenteil, Porsenna hat Rom eine Zeitlang besetzt gehalten und dort regiert. Die Beziehungen zwischen Rom und Clusium haben auch noch über dieses Zwischenspiel hinaus längere Zeit weiterbestanden, denn es gibt einen Bericht, nach dem sich die politische Führung in Clusium mit einem Hilfeersuchen an die Römer gewandt haben soll, als Clusium Anfang des 4. Jahrhunderts v. Chr. von den aus dem Norden kommenden Galliern bedroht wurde.

Rom wurde durch die Einflüsse, die von Tarquinii, Vulci und Clusium ausgingen, weitgehend, aber nicht vollständig etruskisiert. Die Römer hielten auch weiter an ihrer italischen (lateinischen) Muttersprache fest, die die Etrusker und ihre Sprache nicht nur überleben, sondern sogar zur beherrschenden Sprache werden sollte. Ein zweites interessantes Beispiel für die teilweise Etruskisierung einer zum größten Teil nicht etruskischen oder etruskisch sprechenden Bevölkerung haben wir in den Faliskern vor uns, deren Hauptstadt Falerii war. Wie die Römer blieben auch sie bei ihrer italischen Sprache bzw. dem ihnen vertrauten italischen Dialekt, obwohl sie unter dem starken kulturellen Einfluß der Stadt Veii standen, von der man auch mit einigem Recht annimmt, sie habe die zweitbedeutendste Faliskerstadt, nämlich Capena, gegründet.

Auch in dem später von den Römern so bezeichneten ›Gallien diesseits der Alpen‹ *(Gallia cisalpina)* haben die Etrusker wesentlichen Anteil an der kulturellen Entwicklung gehabt; das Zentrum dieser ganzen etruskischen Einflüsse war Bononia (Felsina, Bologna), wo es schon um 900 v. Chr. eine Gruppe von Dörfern gegeben hatte. Die Bewohner dieser Siedlungen kamen zu Wohlstand, weil sie die nahegelegenen Erzlager ausbeuteten, und bereits vor Beginn des 7. Jahrhunderts v. Chr. machte sich der Einfluß der Etrusker bemerkbar, der das Leben der Bürger in der jungen, aufblühenden Metropole weitestgehend bestimmte. Als Verkehrsweg stand Bononia das Tal des Flusses Reno zur Verfügung, und die Satellitenstadt Bononias, Casalecchio, lag genau an der Stelle, wo sich das Flußtal gegen die Ebene hin öffnete. Am Wege nach Etruria lag der Handelsplatz Marzabotto, eine Ende des 6. Jahrhunderts entstandene

Siedlung, deren besondere Aufgabe es war, die Pässe der Apenninen für den Handelsverkehr offenzuhalten. Auch in Mantua war der Anteil der Etrusker an der Gesamtbevölkerung sehr groß. Vergil, der selbst aus Mantua stammte, hat den Charakter dieser Mischbevölkerung sehr lebendig beschrieben.

Andere ganz oder teilweise etruskisierte Orte gab es auch in der heutigen Romagna, und das hier gelegene Caesena (Cesena) gibt dies bereits durch seinen etruskischen Namen ebenso zu erkennen wie Ariminum (Rimini). Ariminum lag dort, wo der Fluß Marecchia in die Adria mündete. Am selben Fluß ein kleines Stück landeinwärts lag der Ort Verucchio. Hier hat man eindrucksvolle Begräbnisstätten aus der Zeit vom 8. bis zum 6. Jahrhundert v. Chr. gefunden, deren Grabkammern sehr viele etruskische Beigaben enthielten. Etwas weiter nördlich an der adriatischen Küste, in der Nähe der Pomündung, teilten sich die Etrusker zwei bedeutende Hafenstädte mit den Griechen. Das waren Spina und Atria, die vom 6. bzw. 5. Jahrhundert v. Chr. an lebhafte Handelsbeziehungen zu Griechenland und Nordeuropa unterhielten. Die beiden Bevölkerungsteile in diesen Städten scheinen dabei freundschaftlich zusammengearbeitet zu haben – ohne Rücksicht darauf, daß sich die Beziehungen zwischen Griechen und Etruskern in Süditalien mittlerweile erheblich verschlechtert hatten.

Die Etrusker besaßen nicht nur an der Ostküste, sondern auch an der Westküste von Norditalien bedeutende Handelsniederlassungen. Damals vereinigten sich der Arno und der Serchio an der Küste und mündeten gemeinsam ins Meer. Hier lag die Stadt Pisae (Pisa) mit einem geschützten Hafen an einer Meereslagune, die heute verlandet ist. Pisae ist wahrscheinlich eine etruskische oder etruskisierte Hafenstadt gewesen, oder zumindest das Hafenviertel war etruskisch. Nördlich davon lag noch eine ganze Reihe ähnlicher Häfen, unter anderem beispielsweise Viareggio (der Hafen von Massarosa) und Luna (Luni). Von diesen Küstenstädten aus gelangten die etruskischen Exportwaren in die südfranzösischen Hafenstädte und gingen von dort durch die Flußtäler der Rhône und Saône in das Innere des Landes und weiter nach Mitteleuropa.

Am Mittellauf des Arno lagen noch zwei weitere größere etruskische Orte. Das waren Artemium (?) (Artimino, das einen nach Norden führenden Verkehrsweg am Ombrone Pistoiese, einem Nebenfluß des Arno, beherrschte) und Quinto Fiorentino (heute ein Vorort von Florenz), wo man riesige Hügelgräber entdeckt hat. In der gleichen Region lag noch eine jüngere etruskische Gründung, die Stadt Faesulae. Wenn man die Landkarte betrachtet, dann gibt es kaum einen Zweifel daran, daß Volaterrae in diesem etruskischen Einflußgebiet eine führende Rolle gespielt haben muß, wenngleich Clusium zu Beginn des 6. Jahrhunderts v. Chr. Volaterrae diese Führungsrolle mit Erfolg streitig gemacht zu haben scheint. Clusium konnte sich dabei vor allem auf die von ihm abhängige Stadt Arretium stützen, und diese Stadt diente Clusium denn auch als Sprungbrett über den Arno und die Apenninen bis hin nach Bononia. Der etruskische Name von Bononia, Felsina, ist offenbar von dem der clusinischen Familie Felsnal abgeleitet. Auch Marzabotto unterhielt enge Beziehungen zu Clusium. Es mag durchaus der Fall gewesen sein, daß bei den Unternehmungen Clusiums die Führung in der Hand verschiedener bedeutender Persönlichkeiten lag, doch den Anstoß zu diesen ganzen Expansionsbemühungen hat Clusium zweifellos seiner größten und bedeutendsten Herrschergestalt zu verdanken, nämlich Lars Porsenna. In dem Zeitraum zwischen dem ausgehenden 5. Jahrhundert und dem dritten Viertel des 4. Jahrhunderts v. Chr. verloren die etruskischen Stadtstaaten ihre politische Macht, und zwar zunächst in Latium und in der Campania, später auch im Norden. In Latium vertrieben Rom und andere Städte nacheinander ihre etruskischen Herrscher und gaben die Beziehungen zu den Etruskern auf. Weiter südlich erwiesen sich das griechische Cumae und später auch Syrakus als gefährliche Gegner. Aber um 430–423 v. Chr. vertrieben die aus den Bergen im Landesinneren kommenden Samniten Griechen wie Etrusker gleichermaßen aus der Campania. Nördlich der Apenninen hatten die etruskischen Städte zunächst von den Rückschlägen ihrer Landsleute im Süden profitiert und ihren gewinnbringenden Handel erweitern können, aber um die Mitte des 4. Jahrhunderts v. Chr. nahmen die Gallier Norditalien in Besitz. In Etruria selbst war Veii um 396 v. Chr. von Rom unterworfen worden, und nun dauerte es auch nicht mehr lange, bis die Römer die Herrschaft in ganz Etruria, der Campania und den in Norditalien gelegenen Territorien übernahmen.

Damit ist unsere Reise in die große Vergangenheit Etrurias zur Blütezeit der etruskischen Stadtstaaten zu Ende. Ich hoffe, es ist mir gelungen, den Leser von der Richtigkeit dessen zu überzeugen, was ich im ersten Satz dieses Buches gesagt habe – nämlich daß wir die Geschichte der Etrusker, auch wenn uns die genaue Kenntnis einzelner Aspekte fehlt, derjenigen von Rom und Griechenland durchaus an die Seite stellen können. Wir sollten immer bedenken, daß die westliche Kultur im letzten Jahrtausend v. Chr., die Kultur unserer Vorfahren, nicht nur die der Griechen und Römer, sondern auch die der Etrusker gewesen ist.

Zeittafel

ETRURIA	SÜDITALIEN UND DER GRIECHISCHE WESTEN	LATIUM UND ROM
1400–1000 v. Chr.: Zeit der ›Apenninenkultur‹ (›Bronzezeit‹).	1300 v. Chr.: Mykenische Kontakte mit Pithecusae, Vivara und Lipara.	
1300–1200 v. Chr.: Mykenische Importwaren.		
10.–9. Jahrh. v. Chr.: Gruppen von Dörfern, (»Eisenzeit«).		10. Jahrh. v. Chr.: Alba Longa Zentrum eines Zusammenschlusses latinischer Dörfer.
9.–8. Jahrh. v. Chr.: Bronzen aus Sardinien tauchen auf (bald danach ›falsche Kuppeln‹ in Populonia).	Um 775 v. Chr.: Euboiischer Markt auf Pithecusae.	10.–8. Jahrh. v. Chr.: Erste Siedlungen im späteren Stadtgebiet von Rom.
750–700 v. Chr.: Urbanisierung und zunehmender Wohlstand in Tarquinii, Caere, Vulci, dann in Veii und Clusium. Tarquinii wird zur Seemacht.	Um 750 v. Chr.: Euboiischer Markt in Cumae.	8.–7. Jahrh. v. Chr.: Urbanisierung und Etruskisierung von Praeneste. 753 v. Chr.: Gründung Roms nach der offiziellen Überlieferung.
	Um 734–720 v. Chr.: Kolonien in Cumae, Naxos, Zancle (Messana), Rhegium, Syrakus und Sybaris.	Ende 8. Jahrh. v. Chr.: Blütezeit von Politorium.
7. Jahrh. v. Chr.: Urbanisierung von Vetulonia und Rusellae.		
700–650 v. Chr.: Kammergräber mit Erdhügeln bedeckt in Vetulonia und Caere; dazu Schmuck.		
Um 650 v. Chr.: Buccherokeramiken in Caere. Caere wird zur Seemacht und übernimmt von Cumae das griechische Alphabet.		
Um 650 und 575 v. Chr.: Palast in Murlo.		Ende 7. Jahrh. v. Chr.: Gedenkstätte (später Heiligtum) in Lavinium.
Um 650–625 v. Chr.: Steinplastiken in Vetulonia.		Um 625 v. Chr.: Trockenlegung des Gebiets des späteren römischen Forums. Erster Zusammenschluß von Dörfern.
7. Jahrh. v. Chr.: Stadtmauer in Rusellae.		
7. Jahrh. v. Chr.: Falerii kommt unter den Einfluß von Veii.		616–579 v. Chr.: Tarquinius Priscus begründet etruskische Dynastie. Um 600 v. Chr:. Alba Longa von Rom eingenommen.
Um 640 v. Chr.: Demaratos in Tarquinii.		
Um 625–600 v. Chr.: Urnen mit Deckeln in Gestalt menschlicher Köpfe in Clusium.	Um 600 v. Chr.: Phokische Kolonie in Massalia.	
6. Jahrh. v. Chr.: Dickwandige Buccherokeramiken in Clusium.	Um 600 v. Chr.: Cumae gründet eine Kolonie in Neapolis.	578–535 v. Chr.: Servius Tullius, Mastarna (= Servius Tullius?) und die beiden Vibennas aus Vulci in Rom.

NORDITALIEN	GRIECHENLAND	PHÖNIKISCHE UND KARTHAGISCHE STÄDTE
	1700–1200 v. Chr.: Mykenische Zivilisation.	
	1250 v. Chr.: Troianischer Krieg (nach der Überlieferung).	
900 v. Chr.: Dörfer in Bononia (Felsina) und Hafen in Frattesina.		10. Jahrh. v. Chr.: Sidon und anschließend Tyros übernehmen die Führung.
Anf. 8. Jahrh. v. Chr.: Urbanisierung von Bononia.	825–800 v. Chr.: Euboiischer Markt in Al Mina.	Ende des 9. oder Anfang des 8. Jahrh. v. Chr.: Gründung von Karthago.
8.–6. Jahrh. v. Chr.: Blütezeit von Verucchio. 8.–7. Jahrh. v. Chr.: Etruskisierung von Massarosa.	8. Jahrh. v. Chr.: Urbanisierung von Athen, Korinth und den ionischen Städten abgeschlossen.	Anfang 8. Jahrh. v. Chr.: (?) Gründung von Nora. 8. oder 7. Jahrh. v. Chr.: Gründung oder Neugründung von Gades.
	Anfang 8. Jahrh. v. Chr.: Euboiische (eretrische) Kolonie in Korkyra (um 733 korinthisch).	
	Ende 8. Jahrh. v. Chr.: Lelantinischer (Euboiischer) Krieg. Ende 8. Jahrh. v. Chr. lebte nach der Überlieferung Homer.	Anfang d. 7. Jahrh. v. Chr.: Gründung von Motya. Um 654–653 v. Chr.: Gründung von Ebusus.
	7. Jahrh. v. Chr.: Korinth die führende Handelsmacht.	7. Jahrh. v. Chr.: Gründung von Melita.
	625–520 v. Chr.: Athenische Vasen im ›schwarzfigurigen‹ Stil.	
Um 600 v. Chr.: Bronzekübel *(situlae)* in Bononia. Um 600 v. Chr.: Blütezeit von Artemium und Quinto Fiorentino. 6. Jahrh. v. Chr.: Casalecchio etruskisiert. 6. Jahrh. v. Chr.: Spina und Atria von Griechen und Etruskern gemeinsam besiedelt.	594–593 v. Chr.: Solon Gesetzgeber in Athen.	

ETRURIA	SÜDITALIEN UND DER GRIECHISCHE WESTEN	LATIUM UND ROM
Um 550–540 v. Chr.: Älteste ausgemalte Grabkammer in Tarquinii.	Um 560 v. Chr.: Phokische Kolonie in Alalia auf Korsika.	
Um 540 v. Chr.: Bronzeindustrie in Vulci.		
Mitte oder Ende des 6. Jahrh. v. Chr.: Gründung einer lockeren etruskischen ›Liga‹.		
550–500 v. Chr.: Niedergang von Vetulonia, Aufstieg von Rusellae.	Um 535 v. Chr.: Schlacht bei Alalia.	
Ende des 6. Jahrh. v. Chr.: Urbanisierung von Volaterrae.	525–524 v. Chr.: ›Langer Marsch‹ der Etrusker und anderer Stämme gegen Cumae.	
Ende des 6. Jahrh. v. Chr.: Griechisches Stadtviertel in Graviscae (Hafen von Tarquinii).	524–492 v. Chr.: Aristodemos Herrscher in Cumae.	
	Ende des 6. Jahrh. v. Chr.: Caeretanische Kolonie in Nikaia auf Korsika.	535–507 v. Chr.: Tarquinius Superbus.
Ende des 6. Jahrh. v. Chr.: Lars Porsenna von Clusium.	510 v. Chr.: Zerstörung von Sybaris durch Kroton.	507 v. Chr.: Abschaffung der Monarchie in Rom, Beginn der Republik.
Ende des 6. Jahrh. v. Chr.: Thefarie Velianas von Caere.		506–504 v. Chr.: Cumaeer und Latiner besiegen die Etrusker bei Aricia.
500–450 v. Chr.: Arretium, Perusia, Cortona, Volsinii selbständig.	480 v. Chr.: Syrakusaner besiegen die Karthager bei Himera.	
500, 460–450 v. Chr.: Tempel in Pyrgi (Hafen von Caere).	474 v. Chr.: Syrakusaner (Hieron I.) schlagen Karthager und Etrusker vor Cumae.	
477–475 v. Chr.: Veii schlägt Rom am Fluß Cremera.	454–453 v. Chr.: Expeditionskorps aus Syrakus gegen Etruria.	
435 v. Chr.: Fidenae wird Veii von Rom fortgenommen.	Um 430–423 v. Chr.: Die Campania wird von den Samniten überrannt.	Siehe Etruria
5. Jahrh. v. Chr.: Erste etruskische Münzen in Populonia und einem Hafen von Vetulonia (?).	413 v. Chr.: Etruskische Streitmacht nimmt an athenischer Expedition gegen Syrakus teil.	
396 v. Chr.: Veii wird von den Römern zerstört.	378–377 v. Chr.: Caeretanische und römische Kolonisten auf Sardinien.	Siehe Etruria, Süditalien und der griechische Westen.
Anfang des 4. Jahrh. v. Chr.: Populonia wird Stadtstaat.	357–354 v. Chr.: Caeretanische und römische Kolonisten auf Korsika.	387 v. Chr. Römer von den Galliern bei Allia geschlagen. Plünderung Roms.
4.–3. Jahrh. v. Chr.: Soziale Unruhen in Etruria. Etruria gerät nach und nach unter römische Herrschaft.		
Ausgehendes 4. oder 3. Jahrh. v. Chr.: François-Grab in Vulci.		Siehe Etruria

NORDITALIEN	GRIECHENLAND	PHÖNIKISCHE UND KARTHAGISCHE STÄDTE
	560–546 v. Chr.: Ionia vom lydischen König Kroisos unterworfen.	Um 550 v. Chr.: Malchus auf Sizilien und Sardinien.
	546–527 v. Chr.: Athen unter der Herrschaft des Peisistratos.	
	530–4. Jahrh. v. Chr.: Athenische Vasen im ›rotfigurigen‹ Stil.	
	549–529 v. Chr.: Ionia vom persischen Großkönig Kyros unterworfen.	
6. oder 5. Jahrh. v. Chr.: Faesulae urbanisiert.		
5. Jahrh. v. Chr.: Schrittweise Einwanderung gallischer Stämme nach Norditalien.	490, 480–479 v. Chr.: Zeit der Perserkriege.	Siehe Süditalien
	431–404 v. Chr.: Peloponnesischer Krieg. Athen von Sparta besiegt.	
Mitte des 4. Jahrh. v. Chr.: Norditalien in Händen der Gallier.	336–323 v. Chr.: Alexander der Große von Makedonien.	
3. und Anfang des 2. Jahrh. v. Chr.: Römer verdrängen die Gallier aus Norditalien.		264–241, 218–201 v. Chr.: Karthago im 1. und 2. Punischen Krieg von Rom besiegt.

Anmerkungen

Abkürzungen in den Anmerkungen

AJA	*American Journal of Archaeology.*
AR	*Archaeological Reports* (Society for the Promotion of Hellenic Studies and British School at Athens).
Aspetti	*Aspetti e problemi dell'Etruria interna* (Atti dell'VIII Convegno di Studi Etruschi e Italici, Orvieto-Perugia 1972) (Florenz 1974).
Assimilation	*Assimilation et résistance à la culture gréco-romaine dans le monde ancien* (Travaux du VIe Congres International d'études classiques) (Madrid 1974).
Aufstieg	H. Temporini (Hrsg.), *Aufstieg und Niedergang der antiken Welt,* Berlin 1972.
Banti	L. Banti, *The Etruscan Cities and their Culture,* London 1973.
Brendel	O. J. Brendel, *Etruscan Art* (Hrsg. E. H. Richardson), Harmondsworth 1978.
CISME	*Contributi introduttivi allo studio del monetazione etrusca* (Atti del V Convegno del Centro Internationale di Studi Numismatici, 1975), Neapel 1976.
CR	*Classical Review.*
Cristofani, *AE*	M. Cristofani, *L'arte degli Etruschi: produzione e consumo,* Turin [1978.
Cristofani, *Etr*	M. Cristofani, The Etruscans, London 1979.
DA	*Dialoghi di Archeologia.*
Dennis	G. Dennis, *Cities and Cemeteries of Etruria,* 2. Aufl. London 1878.
DH	Dionysios von Halikarnassos, *Römische Altertümer.*
EC	F. Boitani, M. Cataldi, M. Pasquinucci, M. Torelli, *Etruscan Cities,* London 1975.
EM	*L'Etruria mineraria* (Atti del XII Convegno di Studi Etruschi e Italici, Florenz – Populonia – Piombino 1979 (im Druck).
GCR	C. F. C. Hawkes (Hrsg.) *Greeks, Celts and Romans,* London 1973.
GICW	*Greece and Italy in the Classical World* (Acta of the XIth International Congress of Classical Archaeology 1978, London 1979.
Heurgon	J. Heurgon, *The Rise of Rome,* London 1973.
Hus, *SO*	A. Hus, *Les siècles d'or de l'histoire étrusque (675–475 avant J-C),* Brüssel 1976.
IBR	D. und F. Ridgway (Hrsg.), *Italy Before the Romans,* London und [New York 1979.
JHS	*Journal of Hellenic Studies.*
JRS	*Journal of Roman Studies.*
Mansuelli	G. A. Mansuelli, *Etruria and Early Rome,* London 1966.
ME	*Le monde étrusque* (Musée Borely), Marseille 1977.
Mél. Heurgon	*L'Italie préromaine et la Rome républicaine* (Mélanges offerts à Jacques Heurgon), Paris 1976.
Pallottino, *Etr*	M. Pallottino (Hrsg. D. Ridgway), *The Etruscans,* Neuaufl. London [1974.
Pfiffig	A. J. Pfiffig, *Einführung in die Etruskologie,* Darmstadt 1972.
Plinius, *NH*	Plinius der Ältere *Naturalis Historia.*

Potter	T. W. Potter, *The Changing Landscape of South Etruria,* London [1979.
PP	*La Parola del Passato.*
RE	A. Pauly, G. Wissowa und W. Kroll, *Realencyclopädie der klassischen Altertumswissenschaft,* Stuttgart 1894 –.
Richardson	E. H. Richardson, *The Etruscans: Their Art and Their Civilization,* Chicago 1964.
Röm. Mitt.	*Mitteilungen des Deutschen Archäologischen Instituts, Röm. Abt..*
Scullard	H. H. Scullard, *The Etruscan Cities and Rome,* London 1967.
SE	*Studi etruschi.*
Strong	D. E. Strong, *The Early Etruscans,* London 1968.
Studi Banti	*Studi in onore di L. Banti,* Rom 1965.
Torelli, *ET*	M. Torelli, *Elogia Tarquiniensia,* Rom 1975.
Trump	D. Trump, *Central and Southern Italy before Rome,* London 1966.
Vacano	O.-W. von Vacano, *Die Etrusker,* Stuttgart 1955.

Einführung

1 D. Ridgway in Pallottino, *Etr,* S. 20f.

2 M. Grant, *Proceedings of the Classical Association,* LXXV, 1978,S. 10.

3 M. Pallottino, *Mél. Heurgon,* II, S. 784f.; D. Ridgway, *Antiquity,* XLVIII (1974), S. 192.

4 Für die etruskischen Stadtstaaten verwenden wir hier die lateinischen Namen, denn die etruskischen sind (soweit bekannt) zu ungebräuchlich; auch die heutigen italienischen Namen sind dem Leser entweder weniger vertraut als die etruskischen (z. B. Veio für Veii), oder sie klingen anachronistisch (wie Santa Maria di Capua Vetere für das antike Capua). Das Problem wird von Mansuelli behandelt (S. 7). Die Insel Ischia bezeichnen wir jedoch mit ihrem griechischen Namen Pithecusae und nicht mit dem lateinischen Aenaria, denn so heißt ein Ort an der gegenüberliegenden Seite der Insel.

5 Mit diesen Karten wollen wir dem Laien eine Orientierung erleichtern; etwa zwölf (moderne) Ortsnamen erscheinen in identischer Form jeweils an zwei verschiedenen Orten in Etruria und auf etruskischem Territorium. Nur selten wird darauf hingewiesen oder versucht, zwischen ihnen zu unterscheiden.

6 S. a. Hus, *SO,* S. 6; Strong, S. 10.

1. Etruria und seine Metalle

1 Zu den Übergangsperioden, der sog. ›Sub‹- oder ›späten Apenninen-Epoche‹ und der ›Prä‹- oder ›Proto-Villanova-Epoche‹ (letztere erstreckt sich über das 10. und 9. Jh. v. Chr., als Feuerbestattung das Normale war), s. Trump, S. 137; Pallottino, *Etr* S. 42f.; Cristofani, *AE,* S. 30; A. Talocchini, *L'età di ferro nell'Etruria marittima* (1968), S. 15; R. Peroni, *IBR,* S. 7–30; M. A. Fugazzola Delpino, ebenda, S. 31–51. Über den ursprünglich italischen Charakter der ›Proto-Villanova-Kultur‹ s. M. Pallottino, *GICW,* S. 62. Die darauf folgende reife ›Villanova-Eisenzeit‹ verdankt ihren absolut irreführenden Namen dem Dorf Villanova bei Bononia (Bologna), wo 1853 die erste charakteristische Begräbnisstätte entdeckt wurde.

2 H. Hencken, *Tarquinia and Etruscan Origins,* 1968, S. 116; Banti, S. 22.

3 Diodoros V, 316.

4 Um 900 bis 300 v. Chr. war das Klima recht kalt.

Wir zitieren hier anstelle von Ausgrabungsberichten oft Sekundärquellen, besonders wenn sie leichter zugänglich sind oder wertvolle Informationen enthalten.

5 Pallottino, *Etr*, S. 87; Heurgon, S. 43; Richardson, S. 29 f.; A. Alföldi, *Römische Frühgeschichte*, 1976, S. 144; Mansuelli, S. 20; s. a. viele Beiträge zu *EM* im Druck. Karten über die Erzlager in Etruria in Cristofani, *Etr*, S. 54 und M. Boni u. F. Ippolito, *CISME*, Karte II.

6 Banti, S. 39 – aber ›Mineralien‹, nicht ›Metalle‹ wegen des heute ausgebeuteten Erdöls.

7 Potter, S. 36, 47.

8 M. Boni u. F. Ippolito, *CISME*, S. 51.

9 Museo del Lazio, E. U. R., Rom. Über Metalle in Etruria in der Kupfer- und Bronzezeit s. A. M. Vigliani, A. M. B. Sestieri, *EM*, im Druck.

10 Museo di Mineralogia (Istituto Technico Minerario), Massa Marittima.

11 G. d'Archiardi, *SE*, I, 1927, S. 412 f.

12 G. P. Carratelli, *PP*, XVII 1962, S. 9; A. Rathje, *IBR*, S. 179 (auch Zink).

13 R. J. Forbes, *Studies in Ancient Technology*, III 1955, S. 180 ff.; Cristofani, *Etr.*, S. 59.

14 G. P. Carratelli, *PP*, XVII 1962, S. 7.

15 Gegen Ende der röm. Republik und viell. schon früher wurden an verschiedenen Stellen der Küste und am Berg Argentario Muscheln gezüchtet; Cristofani, *Etr.*, S. 59.

16 Plinius, *NH*, XXXV, S. 52, 183; M. Zecchini, *Gli Etruschi all' isola d'Elba*, 1978, S. 65 ff.

17 Die Verarbeitung von Eisen aus Elba in Follonica geht viell. schon auf etrusk. Zeit zurück; A. Mori, *Bollettino della Reale Società Geografica Italiana*, Ser. 6, VIII 1931, S. 555.

18 Strabo, V, S. 2, 7, 225; R. C. Raspi, *Storia della Sardegna*, 3. Aufl. 1977, S. 93, 100; S. von Reden, *Die Etrusker*, 1978, S. 240 f.

19 G. d'Archiardi, *SE*, I 1927, S. 414; M. Boni und F. Ippolito, *CISME*, S. 51 f. Bezweifelt von Cristofani, *Etr.*, S. 10, der auf das Kupfer bei Camporbiano und Montaione nördlich von Volaterrae hinweist (S. 54).

20 Potter, S. 19; Hus, *SO*, S. 44; Trump, S. 106 (Kupfer im 2. Jt. v. Chr.).

21 Plinius, *NH*, XXXV, S. 36, 111; G. Carobbi und F. Rodolico, *I minerali della Toscana*, 1976, S. 2, 136; Cristofani, *Etr*, S. 10.

22 Trump, S. 131.

23 Cristofani, *Etr*, S. 10; F. Bulgarelli, D. Maestri und V. Petrizzi, *Tolfa etrusca e la necropoli di Pian Conserva*, 1977.

24 Potter, S. 21.

2. Die Entstehung der etrusk. Städte

1 W. D. Blawatsky, *GICW*, S. 196.

2 Cristofani, *Etr*, S. 54; Brendel, S. 18. Über die sprunghafte Entwicklung in der Metallurgie s. R. Peroni, *IBR*, S. 9 u. 15.

3 Potter, S. 28, 72, 32; Trump, S. 170.

4 A. M. Snodgrass, *Archaeology and the Rise of the Greek State*, 1977, S. 11–16, 25.

5 Aristoteles, *Politik*, I, 2, 1252b, 28.

6 J. G. Evans, *Introduction to Environmental Archaeology*, 1978, S. 68, 92; M. Grant, *Mittelmeerkulturen in der Antike*, München, 1974.

7 Potter, S. 79. Über Pferdetransporte bei den Etruskern siehe E. Rawson, *JRS*, LXVIII, 1978, S. 138.

8 Potter, S. 72.

9 *Poleis:* »Komplexe soziale und wirtschaftliche Zusammenschlüsse, die sich auf bewußte intellektuelle Erkenntnisse und die Spezialisierung auf bestimmte Funktionen stützen.« C. G. Starr, *The Origins of Greek Civilization*, 1962, S. 27.

10 Banti, S. 40 (Potter, S. 29, zweifelt daran).

11 S. a. H. Hencken, *Tarquinia and Etruscan Origins*, 1962, S. 17 f.

12 Die Hüttenurne ist vielleicht in Latium entstanden (das ist allerdings umstritten); Heurgon, S. 23.

13 Strabo, V, 2, 2, 219.

14 Pallottino, *Etr*, S. 94; Scullard, S. 84.

15 E. Peruzzi, *Assimilation*, S. 175.

16 M. Cataldi u. F. Boitani, *EC*, S. 251.

17 Ebenda, S. 254; Potter, S. 47. Über die Ähnlichkeit italischer und griech. Bronzemesser und -schwerter zu Ende des 12. und im 11. Jh. v. Chr. s. a.

A. M. Bietti-Sestieri, *Proceedings of the Prehistoric Society*, XXXIX, 1973, S. 383–424. Einige kretische Motive wurden auf dem Wege über mykenische Kanäle von der etruskischen Kunst übernommen; zum zweitenmal wurden ähnliche Einflüsse im 7. Jh. v. Chr. spürbar.

18 Cristofani, *AE*, S. 31.

19 Das Material in Luni und Tolfa ist ähnlich: M. Cataldi und F. Boitani, *EC*, S. 255.

20 Unter dem See, der in der Antike 7 m tiefer lag, hat man eine Siedlung erkundet; R. F. Paget, *Central Italy: An Archaeological Guide*, 1973, S. 144.

21 Banti, S. 105; über den Ort s. F. Delpino, *La prima età di ferro a Bisenzio*, 1977.

22 Abgeleitet von einem Familiennamen, Ceizra. C. de Simone, *SE*, XLIV, 1976, S. 163–184.

23 Strabo, V, 2, 3, 220. Die Wasserversorgung von Cerveteri wurde in den 1920er Jahren wiederhergestellt.

24 Potter, S. 55.

25 Servius über die *Aeneis* von Vergil, X, 183. Eine der frühen auf einem Berggipfel gelegenen Siedlungen war Castellina sul Marangone.

26 Scullard, S. 120; V. d'Ercole und M. Penacchioni, *Vulci: rinvenimenti di superficie d'epoca preistorica*, Rom 1977; G. Riccioni, *IBR*, S. 241 ff.

27 Ponte San Pietro; heute im Museo del Lazio, E. U. R., Rom. Über Crostoletto di Lamone s. F. Rittatore-Vonwiller etc., *La civiltà arcaica di Vulci e la sua espansione*, 1977, S. 99 ff.; Cristofani, *AE*, S. 31; M. Pallottino, *GICW*, S. 62, 67.

28 Hus, *SO*, S. 41; G. Colonna, *CISME*, S. 4 f.; L. K. Poppi, *ME*, S. 24.

29 Auch bei Sticciano Scalo, nordöstlich von Vetulonia, gab es eine größere Siedlung aus den ersten Jahren des 1. Jts. v. Chr. A. Talocchini, *L'età di ferro nell'Etruria marittima*, 1965, S. 15 f.

30 M. Pasquinucci, *EC*, S. 93.

31 G. Colonna, *CISME*, S. 5, 46; L. K. Poppi, *ME*, S. 24.

32 A. Talocchini, *L'età del ferro nell'Etruria marittima*, 1965, S. 16, 66. Ein Modellboot aus gebranntem Ton aus Accesa, das aus der gleichen Periode stammen könnte (oder etwas jünger ist), gleicht sardischen Bronzebooten aus dem 7. Jh. v. Chr., die in Populonia u. Vetulonia gefunden worden sind.

33 Pallottino, *Etr*, S. 85; G. Colonna, *CISME*, S. 5; Vacano, S. 89. Über frühe etrusk. Beziehungen zu Sardinien s. F. Lo Schiavo, *SE*, XLVI, 1978, S. 45; zu dem etrusk. *Tholos* siehe G. Caputo, *EM*, (im Druck).

34 Pallottino, *Etr*, S. 85; G. Kahl-Furthmann, *Die Frage nach dem Ursprung der Etrusker*, 1976, S. 26. Über die Zeit des Untergangs der mykenischen Welt siehe S. Iakovidis, *Antiquaries Journal*, VIII, 1978, S. 27; C. Souvinou-Inwood in R. A. Crossland (Hrsg.), *The Sea Peoples (Proceedings of the Third International Colloquium on Aegean Prehistory)*, Sheffield 1973.

35 Hus, *SO*, S. 65; C. F. C. Hawkes, *SE*, XXXVI, 1968, S. 372.

36 G. Pugliese Carratelli, *SE*, XVII, 1962, S. 7 f.; XXI, 1966, S. 155 f.; Pallottino, *Etr*, S. 247, Fn. 26; Raspi, S. 92.

37 A. M. McCann, *Muse*, V, 1971, S. 208; D. Ridgway, *AR*, 1973/74, S. 55.

38 Strabo, V, 2, 6, 233.

39 Servius über Vergil, *Aeneis* X, 172.

40 S. C. Humphreys, *Rivista storica italiana*, CXXVII, 1965, S. 421–423; D. Ridgway, *GCR*, S. 19.

41 Richardson, S. 233; zu seiner Identifizierung mit Bacchus (Pachies) s. M. Cristofani und M. Cristofani Martelli, *SE*, XLVI, 1978, S. 132 f.

42 G. Buchner, *DA*, III, 1969, 1970, S. 97 f.; D. Ridgway, *GCR*, S. 18.

43 M. Zecchini, *Gli Etruschi all'isola di Elba*, 1978, S. 8; Heurgon, S. 55; s. a. S. 43.

44 Strabo, V, 2, 6, 223.

45 E. Fiumi, *Volterra*, 1977, S. 19, 20, 21.

46 Banti, S. 148.

47 Trump, S. 118–120.

48 Plinius, *NH*, III, 9, 1.

49 R. F. Paget, *Central Italy: An Archaeological Guide*, 1973, S. 144 (La Capriola etc.).

50 J. Close-Brooks, *NS*, 1965, S. 53–64; *SE*, XXXV, 1967, S. 323–329; D. Ridgway, *GCR*, S. 25 f.; J. Close-Brooks und D. Ridgway, *IBR*, S. 113 ff.; Cristofani, *AE*, S. 33.

3. Entscheidende Einflüsse aus dem Osten

1 H. Schubert und V. Tusa, *L'espansione fenicia nel Mediterraneo*, 1971; S. Moscati, *Problematica della civiltà fenicia*, 1974.

2 M. Grant, *Mittelmeerkulturen in der Antike*, 1974.

3 S. E. Tlatli, *La Carthage punique*, 1978. ›Phönikische‹ Siedlungen kann man als ›punisch‹ bezeichnen (›karthagisch‹), wenn das nordafrikanische Element aus Karthago vorherrschte; M. Guido, *Sardinia*, 1963, S. 192. Übersichtskarte mit Angaben über phönikische (und griechische) Siedlungen bei A. Rathje, *IBR*, S. 146.

4 A. M. Bisi Ingrassia, *GICW*, S. 203.

5 M. Taradell, *Assimilation*, S. 343–355.

6 G. Pesce, *Nora*, 1977; S. Moscati, *I Cartaginesi in Italia*, 1977, S. 183 ff.

7 Pallottino, *Etr*, S. 86; s. a. *Aesar (aisar)*, etruskischer Name für einen Gott, Suetonius, *Augustus*, 97.

8 S. Moscati, a.a.O., S. 253 ff.; R. C. Raspi, *Storia della Sardegna*, 3. Aufl. 1977, S. 119, 163, 167. Tharros liegt am Golf v. Orestano. Zur Geschichte der Goldindustrie s. G. Camps u. H. Fabier (Hrsg.), *L'industrie de l'or dans la préhistoire*, 1975.

9 Andererseits hat man in Tripolis in Syrien eine etrusk. Amphore gefunden. M. Chollot, *Cahiers d'archéologie subaquatique*, II, 1973, S. 52.

10 A. Rathje, *IBR*, S. 181 (Händler oder sogar Siedler); S. Moscati, a.a.O., S. 300 f.; von J. M. Coldstream, *Greek Geometric Pottery*, 1968, S. 388, bezweifelt.

11 Über einen Griechen, der dort Kupfer gesucht hat, s. Homer, *Odyssee*, I, 184. Aber ist mit Temese der Ort Tamassos (heute Pera) auf Zypern gemeint (wie der antike Schriftsteller glaubt) oder Temesa (Tempsa) in Bruttium in Südwestitalien (Strabo, VI, 1, 5, 255)? G. P. Carratelli, *PP*, XVII, 1962, S. 13.

12 Über Zinnvorkommen in der Antike s. N. K. Sandars, *The Sea Peoples*, 1978, S. 74, 89; P. S. de Jesus, *Anatolian Studies*, XXVIII, 1978, S. 101.

13 Zu der Tatsache, daß die Etrusker Zinn einführen mußten, s. M. Boni und F. Ippolito, *CISME*, S. 53.

14 Heurgon, S. 73.

15 M. Guido, *Sardinia*, 1963, S. 151.

16 Mansuelli, S. 47; Richardson, S. 51; A. Boethius und J. B. Ward-Perkins, *Greek and Roman Architecture*, 1970, S. 56.

17 M. Gras, *Mél. Heurgon*, I, S. 364. Über das Löwenmotiv s. W. Brown, *The Etruscan Lion*, 1960; P. Müller, *Löwen und Mischwesen in der archaischen griechischen Kunst*, 1978.

18 E. Akurgal, *Die Kunst Anatoliens*, 1961, S. 56–69; Brendel, S. 55; L. Vlad Borrelli, *GICW*, S. 190.

19 E. F. Macnamara, *GICW*, S. 192.

20 Über östliche Einflüsse bei griech. Textilien s. E. Kjellberg und G. Säflund, *Greek and Roman Art*, 1968, S. 60.

21 Nur Fragmente der griechischen Gegenstücke dieses Materials sind erhalten. G. M. A. Richter, *Greek Art*, 6. Aufl., 1969, S. 380.

22 Y. Takeo, *Social Change and the City in Japan*, 1968, S. 358 f., 361 ff.

23 D. Ridgway, *GCR*, S. 19; über den Boden siehe Strabo, V, 4, 9, 247.

24 M. Manazzi u. S. Tusa, *PP* 1976, S. 473. Vivara war früher mit der Insel Prochyta (heute Procida) verbunden.

25 G. Vallet, *CISME*, S. 75 (unveröffentl. Ausgrabungsberichte von G. Voza).

26 Brendel, S. 38 f., 41, 47, 83.

27 D. Ridgway, *GCR*, S. 8 ff.; J. Boardman, *Annual of the British School at Athens*, 1957, S. 9, 24 f.; Cristofani, *AE*, S. 35 f.; über die Kopien s. A. M. Small, *GICW*, S. 191; über die Kykladen s. J. Thimme (Hrsg.), Kunst u. Kultur der Kykladen, Berlin 1980.

28 Beweis bei D. Ridgway, GCR, S. 19, 37; J. Boardman, zitierte Werke. Über die angenommene Identität v.

Posidium und Ras el Bassit s. P. L. C. Courbin, GICW, S. 198. Ein weiterer Handelsposten war Tell Sukas (das griech. Paltos, das moderne Balda oder Bulda) etwas weiter südlich, auch eine mykenische und phönikische Siedlung; siehe P. J. Riis, *Sukas*, I, 1970.

29 ›Chalkis‹ kommt von *chalke* (Purpurschnecke, *murex)* und läßt daher eine Verbindung zu Phönikien vermuten, wo diese Industrie blühte. S. K. Bakhuizen, *Chalcis in Euboea*, 1976, S. 7–13, 78–82.

30 W. Johannowsky, *DA*, I, 1967, S. 162, Fn. 35; von Geisau, *RE*, XI, S. 2474; M. Frederiksen, *IBR*, S. 282. Kyme wurde später von Chalkis unterworfen.

31 Über das frühe Pithecusae siehe G. Buchner, *AR*, 1970/71, S. 63–67; D. Ridgway, *AR*, 1976/77, S. 44 und *GCR*, S. 5–28; E. Kirsten, *GICW*, S. 230.

32 Plinius, *NH*, III, 6, 82; D. Ridgway, GCR, S. 22. Es gab jedoch verschiedene Erklärungen für diesen Namen wie auch für Aenaria, den röm. Namen der Insel und einer an ihrer Ostseite gelegenen Stadt (Porto d'Ischia).

33 G. Buchner u. C. F. Russo, *Rendiconti dell'Accademia dei Lincei*, Ser. 8, X (1955), S. 215–234; Hus, *SO*, S. 150; D. L. Page, *CR*, LXX, 1956, S. 95f.

34 F. de Salvia, in *Contribution à l'étude de la société et de la colonisation eubéennes*, 1975, S. 97.

35 M. Frederiksen, *AR*, 1976/77, S. 44.

36 G. Buchner, *IBR*, S. 133. Vasen mit geometrischen Mustern: Tarquinii, Veii, Vulci, Castellina sul Marangone. Skarabäen: Tarquinii, Veii. P. Zazoff, *Etrusk. Skarabäen*, 1968.

37 Strabo, V, 4, 9, 247; G. Buchner, *IBR*, S. 136, 138; D. Ridgway, *GCR*, S. 22.

38 W. Johannowsky, *Contribution* a.a.O., S. 102; R. F. Paget, *JRS*, VIII, 1968, S. 152–159; gegen R. M. Cook, *Historia*, XI, 1962, S. 113f.

39 G. Buchner, *IBR*, S. 130f.; R. A. Higgins, *Greek and Roman Jewellery*, 1961, S. 134, 139.

40 *Homerische Hymnen*, VII, 8. Es wird auch von etruskischen Piraten vor dem sizilianischen Naxos (Ephoros) berichtet. Lipara: Siedler aus Knidos (südwestl. Kleinasien) um 580 v. Chr.; Hus, *SO*, S. 245. (Quellen); M. I. Finley, *Das antike Sizilien*, 1979.

41 Die Etrusker hatten schon früher Wein aus Phönikien und der ionischen Insel Chios und wahrscheinlich Olivenöl aus Phönikien eingeführt. Christofani, *Etr*, S. 51f. Olivenkerne sind in einem Gefäß aus einem Grab in Caere (580 v. Chr.) gefunden worden; ebenda, S. 52.

42 Die Kolonien in Naxos und Zancle waren vielleicht etwas älter als die in Cumae. M. Guido, *Southern Italy*, 1972, S. 35. Über ihre strategischen Absichten siehe J. B. Ward-Perkins, *The Cities of Ancient Greece and Italy*, 1974, S. 23. Cumae gründete Neapolis (Neapel) an der gleichen Stelle, an der eine ältere Siedlung gelegen hatte (›Palaeopolis‹); M. Frederiksen, *AR*, 1976/77, S. 45, *IBR*, S. 297; und richtete in Dikaiarchia (Puteoli) einen Hafen ein; *IBR*, a.a.O.

43 F. Jacoby, *Fragmente der griechischen Historiker*, 566F. 50.

44 Aristoxenos in Athenaios, XIV, 632a. Die Gemälde in Poseidonia sind identisch mit solchen im südlichen Etruria; Pallottino, *Etr*, S. 101, 122.

45 Heurgon, S. 86.

46 Taras (Tarentum, Taranto), eine Kolonie von Sparta in dem nach dem Ort benannten Golf – hier lag auch Sybaris –, hat auf die Etrusker ebenfalls einen starken Einfluß ausgeübt und sie mit der Technik der Goldschmiedekunst vertraut gemacht. Taras wurde als typischer Vertreter der hellenistischen Zivilisation in Süditalien angesehen.

47 W. G. Forrest, *Historia*, VI, 1957, S. 160ff. (der Krieg um den Besitz der Lelantinischen Ebene).

48 W. Johannowsky, *DA*, I, 1967, S. 175; N. J. Coldstream, *Greek Geometric Pottery*, 1968, S. 369f.

49 Hus, *SO*, S. 78; J. G. Szilagyi, *Wissenschaftliche Zeitschrift der Universität Rostock*, XVI, 1967, S. 543, 553; I. Strøm, *Problems Concerning the Origin and Early Development of the Etruscan Orientalizing Style*, 1971, S. 11 (verschiedene Theorien).
50 Plinius, *NH*, XXXV, 43, 152.
51 Platon, *Phaidon*, 109B.
52 Plinius, *NH*, VII, 56, 209.
53 A. M. Snodgrass, *Arms and Armour of the Greeks*, 1967, S. 66f. Später haben sich die Rundschilde der Etrusker bei den Massenangriffen der Gallier nicht bewährt. B. Cunliffe, *Die Kelten und ihre Geschichte* 1980, S. 132.
54 M. Torelli, *DA*, VIII, 1 (1974/75), S. 14. Datum bezweifelt von Banti, S. 26f. Über die Ausrüstung korinth. Soldaten auf der ›Plikasna-Vase‹ aus Clusium s. Cristofani, *AE*, S. 46; über die korinth. Soldaten auf einer Vase aus Tragliatella (Caere) s. Brendel, S. 441, Fn. 19.
55 Besonders Rhodos (dessen drei Stadtstaaten bis zum Ende des 5. Jh. v. Chr. noch unabhängig voneinander waren) und Kreta. Über die Rolle von Rhodos als Seemacht in der Adria im 9. und 8. Jahrhundert v. Chr. s. L. Braccesi, *Grecità adriatica*, 2. Aufl. 1977, S. 56. Über den Einfluß von Rhodos auf das Leben in Etruria s. Pallottino, *Etr*, S. 71, 177; Brendel, S. 53; Dieser Einfluß kam auch über die von Rhodos auf Sizilien gegründete Kolonie Gela. Starke künstlerische Impulse aus Kreta haben sich in der 2. Hälfte des 7. Jh. v. Chr. in Etruria ausgewirkt, siehe L. Bonfante, *Studi Banti*, S. 81ff., Vacano, S. 119.
56 Über die Hethiter s. Å. Åkerstrom, *GICW*, S. 194. Die Hauptstädte v. Phrygia u. Lydia waren Gordium u. Sardis.
57 Cristofani, *AE*, S. 61, 81; s. a. *Sculpture in Latium*, S. 96.
58 M. Gras, *Mél. Heurgon*, I, S. 364.
59 Herodot, IV, 152; von R. Carpenter, S. 57.
60 Herodot, I, 163; L. Casson, *The Ancient Mariners*, 1960, S. 81, Brendel, S. 435, Fn. 1.
61 E. Langlotz, *Die kulturelle und künstlerische Hellenisierung der Küsten des Mittelmeers durch die Stadt Phokaia*, 1966; neuere Forschungsergebnisse in *Bulletin de correspondance hellénique*, XCIX, 1975, S. 853ff.
62 H. A. Ormerod, *Piracy in the Ancient World*, 1924, Neudruck 1979. S. a. oben, S. 47 und 57.
63 Über den Aufstieg von Massalia s. M. Euzennat, *GICW*, S. 264f. Sein Hafen war Lakydon (Vieux Port).
64 G. P. Carratelli, *PP*, XXI, 1966, S. 157.
65 Heurgon, S. 110.
66 G. Colonna, *CISME*, S. 10.
67 Herodot, I, 163.
68 Herodot, I, 164.
69 Strabo, IV, 1, 4, 179.
70 Richardson, S. 233; A. Stibbe, *Herakles in Etrurien*, 1978; A. J. Pfiffig, *Herakles in der Bilderkunst der etruskischen Spiegel*, 1978.
71 Skulpturen aus Caere und Veii, Bronzen aus Vulci etc.
72 Brendel, S. 134; z. B. die Verkleidungen, die ungeschützte Teile der Dachkonstruktion überdeckten.
73 M. Moretti, *Tarquinia*, 1977, S. 12f.; J. Boardman, *Pre-Classical*, 1967, S. 164, 166. Aber diese Importe aus Ionia sind in Etruria viel seltener als ihre Imitationen; Brendel, S. 116 (die Flüchtlinge konnten nicht sehr viel mitnehmen).
74 *Inscriptiones Graecae*, XII, 8, 1 (Kaminia). Die Reliefs von Avle Feluske in Vetulonia und Avle Tite in Volaterrae ähneln sich. Über weitere lemnische Fragmente s. Richardson, S. 8.
75 Pallottino, *Etr*, S. 72f.; M. Gras, *Mél. Heurgon*, S. 352ff. Über philologische Abweichungen s. M. Lejeune, *CR*, XXI, 1971, S. 459.
76 Thukydides, IV, 109, 4, (›Pelasger‹). Über lemnische Beziehungen zu Etruria s. Antikleides in Strabo, V, 2, 4, 221; Pallottino, *Etr*, S. 64; R. Bloch, *Atti del primo Simposio internazionale di protostoria*, Orvieto 1967, 1969, S. 214. Auf Aschenurnen aus Volaterrae ist die Legende von Philoktetes abgebildet,

den die Griechen auf der Fahrt in den Troianischen Krieg auf Lemnos zurückließen.

77 M. Gras, *Mél Heurgon*, S. 360.

78 G. P. Carratelli, *PP*, XVII, 1962, S. 9.

79 Plinius, *NH*, XXXVI, 90.

80 *Homerische Hymnen*, VII, 8; F. Jacoby, *Die Fragmente der griechischen Historiker*, 137, 52a (Strabo, VI, 2, 2, 267, aus Ephoros).

81 Über etrusk. Funde in Griechenland s. F. W. v. Hase, *GICW*, S. 187. Ich verdanke die Darstellung dieser Handelsbeziehungen Prof. A. E. Raubitschek.

82 S. Boriskovskaya, *GICW*, S. 194f.

83 Das Ringen Athens um die Vormachtstellung mit den strategisch günstig gelegenen benachbarten Inseln begann um 506 v. Chr. und endete 457 v. Chr. Aegina schickte den Kaufmann Sostratos nach Tarquinii, beeinflußte den architektonischen Stil eines Tempels in Pyrgi und spielte eine führende Rolle bei der Gründung des etrusk.-griech. Atria.

84 A. J. N. W. Prag, *GICW*, S. 114.

85 Pallottino, *Etr*, S. 182.

86 T. Rasmussen, *GICW*, S. 214.

87 Brendel, S. 195, glaubt, die Etrusker hätten auch technisch etwas gegen die Herstellung der Keramiken mit roten Figuren einzuwenden gehabt. Aber später haben sie viel ausgefallenere Anregungen aus der griechischen Kunst begeistert aufgegriffen.

4. Der Ursprung der Etrusker

1 L. Bonfante, *Etruscan Dress*, 1976, S. 20f.

2 Brendel, S. 52f., 59, 72, 314.

3 Brendel, S. 305; M. I. Finley, *Aspects of Antiquity*, 1968, S. 110.

4 C. Hopkins, *Hommages à M. Renard*, III, 1969, S. 304.

5 Hopkins (wie oben S. 307) meint, die Etrusker hätten anders als die Griechen dem Metall gegenüber dem gebrannten Ton als Material für ihre am meisten geschätzten Gefäße den Vorzug gegeben. Jedenfalls sind nur sehr wenige griechische Gefäße dieser Art erhalten

6 Athenaios, I, 28, 15, 700.

7 B. Berenson, *Aesthetics and History in the Visual Arts*, 1948, S. 171.

8 L. Bonfante, *Etruscan Dress*, 1976, S. 20, 49, 76, 91ff.; Pollux, VII, 22, 86.

9 Livius, I, 34, 9, 41, 5.

10 E. Macnamara, *The Daily Life of the Etruscans*, 1973, S. 170.

11 Brendel, S. 146.

12 Seneca der Jüngere, *Naturales Quaestiones*, II, 32, 2; Pallottino, *Etr*, S. 147.

13 T. J. Cornell, *JRS*, LXVIII, 1978, S. 172f. Über die Beziehungen zu Assyria s. J. Lindsay, *Origins of Astrology*, 1971; J. Gwyn Griffiths, *CR*, LXXXVIII, 1974, S. 316.

14 Hus, *SO*, S. 199. Hörner und Trompeten waren etruskische Erfindungen; Athenaios, IV, 184.

15 Dennis, I, S. 306, 326.

16 Banti, S. 137f.; Richardson, S. 224; A. J. N. W. Prag, *GICW*, S. 214.

17 Brendel, S. 365.

18 Pallottino, *Etr*, S. 189f. Die Hülle einer ägypt. Mumie in Zagreb u. ein Ziegel aus Capua; Richardson, S. 217f.

19 M. Pallottino, *SE*, XXXIV, 1966, S. 468.

20 Die sog. etym., kombinatorischen und zweisprachigen Methoden.

21 Pallottino, *Etr*, S. 53. Über italische und griech. Lehnwörter u. übernommene Namen s. Cristofani, *Etr*, S. 75. Einen Überblick über neueste Forschungsergebnisse gibt Cristofani, *IBR*, S. 373–412.

22 *DH*, I, 29, 1, 1.

23 G. Radke, *Klio*, LVI, 1974, S. 303. Der Name stammte aus dem NO v. Etruria; s. J. Heurgon, *Archeologica: Scritti in onore di Aldo Neppi Modona*, S. 353–358.

24 Drei indoeuropäische Gruppen: Latinisch und sicelisch (Ostsizilien), umbrosabellisch und messapisch (Südostitalien). Es gab auch eine indoeuropäische Enklave an der oberen Adria, wo venetisch gesprochen wurde.

25 Pallottino, *Etr*, S. 50ff.

26 Pindar, *Pythier*, I, 72.

27 W. Randall-McIver, *The Etruscans*, 1927, S. 6; R. Girod, *Caesarodunum*, VI, 1971, S. 225–232.

28 Griechen: *Homerische Hymnen*, VII, Alkimos, Theopompos, Heraklides Pontikos, Timaios. Römische Periode: Athenaios, IV, 153d, VII, 51, 7ff.; s. a. W. V. Harris, *Rome in Etruria and Umbria*, 1971, S. 14ff.; Strong, S. 80; Pfiffig, *Gymnasium*, LXXI, 1964, S. 17f.; M. Grant, *Proceedings of the Classical Association*, LXXV, 1978, S. 11.
29 M. Gras, *Mél. Heurgon*, I, S. 341ff.
30 Plautus, *Cistellaria*, 562.
31 E. Macnamara, *Everyday Life of the Etruscans*, 1973, S. 168f.; Dennis, I, S. 310.
32 T. Mommsen, *Römische Geschichte*, 12. Aufl. 1920, S. 337.
33 *DH*, ix, 16, 8.
34 Pallottino, *Etr*, S. 79; Banti, S. 211. So stellt Cristofani, *Etr*, S. 122f., seine Behandlung des Ursprungs als Epilog an das Ende seines Buchs; s. a. D. Ridgway in Pallottino, *Etr*, S. 5.
35 Herodot, 1, 94.
36 Polybios, IX, 2, 1; E. J. Bickermann, *Classical Philology*, XLVII, 1952, S. 65–81.
37 Über verschiedene varronische Etymologien s. N. Horsfall, *JRS*, LXII, 1973, S. 79, Fn. 93.
38 Vergil, *Aeneis*, VIII, 54. Das Wort ›Palatinus‹ hat die gleiche Wurzel wie der Name der Göttin oder des Gottes der Hirten, Pales (s. a. Palilia, Parilia).
39 Ovid, *Fasti*, II, 279ff.
40 M. Torelli, *EC*, S. 13.
41 Pallottino, *Etr*, S. 70 (A. Neppi Modona, *Cortona etrusca e romana*, 2. Aufl., S. 19, Fn. 82, räumt ein, daß die Verbindung bestand). Zweitens wird dem legendären Vorläufer des Gyges, Atys, ein Sohn mit Namen Torrhebus oder Torebus zugeschrieben (nach dem eine Stadt Tyrrha [?] benannt worden sein soll), und das könnte auch dem Bericht des Herodot zugrundeliegen; F. de Sanctis, *Storia dei Romani*, I, 2. Aufl. 1956, S. 126f.; T. Mommsen, *Römische Geschichte*, 12. Aufl. 1920, S. 120. [IX, 28.
42 Vergil, *Aeneis*, VII, 484f., 508, 532;
43 G. Gagé, *Mélanges de l'Ecole Française de Rome*, 1976, S. 15, 18; *Revue des études latines*, LV, 1977/78, S. 84, 97, 104, 106, 111f.
44 Herodot, I, 26ff.
45 Mopsuestia (heute Misis) in Kilikia und Askalon (Ashkelon) in Palästina.
46 *DH*, I, 28.
47 M. Gras, *Mél Heurgon*, I, S. 361.
48 Tacitus, *Annalen*, IV, 55; s. a. E. Rawson, *JRS*, LXVIII, 1978, S. 134.
49 Herodot, I, 163.
50 Horaz, *Oden*, IV, 15, 30; Plinius, *NH*, 66; Pallottino, *Etr*, S. 156.
51 M. Demus-Quatember, *Etruskische Grabarchitektur*, 1958, S. 63, 75, sieht enge Beziehungen zu Caria (südwestliches Kleinasien).
52 M. Torelli, *PP*, CLXXVII, 1977, S. 407.
53 Pallottino, *Etr*, S. 73, 246 Fn. 19.
54 *DH*, I, 30, 1.
55 *DH*, I, 30, 4; s. a. W. V. Harris, *Rome in Etruria and Umbria*, 1971, S. 25f., 121; *DH*, I, 27, 3 zitiert Herodot falsch; E. Cary, Loeb (Hrsg.) I, 1960, S. 87 Fn. 1.
56 Herodot, I, 7 (über Atys); *DH*, I, 27, 1 und 28, 1; s. a. H. Hencken, *Tarquinia and Etruscan Origins*, 1968, S. 152, 153 (meint, Herodot habe hier zwei auf verschiedene Epochen bezogene Überlieferungen verknüpft), 160.
57 N. K. Sandars, *The Sea-Peoples*, 1978, S. 111, 165, 200; M. Guido, *Sardinia*, 1963, S. 189; M. Torelli, *EC*, S. 14.
58 H. Hencken, *Tarquinia and Etruscan Origins*, 1968, S. 142ff.; C. F. C. Hawkes, *SE*, XXXVI, 1968, S. 368ff.; Sardinien und Sizilien sind als solche Ausgangspunkte bezeichnet worden.
59 Censorinus, *De Die Natali*, 17, 5ff.
60 M. I. Finley, *Aspects of Antiquity*, 1968, S. 35.
61 Die ältesten etruskischen Urnenfelder konzentrieren sich im Gebiet Tolfa-Allumiere. Potter, S. 48f.
62 Strong, S. 19; Richardson, S. 304.
63 C. F. C. Hawkes, *SE*, XXXVI, 1968, S. 372; s. a. Heurgon, S. 19.
64 Plinius, *NH*, III, 133; Livius, V, 33, 1. Diskutiert von G. Kahl-Furthmann,

Die Frage nach dem Ursprung der Etrusker, 1976, S. 16; R. M. Ogilvie, *Commentary on Livy Books 1–5*, 1965, S. 706; Pallottino, *Etr*, S. 98.

65 H. Hencken, *Tarquinia and Etruscan Origins*, 1968, a.a.O., S. 165.

66 R. M. Cook datiert die ersten ›Etrusker‹ auf Ende d. 8. Jhs. v. Chr.: *Ciba Foundation Symposium on Medical Biology and Etruscan Origins*, 1959, S. 7.

67 M. Pallottino, *SE*, XXXVI, 1968, S. 500. Obwohl die Sprache nicht unbedingt mit der Rasse oder den Stammeswanderungen übereinstimmt, deuten viele italische Lehnwörter und Namen im Etruskischen darauf hin, daß die etruskische Sprache schon längere Zeit vor 700 v. Chr. in Italien gesprochen worden ist; siehe Cristofani, *Etr*, S. 75.

68 Cristofani, *Etr*, S. 123.

69 G. Matteucig, *Hommages à M. Renard*, III, 1969, S. 432; G. Kahl-Furthmann, *Die Frage nach dem Ursprung der Etrusker*, 1976, S. 91, hat auch eine Anzahl kleinerer Einwanderungswellen festgestellt (die nach seiner Auffassung aber aus Lydia gekommen sind).

70 J. B. Ward-Perkins, *Landscape and History in Central Italy*, 1963, S. 8; M. Torelli, *EC*, S. 14.

71 N. G. L. Hammond, *Migrations and Invasions in Greece and Adjacent Areas*, 1976, S. 46. Ein Vergleich mit den Wanderbewegungen der Angeln, Sachsen, Jüten und Friesen nach England ist recht aufschlußreich.

72 Brendel, S. 111.

5. Expansion nach Süden

1 Velleius Paterculus, I, 7, 2–4. Wahrscheinlich sind solche Gründungen »zum Teil mit Gewalt, zum Teil aber auch nach Verhandlungen« entstanden; M. Frederiksen, *IBR*, S. 305.

2 Aus der Zeit um das 8. Jh. v. Chr. stammende Vasen aus Tarquinii haben überall in Etruria Verbreitung gefunden; L. K. Poppi, *ME*, S. 24.

3 Vergil, *Georgica*, II, 225: »unfreundlich zum verlorenen Acerrae«, das es überflutete; s. a. Frederiksen, *IBR*, S. 278.

4 Strabo, V, 3, 6, 233; Plinius, *NH*, III, 5, 59.

5 M. Frederiksen, *IBR*, S. 299, 301, 303.

6 Über Milet s. Strong, S. 45; J. B. Ward-Perkins, *Cities of Ancient Greece and Italy*, 1974, S. 25.

7 D. Ridgway, *GCR*, S. 23, 25; A. Alföldi, *Das frühe Rom und die Latiner*, 1977, 1965, S. 155.

8 M. Frederiksen, *AR*, 1976/77, S. 45, *IBR*, S. 298, P. Defosse, *Latomus*, XXXIV, 1975, S. 1076.

9 Velleius Paterculus, I, 7, 3.

10 Über Pompeii s. Strabo, V, 4, 8, 247; M. Frederiksen, *IBR*, S. 297; S. Ferraro, *Antiqua*, II, 4, 1977, S. 64ff. Über weitere etrusk. Siedlungen am Sarno s. W. Johannowsky in A. Alföldi, S. 420, u. M. Frederiksen, *IBR*, S. 278 (S. Marzano, S. Valentino Torio); S. 297 (griech. Einflüsse).

11 Brendel, S. 468 Fn. 6.

12 Strabo, V, 4, 13, 251; M. Frederiksen, *IBR*, S. 279. Man hat dort eine griechische Vase aus der Zeit um 580 v. Chr. gefunden.

13 Über neuere Forschungsergebnisse s. D. Ridgway, *JRS*, LXVI, 1976, S. 209, D. u. F. R. Ridgway, ebenda, 1979, S. 213; M. Frederiksen, *AR*, 1976/77, S. 47; *IBR*, S. 279 (Identifizierung mit Picentia), 280f.; A. Rathje ebenda, S. 152ff.

14 Plinius, *NH*, III, 5, 70.

15 G. Colonna, *CISME*, S. 7; M. Frederiksen, *AR*, 1976/77, S. 47; A. Rathje, *IBR*, S. 152ff. (Ähnlichkeiten mit Gräbern in Caere und Praeneste).

16 Der Fluß Sele mündete bei der Kolonie von Sybaris, Poseidonia (Paestum); s. 3. Kapitel, Fn. 44.

17 H. H. Scullard, *The Elephant in the Greek and Roman World*, 1974, S. 172, 277 Fn. 113.

18 Über Uri-Urina siehe N. K. Rutter, *The Coinage of Campania* (im Druck). Über Nola und Hyria s. Pallottino, *Etr*, S. 95. Über die Beziehung zwischen Urina und Aurinia s.

Pfiffig, S. 93. Velsu; A. Sambon, *Les monnaies antiques de l'Italie*, 1903/1904, S. 40 Fn. 10. Rutter berichtet auch, daß andere campan. Münzen mit einem offenbar etrusk. Namen ›Irnthi‹ in einem pompeianischen Schatz gefunden worden sind. Es gibt aber weiter südlich auch noch einen Fluß Irno, von dem der Ortsname Salernum (Salerno) abgeleitet sein soll. Der Prägeort der Münzen mit der Inschrift Velznani oder Velzpapi, die bei T. Hackens, *CISME*, S. 261 und Anm. 69, beschrieben werden, ist wahrscheinlich ein anderer gewesen als der der Velsu-Stücke, läßt sich aber ebensowenig identifizieren.

19 Strabo, V, 4, 3, 242.

20 *DH*, VII, 6, 1–2.

21 Diodor, XI, 88, 4.

22 E. Peruzzi, *Assimilation*, S. 175.

23 M. Grant, *History of Rome*, 1978, S. 10. Daß die Handelsniederlassungen auf Pithecusae und in Cumae etwa um die gleiche Zeit entstanden sind, ist ein reiner Zufall.

24 F. Coarelli, *Rom*, 2. Aufl. 1975, S. 9.

25 E. la Rocca, *DA*, VIII, 1974/75, S. 86–103; F. Canciani, ebenda S. 79–85; A. S. Mura, *PP*, XXXII, 1977, S. 63. Bedeutende neuere Ausgrabungen der benachbarten römischen Hafenanlagen haben 1979 begonnen. Über die römischen Ursprünge s. M. Pallottino, *IBR*, S. 197–222.

26 Die Römer haben Pferde aus Etruria eingeführt; Livius, I, 35, 9 (Tarquinius Priscus); B. Andreae, *Römische Kunst*, 1978, S. 39, meint, Rom sei vielleicht von einer etruskischen Stadt gegründet worden (etwa von Caere oder Veii).

27 F. Castagnoli, *PP*, XXXII, 1977, S. 343.

28 *L'area sacra di S. Omobono* (mehrere Verfasser), *PP*, XXXII, 1977, S. 9–128; M. Cristofani, *Prospettiva*, IX, 1977, S. 2–7; G. Colonna, *IBR*, S. 227f.

29 Brendel, S. 463 Fn. 27; O.-W. von Vacano, *Aufstieg*, I, 4, (1973), S. 582f.

30 Plutarchos, *Camillus*, 22; *DH*, I, 29, 2.

31 E. Pruzzi, *Assimilation*, S. 175–180.

32 M. Grant, *Roman Myths*, Neuaufl. 1973, S. 111f.

33 Naevius, *Praetextae*, Fragm. 2–3; M. Grant, *Roman* Myths a.a.O., S. 120. Amulius war auch der Name eines legendären Königs von Rom.

34 F. Coarelli, Hrsg., *Studi su Praeneste*, 1978; L. Quilici, *La Via Prenestina*, 1977.

35 A. Bedini und F. Cordano, *PP*, XXXII, 1977, S. 304. Aber die Urbanisierung von Praeneste ist u. U. erst 100 Jahre später abgeschlossen worden; s. A. Hus, *Revue des études latines*, LV, 1977, S. 549.

36 Über den dreifachen Charakter der latinischen Kultur s. Heurgon, S. 23. Zum griech. Einfluß s. D. Ridgway, *IBR*, S. 194.

37 M. Torelli, *EC*, S. 18; F. R. Ridgway, *CR*, XXVIII, 1978, S. 113; *Civiltà del Lazio primitivo*, 1976, S. 374, Nr. 127.

38 Zu den bemerkenswerten Spiegeln (um 490 v. Chr.?) u. Bronzedosen *(cistae)* s. Brendel, S. 202, 353, 360. Über etrusk. Spiegel im allgem. s. D. Rebuffat-Emmanuel, *Le miroir étrusque*, 1973, u. Vacano, S. 8ff.

39 M. Cristofani, *Aufstieg*, I, 2, 1972, S. 476.

40 Tusculum: Nach einer weniger gut belegbaren Interpretation ist dies kein etrusk. Name, sondern stammt aus voretrusk. Zeit. Tarracina: R. Rebuffat, *Mélanges de l'Ecole Française de Rome*, LXXVIII, 1966, S. 35.

41 Hus, *SO*, S. 223 und Fn. 58; M. Frederiksen, *IBR*, S. 295.

42 C. Ampolo, *DA*, VIII, 1, 1974/75, S. 161f.; s. a. Vergil, *Aeneis*, VIII, 146; X, 688; XII, 723 etc. (Die Ardeaten wurden auch als Rutuler bezeichnet).

43 In der Frühzeit nannten sich die Apulier nur Daunier: Strabo, VI, 6, 3, 8, 283.

44 A, Bedini und F. Cordano, *PP*, XXXII, 1977, S. 310f. Zu Ficana (nahe Malafede) s. T. Fischer Hansen, *GICW*, S. 190

45 Hier wird die Vereinigung einer Göt-

tin (Aphrodite, Venus, Turan) mit einem Sterblichen (Anchises, dem Vater des Aeneas) gezeigt. Man hat später einen zum Andenken an Aeneas errichteten Hügel (vor 600 v. Chr.) und einen Schrein im regionalen Heiligtum von Lavinium (Pratica del Mare) entdeckt. M. Torelli, *DA*, VII, 1973, S. 396ff., ebenda, VIII, 1 (1974/75) S. 43; P. Castagnoli, *PP*, XXXII, 1977, S. 351ff.

46 M. Crawford, *Mél. Heurgon*, I, S. 202, Fn. 25. Nach der Überlieferung ist Ostia zu der Zeit gegründet worden, in der Politorium zerstört wurde. Die Gründung hat sich arch. noch nicht bestätigen lassen, das liegt aber vielleicht daran, daß man noch nicht am richtigen Platz gegraben hat. Die Römer hatten damals noch nicht das Bedürfnis, einen Hafen zu bauen, denn ihnen stand die Flotte von Caere zur Verfügung.

47 *DH*, I, 25, 5 (»die verschiedenen Nationen, aus denen es zusammengesetzt war, hatten ihre besondere gemeinsame Bezeichnung verloren« – d. h. den Stammesnamen Achaia für ganz Griechenland.)

48 Servius zu Vergil, *Georgica*, II, 533.

49 Livius, V, 33, 7f.

6. Expansion nach Norden

1 Polybios, II, 17, 1 synchronisiert beide Ereignisse.

2 Plinius, *NH*, III, 15, 115.

3 G. Colonna, *CISME*, S. 5 (auch Bernstein).

4 Heurgon, S. 17.

5 S. Sorda, *CISME*, S. 67f., 70.

6 Pallottino, *Etr.* S. 97.

7 G. Sassatelli, *ME*, S. 38. Vom 1. Viertel des 7. bis zur Mitte des 6. Jhs. v. Chr. herrschte noch die Feuerbestattung vor, aber Erdbestattungen nahmen ständig zu; C. M. Govi, ebenda, Anhang; s. a. K. L. Poppi ebenda, S. 24.

8 L. Bonfante, *Prospettiva*, XVII, April 1979, S. 31 (Karte). Über die Beziehungen zu Este (Ateste) s. a. M. Cristofani, *Aufstieg*, I, 2 (1972), S. 482; P. Bocchi, *Studi Banti*, S. 69–80; F. R. Ridgway, *IBR*, S. 430, 432, 435ff.

9 Brendel, S. 181ff.

10 Brendel, S. 282 (Stelen). Die Hufeisenform wurde 150 Jahre beibehalten.

11 Vacano, S. 151.

12 S. Tovoli, *Contributi per la carta archeologica: Etruria padana*, S. 341–356.

13 Pfiffig, S. 92.

14 G. A. Mansuelli, *IBR*, S. 354ff. Über den ›hippodamischen‹ Rost s. A. Boethius u. J. B. Ward-Perkins, *Greek and Roman Architecture*, 1970, S. 60f.

15 Hus, *SO*, S. 255; *EC*, S. 307.

16 Brendel, S. 296; Cristofani, *Etr*, S. 108 (Monte Acuto Ragazza, Monteguragazza).

17 Pfiffig, S. 92.

18 Vergil, *Aeneis*, X, 201–203.

19 A. Rosenberg, *Der Staat der alten Italiker*, 1913, S. 52ff.; G. Radke, *Klio*, LV, 1974, S. 53.

20 J. Heurgon, *Trois études sur le ver sacrum (Latomus*, XXVI, 1957, S. 11). Die traditionelle Zahl Zwölf ist hier verdächtig.

21 M. L. Gordon, *JRS*, XXIV, 1934, S. 188.

22 Servius über Vergil, *Aeneis*, X, 203; G. Colonna, *SE*, XLII, 1974, S. 10.

23 Plinius, *NH*, III, 19, 130.

24 Heurgon, S. 45; G. Colonna, *SE*, XLII, 1974, S. 11, Fn. 46. Die Arusnaten hatten einen Kult des Cuslanus oder Culsans; s. a. Cortona, Cristofani, *Etr*, S. 107.

25 Strabo, V, 4, 8, 247.

26 Pallottino, *Etr*, S. 97. Melpum: J. Bayet, *Tite Live: Histoire romaine* (Hrsg. Budé), V, S. 163. Mutina: R. Bianchi Bandinelli und A. Giuliano, *Etruschi e Italici*, 2. Aufl. 1976, S. 219. Regium (sowie Scandiano, S. Polo): *Quaderni d'archeologia reggiana*, II, 1973, S. 125–150; L. Barfield, *North Italy Before Rome*, 1971, S. 112.

27 Pallottino, *Etr*, S. 123. Vielleicht hat es in Persolino (Faenza, dem römischen Faventia) einen etruskischen Tempel gegeben; L. Barfield, *North Italy Before Rome*, 1971, S. 112.

28 D. Ridgway, *AR*, 1973/74, S. 58; L. K. Poppi, *ME*, S. 24.
29 G. V. Gentili, *Studi romagnoli*, XX, 1969, S. 295–331.
30 M. Zuffa, *Studi Banti*, S. 354f.
31 Vetulonia, Tarquinii, Bisenzio, Perusia: z. B. M. Camporeale, *I commerci di Vetulonia in età orientalizzante*, 1969, S. 41, Fn. 9, 59f.
32 L. K. Poppi, *ME*, S. 22; L. Braccesi, *Grecità adriatica*, 2. Aufl., 1977, S. 85–88.
33 G. Colonna, *CISME*, S. 5.
34 Hus, *SO*, S. 208f., 211, 258.
35 Strabo, V, 1, 11, 217; Pallottino, *Etr*, S. 123.
36 Name: Pfiffig, S. 92. Umbri. Bergstämme übernahmen Ravenna; s. Brendel, S. 256. Strabo, V, 4, 2, 241 spricht auch noch von einer weiteren etrusk. Gründung an der Küste viel weiter südlich in Cupra (Grottamare), man muß jedoch bezweifeln, ob es wirklich eine etrusk. Siedlung gewesen ist; s. a. B. F. Mostardi, *Cupra*, 1977.
37 M. Pallottino, *GICW*, S. 62; L. Braccesi, *Grecità adriatica*, 2. Aufl. 1977, S. 37f.
38 Plinius, *NH*, III, 16, 120: die Eridanus- oder Spineticusmündung, auf mittelalterlichen Karten als Padus Vetus (alter Po) bezeichnet. Die Meereslagune war der Vatrenus.
39 Wahrscheinlich umbrisch; s. N. Alfieri und P. E. Arias, *Spina*, 1960, S. 24.
40 G. Colonna, *CISME*, S. 12.
41 L. Braccesi, *Grecità adriatica*, 2. Aufl. 1977, S. 56; S. Patitucci, *GICW*, S. 239, vor allem aus dem letzten Viertel des 5. Jhs. v. Chr. Keramiken aus Rhodos sind besonders beachtenswert. S. a. N. Alfieri, *Spina: Museo archeologico Nazionale di Ferrara: La ceramica*, 1979.
42 G. Colonna, *Rivista storica dell'antichità*, IV (1974, 1975), S. 1ff.; H. Jukker, *Gnomon*, XXXVII, 1965, S. 297.
43 M. Zuffa, *Emilia preromana*, VII, 1971/74, 1975, S. 151–179.
44 *DH*, I, 26. Er identifiziert sie mit den ›Pelasgern‹, eine ungenaue, amorphe Bezeichnung für die ägäische Urbevölkerung und Einwanderer aus dem Norden.
45 Aus Herodot, I, 27, der damit jedoch Kreston in Thrakia meinte; H. Henkken, *Tarquinia and Etruscan Origins*, 1968, S. 154f.; Richardson, S. 2f.; A. Neppi Modona, *Cortona etrusca e romana*, 2. Aufl. 1977, S. 6ff.
46 Zu den Beziehungen von Spina s. C. Sassatelli, *SE*, XLV, 1977, S. 145. Marmorplastiken – z. B. ein athen. Knabenkopf – kamen wahrscheinl. direkt aus Griechenland.
47 F. Benoit und W. Kimmig, *Actes du Collège de Dijon*, 1957, 1958, S. 15–20.
48 Griechenland: Cristofani, *Etr*, S. 67 (Athen, Korkyra). Etruria: R. Chevallier, *Mél. Heurgon*, I, S. 152, Fn. 24; G. Colonna, *CISME*, S. 5; *Ambra: oro del nord* (Ausstellung in Venedig 1978). Ein anderer Weg führte über den Brennerpaß.
49 Brendel, S. 256; A. J. Pfiffig, *Sprache*, VIII, 1962, S. 149–153.
50 Pferde und Bernstein: Cristofani, *Etr*, S. 67. Beherrschung der See: N. Alfieri und P. E. Arias, *Spina*, 1960, S. 25; M. Zuffa, *Atti del I Convegno di Studi Etruschi; SE*, XXV, Ergänzung 1959, S. 133–143.
51 Venetisch oder umbrisch; s. N. Alfieri und P. E. Arias, Spina, 1960, S. 24.
52 G. Colonna, *Rivista storica dell'antichità*, IV, 1974, S. 1ff. Unter den Griechen spielten die Angineten eine herausragende Rolle.
53 Das war die Sagis-Mündung; s. Plinius, *NH*, III, 16, 120.
54 *DH*, VII, 3, 1; G. Colonna, *Aspetti*, S. 258ff.; M. Frederiksen, *IBR*, S. 304.
55 Nach Radke, *Klio*, LV, 1974, S. 50 u. Fn. 192 waren es »condottieri« aus Spina.
56 Pallottino, *Etr*, S. 98; J. Bayet, *Tite Live: Histoire romaine* (Hrsg. Budé), V, S. 161.
57 V. J. Bruno, *Archaeology*, XXVI, 1973, S. 208–211.
58 Strabo, V, 2, 5, 223. Über den Zusammenfluß beider Flüsse 222.

59 Hus, *SO*, S. 73; s. a. Banti, S. 157, Vorbehalte in M. Cristofani, *Aspetti* S. 67 ff.

60 Vergil, *Aeneis*, X, 179; Strabo, V, 2, 5, 222; Plinius, *NH*, III, 5, 50; G. Radke, *Klio*, LV, 1974, S. 34. Gründet sich auf eine falsche Ableitung von Pisa auf der Peloponnes.

61 Servius über Vergil, *Aeneis*, X, 179 (von Cato dem Älteren); s. a. R. F. Paget, *Central Italy*, 1973, S. 137.

62 L. Banti, *BE*, XX, 2, 1768; s. a. M. Cristofani, *Aspetti*, S. 67 ff. Eine weitere Interpretation der Lage von Pisae bei W. G. East, *Historical Geography of Europe*, 1935, S. 309.

63 Banti, S. 157. Man hat auch in unmittelbarer Nähe etruskische Funde gemacht, und zwar bei Querceta, Camaiore und Torre del Lago; P. Mencacci und M. Zecchini, *Lucca preistorica*, 1976, S. 226.

64 Siehe *SE*, XXXIX, 1971, S. 151.

65 D. Ridgway, *AR*, 1973/74, S. 56.

66 P. Mencacci und M. Zecchini a.a.O.; C. Scavone, *Princeton Encyclopaedia of Classical Sites*, 1976, S. 527. Lucan, *Bürgerkrieg*, I, 588, bezeichnet Arruns als etruskischen Seher aus dem ›verlassenen‹ Luca.

67 G. d'Achiardi, *SE*, I, 1927, S. 414; M. Boni und F. Ippolito, *CISME*, S. 52; Cristofani, *Etr*, S. 54. Die Küstenebene ist die Versilia.

68 M. Zecchini, *Gli Etruschi all'isola d'Elba*, 1978, S. 88, 115, 149 (Quellen). Der Ort ist Campo Casali.

69 Am Fluß Magra, der oft als die Grenze zwischen Etruria und Liguria angesehen wurde; Strabo, V, 2, 5, 222.

70 Livius, XLI, 13, 5: Der Ager Lunensis (heute die Lunigiana).

71 Strabo, V, 2, 5, 222; V. J. Bruno, *Archaeology*, XXVI, 1973, S. 202 f.

72 Goldene Objekte in Form von Schiffen aus Chiavari gleichen Stücken aus Etruria u. d. Nahen Osten; s. P. G. Guzzi, *Hamburger Beiträge zur Archäologie*, V (1975) (1977), S. 183–191.

73 *ME*, S. 81; G. Colonna, *CISME*, S. 10. Auch in Vauvenargues (am Mont S. Victoire) hat man etruskische Objekte gefunden.

74 W. Dehn und O.-H. Frey, *IBR*, S. 493; Brendel, S. 186, 457, Fn. 15 (S. 453, Fn. 13: s. a. ein Streitwagen aus Castel S. Mariano); Heurgon, S. 74. Vix beherrschte die Verkehrswege in den Tälern der Rhône und Saône wie auch die entlang der Seine nach Norden führenden und die Alpenpässe nach Südosten. Man hat auch in Gorge-Meillet (Marne) und Motte S. Valentin (Haute Marne) etrusk. Funde gemacht; *ME*, S. 88; ebenso in Mercey-sur-Saône und Conliège: W. Dehn und O.-H. Frey, *IBR*, S. 500; über Funde bei Tours s. R. Chevalier, *Homenaje Garcia Bellido*, II, 1976, 1977, S. 131–157.

75 Pallottino, *Etr*, S. 83, 248, Fn. 3; J.-P. Morel, *EM* (im Druck).

76 B. Cunliffe, *Die Kelten und ihre Geschichte*, 1980, S. 35, 38, 40, 129; *ME*, S. 88, 90; Piggott, *Ancient Europe*, 1965, S. 195, 212. Eine auf der Heuneburg gefundene Gußform wurde dazu verwendet, etrusk. Handgriffe nachzugießen. W. Dehn und O.-H. Frey, *IBR*, S. 500. Das Rad ist vielleicht aus dem östl. Mittelmeerraum im 7. Jh. v. Chr. über Etruria nach Mitteleuropa gekommen; Cunliffe, S. 117.

77 B. Cunliffe, *Die Kelten und ihre Geschichte*, 1980, S. 86, 100, 104.

7. Uneinigkeit

1 G. Colonna, *CISME*, S. 14 f.

2 M. Pallottino, *SE*, XXII, 1952/53, S. 193 ff.; G. V. Gentili und G. A. Mansuelli, *Aspetti*, S. 231; G. Colonna, *CISME*, S. 13.

3 C. Ampolo, *DA*, IV-V, 1970/71, S. 37–68. Über die Sklaven (*lautni*) als zur Familie gehörende Personen s. Cristofani, *Etr*, S. 41.

4 *DH*, IX, 5, 4 (*penestai* aus Thessalia); Cristofani, *Etr*, S. 41; W. V. Harris, *Rome in Etruria and Umbria*, 1971, S. 121.

5 A. Momigliano, *JRS*, LIII, 1963, S. 119.

6 M. Rostovtzeff, *Social and Economic*

History of the Roman Empire, 2. Aufl. (Hrsg. P. M. Fraser), 1957, S. 23.

7 M. Torelli, *DA*, VIII, 1, 1974/75, S. 27f.

8 Strong, S. 56; G. Radke, *Klio*, LV, 1974, S. 50f.

9 M. Torelli, *DA*, VIII, S. 53f.; T. J. Cornell, *JRS*, LXVIII, 1978, S. 172.

10 Varro, *De Lingua Latina*, V, 8, 46; R. Turcan, *Mél. Heurgon*, II, S. 1016.

11 Banti, S. 207. Alle Berichte, die von einer führenden Stellung der Liga sprechen, sind zu bezweifeln; Pallottino, *Etr*, S. 126; s. a. T. J. Cornell, *JRS*, LXVIII, 1978, S. 171; M. Grant, *Proceedings of the Classical Association*, LXXV, 1978, S. 12.

12 P. J. Riis, *Introduction to Etruscan Art*, 1953, S. 24; Cristofani, *AE*, S. 81; Heurgon, S. 44. Livius spricht von den Zwölf nur im Hinblick auf das Jahr 434 v. Chr. IV, 23, 5. Servius über Vergil, *Aeneis*, VIII, 475, spricht von zwölf Häuptlingen (*lucumones*) oder Königen, von denen einer den Vorsitz innehatte.

13 Daß es zwischen den fünf etruskischen Stadtstaaten Clusium, Arretium, Volaterrae, Rusellae und Vetulonia ein gegen Tarquinius Priscus gerichtetes ›Bündnis‹ gegeben habe, wie in *DH*, III, 51, 4, behauptet wird, akzeptiert G. Colonna mit aller Vorsicht (*SE*, XLI, 1973, S. 69), aber Banti, S. 128, weist – wahrscheinlich mit Recht – darauf hin, daß es ein Anachronismus wäre, da Arretium und Rusellae damals noch nicht als Stadtstaaten bestanden hätten, und lehnt diese Behauptung deshalb ab.

14 Es kann höchstens Zeiten gegeben haben, in denen es einer Stadt – vor allem käme dafür Tarquinii in Frage – gelungen sein könnte, durch die Beherrschung ihrer Nachbarn eine widerwillig ertragene Einheit herzustellen. Das ist vielleicht der Ursprung der von Strabo erwähnten Überlieferung (V, 2, 2, 219: »Die Tyrrhener waren zuerst nur einem Herrscher untertan«).

15 Strabo, V, 4, 3, 242.

16 Livius, V, 33.

17 Vergil, *Aeneis*, X, 691f. etc. [134.

18 Banti, S. 207; s. a. Vacano, S. 129,

19 Brendel, S. 111. Im 6. Jh. v. Chr. hat es wahrscheinlich mehrere unterschiedl. etrusk. Ligen gegeben; L. R. Taylor, *Proceedings of the American Academy at Rome*, II, 1923, S. 13.

20 M. Pallottino, *Atti del VII Convegno di studi sulla Magna Grecia*, 1969, S. 45.

21 D. H. Lawrence, *Etruscan Places*, 1932 (Penguin 1950), S. 168.

22 S. a. (in geringerem Maß?) in Griechenland, A. M. Snodgrass, *Archaeology and the Rise of the Greek State*, 1977, S. 13.

23 V. Bartlett, *Etruscan Retreat*, 1964, S. 64ff.

8. Tarquinii

1 E. H. Richardson, *Memoirs of the American Academy at Rome*, XXVII, 1962, S. 159; Brendel, S. 26, 436 Fn. 4.

2 Ein ähnliches Beispiel gibt es im karthagischen Motya; Brendel, S. 440 Fn. 7. Das Grab der Krieger (um 730 v. Chr.?) läßt sich nicht so zuverlässig datieren; siehe 3. Kapitel, Fn. 54.

3 M. Cataldi und F. Boitani, *EC*, S. 187f.

4 Plinius, *NH*, XXXV, 16, 152.

5 Brendel, S. 95.

6 D. Ridgway, *AR*, 1976/77, S. 71 (Camarina).

7 *DH*, III, 46, 5.

8 G. Colonna, *CISME*, S. 9; M. Pallottino, GICW, S. 69.

9 Vielleicht sind aus Ionia geflohene Künstler über das Nildelta (Naukratis usw.) nach Tarquinii gekommen. M. Cristofani, *Prospettiva*, VII (Okt. 1976), S. 2ff.

10 M. Moretti, *Tarquinia*, 1974, S. 11. Einer der Künstler war ein griech. Sklave, Tarq Aranth (Sklave des Herknas), G. Colonna, *Röm. Mitt.* LXXXII, 1975, S. 185; M. Torelli, *Archaeological News*, V, 4, (1976), S. 137.

11 Richardson, S. 229.

12 Brendel, S. 168, 170 (Phrygia, Lykia).

13 Å. Åkerstrom, *GICW*, S. 214 (hethitisch).

14 Banti, S. 79; Pallottino, *Etr*, S. 112f. In

Tarquinii ist ein großes bemaltes Terrakottarelief entstanden, ›die geflügelten Pferde‹ (um 300 v. Chr.). M. Moretti, Tarquinia, 1975, Abb. 26.
15 G. Buchner, *AR*, 1971, S. 67.
16 Banti, S. 105.
17 Banti, S. 106f.; M. Cristofani Martelli, *Le tombe di Tuscania nel Museo archeologico di Firenze*, 1979. Manturanum oder Marturanum (San Giuliano) in der westl. Toscana besaß vier verschiedene Typen von etrusk. Gräbern und eine Wasserleitung.
18 J. B. Ward-Perkins, *Harvard Studies in Classical Philology*, LXIV, 1959, [S. 1–26.
19 Plinius, *NH*, XXXVI, 29.
20 G. Schmiedt, *Il livello antico del Mar Tirreno*, 1972.
21 Die älteste etrusk. Inschrift (um 700 v. Chr.) könnte in Tarquinii entdeckt worden sein. M. Cristofani, *IBR*, S. 378; viell. ist das aber nur ein Zufall.
22 A. Alföldi, *Römische Frühgeschichte*, 1976, S. 170.
23 M. Torelli, *PP*, XXVI, 1971, S. 44–67; *SE*, XLV, 1977, S. 448.
24 G. Lilliu, *NS*, 1971, S. 289ff.
25 E. D. Oren, V. S. Webb, *GICW*, S. 199, 200f.; ebenso Stratopeda (Migdol um 650 v. Chr.) und ein Grenzposten bei Daphne (Tell Defenneh). Die Pharaonen waren Psammetichos I. (Psamtik, um 663–610 v. Chr.) und Amasis (Amose, um 569–526 v. Chr.).
26 Herodot, IV, 52; F. D. Harvey, *PP*, XXXI, 1976, S. 206ff.; Cristofani, *AE*, S. 79, 82, 113ff., 153; Pallottino, *Etr*, S. 112; D. Ridgway, *AR*, 1973/74, S. 50, Fig. 9.
27 H. Dessau, *Inscriptiones Latinae Selectae*, 212.
28 R. M. Ogilvie, *Commentary on Livy Books 1–5*, 1965, S. 141.
29 Besprochen bei T. N. Gantz, *Historia*, XXIV, 1975, S. 541f. und Fn. 12.
30 Strabo, V, 2, 2, 220.
31 *Corpus Inscriptionum Latinarum*, II, 3626–3634; G. Radke, *Klio*, LVI, 1974, S. 44, 46; F. Defosse, *Revue belge de philologie et d'histoire*, 1970, S. 1035.
32 Livius, I, 34, 9; *DH*, III, 47, 2.
33 Torelli, *ET*, S. 32–38.
34 Torelli, *ET*, S. 72, 80ff.
35 Torelli, *ET*, S. 87f.: Der Verfasser nennt in diesem Zusammenhang die Septem Pagi (nördl. der Tibermündung), Nepet (Nepi) und Sutrium (Sutri).
36 Torelli, *ET*, S. 82ff.; G. Baffioni, *SE*, XXXV, 1967, S. 133.
37 Verträge: W. V. Harris, *Rome in Etruria and Umbria*, 1971, S. 85–146; Waffenstillstandsverträge: A. J. Pfiffig, *Die Ausbreitung des römischen Stadtwesens in Etrurien*, 1966, S. 9–16.

9. Caere
1 Banti, S. 48.
2 P. Mingazzini, *Rendiconti dell'Accademia dei Lincei*, Ser. 8, XXXI, 1976, 1977, S. 145–149; Cristofani, *AE*, S. 45, 55, 58; M. Torelli, *Archaeological News*, V, 4, (1976), S. 135; Vacano, S. 77ff.
3 M. Cataldi und F. Boitani, *EC*, S. 161. Die Caeretaner führten bis fast an die Fußgelenke reichende, den ganzen Körper schützende Schilde.
4 Brendel, S. 77; Potter, S. 72.
5 Banti, S. 47.
6 M. Cataldi und F. Boitani, *EC*, S. 172. Diese Voluten unterscheiden sich von den ›toskanischen‹, die dorische Kapitelle und glatte Säulenschäfte und Sokkel haben (Pallottino, *Etr*, S. 162). Sie sind viell. von Rhodos nach Etruria gekommen. Über die Nachbildungen von Möbeln aus Stein in diesen Gräbern siehe S. Steingräber, *Etruskische Möbel*, 1979, S. 67ff.
7 Vergil, *Aeneis*, VIII, 606.
8 Brendel, S. 172f.; J. M. Hemelrijk, *De Caeretanse Hydriae*, 1957.
9 S. Haynes, *Etruscan Sculpture*, 1971, S. 11f.; Banti, S. 220 und Abb. 8 (d).
10 Brendel, S. 229, 231.
11 K. Hanell in A. Boethius (Hrsg.), *Etruscan Culture, Land and People*, 1962, S. 279ff.; M. Cataldi und

F. Boitani, *EC*, S. 251–254; Potter, S. 55.

12 S. Quilici Gigli, *Blera*, 1976; Potter, [S. 81f.

13 Dennis, I, S. 176.

14 Eine Übersichtskarte über die Verbreitung dieser Keramiken findet sich bei Cristofani, *Etr*, S. 68.

15 Strabo, V, 3, 220.

16 Vergil, *Aeneis*, VIII, 597; s. a. Strong, S. 32.

17 Pallottino, *Etr*, S. 95; M. Torelli, *ET*, S. 312; ebenso Cales (Calvi Vecchia): Defosse, *Latomus*, XXXIV, 1975, S. 1076; M. Frederiksen, *IBR*, S. 298.

18 Pallottino, *Etr*, S. 251.

19 J. MacIntosh Turfa, *AJA*, LXXXI, 1977, S. 368–374.

20 J. Jehasse, *Les dernières leçons d'Aléria* in *Assimilation*, S. 523ff.; J. und L. Jehasse, *IBR*, S. 313f., 340.

21 S. Moscati, *I Cartaginesi in Italia*, 1977, S. 18, 29f., 134ff.; R. C. Raspi, *Storia della Sardegna*, 3. Aufl., 1977, S. 183f.

22 Der zweite, angeblich griechische Name von Caere, Agylla (s. Herodot I, 167), könnte auch karthagisch gewesen sein. A. J. Pfiffig, *Österreichische Akademie der Wissenschaften, Philos.-hist. kl.* LXXXVIII, 2 (1965), S. 42.

23 Aristoteles, *Politik*, III, 9, 1280a, 36.

24 Herodot, I, 166–167; Pallottino, *Etr*, S. 89. Die Phöniker gingen nach Hyele oder Elea (Velia).

25 Vielleicht Arimnestus, König der ›Etrusker‹, der erste Barbar, der dem Zeus in Olympia eine Weihgabe dargebracht hat (Pausanias, V, 12, 4). Er könnte ein Caeretaner gewesen sein.

26 »Als sie die im Tyrrhenischen Meer gelegene Insel in Besitz nahmen...«: Diodoros Siculus, V, 13, 4, und L. Jehasse, *IBR*, S. 325. Diodoros, XI, 88, 5, behauptet, Korsika sei 454–53 etruskisch gewesen. Die karthagisch-etruskischen Beziehungen mögen um diese Zeit weniger kommerziell als politisch gewesen sein.

27 Strabo, V, 2, 7, 225; M. Guido, *Sardinia*, 1963, S. 33; F. Lo Schiavo, *EM*, im Druck.

28 D. Ridgway, *AR*, 1967/68, S. 39f. (Castrum Novum war eine Station an der Via Aurelia).

29 M. Cataldi und F. Boitani, *EC*, S. 214; Banti, S. 51 (Punta della Vipera).

30 Silius Italicus, *Punica*, VIII, 476 (Alaesus, Halaesus).

31 J. P. Oleson, *Journal of Field Archaeology*, IV (1977), S. 297–308.

32 G. Colonna, *CISME*, S. 7; über den Ausgrabungsort s. G. Kahl-Furthmann, *Die Frage nach dem Ursprung der Etrusker*, 1976, S. 106; Potter, S. 55.

33 Pallottino, *Etr*, S. 90, 93, 132, 190, 195f., 197f., 200, 207, 221, 272. Die Sprache auf der ersten Inschrift ist wohl punisch, nicht phönikisch-zypriotisch, wie manche meinen.

34 Das Wort *atranes* in der längeren der beiden etrusk. Inschriften (M. Pallottino, *Testimonia Linguae Etruscae*, 2. Aufl. 1968, S. 109, Nr. 874) wird von M. Zecchini, *Gli Etruschi all'isola d'Elba*, 1978, S. 95, 99, mit Le Trane (ehemals Latrani) auf Elba in Verbindung gebracht, aber Hus, *SO*, S. 160 u. Zecchini a.a.O., S. 96, geben auch mehrere andere Deutungen.

35 M. Cataldi u. F. Boitani, EC, S. 177f. (›Tempel B‹).

36 G. P. Carratelli, *PP*, XVII, 1962, S. 11 und Fn. 14; Cristofani, *Etr*, S. 18.

37 M. Pallottino, *SE*, XXXIV, 1966, S. 175–209.

38 R. Carpenter, *Beyond the Pillars of Hercules*, 1966, S. 65, 67; V. I. Kozlovskaya, *Vjestnik Drevnei Istorii*, CXXV, 1973, S. 93–104; M. Tarradell, *El impacto greco-fenicio en el extremo occidente*, in *Assimilation*, S. 343–355; J. M. Blazquez, *Tartessos y los origenes de la colonizacian fenicia en occidente*, 2. Aufl. 1975.

39 Diodoros Siculus, V, 20, 4.

40 Banti, S. 73ff.

41 Man hat auch geglaubt, Rom sei von Veientinern oder Caeretanern gegründet worden.

42 G. Radke, *Klio*, LVI, 1974, S. 46.

43 J. Gagé, *Mélanges de l'Ecole Française à Rome*, XLVI, 1929, S. 127.

44 Cato, fr. 9–12 (Macrobius, *Saturnalia*, III, 5, 1); G. Dumézil, *Mél. Heurgon*, I, S. 253ff.
45 Die spätere Via Cornelia und Via Praenestina.
46 A. Bedini und F. Cordano, *PP*, XXXII, 1977, S. 306; auch Ficana.
47 E. D. van Buren, *Figurative Terrakotta-Revetments in Etruria und Latium*, 1921, S. 60, 70.
48 A. Alföldi, *Römische Frühgeschichte*, 1976, S. 150.
49 D. Ridgway, *JRS*, LXVI, 1976, S. 210.
50 Livius, I, 2, 2–3.
51 Heurgon, S. 138.
52 M. Sordi, Aufstieg, I, 2 (1972), S. 791.
53 Diodoros Siculus, XV, 27, 4; Theophrastus, *History of Plants*, V, 8, 2; M. Sordi, *I rapporti romano ceriti e l'origine della civitas sine suffragio*, 1960, S. 95f.
54 Livius, IX, 36, 3; Brendel, S. 408.

10. Vulci

1 J. Wellard, *The Search for the Etruscans*, 1973, S. 53. Über den Ausgrabungsort s. A. Cavoli, *Profilio di una città etrusca: Vulci*, 1980.
2 Richardson, S. 11 (nach Capalbio).
3 G. Buchner, *AR*, 1970/71, S. 67; F. Canciani, *DA*, VIII (1974/75), S. 79–85. Ein Bronzeschwert aus Vulci zeigt den Einfluß griech. Herstellungsmethoden a. d. gleichen Periode.
4 R. A. Higgins, *Greek and Roman Jewellery*, 1961, S. 136.
5 S. Haynes, *Etruscan Sculpture*, 1971, [S. 11f.
6 Richardson, S. 94.
7 Banti, S. 89.
8 M. Cataldi u. F. Boitani, *EC*, S. 222.
9 G. Dennis, I, S. 452f.
10 M. Cristofani Martelli, *Prospettiva*, IV (Nov. 1975), S. 44. Über die spät. griech. Schulen in Vulci s. A. Guiliano, *Prospettiva*, III (Okt. 1975), S. 4.
11 Richardson, S. 120; Brendel, S. 452, Fn. 1. Sie haben gar nichts mit Pontos (nordöstliches Kleinasien) oder dem Schwarzen Meer zu tun, nach dem diese Stadt benannt worden ist.
12 L. Hannestad, *The Paris Painter*, 1974, und *The Followers of the Paris Painter*, 1976.
13 M. Moltesen, *SE*, XLVI, 1978, S. 72.
14 S. Haynes, *Etruscan Bronze Utensils*, 2. Aufl. 1974, S. 18ff.
15 Pallottino, *Etr*, S. 182.
16 Brendel, S. 215. Der Export v. Bronzearbeiten aus Vulci wurde von Sparta gelenkt, und dabei diente die südital. Kolonie Spartas, Taras (Tarentum, Taranto) als Verteilungszentrum.
17 H. Jucker, *Gnomon*, XXXVII, 1965, S. 297.
18 Z. B. das Fragment eines Handgriffs, das die Frontalansicht eines bärtigen Mannes zeigt und in Heuneburg (Württ.) gefunden wurde, stammt aus Vulci oder ist von den dortigen Arbeitsmethoden beeinflußt worden.
19 Cristofani, *Etr*, S. 51, 7; H. Hencken, *Tarquinia and Etruscan Origins*, 1968, S. 17.
20 V. Bracco, *Forma Italiae*, Regio III, Bd. 2, Volcei (1978).
21 G. Matteucig, *Hommages à M. Renaud*, III, 1969, S. 439. Östlich von Poggio Buco lag an einem Nebenfluß der Fiora bei Ischia del Castro noch eine andere Niederlassung, die an einem etwas weiter südlich verlaufenden Verkehrsweg dem gleichen Zweck diente. Auf einem Friedhof westlich davon (Castro) hat man einen aus Holz und Eisen gebauten, bronzebeschlagenen Streitwagen ausgegraben, dazu die schönsten etruskischen Tierplastiken aus dem Anfang des 6. Jhs. v. Chr. M. Cataldi und F. Boitani, *EC*, S. 226; M. Moltesen, *SE*, XLVI, 1978, S. 71f.
22 M. Pasquinucci, *EC*, S. 140; R. Vatti, *Sovana, Pitigliano Sorano*, 1979.
23 Pfiffig, S. 93.
24 Die Region verdankt den Namen ›Silberberg‹ nicht der Tatsache, daß es hier in der Antike Silberminen gegeben hat, was nach Auskunft des Chefingenieurs des Bergbaudistrikts Grosseto, Dr. Carmelo Latino, nicht der Fall gewesen sein kann, sondern entweder der Farbe der Felsen oder dem Umstand, daß die bedeutende röm. Grundbesitzerfamilie

der Domitii nach Beendigung der etrusk. Unabhängigkeit hier ihre Bankiers *(argentarii)* hatte. Über andere Metallvorkommen am Argentario s. Cristofani, *Etr*, S. 54. Zu einem Urnengrab aus dem 10. oder 9. Jh. v. Chr. siehe *L'età del ferro nell'Etruria marittima*, 1965, S. 28, Nr. 4.

25 A. Mori, *Bollettino della Reale Società Geografica Italiana*, Ser. 6, VIII (1931), S. 534. Heute verbindet ein Damm den Argentario mit Orbetello. Die westliche der beiden aus Sanddünen bestehenden Landengen endet an der Albegnamündung.

26 Z. B. Karten aus den Jahren 1573 (Siena), 1617 (Amsterdam, Hondius), 1815 (Bayerische Staatsbibliothek München), F. W. Hase, *Röm. Mitt.* LXXIX (1972), Abb. 81.

27 Pfiffig, S. 92.

28 M. Pasquinucci, *EC*, S. 120, 128.

29 M. Pasquinucci, *EC*, S. 119.

30 P. Bocci-Pacino, *Princeton Encyclopaedia of Ancient Sites*, 1976, S. 653; Plinius, *NH*, III, 5, 51 spricht von *Cosa Volcientium.*

31 Strabo, V, 2, 8, 225; Cristofani, *AE*, S, 84; M. Cristofani Martelli, *GICW*, S. 213; M. Torelli, *EC*, S. 13. Bei Montalto Marina unmittelbar an der Mündung sind einige Funde aus der Römerzeit gemacht worden, nicht aber aus der Frühzeit.

32 Forum Aurelii lag in der Nähe des heutigen Montalto di Castro.

33 R. T. Ridley, Klio, LVII, 1975, S. 147–177; F. Zevi, *Omaggio à P. Bianchi Bandinelli*, 1970, S. 65–73.

34 Cristofani, *Etr*, S. 85. Es fehlt das gemalte Porträt einer Frau an der gegenüberliegenden Wand; Brendel, S. 412.

35 G. Radke, *Klio*, LVI, 1974, S. 46; T. N. Gantz, *Historia*, XXIV, 1975, S. 552f. Über die abweichende Überlieferung siehe Fn. 37.

36 J. Heurgon, *Comptes-rendus de l'Académie des Inscriptions*, 1953, S. 92ff.; *Latomus*, XII, 1953, S. 402–417; W. V. Harris, *Rome in Etruria and Umbria*, 1971, S. 26ff.; A. Garzetti, *From Tiberius to the Antonines*, 1974, S. 589, 739.

37 H. Dessau, *Inscriptiones Latinae Selectae*, 212 (paraphrasiert und geändert von Tacitus, *Annalen*, XI, 23–35).

38 M. Grant, *Roman Myths*, revid. Auflage 1973, S. 159f.

39 M. Pallottino, *Comptes-rendus de l'Académie des Inscriptions*, 1977, S. 216–235.

40 E. Benveniste, *Revue des études latines*, X, 1932, S. 429f., 436; L. Bonfante, *AJA*, LXXIII, 1969, S. 253.

41 Livius, IV, 3, 12; *DH*, IV, 2, 2, (Tanaquil).

42 Ähnl. Namen wie Masterna finden wir unter den Etruskern, die später in der röm. Armee gedient haben. Macstrna ist aber vielleicht der Titel eines Beamten in einem etrusk. Stadtstaat (wie auch Lars Porsenna?) – besonders da es die einzige auf den Gemälden im François-Grab genannte Person ist, die keinen Vornamen hat. Wenn das so ist, dann ist das Wort vielleicht mit dem röm. *magister* oder dem griech. *mestor* (Koordinator) verwandt; R. T. Ridley, *Klio*, LVII, 1975, S. 164f.

43 J. Gagé, *Latomus*, XXXII, 1973, S. 6f.

44 Festus (W. M. Lindsey Hrsg.), 1913, S. 486.

45 M. Pallottino, *SE*, XIII, 1939, S. 456ff. (Auch ein König von Veii hatte einen ähnlichen Namen, Vibe). Vibenna hat auf seinem Weg nach Rom viell. auch das Heiligtum in Veii besucht.

46 Arnobius, VI, 7; M. Grant, *Roman Myths*, revid. Aufl., 1973, S. 183. Arnobius vermutet außerdem, der Capitolinische Hügel sei nach seinem Kopf *(caput)* so benannt worden.

47 Brendel, S. 413; A. de Agostino, *Il Museo Archeologico di Firenze*, 1968, S. 104f. Die Geschichte ist eine der zahlreichen Varianten eines bekannten Themas über die Gefangennahme eines heiligen Propheten mit der Absicht, ihn zu nützl. Aussagen zu zwingen.

48 *Chronographia Urbis Romae* (354

n. Chr.); T. Mommsen, *Chronica Minora*, I (1892).

49 Plinius, *NH*, III, 5, 52 (*Volcentani cognomine Etrusci*).

50 Richardson, S. 149.

51 Brendel, S. 380; Torelli, *ET*, S. 85.

52 Das ist der anderen Auffassung vorzuziehen, nach der man die römischen Opfer der Bürger Vulcis mit den troianischen Opfern des Achilleus vergleichen könnte – da die Römer troianischer Herkunft seien.

53 R. Carpenter, *Folktale, Fiction and Saga in the Homeric Epics*, 1962, S. 63–67; auch besprochen bei G. K. Galinsky, *Aeneas, Sicily and Rome*, 1969, S. 121f. und Fn. 48.

54 W. Fuchs, *Aufstieg*, I, 4 (1973), S. 63. Zu diesen Berichten s. a. N. Horsfall, *JRS*, 1973, S. 78f.

55 Lykophron, *Alexandra*, 1238–1239; Plutarch, *Romulus*, 21.

56 M. Torelli, *DA*, VII, 1973, S. 400; F. Castagnoli, *PP*, XXXII, 1977, S. 355; J. Riis, *Entretiens Hardt*, XIII, 1966, S. 71. In Politorium hat man sich schon zu sehr früher Zeit damit beschäftigt.

57 J. Gagé, *Mélanges de l'Ecole Française à Rome*, XLVI, 1929, S. 130.

58 L. Pareti, *SE*, V, 1931, S. 154f.

59 D. Ridgway, *JRS*, LXVI, 1976, S. 209; *Aspetti*, S. 291.

60 Vergil, *Aeneis*, X, 168.

61 Pfiffig, S. 97.

62 B. d'Agostino, *SE*, XXXIII, 1965, S. 676f.

63 C. Battisti, *SE*, XXXII, 1964, S. 24ff.

64 Der Elefant läßt vermuten, daß es sich um eine antirömische Ausgabe unter Hannibal handelt. H. H. Scullard, *The Elephant in the Greek and Roman World*, 1974, S. 72.

65 Scullard, S. 211f.

66 Cristofani, *AE*, S. 62. Bei Quinto Fiorentino hat man ein vergoldetes Straußenei aus Vulci gefunden, das vor 600 v. Chr. dorthin gekommen sein muß.

67 W. V. Harris, *Rome in Etruria and Umbria*, 1971, S. 82f. (Tiberius Coruncanius).

11. Vetulonia

1 Die Nekropole von Massa Marittima gehörte zu Vetulonia. G. Camporeale, *I commerci di Vetulonia, in età orientalizzante*, 1969, S. 11, Fn. 1.

2 Brendel, S. 44.

3 M. Pasquinucci, EC, S. 109.

4 Banti, S. 136.

5 F. M. von Hase, *Röm. Mitt.* LXXIX, 1972, S. 153ff.

6 Brendel, S. 462, Fn. 9.

7 J. Jully, *Opuscula Romana*, VI, 1968, S. 52.

8 Banti, S. 134. Es gibt auch territoriale Überschneidungen in beiden Techniken.

9 R. A. Higgins, *Greek and Roman Jewellery*, 1961, S. 18f., 135, 138.

10 A. Boethius und J. B. Ward-Perkins, *Greek and Roman Architecture*, 1970, S. 57, 91.

11 G. Buonamici, *SE*, V, 1931, S. 393 (Hinweise); M. Pallottino, *Testimonia Linguae Etruscae*, 2. Aufl., 1968, S. 59, Nr. 363 (über die Widmungsformeln s. Pallottino, *Etr*, S. 220, 230; Hus, *SO*, S. 162). Über die Hirumina-Interpretation s. Scullard, S. 223.

12 M. del Chiaro, *Etruscan Ghiaccio Forte*, 1976, S. 36, Fn. 58.

13 M. Cristofani, *Aufstieg*, I, 2, 1972, S. 469.

14 Banti, S.112; M. Pasquinucci, *EC*, S. 131. Ein Kessel aus Marsiliana, auf dem ein Alphabet eingeritzt ist (Banti, S. 116f. und Hus *SO*, Abb. 49) wird jetzt auf die Zeit um 670–650 v. Chr. datiert.

15 Strong, S. 35.

16 M. del Chiaro, *Etruscan Ghiaccio Forte*, 1976, S. 17, 35, 38.

17 Plinius, *NH*, III, 5, 51; Cristofani, *AE*, S. 137.

18 G. Colonna, *SE*, XLI, 1973, S. 45.

19 G. Colonna, *Mél. Heurgon*, S. 151.

20 G. Camporeale, *I commerci di Vetulonia in età orientalizzante*, 1969, S. 28ff.

21 Münzen: F. Catalli, *CISME*, S. 142ff. Monument: G. Camporeale, *I commerci di Vetulonia in età orientaliz-*

zante, 1969, S. 118. L. Banti, *SE,* V, 1931, S. 185 und Abb. 14. Außerdem genoß auch der Gott des Wassers, Nethuns (Poseidon, Neptun), besondere Verehrung in Vetulonia. E. Macnamara, *The Everyday Life of the Etruscans,* 1973, S. 155f.

22 R. Bianchi Bandinelli und A. Giuliano, *Etruschi e Italici prima del dominio di Roma,* 2. Aufl., 1976, S. 65, Abb. 70; M. Guido, *Sardinia,* 1963, S. 177f.; M. Pasquinucci, *EC,* S. 109; S. von Reden, *Die Etrusker,* 1978, S. 239.

23 Strabo, V, 2, 7, 124, 225.

24 In der Zeit von 600 v. Chr. bis 100 n. Chr. lag der Meeresspiegel um 1 m höher als heute; Cristofani, *Etr,* S. 10. Ombrone: V. J. Bruno, *Archaeology,* XXVI, 1973, S. 198–212.

25 Cicero, *Zur Verteidigung des Milo,* XXIV, 74.

26 C. B. Curri, *Forma Italiae,* Region VII, Bd. 5, Vetulonia I; s. a. G. Camporeale, *I commerci di Vetulonia in età orientalizzante,* 1969, S. 115. Castiglione de la Pescaia an der Brunamündung könnte auch ein zu Vetulonia gehörender Hafen gewesen sein.

27 Silius Italicus, *Punica,* VIII, 483ff. – aber auf dem Grabstein des Avle Feluske ist es eine Doppelaxt, während die röm. Axt einfach ist. G. Radke, *Klassische Sprache und Literatur,* VI, 1971, S. 89, meint, diese Embleme seien unter etrusk. Herrschaft in Rom entstanden. Es ist unwahrscheinlich, daß Vetulonia im 6. Jh. v. Chr. zu einem gegen Rom gerichteten norditalischen Bündnis gehört hat (S. 278).

28 Politorium: A. Bedini und F. Cordano, *PP,* XXXII, 305 (mit Vorbehalt S. 309). Praeneste etc.: Banti, S. 257. Ähnliche Vasengriffe hat man auch in Marsiliana gefunden.

29 M. Cristofani Martelli, M. A. Fugazzola Delpino und P. B. Pacini, *EM* (im Druck).

30 Strabo, V, 2, 6, 223; Plinius, *NH,* III, 5, 50.

31 M. Cristofani Martelli, *CISME,* S. 103f.

32 Heurgon, S. 73.

33 M. Pasquinucci, *EC,* S. 99. In Populonia gibt es Gräber mit Sockelplatten (Ende d. 7. bis Anf. d. 6. Jhs. v. Chr.), in die man durch Gänge kommt, vor denen gepflasterte Vorräume angelegt sind. Im 6. Jh. v. Chr., als die Feuerbestattung allmählich von der Erdbestattung verdrängt wurde (hier folgte man dem Beispiel des südlichen Etruria), entstand ein neuer Grabtypus. Einige dieser Gräber haben die Form eines rechtwinkligen Schreins.

34 *DH,* III, 51; Servius über Vergil, *Aeneis,* X, 172; besprochen bei C. Battisti, *SE,* XXVII, 1959, S. 391ff.

35 Hus, *SO,* S. 63.

36 J. Jehasse, *EM,* (im Druck). Über die Beziehungen von Populonia zur Westküste von Korsika s. Cristofani, *Etr,* S. 67f.

37 M. Cristofani Martelli, *CISME,* S. 103. Auch auf Elba gab es eine alte Befestigung mit Namen Volterraio; M. Zecchini, *Gli Etruschi all'isola d'Elba,* 1978, S. 51, 195, 199.

38 Hus, *SO,* S. 64.

39 Strong, S. 35.

40 G. Camporeale, *I commerci di Vetulonia in età orientalizzante,* 1969, S. 50f.

41 Als Zahlungsmittel verwendete Objekte aus Bronze: S. Sorda, *CISME,* S. 61, 63, 67. Über Barren aus der Mitte des 6. Jhs. v. Chr. mit Prägungen (›trockener Zweig‹) s. Cristofani, *Etr,* S. 68. Private Münzprägungen ebenda.

42 Vetulonia: L. Camilli, *CISME,* S. 181ff. Populonia: T. Hackens, *CISME,* S. 220. Volaterrae: F. Catalli, *CISME,* S. 141ff. Andere Silbermünzen des ›Aureol-Typs‹ (so benannt nach der franz. Fundstelle eines Silberschatzes) könnten in Etruria oder Massalia geprägt worden sein; M. Cristofani Martelli, *CISME,* S. 87.

43 L. Breglia, *CISME,* S. 85; das Problem wird im gleichen Band mehrmals besprochen. S. a. E. Specht, *Litterae numismaticae Vindobonensis Roberto Goebl dedicatae,* 1979 (spätes 4. oder frühes 3. Jh. v. Chr.).

44 M. Boni und F. Ippolito, *CISME*, S. 52ff.
45 T. Hackens, *CISME*, S. 264; s. a. W. B. Warden, *Journal of Numismatic Fine Arts*, V, 1, Mai–Juni 1976, S. 1ff.
46 Zum Beispiel Lampsacus an der Propontis (Marmarameer); M. Cristofani Martelli, *CISME*, S. 99, 100, 104.
47 Der Name ›Vetalu‹, der zusammen mit ›Pupluna‹ (Populonia) auf Münzen aus dem 3. Jh. v. Chr. erscheint, bedeutet u. U. nicht, wie vermutet, Vetulonia (M. Cristofani, *Mél. Heurgon*, I, S. 209ff.) – das auf anderen Münzen als ›Vatl‹ erscheint –, sondern ist die etrusk. Schreibweise für ›Aethalia‹ (Elba). M. Pallottino, *CISME*, S. 367. Doch U. Coli, *Nuovo saggio di lingua etrusca*, 1966, S. 36 und M. Zecchini, *Gli Etruschi all'isola d'Elba*, 1978, S. 9, 95, 99, meinen, der auf einer caeretanischen Inschrift gefundene Name ›Eitale‹ sei die etrusk. Bezeichnung für Elba. Über die große Zahl etrusk. Fundstellen dort s. Zecchini, S. 8ff.
48 Diodoros Siculus, XI, 88, 4f.
49 M. Zecchini, *Gli Etruschi all'isola d'Elba*, 1978, S. 12.
50 D. Ridgway, *AR*, 1967/68, S. 45; V. Melani und M. Vergari, *Roselle*, I, 1974, S. 15.
51 M. Pasquinucci, *EC*, S. 112.
52 Brendel, S. 447, Fn. 2. Rusellae hat viell. auch die etrusk. Siedlung Heba (Magliano) 12 km landeinwärts von Vetulonia übernommen; Pasquinucci, *EC*, S. 129.
53 Livius, XXVIII, 45, 18 (Beitrag zu Scipio Africanus im Zweiten Punischen Krieg, 205 v. Chr.).
54 T. Hackens, *CISME*, S. 230–233; M. Pallottino. *CISME*, S. 367.
55 T. Hackens, *CISME*, S. 262f.; vgl. Abb. 35, Nr. 5, mit *JHS*, 1946, Abb. 5, Nr. 2 und 3. M. Segré meint, es habe eine metrologische Beziehung zu Korkyra bestanden; *Metrologia e circulazione monetaria*, 1928, S. 307; s. a. über die Beziehungen zwischen Korkyra und Naxos in C. T. Seltman, *Greek Coins*, 2. Aufl. 1955, S. 71.
56 Über die Beziehungen früher etruskischer Prägeanstalten zu den Erzbergwerken s. A. Stazio, *EM*, (im Druck). T. Hackens meint, Funde in Vulci wiesen auf Thezi-Thezle hin (*CISME*, S. 231), aber man könnte sich auch mehr als nur eine Prägeanstalt vorstellen (S. 266) – obwohl die fast gleichlautenden Münzinschriften vermuten lassen, daß es nur eine gegeben hat. M. Cristofani, *CISME*, S. 359, stellt epigraphische Ähnlichkeiten mit Münzen aus Vulci und Caere fest. Funde aus dem Gebiet am See Prilius könnten die gleichen Analogien ergeben.
57 Der numismatische Nachweis für den etruskischen Namen Tlamu(n) läßt sich jetzt nicht mehr einwandfrei erbringen. M. Cristofani, *CISME*, S. 356, widerspricht W. V. Harris, *Rome in Etruria and Umbria*, 1971, S. 206, Fn. 8.
58 R. Naumann, *Röm. Mitt.* LXX, 1963, S. 39–43. Münzen aus Vetulonia, Populonia und (dem römischen) Cosa sind auch in Telamon gefunden worden. M. Cristofani, *CISME*, S. 356.
59 Cristofani, *Etr*, S. 15.
60 Livius, X, 37, 3; W. V. Harris, *Rome in Etruria and Umbria*, 1971, S. 75.

12. Volaterrae

1 M. Pasquinucci, *EC*, S. 72.
2 D. Ridgway, *AR*, 1973/74, S. 55.
3 M. Pasquinucci, *EC*, S. 73. M. Pallottino, *Etudes étrusco-italiques*, 1963, S. 145f., entdeckt in Xanthos in Lykia (südliches Kleinasien) einen Präzedenzfall.
4 Über den Lorenzini-Kopf siehe M. Cristofani, *GICW*, S. 195f.
5 Über die kaum individualisierten ›Quasi-Porträts‹ s. Brendel, S. 387, 393, 395.
6 Über die bekannten Tore aus späterer Zeit s. E. Fiume, *Volterra*, 1977, S. 16, 19.
7 Brendel, S. 351.

8 J. Oleson, *Latomus*, XXXIII, 1974, S. 870–873.

9 Casale Marittimo (Cassalmarittimo): Banti, S. 152, 261, Abb. 71a; P. Bargellini, *L'arte etrusca*, 3. Aufl., 1958, Abb. 5 und 22. Montescudaio: Banti, S. 152, 262, Abb. 72a; F. Nicosia, *SE*, XXXVII, 1969, S. 369ff. Im Norden: Casaglia, ein Grab mit falscher Kuppel; M. Pasquinucci, *EC*, S. 92.

10 Rutilius Namatianus, *On His Return*, S. 457ff.

11 In Ghinchia und Le Pompe. G. Monaco, *Princeton Encyclopaedia of Classical Sites*, 1967, S. 210. Man hat auch bei Belora an der Küste eine etrusk. Begräbnisstätte gefunden. Castiglioncello: M. Pasquinucci, *EC*, S. 90.

12 Polybios, III, 79, 8.

13 Funde am Fluß Era: Laiatico (Grabstein a. d. 6. Jh. v. Chr.), Terricciola (Gräber), Lari (einige Gräber a. d. 7. Jh. v. Chr.). Bientina: *La Nazione*, 10. 3. 1979; M. Zecchini, *Gli Etruschi all'isola d'Elba*, 1978, S. 217f., 223f., 229.

14 R. A. Higgins, *Greek and Roman Jewellery*, 1961, S. 138, 141f., 144.

15 G. d'Achiardi, *SE*, I, 1927, S. 414, hält Lucca für eine Bergbaustadt. Man hat im Serchiotal bei Ponte a Moriano etruskische Gegenstände gefunden. P. Menacci und M. Zecchini a.a.O., S. 205; 1979 hat man bei Ausgrabungen etruskische Tunnel bei Coreglia Antelminelli entdeckt.

16 Banti, S. 5, 155; aus Busca (Pinerolo).

17 Cristofani, *AE*, S. 122.

18 In Montecalvario, I. Krauskopf, *Der thebanische Sagenkreis*, 1974, S. 14–17; Brendel, S. 451.

19 J. J. Reich, *GICW*, S. 255.

20 M. Pasquinucci, *EC*, S. 77.

21 Padule di Fucecchio. Hier brauchte Hannibal 217 v. Chr. vier Tage zum Übersetzen seiner Armee.

22 A. Tracchi, *SE*, XXXIX, 1971, S. 153f. – 66 Ortschaften am oberen Arno, Val d'Ambra u. d. obere Tal des Ombrone Pistoiese (s. Anm. 23).

23 V. S. Tacconi, *Territorio e architettura etrusca a Sesto Fiorentino*, 1978, S. 39f., 47, 50. Der Fluß Ombrone Pistoiese (nicht der Ombrone in Mittelitalien) am Monte Albano Fiorentino (das ist nicht der Monte Albano in Latium) floß bei Pistoria (Pistoia) in den Arno.

24 Tacconi, S. 39f., 61; M. Pasquinucci, *EC*, S. 39f.; Cristofani, *HE*, Abb. 111 (ein ähnlicher Grabstein wie der des Avle Tite in Volaterrae).

25 Nach einer Berichtigung des Textes einer Stelle in Ciceros *Briefe an Atticus*, I, 19, 4, bezeichnete er dieses Volk als die *Artemini*. F. Nicosia, *Il tumulo di Montefortini e la Tomba dei Boschetti a Comeana*, 1966; D. Ridgway, *AR*, 1967/68, S. 44.

26 Tacconi, S. 88ff.; F. Chiostri und M. Mannini, *Le tombe a tholos di Quinto*, 1969.

27 Banti, S. 155, 157.

28 Tacconi, S. 65, 68 Fn. 72.

29 M. Pasquinucci, *EC*, S. 31.

30 Hus, *SO*, S. 72.

31 Banti, S. 159.

32 L. B. Curri, NS, 1976/77, S. 93–112; Zacconi, S. 58. Der Mugello war die Basis des Oberlaufs des Flusses Sieve. Ein anderer Verkehrsweg führte weiter westl. den Mugello hinauf, und zwar unweit des Flusses Bisenzio (der nichts mit der Stadt gleichen Namens am Bolsenasee zu tun hat).

33 F. Nicosia, *Aspetti*, S. 55f.

34 Brendel, S. 282, 373.

35 Scullard, S. 169; Banti, S. 8.

36 W. V. Harris, *Rome in Etruria and Umbria*, 1971, S. 61, 66.

13. Clusium

1 Brendel, S. 64ff.

2 M. Cristofani Martelli, *SE*, XLI, 1973, [S. 117f.

3 Cristofani, *AE*, S. 46.

4 Banti, S. 163; Richardson, S. 141. Die Hauptbegräbnisstätte von Clusium ist Poggio Renzo.

5 R. D. Gempler von Diemtigen, *Die etruskischen Kanopen*, 1975. Die Krüge werden irrtümlich als *canopi* bezeichnet, da sie zufällig Krügen aus Kanopos in Unterägypten ähnlich se-

hen, in denen die Eingeweide von Mumien beigesetzt wurden.

6 Brendel, S. 109, 130.

7 Ein bedeutender Ort für die Herstellung von Gegenständen aus Bronze auf dem Gebiet von Clusium war Brolio. A. Hus, *Les bronzes étrusques*, 1975, S. 72ff.

8 Brendel, S. 95ff; die ersten Stücke stammen vielleicht aus einer etwas früheren Zeit. Über eine Zweigstelle dieser Schule in Chianciano s. Pallottino, *Etr*, Abb. 65 u. S. 287; Mansuelli, Fig. 50 u. S. 130.

9 Brendel, S. 207f.

10 Der erste Einfluß kam über verschiedene Vermittler aus Kreta. Dazu s. L. Bonfante, *Studi Banti*, S. 81ff.

11 Brendel, S. 137. Es gab auch einige provinzielle Varianten.

12 Banti, S. 171. Die Erzeugnisse von Caere waren *bucchero sottile*, die von Clusium *bucchero pesante*.

13 Varro in Plinius XXXVI, 19, 91ff.; G. A. Mansuelli, *Mél. Heurgon*, II, S. 626.

14 Tomba di Arunte oder degli Orazi oder degli Orazi e Curiazi.

15 A. B. Cook, *JHS*, XXII, 1902, S. 19.

16 M. H. Crawford, *Roman Republican Coinage*, I, 1974, S. 242f. (Die Minucische Säule wird auf 439 v. Chr. datiert, doch das ist nicht mit Sicherheit nachzuweisen; sie kann auch aus einer späteren Zeit stammen.)

17 M. Pasquinucci, *EC*, S. 59.

18 Hus, *SO*, S. 59.

19 Z. B. Pania-Grab, Brendel, S. 64ff., 205, 459, Fn. 4.

20 Columella, II, 6, 3; Livius, XXVIII, 45, 18; Strabo, V, 2, 9; Cristofani, *Etr*, S. 51.

21 G. Bonfante, *Arezzo e gli Etruschi*, 1976.

22 Strabo, V, 2, 9, 226. Über Bewässerungsanlagen s. Tacitus, *Annalen*, I, 79.

23 Banti, S. 173.

24 Cristofani, *AE*, S. 128; Richardson, S. 60f. (Statuetten).

25 G. Colonna, *CISME*, S. 19. Arretium war die einzige etruskische Stadt, die Scipio Africanus 205 v. Chr. mit Metall beliefert hat. Livius, XXVIII, 45.

26 Brendel, S. 327.

27 M. Pasquinucci, *EC*, S. 42; M. Cristofani, *XI. Int. Congr.*, S. 46. In Clusium ist der Einfluß des ionischen Stils später fühlbar geworden als in den Städten an der Küste.

28 Nach Torelli, *ET*, 44.

29 Livius X, 3, 2; W. V. Harris, *Rome in Etruria and Umbria*, 1971, S. 115.

30 Hus, *SO*, S. 60; Richardson, S. 2; N. Horsfall, *JRS*, LXIII, 1973, S. 68ff.; L. R. Taylor, *Proceedings of the American Academy at Rome*, II, 1923, S. 191; A. Neppi Modona, *Cortona etrusca e romana nella storia e nell'arte*, Neuaufl. 1977, S. 3–8. Die Verwechslung mit Kroton war die Ursache für das Entstehen der eigenartigen Geschichte, der griechische Philosoph Pythagoras von Samos sei nach Cortona gekommen (Vacano, S. 50; Hus, *SO*, S. 241).

31 Das größte Hügelgrab ist der Melone di Camucia mit einem etwas vom regulären Typ abweichenden ›falschen Gewölbe‹. M. Pasquinucci, *EC*, S. 51f.

32 M. Pasquinucci, *EC*, S. 49.

33 Brendel, S. 289; P. Bruschetti, *Il lampadario di Cortona*, 1979.

34 Livius, IV, 52, 6. Bis nach Orte, Orvieto oder sogar noch weiter: Strong, S. 12; Banti, S. 122.

35 Plinius, *NH*, III, 14, 113; Pallottino, *Etr*, S. 93.

36 Die ursprüngl. phönikische Gottheit Sethlans wurde in Perusia verehrt. Strabo, V, 1, 10, 216; Pallottino, *Etr*, S. 93.

37 Etruskisierung in Tuder (Todi), Vettona (Bettona) und Cagli: Pallottino, *Etr*, S. 101.

38 Die ›Loeb-Dreifüße‹ aus Marsciano zeigen den Einfluß der etruskischen Kunst in Umbria. Brendel, S. 162. Hervorragende Reliefs auf einem etruskischen Streitwagen aus Monteleone zeigen korinthische und ionische Elemente; Brendel, S. 151.

39 M. Pasquinucci, *EC*, S. 67. Die Mau-

ern in Perusia bestehen aus Travertin.

40 Z. B. der Ipogeo dei Volumni, der die Begeisterung von G. Dennis für die etrusk. Kultur geweckt hat und den er später in seinem Buch *Cities and Cemeteries of Etruria* beschreibt und abbildet.

41 D. Ridgway, *AR*, 1973/74, S. 52; s. a. R. A. Staccioli, *Aspetti*, S. 207–215.

42 Plinius, *NH*, II, 54, 140. Richardson, S. 223, bezweifelt, daß hier die gleiche Person gemeint ist.

43 R. Turcan, *Mél. Heurgon*, II, S. 1016. In Volsinii befand sich das bedeutende Heiligtum einer Göttin mit Namen Nortia: Banti, S. 119, 121; Vacano, S. 12, 18, 40, 83. Hier hatten sich die Bewohner auf Kulte spezialisiert, die der Unterwelt galten; Cristofani, *Etr*, S. 104.

44 G. Colonna, *CISME*, S. 13.

45 G. Colonna, *SE*, XLII, 1974, S. 3–24. Hier hat man auch umbrische Objekte gefunden.

46 W. Johannowsky, *SE*, XXXIII, 1965, S. 698; J. Heurgon, *Recherches sur l'histoire de la religion et la civilisation de Capoue préromaine*, 1942, S. 70ff., 130ff.

47 J. Hackens, *CISME*, S. 261.

48 Zonaras, VIII, 7, 4. Eine Inschrift im Golini-Grab erwähnt vielleicht die Ernennung eines Bürgers von Volsinii zum Beamten durch die Römer: J. Heurgon, *Colloquio su Roma medio-repubblicana*, Rom, April 1973.

49 Nordwestl. von Volsinii lag das etrusk. Acquapendente (oberhalb der Paglia) mit sehr ähnl. Keramiken. Auch in Bomarzo am Fluß Vezza läßt sich ein starker volsinischer Einfluß erkennen. Viterbo (Vicus Elbii) war viell. das etrusk. Sur(i)na und das röm. Surrina. Ferento war zuerst eine etrusk. Stadt und dann das röm. Ferentium oder Ferentinum.

50 D. Ridgway, *AR*, 1973/74, S. 51; Cristofani, *AE*, S. 64. Nur wenig später sind solche Ornamente unter ionischem Einfluß überall in Etruria angebracht worden.

51 M. Cataldi und F. Boitani, *EC*, S. 263.

52 Es gibt weiter südl. ein Miniera di Murlo.

53 Banti, S. 154; L. Bonfante, *Prospettiva*, XVII, April 1979, S. 33.

54 M. Cristofani, *Prospettiva*, I, April 1975, S. 10; *AE*, S. 63; R. A. Staccioli, *Mél Heurgon*, II, S. 960f.; K. J. Phillips, *Poggio Civitate: Catalogo della Mostra* (Florenz-Siena), 1970, S. 21, hält das Gebäude für einen Tempel.

55 M. Pasquinucci, *EC*, S. 85.

56 R. Bianchi Bandinelli, *DA*, VI, 1972, S. 236–247; K. J. Phillips, *Poggio Civitate*, S. 25ff. T. N. Gantz, *SE*, XXXIX, 1971, S. 3f. identifiziert zwei Triaden von Gottheiten, es könnte sich aber auch um Menschen handeln.

57 L. Bonfante, *Archaeological News*, V, 4 (1976), S. 99; *Etruscan Dress*, 1976, S. 88, 153, Fn. 24.

58 Cristofani, *Etr*, S. 30.

59 J. P. Small, *SE*, XXXIX, 1971, S. 26–61.

60 Livius, I, 35; R. C. Bronson, *Studi Banti*, S. 104.

61 L. Bonfante, *Archaeological News*, V, 4 (1976), S. 99; Brendel, S. 457, Fn. 13 und 14, weist auf zypriotische Parallelen hin.

62 M. Pasquinucci, *EC*, S. 85.

63 Servius über Vergil, Aeneis, X, 198. Die Gründer von Bononia und Mantua und die von Perusia werden hier als Ocnus bzw. Aulestes bezeichnet.

64 G. Camporeale, *Aspetti*, S. 124; L. Bonfante, *Archaeological News*, V, 4 (1976), S. 104.

65 L. Bonfante, *Prospettiva*, XVII (April 1979), S. 32. M. Cristofani, *Atti del Colloquio sul tema l'Etrusco arcaico*, 1974, 1976, S. 26; *IBR*, S. 378, 388.

66 Brendel, S. 281.

67 Banti, S. 247.

68 S. a. L. Bonfante, *GICW*, S. 194 (die *situlae* – Kübel – im Norden). Heiligtümer in Bononia und Arretium scheinen zueinander in Beziehung gestanden zu haben.

69 Livius, V, 33, 2.
70 J. Gagé, *Mélanges d'archéologie et d'histoire de l'Ecole Française de Rome*, 1976, S. 23; R. M. Ogilvie, *Commentary on Livy, Books 1–5*, 1965, S. 255.
71 Velleius Paterculus, I, 7.
72 Strabo, V, 3, 6, 233; Plinius, *NH*, III, 5, 59.
73 Vergil, *Aeneis*, X, 655 und 167-168f.
74 M. Pallottino, *SE*, XXXIV, 1966, S. 427; G. Colonna, *SE*, XLI, 1973, S. 69.
75 A.G. McKay, *Vergil's Italy*, 1970, S. 88.
76 G. Radke, *Klio*, LVI, 1974, S. 47; von Pallottino, *Etr*, S. 129, bezweifelt (aber s. a. S. 134).
77 T. B. Macaulay, *Horatius*, XXII.
78 *DH*, V, 36, 1; Plinius, *NH*, II, 54, 140; Vacano, S. 126.
79 Tacitus, *Historiae*. III, 72; Plinius, *NH*, XXXIV, 39, 139; *DH*, V, 35, 1.
80 E. Gjerstad, *Opuscula Romana*, VII, 1967/69, S. 417.
81 R. M. Ogilvie, a.a.O.
82 *DH*, V, 34, 2 (oder seine Quelle) haben diese Schwierigkeit bemerkt und daher einen Streit zwischen ihnen erfunden.
83 Heurgon, S. 159.
84 Plutarchos, *Poplicola*, 19, 11; M. Grant, *Roman Myths*, revid. Neuaufl. 1973, S. 200.
85 *DH*, V, 36, 3; 37, 1. Das hatte den Tod des Sohnes von Porsenna, Arruns, zur Folge.
86 Livius, V, 35, 4.
87 Livius, V, 33, 3; M. Sordi, *Rivista storica dell'antichità*, VI–VII, 1976/77, S. 111ff.
88 Heurgon, S. 182. Die Gallier sind bei ihren Angriffskriegen gegen Etruria und Rom vielleicht von Syrakus mit Geld unterstützt worden.
89 M. Grant, *Roman Myths*, a.a.O., S. 76.
90 R. M. Ogilvie, *Commentary on Livy, Books 1–5*, 1965, S. 699. Heurgon räumt zwar ein, daß es Beziehungen zwischen Clusium und Rom gegeben hat, bestreitet aber das Hilfeersuchen Clusiums an Rom.

14. Veii

1 Potter, S. 78.
2 H. Jucker, *Gnomon*, XXXVII, 1965, S. 305. Das ›falsche Gewölbe‹ nähert sich in seiner späteren etrusk. und röm. Form der Bauweise des echten Gewölbes.
3 Brendel, S. 122.
4 Banti, S. 54.
5 *DH*, II, 54.
6 L. Vagnetti, *Il depositivo votivo di Campetti a Veio*, 1971, S. 185 (neue Klassifizierung der Stile).
7 Brendel, S. 242. Der vor 30 Jahren gefundene rechte Arm des Apollon verlieh der Figur einen neuen Ausdruck.
8 O. W. von Vacano, *Aufstieg*, I, 4, 1973, S. 528. Ob es sein Vor- oder Familienname war, ist ungewiß.
9 Plinius, *NH*, XXXV, 157 (Varro).
10 Cristofani, *AE*, S. 95, 102.
11 Potter, S. 85, 87; Cristofani, *Etr*, S. 48. Der Ponte Sode trennte das etruskische Veii vom Monte Michele im Norden. Er hatte Löcher im Dach, durch die das von oben kommende Wasser abfließen konnte.
12 Potter, S. 86. Die Römer bezeichneten diese Kanäle als *cuniculi*.
13 Strabo, V, 2, 6, 223 hat vielleicht an Veii gedacht, wenn er zu sehr verallgemeinert und sagt, es hätte den Etruskern an Häfen gefehlt. Portus Ostiensis am Nordufer entstand erst viel später zur römischen Kaiserzeit.
14 *Saline* bei Volaterrae, an den Mündungen der Flüsse Albegna und Mignone, erbrachte, wenn es damals schon in Betrieb gewesen sein sollte, viel weniger; das Salz aus Taras wurde besonders geschätzt (R. J. Forbes, *Studies in Ancient Technology*, VII, 1963, S. 161); Es gab auch Salz auf Sardinien (R. C. Raspi, *Storia della Sardegna*, 3. Aufl., 1977, S. 135.)
15 Forbes, S. 161.
16 *DH*, II, 55, 5.
17 Strabo, V, 2, 9, 226.
18 Potter, S. 54.

19 Plinius, *NH*, III, 51; s. a. Strabo, V, 2, 9, 226.
20 Brendel, S. 247. Über Verbindungen zum Seegebiet von Salernum s. R. Bianchi Bandinelli und A. Giuliano, *Etruschi e Italici*, 2. Aufl. 1976, S. 2.
21 Vergil, *Aeneis*, VII, 695 (Aequi Falisci).
22 Z. B. der Tempel der Aphaea (einer der Artemis ähnlichen Göttin) in Aegina (510–490 v. Chr.); auch süditalienische Einflüsse, besonders aus Taras (Tarentum): M. Cataldi und F. Boitani, *EC*, S. 278. Auch korinthische Handwerker arbeiteten in Falerii.
23 Plinius, *NH*, III, 5, 51 (Cato).
24 Servius über Vergil, *Aeneis*, VIII, 285. Halaesus (oder Alaesus) war angebl. der Sohn des Neptun (Poseidon, Nethuns) und stammte aus Argos.
25 Potter, S. 42; Potter, *A Faliscan Town in Southern Etruria: Excavations at Narce 1966–1971*, 1976.
26 Brendel, S. 40.
27 Servius über Vergil, *Aeneis*, VII, 695f.
28 E. T. Salmon, *Samnium and the Samnites*, 1967, S. 35f., 54, 67, 145, 167, 178, 189; Livius, V, 34, 3f. (Gallier).
29 J. Heurgon, *Latomus*, XXVI, 1957, S. 18, Scullard, S. 111; Banti, S. 62; Potter, S. 74.
30 J. Heurgon, *Latomus*, XXVI, 1957, S. 13 (›ohne *ver sacrum*‹).
31 Z. B. die Kolonisierung von Korkyra durch die Euboier und anschließend durch die Korinther.
32 Livius, V, 8, 5.
33 T. N. Gantz, *Opuscula Romana*, X, 1974, S. 1–22.
34 Potter, S. 80.
35 Da der Aeneas-Kult im nahegelegenen Politorium nachgewiesen ist, könnte er auch über Veii und über Vulci, das dafür bedeutendste etrusk. Zentrum, nach Rom gekommen sein. Es ist möglich, daß die berühmte röm. Bronzeplastik, die Kapitolinische Wölfin, das Werk eines Schülers von Vulca aus dem 2. Viertel des 5. Jh. v. Chr. ist: O. W. von Vacano, *Aufstieg*, I, 4, 1973, S. 573; Brendel, S. 253; B. Andreae, *The Art of Rome*, 1978, S. 37, glaubt jedoch, das Werk sei nicht typisch etruskisch.
36 Bezweifelt von Varro, *De Lingua Latina*, V, 30; M. Sordi *Aufstieg*, I, 2 (1972), S. 787.
37 Nach Livius I, 33, 9, haben sie nach der Gründung von Ostia eigene Salzpfannen eingerichtet. Wenn das stimmt, dann waren sie aber nicht so ergiebig wie die am veientinischen Ufer.
38 Über die umstrittenen Septem Pagi am rechten Ufer s. Livius II, 55, 5 (der dieses Ringen vordatiert); J. Heurgon, *SE*, XLVI, 1978, S. 621.
39 Livius II, 15, 6.
40 R. M. Ogilvie, *Commentary on Livy, Books 1–5*, 1965, S. 359; dem widerspricht E. Badian, *JRS*, LII, 1962, S. 201.
41 Livius IV, 19, 5; Propertius, IV, 10; R. Hirata, *Annuario dell'Istituto Giapponese di Cultura in Roma*, X, 1972–73, S. 7–31.
42 Livius V, 1, 4–5, abgelehnt von R. M. Ogilvie, *Commentary on Livy, Books 1–5*, 1965, S. 632; E. Rawson, *JRS*, LXVIII, 1978, S. 134, Fn. 26, bezweifelt die obige Deutung.

Literaturverzeichnis

Antike Quellen

Wie wenig uns die antiken Quellen über die Etrusker sagen, faßt Massimo Pallottino wie folgt zusammen:

> In vieler Hinsicht müssen wir die Zivilisation von Etruria so betrachten und erforschen, als wäre es eine prähistorische Zivilisation, obwohl sie ganz in die historische Zeit gehört, denn wir sind hier fast ausschließlich auf ihre äußeren, materiellen Manifestationen angewiesen. Hier steht uns keine große literarische Tradition zur Verfügung, die uns helfen könnte, in das Denken, das Fühlen und die Lebensweise ihrer Schöpfer einzudringen, wie das bei den anderen großen Völkern der klassischen Welt möglich ist.[1]

Soweit wir von einer etruskischen Literatur sprechen können – und dazu gehören die meisten bekannten Inschriften in etruskischer Sprache – beschäftigt sie sich hauptsächlich mit religiösen Fragen und Riten. Hierher gehört auch die berühmte Dogmensammlung, die detaillierte und komplexe *Disciplina Etrusca*. Griechen und Römer haben geglaubt, sie stamme aus grauer Vorzeit, und Teile der *Disciplina* könnten in der Tat sehr alt sein,[2] aber das ganze Werk ist wahrscheinlich erst in der Zeit zwischen dem 4. und dem 2. Jahrhundert v. Chr. schriftlich niedergelegt worden,[3] als die späteren griechischen (hellenistischen) und babylonischen Einflüsse wirksam geworden waren. Die *Disciplina Etrusca* hat jedoch nicht überlebt, obwohl griechische und lateinische Schriftsteller häufig Bezug darauf nehmen.

Die etruskische Dichtung hat sich augenscheinlich erst in einer recht späten Zeit nach dem Vorbild des griechischen Dramas[4] entwickelt, und das gleiche gilt offenbar auch für die literarische etruskische Geschichtsschreibung wie etwa die *Toskanischen Historien*, die Varro im 1. Jahrhundert v. Chr. erwähnt.[5] Die historische und legendäre Überlieferung der Etrusker, die von der griechischen und römischen ganz unabhängig war, ist jedoch erhalten geblieben und an uns weitergereicht worden. In diesem Zusammenhang wären vor allem die Gemälde im François-Grab von Vulci und die Inschriften in Tarquinii *(elogia Tarquiniensia)* zu nennen. Diese Überlieferungen gründeten sich wahrscheinlich auf Familiengeschichten und Archive;[6] der etruskische Dichter Persius aus Volaterrae (34–62 n. Chr.) berichtet, daß seine aristokratischen Landsleute großen Wert auf ihre Abstammung legten.[7] Die einflußreichsten Berater des Augustus (31 v. Chr. bis 14 n. Chr.) und des Tiberius (14 bis 37 n. Chr.), Maecenas und Seianus,[8] waren Etrusker aus Arretium und Volsinii. Ihr Ansehen und Einfluß sorgten dafür, daß die glorreiche Vergangenheit des inzwischen romanisierten Etruria nicht in Vergessenheit geriet. Der römische Kaiser Claudius, dessen eine Frau, Plautia Urgulanilla, Etruskerin war, hat ein aus zwanzig Büchern bestehendes umfangreiches Werk in griechischer Sprache über ihr Volk geschrieben und ist deshalb von den Etruskern besonders verehrt worden,[9] aber auch diese Schriften sind verlorengegangen.

Unsere literarischen Quellen über die Etrusker sind daher mehr oder weniger zufällige Erwähnungen durch griechische und lateinische Verfasser. In diesem Buch haben wir die folgenden Quellen verwendet oder sie zitiert:

Griechische Quellen

Alkimos, 4. Jahrh. v. Chr. Historiker. Auf Sizilien geboren. In seinen Schriften, von denen nur Bruchstücke erhalten sind, kritisiert er das etruskische Wohlleben und erwähnt auch, daß Aeneas eine Frau mit Namen Tyrrhenia hatte.

Aristoteles, 384–322 v. Chr. Philosoph. Geboren in Stagira in Chalkidike (Makedonia). Verfasser zahlreicher Schriften, darunter *Politika.* Ihm wird auch ein Werk über etruskische Bräuche *(Turrhenon Nomima)* zugeschrieben.

Aristoxenos, geboren 378/360 v. Chr. Philosoph, Musiktheoretiker und Biograph. Geboren in Taras (Tarentum, Taranto in Südostitalien).

Athenaios, schrieb um 200 n. Chr. Geboren in Naukratis (Nabira) in Ägypten. Verfasser des enzyklopädischen *Gelehrten Gastmahls (Deipnosophistai).*

Diodoros Siculus, Ende des 1. Jahrhunderts v. Chr. Historiker. Geboren in Agyrion (Agira) auf Sizilien. Verfasser der *Bibliothek,* einer mit der Frühzeit beginnenden Weltgeschichte.

Dionysios von Halikarnassos, Ende des 1. Jahrhunderts v. Chr. Rhetoriker und Historiker. Geboren in Halikarnassos (Bodrum) in Karia (südwestliches Kleinasien). Verfasser von literaturkritischen Abhandlungen und einer Frühgeschichte Roms *(Romaike Archaiologia).* Er besaß angeblich genaue Kenntnisse über die Etrusker und plante die Herausgabe einer Monographie über sie.

Ephoros, um 405–330 v. Chr. Historiker. Geboren in Kyme (Namurtköy) in Aiolis, westliches Kleinasien. Zu seinen Werken gehört eine Universalgeschichte in dreißig Büchern, von denen die meisten verloren sind.

Heraklides Pontikos, 4. Jahrhundert v. Chr. Philosoph. Zu seinen nur noch in Bruchstücken erhaltenen umfangreichen Werken gehört das Buch *Verfassungen,* in dem er sich abfällig über den Luxus der Etrusker äußert.

Herodot, um 480–425 v. Chr. Historiker. Geboren in Halikarnassos (Bodrum) in Karia (südwestliches Kleinasien). Sein maßgebliches historisches Werk in neun Büchern beschreibt die griechisch-persischen Kriege und ihre Vorgeschichte. Er erwähnt lydische Berichte, denen zu entnehmen ist, daß die Etrusker lydischen Ursprungs waren.

Hesiod, um 700 v. Chr. Epischer Dichter. Geboren in Askra in Boiotia (Mittelgriechenland). Er soll die *Werke und Tage* und die *Theogonie* verfaßt und vorgetragen haben.

Homer, wahrscheinlich 8. Jahrhundert v. Chr. Epischer Dichter. Vielleicht in Chios oder Smyrna (Izmir) in Ionia (westliches Kleinasien) geboren. Verfasser der *Ilias* und der *Odyssee,* die er seinen Zuhörern vorgetragen haben soll.

Homerische Hymnen, eine Hymnensammlung, die eher literarisch als religiös von Bedeutung ist. Die Hymnen sind in der Zeit vom 8. bis zum 6. Jahrhundert v. Chr. entstanden und werden fälschlich Homer zugeschrieben.

Lykophronos, geboren um 320 v. Chr. Dichter. Geboren in Chalkis auf der Insel Euboia (Mittelgriechenland). Angeblicher Verfasser der *Alexandra,* einer dramatischen Prophezeiung der Seherin Kassandra, die darin den Troianischen Krieg und seine Folgen voraussagt.

Pausanias verfaßte seine Werke um 150 n. Chr. Geograph und Forschungsreisender. Geboren in der Nähe des Berges Sipylos in Lydia (westliches Kleinasien). Verfasser der *Beschreibung Griechenlands (Periegesis tes Hellados).*

Pindar, 518–438 v. Chr. Lyrischer Dichter. Geboren in Kynoskephalai in Boiotia (Mittelgriechenland). Zu seinen Dichtungen gehören Oden auf die Sieger in den Olympischen, Pythischen, Nemeischen und Isthmischen Spielen.

Platon, um 429–347 v. Chr. Philosoph. Geboren in Athen. Schüler des Sokrates und Verfasser von fünfundzwanzig Dialogen, der *Apologie,* von Briefen und Gedichten.

Plutarch, (Lucius Mestrius Plutarchus), vor 50 bis nach 120 n. Chr. Biograph, Philosoph

und Altertumsforscher. Zu seinen Werken gehören zahlreiche Abhandlungen (die *Moralia*) sowie griechische und lateinische Biographien in Versform.
Pollux (Julius Pollux), schrieb um 180 n. Chr. Lexikograph und Rhetoriker. Geboren in Naukratis (Nabira), Ägypten. Verfasser des *Onomastikon,* einer Liste attischer Wörter und technischer Fachausdrücke.
Polybios, um 200 bis nach 118 v. Chr. Historiker. Geboren in Megalopolis in Arkadia (Peloponnes, Südgriechenland). Verfasser der *Geschichte* der römischen Welt in vierzig Büchern (von denen fünf sowie Auszüge aus einigen anderen erhalten sind). Er behandelt die Zeit von 220–146 v. Chr.
Pythagoras, geboren um 580 v. Chr. Philosoph, Mathematiker und Begründer einer religiösen Gemeinschaft. Geboren auf Samos (Ionia, westliches Kleinasien). Er arbeitete jedoch in Kroton (südöstliches Italien). Man weiß nicht, ob er irgendwelche Schriften hinterlassen hat.
Strabo, um 64 v. Chr. bis 19 n. Chr. Geograph und Historiker. Geboren in Amaseia (Amasra) in Pontos, nordöstliches Kleinasien. Zu seinen Werken gehört die umfangreiche *Geographie* in siebzehn Büchern.
Theophrast, um 370–288 v. Chr. Philosoph und Biologe, Nachfolger des Aristoteles. Geboren in Eresos auf der Insel Lesbos (Aiolis vor der Westküste von Kleinasien). Zu seinen Werken gehören die *Geschichte (Erforschung) der Pflanzen* und das *Wachstum der Pflanzen.*
Theopomp, geboren 378 v. Chr. Historiker. Geboren auf der Insel Chios (Ionia, vor der Westküste von Kleinasien). Verfasser einer griechischen Geschichte *(Hellenika)* sowie einer Geschichte Philipps II. von Makedonia *(Philippika).* Er zeigt in seinen Schriften eine ausgesprochene Voreingenommenheit gegen die Etrusker.
Thukydides, 460/55 bis um 400 v. Chr. Historiker aus Athen. Verfasser einer (unvollständigen) Geschichte des Peloponnesischen Krieges (431–404 v. Chr.).
Timaios, um 356–260 v. Chr. Historiker. Geboren in Tauromenion (Taormina) auf Sizilien. Verfasser einer *Historia* in 38 Büchern (von denen Bruchstücke erhalten sind). Das Werk beschäftigt sich in erster Linie mit Sizilien, der Verfasser kritisiert jedoch auch den Luxus der Etrusker.
Xanthos, 5. Jahrhundert v. Chr. Historiker. Geboren in Lydia (westliches Kleinasien). Verfasser einer Geschichte von Lydia *(Lydiaka),* in die er auch reiches legendäres Material aufgenommen hat. Das Werk ist bis auf Bruchstücke verloren, wir erfahren jedoch aus anderen Quellen, daß Xanthos die Überlieferung ablehnt, die Etrusker stammten aus Lydia.
Zonaras (Johannes Zonaras), 12. Jahrhundert n. Chr. Byzantinischer Historiker, hoher Beamter und Mönch. Verfasser eines *Auszugs aus der Geschichte* von der Schöpfung bis 1118 n. Chr.

Lateinische Quellen
Arnobius schrieb 296 n. Chr. Rhetoriker und Theologe. Geboren in Sicca Veneria in Numidia (El Kef in Tunesien). Verfasser von *Gegen die Nationen (Adversus Nationes).* In diesem Werk greift er das Heidentum an.
Caecina (Aulus Caecina), 1. Jahrhundert v. Chr. Redner und Experte für etruskische Volkslegenden. Geboren in Volaterrae (Volterra) in Etruria. Verfasser einer Version der *Disciplina Etrusca.*
Cato der Ältere (der Censor) (Marcus Portius Cato Censorius), 234–149 v. Chr. Politiker, Historiker, Altertumsforscher, Landwirt. Geboren in Tusculum (bei Frascati) in Latium (Lazio). Zu seinen Werken gehören die *Origines (Ursprünge)* in sieben Büchern (die meisten sind verlorengegangen) und *Über den Ackerbau (De Agricultura).*

Censorinus, 3. Jahrhundert n. Chr. Grammatiker. Verfasser des enzyklopädischen Werkes *Über seinen Geburtstag (De Die Natali),* ein Geburtstagsgeschenk für einen Zeitgenossen.

Chronographia urbis Romae, 354 n. Chr. Ein anonymes illustriertes christliches Handbuch über die Stadt Rom, das Chroniken, Kalender und Listen von Consuln und Bischöfen enthält.

Cicero (Marcus Tullius), 106–43 v. Chr. Politiker, Redner, Rhetoriker, bekannter Philosoph, Dichter. Geboren in Arpinum (Arpino) in Latium (Lazio). Zahlreiche Reden, Abhandlungen und Briefe *An Atticus* und *An Freunde.*

Columella (Lucius Junius Moderatus Columella), 1. Jahrhundert n. Chr. Schriften über den Ackerbau. Geboren in Gades (Cadiz) in Spanien. Verfasser des Werkes *Über die Landwirtschaft (De Re Rustica)* in zwölf Büchern (eines davon in Versen).

Festus (Sextus Pompeius Festus), Ende des 2. Jahrhunderts n. Chr. Gelehrter, schrieb eine Zusammenfassung der Abhandlung *Über die Bedeutung der Wörter (De Significatu Verborum)* von Verrius Flaccus, einem Gelehrten aus dem frühen 1. Jahrhundert n. Chr.

Itinerarium Maritimum, eine Beschreibung der Seewege, gehört zu dem *Itinerarium Antoninianum,* das in seiner gegenwärtigen Form aus dem ausgehenden 3. Jahrhundert n. Chr. stammt und eine Sammlung von Beschreibungen der Verkehrswege, die für Truppenbewegungen geeignet sind, enthält.

Livius (Titus Livius), 59 v. Chr. bis 17 n. Chr. oder 64 v. Chr. bis 12 n. Chr. Historiker. Geboren in Patavium (Padua) in Gallia Cisalpina, dem Gallien diesseits der Alpen (Norditalien). Verfasser einer Geschichte Roms *(Ab Urbe Condita)* bis zum Jahr 9 v. Chr. in 142 Büchern, von denen uns 35 erhalten sind.

Lucan (Marcus Annaeus Lucanus), 39–68 n. Chr. Epischer Dichter. Geboren in Corduba (Cordova) in Spanien. Verfasser des epischen Gedichts *Der Bürgerkrieg (Bellum Civile)* oder der *Pharsalia* in zehn Büchern über den Krieg zwischen Caesar und Pompeius.

Namatian (Rutilius Claudius Namatianus), Anfang des 4. Jahrhunderts n. Chr. Politiker und Dichter. Geboren in Tolosa (Toulouse) im südwestlichen Gallien. Verfasser von *De Reditu Suo (Über seine Rückkehr),* ein poetisches Tagebuch (der letzte Teil ist nicht erhalten).

Ovid (Publius Ovidius Naso), 43 v. Chr. bis 17 n. Chr. Dichter. Geboren in Sulmo (Sulmona) in Mittelitalien. Seine Sammlung elegischer Verse und der *Metamorphosen* in Hexametern enthält Bemerkungen zur etruskischen Religion und Mythologie.

Persius (Aulus Persius Flaccus), 34–62 n. Chr. Satirischer und philosophischer Dichter aus Volaterrae (Volterra) in Etruria. Ein Buch mit sechs Satiren ist uns erhalten geblieben.

Plautus (Titus Maccius Plautus), um 254–184 v. Chr. Komödiendichter. Geboren in Sarsina (Mercato Saraceno) in Umbria (Mittelitalien). Zwanzig seiner Komödien in Versen und Bruchstücke einer weiteren sind erhalten. Seine *Cistellaria* übt scharfe Kritik an der Moral der etruskischen Frauen.

Plinius der Ältere (Gaius Plinius Secundus), 23/24 bis 79 n. Chr. Historiker und enzyklopädischer Wissenschaftler. Geboren in Comum (Como) in Norditalien. Verfasser eines heute verlorenen Geschichtswerks und einer *Naturgeschichte* in 31 bzw. 37 Büchern. Zu den etruskischen Gewährsleuten, auf die er sich beruft (vielleicht aus zweiter Hand), gehört Tarquinius Priscus.

Properz (Sextus Propertius), 54/48 bis nach 16 v. Chr. Elegischer Dichter. Geboren in Asisium (Assisi), Umbria, Mittelitalien. Verfasser von vier Büchern mit Gedichten.

Seneca der Jüngere (Lucius Annaeus Seneca), 5/4 v. Chr. bis 65 n. Chr. Philosoph und dramatischer Dichter. Geboren in Corduba (Cordova), Spanien. Zu seinen zahlreichen Werken gehört die wissenschaftliche Abhandlung *Naturgeschichtliche Fragen,* die sich auf die *Disciplina Etrusca* des Aulus Caecina stützt.

Servius (Marius oder Maurus Servius Honoratus), um 400 n. Chr. Grammatiker und Kommentator. Sein bedeutendstes Werk ist ein Kommentar zu Vergil, der sowohl im Original als auch in erweiterter Form (Servius Auctus oder Servius Danielis) erhalten ist.
Silius Italicus (Tiberius Catius Asconius Silius Italicus), um 26–101 n. Chr. Epischer Dichter. Wahrscheinlich in Patavium (Padua) in Norditalien geboren. Verfasser von *Punica,* einem historischen Epos in siebzehn Büchern über den Zweiten Punischen Krieg (218–201 v. Chr.).
Tacitus (Publius Cornelius Tacitus), um 56 bis 117 n. Chr. Senator und Historiker. Stammte wahrscheinlich aus Gallien oder Norditalien. Verfasser der Geschichte des römischen Prinzipats, der *Historiae* und der *Annalen* (von denen insgesamt zwei Drittel erhalten sind). Zu seinen weiteren Schriften gehören *Agricola* (ein biographisches Werk), *Germania* und der *Dialog über die Redner (Dialogus de Oratoribus).*
Varro (Marcus Terentius Varro), 116–27 v. Chr. Enzyklopädischer Gelehrter. Geboren in Reate (Rieti) im Sabinerland (Mittelitalien). Verfasser zahlreicher Werke, von denen *Über die lateinische Sprache (De Lingua Latina)* – teilweise – und *Über den Ackerbau (Res Rusticae)* – vollständig – erhalten sind.
Velleius Paterculus (Gaius Velleius Paterculus), um 10 v. Chr. bis nach 30 n. Chr. Offizier und Historiker. Geboren in der Campania (südwestliches Italien). Verfasser der *Römischen Geschichte* in zwei Büchern bis zum Jahr 30 n. Chr.
Vergil (Publius Vergilius Maro). 70–10 v. Chr. Dichter. Geboren in Andes bei Mantua (Mantova) in Norditalien. Verfasser der *Eklogen* oder *Bucolica* (10 Gedichte), der *Georgica* (vier Bücher) und der *Aeneis* (12 Bücher). Siehe auch Servius.
Verrius Flaccus, ein ehemaliger Sklave (Freigelassener), Ende des 1. Jahrhunderts v. Chr. Der bedeutendste Gelehrte aus der Zeit des Augustus. Verfasser einer heute verlorenen Schrift *Über die Bedeutung der Wörter (De Significatu Verborum)* und von Schriften über die Antike, darunter einer Studie über die Etrusker *(Libri Rerum Etruscarum).*
Vitruv (Vitruvius Pollio), Ende des 1. Jahrhunderts v. Chr. Architekt und Militärtechniker. Verfasser von *Über die Architektur (De Architectura)* in zehn Büchern.

Wenn wir uns über das Leben der Etrusker unterrichten wollen, dann dürfen wir uns nicht nur auf die fragmentarischen Mitteilungen der oben genannten Verfasser stützen, sondern, wie Massimo Pallottino richtig sagt, vor allem auch auf die »äußeren und materiellen Manifestationen« der etruskischen Kultur. Das sind in erster Linie die Kunstwerke, die Gebrauchsgegenstände, die Grabbeigaben und die noch vorhandenen Reste etruskischer Architektur. Doch auch die Inschriften und Münzen (mit deren Prägung man allerdings erst recht spät begonnen hat) müssen berücksichtigt werden, ebenso die Verkehrswege und Bewässerungsanlagen, soweit sich noch Spuren davon entdecken lassen.
Da alle diese Forschungsobjekte etwas mit den technischen Disziplinen zu tun haben, müssen wir sie im Licht der Interpretation heutiger Fachleute betrachten. Darum folgt ein Verzeichnis von Schriften einiger Experten der Gegenwart. Es enthält nur die Titel von Büchern, erwähnt aber keine einzelnen Aufsätze, denn die zu diesem Thema verfaßten Abhandlungen sind zu zahlreich, als daß man sie im einzelnen anführen könnte. Das gleiche gilt für die vielen Studien über einzelne Ausgrabungsorte[10] und die Kataloge der Museen,[11] obwohl wir einige von ihnen in den Anmerkungen erwähnt haben.
Aus dem umfangreichen Verzeichnis wird man erkennen, daß die wissenschaftliche Beschäftigung mit den Etruskern zu einem bibliographischen Alptraum werden kann. Ausführliche Forschungsberichte befinden sich noch in den Archiven als Kongreßprotokolle oder in Festschriften, und deshalb ist es für Bibliothekare und Wissenschaftler außerordentlich schwierig, dieses Material zu finden.

Weiterführende Literaturhinweise

Acts of the VIIIth International Congress of Prehistoric and Protohistoric Sciences (1966), Prag 1970.
Alföldi, A., *Römische Frühgeschichte: Kritik und Forschung seit 1964*, Heidelberg 1976.
Aprile, R., *Die Etrusker: Mythos und Geschichte im Zentrum des Mittelmeerraumes*, Stuttgart 1979.
Archaeologica: Scritti in onore di A. Neppi Modona, Florenz 1975.
Art and Culture of the Etruscans (Konferenz), Leningrad 1972.
Aspetti e problemi dell'Etruria interna (Atti dell' VIII Convegno nazionale di studi etruschi e italici, Orvieto-Perugia 1972), Florenz 1974.
Assimilation et résistance à la culture gréco-romaine dans le monde ancien (Travaux du VIe Congrès International d'Etudes Classiques), Madrid 1974.
Atti dei Convegni di studi etruschi, I (Convegno nazionale etrusco) – XI, 1958–1976, 1959–1977 (siehe auch *Aspetti* oben).
Atti del Colloquio sul tema l'Etrusco arcaico (1974), Florenz 1976.
Atti del VIII Convegno di studi sulla Magna Grecia (1969), Neapel 1971.
Atti del primo Simposio internazionale di protostoria italiana, Rom 1969.
Banti, L., *The Etruscan Cities and their Culture*, London 1973.
Bargellini, P., *L'arte etrusca*, 3. Aufl., Florenz 1958.
Bianchi Bandinelli, R., *Arte etrusca e arte italica*, Rom 1963.
– und Giuliano, A., *Etruschi e Italici prima del dominio di Roma*, Mailand 1972.
Bizzari, M. und Curri, C., *Magica Etruria*, Florenz 1968.
Bloch, R., *Etruscan Art*, London 1960, und *Die Kunst der Etrusker*, 3. Aufl., 1977.
– *The Etruscans*, verbesserte Neuauflage, London und New York 1961.
Boardman, J. und Vollenweider, M.-L., *Catalogue of Engraved Gems and Finger-Rings in the Ashmolean Museum*, Bd. I, (griechische und etruskische), Oxford 1979.
Boethius, A., *Etruscan and Early Roman Architecture*, Harmondsworth 1979.
– (etc.) *Etruscan Culture, Land and People*, New York 1962.
– und Ward-Perkins, J. B., *Etruscan and Roman Architecture*, Harmondsworth 1970.
Boitani, F., Cataldi, M. und Pasquinucci, M. (Einführung von Torelli, M.), *Etruscan Cities*, London 1973.
Bonamici, M., *I buccheri con figurazioni graffite*, Florenz 1974.
Bonfante, L., *Etruscan Dress*, London und Baltimore 1978.
Borisovskaya, S. P., *Produktionszentren des etruskischen Bucchero* (in russischer Sprache), Moskau 1975.
Brendel, O. J., *Etruscan Art*, (Hrsg. E. H. Richardson), Harmondsworth 1978.
Brown, W. L., *The Etruscan Lion*, Oxford 1960.
Bruun, P., Hohti, P. usw., *Studies in the Romanization of Etruria*, Rom 1975.
Buchner, G., ›Nuovi aspetti e problemi posti dagli scavi di Pitecusa‹ in *Contribution à l'étude de la société et de la colonisation eubéennes*, 1975.
– und Ridgway, D., über Ausgrabungen auf Pithecusae (Ischia) in *Monumenti Antichi*, Bd. I, Rom (im Druck).
Buonamici, G., *Fonti di storia etrusca tratte dagli autori classici*, Florenz 1939.
Busch, H. und Edelmann, G., (Hrsg.), *Etruskische Kunst*, Frankfurt 1969.
Camerini, E., *Il bucchero etrusco*, Rom 1977.

Camporeale, G., *I commerci di Vetulonia in età orientalizzante*, Rom 1969
Ciattini, A., Melani, V. und Nicosia, F., *Itinerari etruschi*, Pistoia 1971.
Cipriani, G., *Il mito etrusco nel Rinascimento fiorentino*, Florenz 1980.
Contributi introduttivi allo studio della monetazione etrusca (Atti del V Convegno del Centro Internazionale di studi numismatici 1975), Neapel 1976.
Corpus Inscriptorum Etruscarum, Leipzig 1898 –.
Corpus speculorum Etruscorum, Bd. I, fasc. 1, Bologna 1979.
Cristofani, M., *Città e campagna nell'Etruria settentrionale*, Arezzo 1976.
– *Introduzione allo studio di etrusco* (1973, Neuauflage 1977).
– *L'arte degli Etruschi: produzione e consumo*, Turin 1978.
– *The Etruscans*, London 1979.
Cunliffe, B., *Die Kelten und ihre Geschichte*, Bergisch Gladbach 1980.
Dal Maso, L. B. und Vighi, R., *Southern Etruria*, Florenz 1975.
Del Chiaro, M., *Etruscan Art from West Coast Collections* (Ausstellung), Santa Barbara 1967.
Demus-Quatember, F., *Etruskische Grabarchitektur*, Baden-Baden 1958.
Dennis, G., *Cities and Cemeteries of Etruria*, London 1848, 2. Aufl. 1878, Neudruck 1968.
De Palma, C., *Testimonianze etrusche*, Florenz 1974.
Dumezil, G., *La religion romaine archaique: avec un appendice sur la religion des Etrusques*, rev. Neuaufl. 1974.
XIth International Congress of Classical Archaeology, Programm, London 1978.
Elste, R., *Zur Frage der Proto-Etrusker*, Hamburg 1977.
Forbes, R. J., *Studies in Ancient Technology*, 9 Bde., 1955–1972.
Foresti, L. A., *Testi, ipotesi e considerazioni sull'origine degli Etruschi (Dissertation Graz)*, Wien 1974.
Gagè, J., *Enquêtes sur les structures sociales et religieuses de la Rome primitive*, Brüssel 1977.
Gatti, E., *Gli Etruschi*, Chiaravalle Centrale 1979.
Gaudio, A., *Les étrusques: une civilisation retrouvée*, Paris 1969.
Gempler von Diemtingen, R. D., *Die etruskischen Kanopen*, Küsnacht-Einsiedeln 1974.
Grant, M., *History of Rome*, neu durchges. Aufl. New York 1978 (deutsche Ausgabe in Vorbereitung).
– *Roman Myths*, 3. Aufl., Harmondsworth 1973.
Greece and Italy in the Classical World (Protokolle des XI. Internationalen Kongresses für klassische Archäologie 1978), London 1979.
Gröteke, F., *Etruskerland: Geschichte, Kunst, Kultur*, Stuttgart 1973.
Guzzo, P. G., *Le fibule in Etruria dal VI al I secolo*, Rom 1973.
Hampton, C., *The Etruscans and the Survival of Etruria*, London 1969 *(The Etruscan Survival*, New York 1970).
Harrel-Courtès, H., *Etruscan Italy*, Edinburgh und London 1964.
Harris, W. V., *Rome in Etruria and Umbria*, Oxford 1971.
Hawkes, C. und S., (Hrsg.), *Archaeology and History*, Bd. I: *Greeks, Celts and Romans*, London 1973.
Haynes, S., *Etruscan Bronce Utensils*, revid. Neuaufl. London 1974.
– *Etruscan Sculpture*, London 1971.
Healy, J. F., *Mining and Metallurgy in the Greek and Roman World*, London 1978.
Hencken, H., *Tarquinia and Etruscan Origins*, London 1968.
– Tarquinia, *Villanovans and Etruscans*, Cambridge, Mass. 1968.
Hess, R., *Das etruskische Italien*, 2. Aufl. Köln 1974.
Heurgon, J., *The Daily Life of the Etruscans*, London 1964.

– *Recherches sur les structures sociales dans l'antiquité classique*, Paris 1970.
– *The Rise of Rome to 264 BC*, London 1973. Siehe auch *L'Italie préromaine et la Rome républicaine*.
Higgins, R. A., *Greek and Roman Jewellery*, London 1961.
Hus, A., *Les bronzes étrusques*, Brüssel 1975.
– *Les siècles d'or de l'histoire étrusque (675–475 avant JC)*, Brüssel 1976.
Kahl-Furthmann, G., *Die Frage nach dem Ursprung der Etrusker*, Meisenheim am Glan, 1976.
Keller, W., *Die Etrusker*, 1975.
Lattanzi, M. S., *Le antiche città dell'Etruria; saggio di geografia urbana*, Florenz 1974.
Lawrence, D. H., *Etruscan Places*, London 1932.
Le monde étrusque (Ausstellung), Marseille 1977.
Lerici, C. M., *Italia sepolta*, Mailand 1962.
L'età del ferro nell'Etruria marittima, Grosseto 1965.
L'Italie préromaine et la Rome républicaine (Mélanges offerts à Jacques Heurgon), Paris 1976.
Lopes Regina, M., *Problemi di storia e di topografia etrusca*, Florenz 1967.
Macintosh, J., *Etruscan-Punic Relations* (Dissertation), Bryn Mawr 1975.
Maciver, D. Randall-, *The Etruscans*, Oxford 1927.
Macnamara, E., *The Everyday Life of the Etruscans*, London 1973.
Mansuelli, G. A., *Etruria and Early Rome*, London 1966.
Massa, A., *The World of the Etruscans*, 1973.
Mazzolai, A., *Gli Etruschi della costa tirrenica*, Florenz 1977.
Moretti, M., *Nuove scoperte e acquisizioni nell'Etruria meridionale*, Rom 1975.
– *Nuovi monumenti della pittura*, 1966.
– *The National Museum of the Villa Giulia*, 1975.
– und Maetzke, G., *The Art of the Etruscans*, London 1970.
Moscati, S., *I Cartaginesi in Italia*, Mailand 1977.
Müklestein, H., *Die Etrusker im Spiegel der Kunst*, Berlin (Ost), 1969.
Neppi Modona, A., *Guida alle antichità etrusche*, 6. Aufl., Florenz 1973.
Ogilvie, R. M., *Early Rome and the Etruscans*, Hassocks und London 1976.
Paget, R. F., *Central Italy: An Archaeological Guide*, London 1973.
Pallottino, M., *La civiltà artistica etrusco-italica*, Florenz 1971.
– *La langue étrusque: problèmes et perspectives*, Paris 1978.
– *Saggi di antichità*, Rom 1979.
– *Testimonia Linguae Etruscae*, 2. Aufl. Florenz 1968.
– *The Etruscans* (rev. Aufl. von D. Ridgway), London 1974 und *Etruscologia*, 6. Aufl. 1977.
– (etc. Hrsg.), *Popoli e civiltà dell'Italia antica*, Bd. 1–7, Rom 1974/78.
Peruzzi, E., *Aspetti culturali del Lazio primitivo*, Florenz 1978.
– *Origini di Roma*, Bologna 1970.
Pfiffig A. J., *Einführung in die Etruskologie*, Darmstadt 1972.
– *Religio etrusca*, Graz 1975.
Potter, T. W., *The Changing Landscape of South Etruria*, London 1979.
Poulsen, V., *Etruskische Kunst*, Königstein 1969.
Prayon, F., *Frühetruskische Grab- und Hausarchitektur*, Heidelberg 1975.
– *L'oriente e la statuaria etrusca arcaica*, 1977.
Quilici, L. (etc), *Civiltà del Lazio primitivo*, (Ausstellung), Rom 1976.
Quilici Gigli, S., *Archeologia laziale* (Quaderni di studio per l'archeologia etrusco-italica, I), Rom 1978.

Rasmussen, T. B., *Bucchero Pottery from Southern Etruria*, 1979.
Raspi, R. C., *Storia della Sardegna*, 3. Aufl., Mailand 1977.
Reich, J., *Italy Before Rome*, Oxford 1979.
Renard, M., *Initiation à l'étruscologie*, Brüssel 1941.
Rhodes, D. E., *Dennis of Etruria*, London 1973.
Richardson, E. H., *Etruscan Sculptures*, London 1966.
– *The Etruscans: Their Art and their Civilization*, Chicago 1964, Neudruck 1976. (Siehe auch Brendel, O. J.)
Ridgway, D. und F. R. (Hrsg.), *Italy Before the Romans*, London und New York 1979.
Rieche, A., *Das antike Italien aus der Luft*, Bergisch Gladbach 1978.
Riis, P. S., *An Introduction to Etruscan Art*, Kopenhagen 1953.
Savelli, A., *Nuove interpretazioni etrusche*, Bologna 1970.
Schmiedt, G., *Il livello antico del Mar Tirreno*, Florenz 1972.
Scullard, H. H., *The Etruscan Cities and Rome*, London 1967 (und *Le città etrusche*, 2. Aufl., Mailand 1976).
Solari, A., *Topografia storica di Etruria*, Rom 1976.
Sprenger, M., *Die etruskische Plastik des fünften Jahrhunderts und ihr Verhältnis zur griechischen Kunst*, Rom 1972.
– und Bartolini, G., *Die Etrusker, Kunst und Geschichte*, München 1978.
Staccioli, R. A., *Il ›mistero‹ della lingua etrusca*, Rom 1977.
Steingräber, S., *Etruskische Möbel*, Rom 1979.
Stibbe, C. M., *Pontische Vasenmaler* (im Druck).
Strøm, I., *Problems Concerning the Origin and Early Development of the Etruscan Orientalizing Style*, Odense 1971.
Strong, D. E., *The Early Etruscans*, London 1968.
Studi in onore di L. Banti, Rom 1965.
Studi sulla città antica (Atti del Convegno di studi sulla città etrusca e italica preromana, Bologna-Florenz, 1966), 1970.
Stützer, H., *Die Etrusker und ihre Welt*, Köln 1975.
Sziglagyi, J. G., *Etrusko-Korinthosi Vàzafestészet*, Budapest 1975.
Teitz, R. S., *Masterpieces of Etruscan Art*, Worcester, Mass., 1967.
Torelli, M., *Elogia Tarquiniensia*, Rom 1975.
– *Lazio arcaico e mondo greco*, Bd. 1–5 (La Parola del Passato), Neapel 1977.
– und Bianchi Bandinelli, R., *L'arte dell'antichità classica*, Bd. 2 (Etruria-Roma), Turin 1976.
Trump, D., *Central and South Italy Before Rome*, London 1966.
Tyrrhenica: Saggi di studi etruschi, Mailand 1957.
Van Buren, E. D., *Figurative Revetments in Etruria and Latium in the Sixth and Fifth Centuries BC*, London 1921.
Van den Driessche, B. und Hackens, T., *Antiquités italiques, étrusques et romaines: choix de documents graphiques*, Bd. 1, Louvain 1977.
Van der Meer, L. B., *De Etrusken*, Den Haag 1977.
Von Reden, S., *Die Etrusker*, Bergisch Gladbach 1978.
Von Vacano, O.-W., *Die Etrusker*, Stuttgart 1955.
Ward-Perkins, J. B., *Cities of Ancient Greece and Italy*, New York 1974.
Weeber, K.-W., *Geschichte der Etrusker*, Stuttgart 1979.
Wellard, J., *The Search for the Etruscans*, London 1973.
Zecchini, M., *Gli Etruschi all'isola d'Elba*, Portoferraio 1978
Zschietzschmann, W., *Etruskische Kunst*, Frankfurt 1969.

Anmerkungen zum Literaturverzeichnis

1 Pallottino, *Etr*, S. 153.
2 Pallottino, *Etr*, S. 154.
3 Pallottino, *Etr*, S. 180; Vacano, S. 13, 41; Hus, *SO*, S. 166; M. Grant, *Roman Myths*, rev. Aufl. 1973, S. 27, 29. Die etruskischen Mythen und Legenden sind unter anderem durch die etruskischen Schriftsteller Tarquinius Priscus und Aulus Caecina an die Römer weitergegeben worden; Grant a.a.O., S. 25f., 74.
4 Pallottino, *Etr*, S. 155; Bloch, The Etruscans, rev. Aufl. (1961), S. 140; Grant a.a.O., S. 28.
5 Censorinus, *De Die Natali*, 17, 6; Banti, S. 155; Bloch, S. 141; E. Macnamara, *Everyday Life of the Etruscans*, 1973, S. 188.
6 Torelli, *ET*, S. 93f.; Cristofani, *Etr*, S. 83; W. V. Harris, *Rome in Etruria and Umbria*, 1971, S. 30.
7 Persius, *Satiren*, III, 28.
8 Die Mutter des Maecenas stammte aus dem adeligen Haus der Cilnii aus Arretium. R. Syme, *The Roman Revolution*, 1939, S. 129 und Nr. 4; W. V. Harris, *Rome in Etruria and Umbria*, 1971, S. 320f.; Seianus: Tacitus, *Annalen*, IV, 3; Harris a.a.O., S. 314f.
9 Die Staaten in Etruria scheinen Claudius ein Denkmal gesetzt zu haben; Harris, S. 28. Die römischen Kaiser Otho (69 n. Chr.) und Trebonianus Gallus (251–253 n. Chr.) waren Etrusker aus Ferentium und Perusia.
10 Aufgezeichnet in den jährlich erscheinenden *Studi Etruschi*. Diese Ausgrabungen werden unter der Schirmherrschaft verschiedener italienischer *Soprintendenze Archeologiche* durchgeführt; die bedeutendsten unter ihnen sind diejenigen in Florenz (Etruria), Rom (Etruria Meridionale; Lazio; Roma), Neapel (Campania); Bologna, Padua, Cagliari (südliches Sardinien) und Sassari (nördliches Sardinien).
11 Die beiden bedeutendsten Museen verdienen jedoch auch namentlich erwähnt zu werden. Das sind das Museo Nazionale di Villa Giulia, Rom (M. Moretti, *The National Museum of Villa Giulia*, ohne Datum) und das Museo Archeologico in Florenz (A. de Agostino, *Il Museo Archeologico di Firenze*, Florenz 1968). Etruskische Objekte sind jedoch in sehr vielen Museen zu finden. Mario del Chiaro arbeitet an einem Gesamtverzeichnis solcher Gegenstände in amerikanischen Sammlungen.

Fotonachweis

Alinari; Prof. M. Pallottino u. Prof. M. Torelli; British Museum; Anderson; P. Malvisi; Alinari; DAI Rom; Kunsthist. Museum Wien; DAI Rom; D. H. Trump; P. Malvisi; Alinari; Metropolitan Museum; Fototeca Unione; Villa Albani; P. Malvisi; Ny Carlsberg Glyptothek; Fototeca Unione; ENIT; P. Malvisi; Fototeca Unione; Aerofototeca; DAI Rom; Alinari; Alinari; Alinari; P. Malvisi; P. Malvisi; Alinari; Museum of Fine Arts, Boston; Alinari; Metropolitan Museum; Alinari; Alinari; Fototeca Unione; M. Carrieri; British Museum; Mersey Side Museum; Alinari; British Museum; Alinari; Vatikan. Museum; Alinari; M. Carrieri; British Museum; ENIT; British Museum; Scala; Alinari; P. Roggero; W. Forman Archive; Istituto di Etruscologia e di Antichitá Italiche; M. Carrieri; Alinari.